该成果为三亚学院重大招标项目
"自贸港建设中海南社会心态监测与社会心理服务体系建设研究"
（课题编号：USY22XK-02）的阶段性成果

Hainan Free Trade Port

自贸港背景下的
海南社会心态研究

李静 等著

中国社会科学出版社

图书在版编目（CIP）数据

自贸港背景下的海南社会心态研究 / 李静等著. —北京：中国社会科学出版社，2023.8
ISBN 978-7-5227-2378-5

Ⅰ.①自…　Ⅱ.①李…　Ⅲ.①社会心理—研究—海南　Ⅳ.①C912.6

中国国家版本馆 CIP 数据核字（2023）第 143853 号

出 版 人	赵剑英
责任编辑	许　琳
责任校对	李　硕
责任印制	郝美娜

出　　版	中国社会母学出版社
社　　址	北京鼓楼西大街甲 158 号
邮　　编	100720
网　　址	http://www.csspw.cn
发 行 部	010-84083685
门 市 部	010-84029450
经　　销	新华书店及其他书店
印　　刷	北京君升印刷有限公司
装　　订	廊坊市广阳区广增装订厂
版　　次	2023 年 8 月第 1 版
印　　次	2023 年 8 月第 1 次印刷
开　　本	710×1000　1/16
印　　张	30.25
字　　数	466 千字
定　　价	178.00 元

凡购买中国社会科学出版社图书，如有质量问题请与本社营销中心联系调换
电话：010-84083683
版权所有　侵权必究

序

　　社会变迁中最易引发变化的就是人们的社会心理状态，主要表现在对社会变迁的认知、情感等要素。海南自贸港建设是海南社会发展变化的一个重要契机，自然会引起相应的民众一系列的心理变化。海南岛位居中国最南端，黎、苗、回、汉四大世居民族共同创造了海南本土文化历史。海南岛是一个移民岛，多种文化形态在这里交汇、融合，而后整合形成海南汉族文化、黎族文化、苗族文化、回族文化和南洋文化等多种多样的文化形态。海南岛更是一个自然风光旖旎、热带水果丰富的地区。"请到天涯海角来，这里四季春常在，海南岛上春风暖，好花叫你喜心怀；请到天涯海角来，这里瓜果遍地栽，百种瓜果百样甜，随你甜到千里外，柑桔红了叫人乐，芒果黄了叫人爱，芭蕉熟了任你摘，菠萝大了任你采……三月来了花正红，五月来了花正开，八月来了花正香，十月来了花不败……"这里独特的地理环境、优质的生态资源、南国的多样文化吸引了全国各地的人们来这里就业、创业、养老、旅游，海南岛的人群分布与居住格局真正体现了多元与多样、嵌入与融入。

　　从文化的构成要素看，海南本土文化又由两种文化层面构成：一是历史古迹和文物等以固态、有形为表征的物质文化；二是传统表演艺术、风俗、礼仪、节庆，自然界的民间传统知识和实践，传统手工艺技能，以及其他以活态无形为表征的非物质文化。这些物质文化遗产和非物质文化遗产，是海南各族人民的天才杰作，体现出海南本土文化的内在特质，以及海南各族人民的精神价值和生存理念。

　　自1950年5月1日海南岛全境解放起，海南的历史就掀开了新的篇章，海南人民在中国共产党的领导下，艰苦奋斗、不断进取，努力为自己的家园添砖加瓦。特别是1978年党的十一届三中全会和1988年建省办经济特区以来，海南坚持以经济建设为中心，紧跟时代步伐，充分发挥特有的热带资源优势，经济结构调整步伐加快。1992年经济结构出现了新的变化，第三产业——旅游业在国民经济中的比重首次超过第一产业（农业），成为最大的产业。海南岛得天独厚的地理、气候条件和旅游资源，使海南的旅游业迅速崛起。2010年1月4日，国务院发布《国务院关于推进海南国际旅游岛建设发展的若干意见》。至此，海南国际旅游岛建设正式步入正轨，海南逐步建成了国内一流的海岛休闲度假旅游胜地，海南的经济也因此得到大力发展。海南已经从一个经济比较落后的边陲地区发展成为逐渐繁荣昌盛的经济特区，政治、经济、社会面貌发生了翻天覆地的变化。

自贸港建设将给海南带来巨大变化，在这个发展的大背景中，人们在社会认知、需求与动机、情绪与情感、社会信任与认同、获得感与社会适应及社会行为等方面都会有较大的变化，这是社会心态的晴雨表，研究与了解大众的社会心态及其变化对自贸港建设意义重大。这是一个由自贸港建设而引发的研究，这是一个由沿袭多年的固有心态转变所引发的社会心态变化的深层分析，这更是一个由海南自贸港建设而引发的对现代中国社会心态的思考。透过地处南海边疆的海南自贸港建设，我们看到现代社会变迁对人们的社会认知、社会需要动机以及社会情感等方面的影响，感受到社会变迁对人们心灵的触动及人们对变迁生活的响应。透过对海南社会心态的研究，我们看到的是海南社会发展中人的因素及其意义，看到的是人的适应性发展；透过对海南社会心态研究，我们可以了解中国社会变迁中人的因素及其意义，看到人们心态如何变化、如何适应。人的因素，是社会发展中不可忽视的重要因素。党的十九大报告明确指出，要加强社会心理服务体系建设，培育自尊自信、理性平和、积极向上的社会心态。

随着我国经济社会持续快速发展，人们的物质生活逐渐富裕的同时，也带来了社会心态和个体心态的变化。我国当前社会心态呈现多样性趋势，人们的价值观、社会情绪、社会信任等方面在社会变迁背景下发生了多重转变。社会建设与发展中最重要的是人的因素，海南自贸港建设亦是如此。不同职业群体、不同社会群体的人在自贸港建设的背景下其心理活动及其状态亦随之变化。如何更好地认识对社会有序发展、稳态运行意义重大。应对社会突发公共事件时，理性平和、积极向上的社会心态能提升社会成员对事件的理性认知、有效缓解不良社会情绪。把积极的社会心态作为一个目标写入社会发展规划中，体现出党和国家对建构、培育健康积极的社会心态的高度重视。

我们试图通过质化与量化相结合的研究，实现对海南地区公众社会心态的整体把控，对海南自贸港建设、重大项目、政策、热点事件中的公众社会心态的动态跟踪，并实现对影响海南自贸港建设重大负面心态的智能提前预警。而通过对海南社会心态调查问卷的编制和多阶段的长期施测，对海南各地区、各群体的实地调查，对调查对象进行横向和纵向对比研究，能有效服务于海南社会心态监测。我们的研究立足于当前岛内社会心态实际情况，着眼于岛内社会心态的未来发展，探索海南自贸港建设和海南社会发展变革背景下，岛内民众的社会行为、矛盾和冲突的应对策略和沟通模式，对于系统、全面地掌握海南社会心态研究是具有一定意义的。

李 静

2022 年 10 月 11 日

目　录

绪　论 ·· (1)

第一章　社会心态研究评述 ·· (7)
　　第一节　社会心态的基本内涵研究 ·· (8)
　　第二节　社会心态理论及其模型 ·· (15)
　　第三节　社会心态的结构和指标体系 ···································· (21)
　　第四节　社会心态的研究趋势 ··· (26)

第二章　社会心态量表编制 ·· (30)
　　第一节　海南社会心态的指标体系构建 ································· (30)
　　第二节　初始量表的编制与修订 ·· (31)
　　第三节　正式施测与量表的信效度检验 ································· (38)

第三章　海南社会心态总体研究 ··· (48)
　　第一节　社会心态整体状况分析 ·· (48)
　　第二节　海南自贸港建设下人民社会心态差异分析 ················ (51)
　　第三节　海南自贸港建设下社会心态相关分析 ······················· (75)

第四章　社会认知研究 ·· (82)
　　第一节　社会认知的概念、理论与研究现状 ·························· (82)
　　第二节　海南社会认知的现状分析 ······································· (97)
　　第三节　群体社会认知的影响因素分析 ································· (101)

第四节　社会认知的调整策略 …………………………………（108）

第五章　社会需求与动机研究 …………………………………（113）
第一节　社会需求和动机的概念、理论与研究现状 ……………（113）
第二节　海南社会需求和动机的现状分析 ………………………（126）
第三节　群体社会需求和动机的影响因素分析 …………………（129）
第四节　社会需求与动机的调整策略 ……………………………（142）

第六章　社会情绪研究 …………………………………………（147）
第一节　社会情绪的概念、理论与研究现状 ……………………（148）
第二节　海南社会情绪的现状分析 ………………………………（162）
第三节　群体社会情绪的影响因素分析 …………………………（166）
第四节　社会情绪的调控策略 ……………………………………（177）

第七章　社会信任研究 …………………………………………（185）
第一节　社会信任的概念、理论与研究现状 ……………………（186）
第二节　海南社会信任的现状分析 ………………………………（200）
第三节　社会信任的影响因素分析 ………………………………（204）
第四节　社会信任的提升途径 ……………………………………（213）

第八章　社会认同研究 …………………………………………（219）
第一节　社会认同的研究述评 ……………………………………（219）
第二节　海南社会认同的现状分析 ………………………………（234）
第三节　海南民众社会认同的影响因素分析 ……………………（239）
第四节　海南民众社会认同的提升策略 …………………………（248）

第九章　社会群体获得感研究 …………………………………（255）
第一节　获得感的概念、指标构建与研究现状 …………………（256）
第二节　海南社会群体获得感的现状分析 ………………………（278）
第三节　社会群体获得感的影响因素分析 ………………………（281）

第四节 社会群体获得感提升路径 …………………………………… (296)

第十章 社会适应研究 ………………………………………………… (300)
 第一节 社会适应的概念、模型与研究现状 ……………………… (300)
 第二节 社会适应的现状分析 ……………………………………… (320)
 第三节 社会适应的影响因素分析 ………………………………… (323)
 第四节 社会适应提升路径分析 …………………………………… (332)

第十一章 社会价值研究 ……………………………………………… (337)
 第一节 社会价值的研究述评 ……………………………………… (337)
 第二节 社会价值的现状分析 ……………………………………… (352)
 第三节 社会价值的影响因素 ……………………………………… (358)
 第四节 自贸港建设背景下海南民众社会价值的提升策略 ……… (366)

第十二章 社会行为研究 ……………………………………………… (371)
 第一节 社会行为的概念、理论与研究现状 ……………………… (371)
 第二节 社会行为的现状分析 ……………………………………… (387)
 第三节 社会行为的影响因素分析 ………………………………… (390)
 第四节 社会行为的调控策略 ……………………………………… (402)

第十三章 海南岛社会心态的形态、机制与培育 …………………… (406)
 第一节 海南社会心态形态的概况分析 …………………………… (406)
 第二节 海南岛社会心态心理机制分析 …………………………… (414)
 第三节 海南岛积极社会心态的培育路径 ………………………… (425)
 第四节 社会心态的海岛模式 ……………………………………… (433)

参考文献 ………………………………………………………………… (442)

后　记 …………………………………………………………………… (472)

绪　论

2018年4月13日，习近平主席在庆祝海南建省办经济特区30周年大会上郑重宣布设立海南自贸港。按照中央部署，海南要努力成为中国新时代全面深化改革开放的新标杆，以供给侧结构性改革为主线，建设自由贸易试验区和中国特色自贸港。2020年6月1日，我国正式对外发布了《海南自由贸易港建设总体方案》，提出了贸易自由便利、投资自由便利、跨境资金流动自由便利等11个方面共39项具体政策，着力把海南岛打造成具有较强国际影响力的高水平自贸港。从政策提出至今，海南正逐步探索、稳步推进中国特色自贸港建设，分步骤、分阶段建立自贸港政策和制度体系。

海南自贸港建设带来的经济高速增长和社会变迁，势必会对海南岛各群体、各阶层的社会心态带来巨大的影响，致使他们在经济交往、社会交往和价值观念等方面进行一系列的调整。社会心态产生于社会个体心理，又以整体的形态存在，进而影响着每个社会成员的社会价值取向和行为方式，影响着国家经济政治和社会发展大局。良好的社会心态，是促进个人、社会、国家发展进步的重要心理基础，是国家文化软实力的重要组成部分。

一　自贸港建设背景下海南社会心态研究的迫切性

党的二十大报告指出，我国要实行更加积极主动的开放战略，构建面向全球的高标准自由贸易区网络，加快推进自由贸易试验区、海南自贸港建设。足以见得国家对自贸港建设的重视程度。在此背景下，各民族、各人群、各社会阶层的良好社会心态，不仅是海南社会稳定的思想基础，也是海南经济发展进步的强大精神动力和塑造良好社会政治环境的必要条件。基于此，本书拟通过文献研究、问卷调查和深度访谈来分析在自贸港建设过程中，岛内人民面临的社会心态的变化和影响因素，了解岛内不同社会群体对自贸港建设的认知和态度等方面的内容。

（一）理论意义

目前国内关于社会心态的研究主要体现在当代中国社会心态的研究、针对全体人民的积极社会心态的理论与实证研究等方面，但针对海南自贸港等特殊经济地区的研究不够深入，对于自贸港背景下的海南社会心态研究还较为缺乏。而海南本土文化具有多元性、包容性、开放性等特点，既与中原文化保持着密切的渊源关系，又具有明显的区域性。海南岛的发展正在经历时代的变迁，研究海南岛社会心态的实践模式，能在一定程度上对我国相关领域的研究具有补充作用，从政策、制度层面上提供缓解与消除这结构性焦虑的理论依据与政策建议。

在学术思想上，要回顾过去、立足当下、面向未来，既依赖于社会发展现实，也必须要服务于社会发展。因此，本书以海南岛自贸港建设为背景，在历史向度下，回顾海南岛以往的社会发展过程与社会心态史；在现实角度下以海南岛自贸港建设为研究背景，探究海南岛自贸港建设带来的社会变迁、心理变迁、文化变迁等；在未来视野中，本书将会为海南岛自贸港建设能够拥有一个积极的社会心理环境提供理论支持，并探讨海南岛社会心理风险防控与服务体系，为海南岛的未来社会发展创造良好的社会心理环境。

（二）现实意义

在自贸港建设中，海南社会势必会发生一系列变迁，诸多社会心理与社会心态问题也亟待探究，如社会情绪、获得感、生活与工作压力、焦虑、自我实现的愿望、社会认知、社会期待、边界效应、社会心理距离、社会适应等。社会心理建设是培养自尊自信、理性平和、积极向上社会心态的基本前提。海南正处在重大变革时期，民众的社会心理建设是确保海南高质量发展，社会和谐进步，提升获得感的重要一环。获得感的提升能够更好地预防和化解负面社会认知，推动社会和谐进步，构建全民的积极心态，促进民众参与社会发展建设的积极性与主动心性，进而为社会发展提供良好的社会心理环境。

公众的心态与公众的集体行为有关,掌握心态能够预测公众行为,包括预测心态与突发事件之间的关系。本书尝试利用心理测验与现代信息技术对个体与群体内在心理活动进行测量与评价,从一定程度上实现社会心态监测。针对海南地区的社会心态监测,指的是依托大数据技术和智能分析平台,结合阶段性的问卷调查,利用"数据+技术+应用"三大核心圈,及时掌握海南社会心态的波动规律,并且建立科学有效的监测预警系统,预测海岛社会发展、动荡和风险事件的发生,成为政局、社会乃至边疆问题的"预警员"。通过研究,将实现对海南地区公众社会心态的整体把控,对海南自贸港建设、重大项目、政策、热点事件中的公众社会心态的动态跟踪,及对影响海南自贸港建设的重大负面心态的智能提前预警。通过对海南社会心态调查问卷的编制和多阶段的长期施测,对海南各地区、各群体的实地调查,对调查对象进行横向和纵向对比研究,能有效服务于海南社会心态监测。

因此,本书立足于当下岛内社会心态实际情况,着眼于岛内社会心态的未来发展,探索海南自贸港建设和海南社会发展变革背景下,岛内民众的社会行为、矛盾和冲突的应对策略和沟通模式,对于系统、全面掌握海南社会心态研究具有重要的学术及实践意义。

二 研究方法与内容结构

海南人,是一个泛化的概念。狭义上说,是指籍贯属于海南地区的中国各族人民的称呼;广义上说,是指所有居住海南地区,建设海南地区,认同海南文化和创造海南历史的中国各族人民。

(一)研究对象

据第七次人口普查统计,海南省常住人口突破1000万,其中居住在城镇的人口为6075981人,占60.27%;居住在乡村的人口为4005251人,占39.73%。基于此,本书以海南各社会群体作为研究对象,研究海南岛的不同社会阶层,了解海南岛经济社会发展的潜力与空间。研究对象包括海南岛农民群体、事业单位从业人员、个体工商业者、新社会阶层及"候鸟"群体五类主要人群,对其心理需求、社会情绪、社会信任、社会适应等方面进行研究。

公务员和事业单位人群是对自贸港政策了解与认识较早的群体之一，对该群体社会心态的监测与把握有利于了解该群体的社会认知、社会情绪；农民群体是海南非常庞大的群体，有400多万人居住在乡村，自贸港建设的进程对他们的生活也将产生重大影响，调查研究这部分群体的社会认知、态度动机、社会情绪、社会期待与社会行为等具有重要意义；个体从业者该是城市很重要的社会层面，其在社会各阶层的流动性是极强的，是社会稳定的重要因素；"新的社会阶层人士"是指新经济组织、新社会组织中的党外知识分子，是改革开放后快速成长起来的一个新群体。"新的社会阶层人士"主要包括四大群体：私营企业/外资企业的管理人员/技术人员、社会组织从业人员、自由职业人员、新媒体从业人员。这部分人员代表体制外群体，他们对国内外、岛内外等形势的掌握、预判渠道多样，也是较为敏感的群体。自贸港建设伊始，已有或将有大量的新社会阶层进入海南；"候鸟"人群是海南岛的一种特殊群体，他们中有的在海南有房，有的一年中将近一半的时间居住于海南，对海南发展变化的关注度甚至高于当地居民。这部分特殊群体对海南当地社会文化、社会稳定有着重要的影响。

（二）研究方法

心理统计法。运用心理学方法对与自贸港建设相关社会心态进行监测。运用心理量表对不同群体的社会认知、需求动机、社会期待、社会适应以及社会焦虑、社会信任等进行量化研究。通过收集调查问卷，按照定量资料分析的程序，对原始数据整理和录入，并对变量进行差异分析、相关分析、回归分析。分析海南岛社会心态的结构、影响因素，把握海南岛民众社会心态的基本状况。抽样考虑性别、年龄、民族、经济收入、职业、城乡、受教育程度等人口学因素。

田野调查法。深入海南各地区，通过直接观察、问卷调查、访谈等方法获得相关的真实材料，为本书研究获得了大量的第一手资料。特选海南省的多个地区进行田野调查，通过参与式观察，了解民众在自贸港建设中所起到的作用，听取来自当地居民、社会组织、政府职能部门各方面的意见。选择当地政府有关人员、原住民以及不同职业群体，就社会心理感知和社会心态进行深度访谈，构建海南岛民众社会心态的基本维度和影响因素。

类比分析法。现代类比法认为，类比之所以能够"由此及彼"，之间经过了一个归纳和演绎程序。在我们的研究中选定了五类主要人群，对一类人群存在的社会心态进行监测、分析，经过归纳得出其他四类人群对象都具有这情况，然后再经过一个演绎得出另一个对象也具有这个情况。研究对象之间的共同点是类比法是否能够施行的前提条件，我们的共同特点即是：自贸港建设、海南岛人群，这些共同特点是进行类比的前提，没有共同点的对象之间是无法进行类比推理的。

（三）内容结构

本书旨在立足于当前海南经济快速发展及社会变迁对海南社会心态的影响和要求，从社会心态的本质内涵出发，借鉴社会心态研究已有成果，探索自贸港背景下海南社会心态的结构和指标体系，确立具有较强可操作性的社会心态调控目标，研究聚焦于自贸港背景下海南良好社会心态塑造的路径、方法与模式，提出对策建议。社会心态的研究包含了微观层面的个体社会心理过程研究、中观层面的群体社会心态模式研究和宏观层面的社会共识、社会情绪及社会核心价值观研究。基于这个逻辑，本书从微观层面关注社会情境中个体的社会认知、社会参与及个体间的人际互动；从中观层面关注个体与群体之间的关系、社会群体获得感、不同群体之间的心态对比研究；从宏观层面关注社会变迁与社会转型中的社会心理特点和积极社会心态的培养路径。具体包括以下四个相互关联的内容：

其一，社会心态的基本理论问题研究。系统回顾和梳理已有社会心态概念、内涵特点、相关理论，不同学者从心理学、哲学、社会学视角对社会心态的结构构建及社会心态测量指标，及有关社会心态监测的研究进展。

其二，海南社会心态结构和指标体系建构。自贸港建设背景下的海南社会心态研究，测量工具须结合当前时代背景，注重本土化。因此，运用心理测量法编制《海南社会心态调查问卷》，通过文献资料和理论研究确定问卷的九维度，在实地调研和深度访谈的基础上设定各维度的具体条目。对编制的测量工具进行科学的信效度检验，经过初测和修订，在问卷的信度和效度都到了心理测量学的标准后进行大规模施测。

其三，海南社会心态的内容体系研究。主要通过文献分析、问卷调查、深度访谈等质性研究与量化研究相结合的方法，分析在自贸港建设中，海南岛的人们会面临哪些社会心态的变化或问题。海南自贸港建设过程中的社会变革给人们心理上带来的冲击与影响；岛内不同社会群体看待自贸港建设、生活与工作压力、焦虑、自我实现的愿望、社会认知、社会期待等；岛内居民社会信任与参与社会建设情况，以及民众对自贸港建设的认知与态度，以及参与度等。同时，针对社会心态的解析，对不同群体的社会焦虑、社会信任、社会适应等进行监测。

其四，积极社会心态的海岛模式研究。首先，需要通过认知途径，提升海南民众的社会认知，激活海南民众的社会需要与动机，增强海南民众的社会发展获得感，提升海南民众的社会价值感，以此来提升海南民众社会发展的身份意识。其次，需要通过情感路径，提升海南民众的生活满意度，增强海南民众的社会信任感，凝聚海南民众的社会认同感，通过这些途径来增强海南民众在社会进步过程中的认同凝聚。最后，需要将认知路径和情感路径转化为行为路径，促进海南民众的社会发展适应，引导海南民众的亲社会行为，通过这些方式推进海南民众社会建设的现实参与。

第一章　社会心态研究评述

社会心态反映人们对当前政治、经济、社会、文化等各个方面的情绪、态度、愿望、需求等，从某种意义上讲就是社情民意。马广海认为，"社会心态是与特定的社会运行状况或重大的社会变迁过程相联系的，在一定时期内广泛地存在于各类社会群体内的情绪、情感、社会认知、行为意向和价值取向的总和。"① 马光焱曾提出，"社会心态是某个社会中、某段时间内，尤其是特殊时期或特殊事件内，存在于整个社会之中，或者不同类别的社会群体之中，以整个社会或群体中的社会时尚、社会舆论、社会认知、社会情绪、社会生活感受等为外显特征，由社会价值观、社会动机、社会需要等构成的，反映特定环境、特定时期乃至于特定人群的思想心理趋势或倾向的相对宏观心理状态。"② 正如二位学者所言，海南正处于一个特殊的社会时期，在自贸港建设背景下，探讨社会变迁带来的岛内各群体的社会心态变化及其影响因素十分必要。

目前，社会心态问题越来越受到党和政府乃至社会各界的普遍关注，学术界对于社会心态的研究也都表现出蒸蒸日上的势头。经过近些年的学术探索与积累，社会心态研究内容渐趋全面，相关研究所取得的成果颇具价值，研究成果主要集中在社会变迁下的社会心态研究、具体的社会心理现象研究、社会心态的地域性研究、社会心态的测量及社会心态治理研究。国内学者对社会心态做了多角度、多领域的研究和探讨，在不同程度上揭示了社会心态的内在规律。但是现在已有的研究成果暂未形成明晰的理论框

---

① 马广海：《论社会心态：概念辨析及其操作化》，《社会科学》2008年第10期。
② 马光焱：《当代大学生良好社会心态培育研究》，博士学位论文，东北师范大学，2017年。

架，重点体现在学术界对社会心态的概念定义不一致且可操作性不强，研究视角不够多元，有关社会心态监测的研究较少，因而对社会心态的预测能力薄弱，对社会心态培育的途径研究也较为缺乏。这是由于社会心理学家们在社会心态的界定、形成和心理结构上没有达成共识，因而影响了社会心态的测量、形成机制的分析和社会心态调控等方面的研究进展。因此，对社会心态的概念界定、理论、研究现状、结构及培育路径的梳理十分必要。

第一节　社会心态的基本内涵研究

党的十九大报告明确指出，要加强社会心理服务体系建设，培育自尊自信、理性平和、积极向上的社会心态。随着我国经济社会持续快速发展，人们物质生活逐渐富裕的同时，也带来社会心态和个体心态的变化。我国当前社会心态呈现多样性趋势，人们的价值观、社会情绪、社会信任等方面在社会变迁背景下发生了多重转变。应对社会突发公共事件时，理性平和、积极向上的社会心态能提升社会成员对事件的正确认知，有效缓解不良社会情绪。而把培育积极的社会心态作为一个目标写入社会发展规划中，体会出党和国家对建构、培育健康积极的社会心态的高度重视。

我国对社会心态的研究较为深入的学者有程家明、丁水木、张二芳、杨宜音、马广海、马向真、张雷、丁芳盛、胡红生、何金宝、王俊秀、欧阳瑜华和陶冶等人，他们从不同的理论视角，运用不同的方法对社会心态问题进行深度剖析。早期研究主要是对社会心态的问题及意义进行探讨，比如，程家明（1991）的《关于社会心态研究的几个问题》[①]、丁水木（1996）的《社会心态研究的理论意义及其启示》[②]、张二芳（1996）的《社会心态的研究及其意义》[③]、龙宣萍（2000）的《论研究社会心态问题的意义与方法》[④] 等，这些研究大多是理论研究，在此基础上进一步对社

[①] 程家明：《关于社会心态研究的几个问题》，《江淮论坛》1991年第6期。
[②] 丁水木：《社会心态研究的理论意义及其启示》，《上海社会科学院学术季刊》1996年第1期。
[③] 张二芳：《社会心态的研究及其意义》，《长江论坛》1996年第1期。
[④] 龙宣萍：《论研究社会心态问题的意义与方法》，《贵州大学学报》（社会科学版）2000年第4期。

会心态进行研究。后来有学者把视线放到了地区上的社会心态研究，例如，丁芳盛（2010）的《大桥时代下海岛居民社会心态现状调研》[1]，刘红霞（2021）的《自贸港建设背景下海南黎族青年社会心态调查》[2]，由此开始了社会心态的一系列研究。

一 社会心态的概念提出与研究起源

心态这一概念在学术上最早是由历史学的年鉴学派提出的，"心态是区别于意识形态的心理集体特征，代表了某个民族、某个人类群体等特有的思想和感觉方式。"[3] 20世纪初，社会学家塔德率先提出"从模仿的角度去解释社会心态的传播方式，他指出模仿是社会心态传播与扩散的主要方式"[4]。不仅如此，普列汉诺夫的经典论述更是为人们所熟悉，普列汉诺夫在阐述马克思主义的经济基础与上层建筑的关系时指出："在基础与上层建筑（各种思想体系）之间有一个结构层次被称之为社会中的人的心理。"[5] 另外有学者提出："哲学思辨或者议论有关社会心理学的理论只存在于20世纪20年代之前，之后就不再以社会哲学或社会经验论了，而是建立在实验研究基础上的社会分析学。"[6] 这意味着对社会心态的研究开始变得多元化，不再以单一视角去研究。

1984年安德列耶娃提出："心理学对于社会心态的相关研究，最基础性的工作就是采用社会科学的研究方法和技术，对于社会心态进行客观的测量，以完成科学研究的经验任务。"[7] 在这之后，尼·布哈林认为："在人们的精神交往范围内，存在着大量的这样一些没有系统化的要素，所有

---

[1] 丁芳盛：《大桥时代下海岛居民社会心态现状调研》，《浙江海洋学院学报》（人文社会科学版）2010年第27期。

[2] 刘红霞：《自贸港建设背景下海南黎族青年社会心态调查》，《武汉工程职业技术学院学报》2021年第3期。

[3] 中国社会科学院文献情报中心：《社会科学新辞典》，重庆出版社1988年版。

[4] Tarde G. D., "The Laws of Imitation", *Psychological Review*, 1903, 10 (6): 671–671.

[5] ［苏］普列汉诺夫：《普列汉诺夫哲学著作选集》（第三卷），生活·读出·新知三联书店1962年版，第195页。

[6] E. P. Hollander, "Principles and methods of social psychology", *American Sociological Review*, 1968, pp. 170–170.

[7] ［苏］安德列耶娃：《社会心理学》，南开大学社会学系译，南开大学出版社1984年版，第47页。

这些现象在其社会规模上也被称为社会心理。社会心理（或称'集体'心理或'社会上'的心理）和意识形态的区别，正如我们看到的，在于系统化的程度。"① 从社会学的角度来看，社会心态是每一个个体组成了社会群体，但社会群体以一个整体的形式影响着每一个个体，使群体内的个体都受群体内存在的思维，情绪等的影响，这就形成了社会心态。这种社会心理，在斯汤达尔、拉扎鲁斯的民族心理学那里被称作民族精神。所谓民族精神，斯汤达尔认为，由于出生与居住环境的统一，一个民族的所有个体都在各自的身体和灵魂上打上了特殊的民族本性的痕迹，而身体对灵魂的影响在一切个体身上引起了相同的一定爱好、倾向、素质和精神属性，结果他们都具有同样的民族精神。冯特则强调："民族精神是个体意识的创造性综合，通过这种综合产生了新的实在性，民族精神就体现在超个体的活动成果——语言、神话和道德中。"② 而勒庞认为："存在与群体的心这就是勒庞理论中的社会心理——群众心理"③。

以北美社会心理学为代表的学者们，对社会心态也作出了解释。如J. L. 弗里德曼等所说："社会心理学是系统研究社会行为的科学，它涉及我们如何认识他人，如何对别人作出反应和别人如何对我们作出反应，以及我们是怎样受所在的社会环境影响的。社会心理学研究的是人与人之间相互作用的所有领域，包括与社会现象直接相关的各种行为。"④ 莫斯科维奇认为："社会表征理论实现了对集体表征的超越，研究了社会现实问题的社会心态方式"⑤。勒庞对此也颇有研究，他认为："心理群体一旦形成，它就会获得一些暂时的然而又十分明确的普遍特征。在心理群体中，由于个人责任感的彻底消失、情感及行为的相互感染以及个体之间的相互暗示，使得每个人的感情、思想和行为都变成了与他们单独一个人时的感

---

① [苏] 尼·布哈林：《历史唯物主义理论》，李光谟等译，人民出版社1983年版，第244页。
② [苏] N. C. 科恩：《十九世纪至二十世纪初资产阶级社会学史》，梁逸译，上海译文出版社1982年版。
③ [法] 勒庞：《乌合之众——大众心理研究》，冯克利译，中央编译出版社2000年版，第18—22页。
④ [美] J. L. 弗里德曼等：《社会心理学》，高地、高佳等译，黑龙江人民出版社1984年版，第5页。
⑤ Moscovici, S., *The Phenomena of Social Representations*, 1984.

情、思想和行为极为不同的状态。"①

二 社会心态概念的国内研究视角

社会心态是国内学者使用较为频繁的一个概念，学者们对社会心态的定义尚不明确，对社会心态的测量也各有标准。根据学者们从不同的学科背景，将有关社会心态内涵的研究从心理学视角、哲学视角、社会学视角这三方面展开阐述。

从心理学的研究视角来看，丁芳盛认为："社会心态是各类社会群体内的各种心态特征的总和，是社会心理特征中长期积淀的知、情、意、行和价值取向的总和，直接、动态地反映某特定社会运行尤其是社会变迁中具有较强情感情绪色彩的心理状态，通过言论、行为、习俗、舆论表现出来，对个人及其社会的影响均很大。"② 这一解释笼统地认为社会心态是各种心态特征的总和，界限不清晰。而王益富、潘孝富则认为："所谓社会心态是一定历史时期，社会现实作用于社会群体，产生的具有弥散性和普遍性的社会心理感受与反应。这一操作性界定突出了社会心态的经验性特点，即社会心态是人们对社会现实各个方面的感受与体验。既有积极的，也有消极的；既相对独立，又互为交叠。"③ 这个社会心态的定义过于狭隘，将社会心态看作是单纯的社会心理感受与反应，并未将个体心态与社会心态的不同做出比较分辨，认为人们对社会的各个方面的感受的总体就是社会心态。李霓则指出："社会心态是一个社会心理学术语，是指在同样社会环境下生存的社会民众成员对现实社会存在的普遍心理反应、心理感受和心理评价。"④

从哲学的研究视角来看，学者程家明指出："社会心态是指社会主体活动的现实的心智状态，在内容上包括心理取向、社会理智和精神支柱。

---

① ［法］勒庞：《乌合之众——大众心理研究》，冯克利译，中央编译出版社2000年版，第18—22页。
② 丁芳盛：《大桥时代下海岛居民社会心态现状调研》，《浙江海洋学院学报》（人文科学版）2010年第27期。
③ 王益富、潘孝富：《中国人社会心态的经验结构及量表编制》，《心理学探新》2013年第1期。
④ 李霓：《从执政党执政视角直面社会心态建设》，《毛泽东思想研究》2011年第5期。

社会心理状态，在本质上是社会存在的运动变化规律在社会主体中的精神内化，是社会实践的产物和精神环境交互作用的结果。应该属于社会心理学范畴，但是仅从社会心理学角度研究社会意识的心理层次是跟不上社会变化的节奏的。程家明将社会心态看作一种精神产物，他的言论提示我们研究社会心态不能单从一个角度去研究，要多角度结合。"① 而张二芳认为："社会心态是社会心理和社会意识形态相互渗透、有机结合而成的状态结构，是以整体面貌存在和流行于社会成员之中、内化为社会主体的精神结构的心智状态；是理性与非理性的中介，具有整体性、转换性、动态性、倾向性、两极摇摆和自我调节性。"② 张二芳的观点认为社会心态是社会心理与社会意识产的交集部分，具有多种特性。马向真和张雷提出："社会心态是指在某一历史时期内社会上广泛形成和存在于各类社会群体内的知、情、意、行和价值取向的总和。马向真和张雷的观点认为社会心态是某一时期各个社会群体的心理特性总和，过于注重个体心理而忽视了社会的影响。"③ 胡红生的看法是："社会心态是某一时代、某一社会在其特定的国际、国内的经济、政治、文化等现实因素的作用下，经由以有组织的或无组织的社会群体为主的社会成员之间的相互作用而形成并且不断发展、变化的，包括各种情绪、感受、认识、态度、观点等多方面内容的带有一定社会普遍性的共同性的心理状态和发展态势。"④ 胡红生认为，社会心态是特殊时期的共同性的社会心理，而欧阳瑜华和刘海燕的观点认为："社会心态就是在一定时期社会环境和文化影响下形成的，弥散在整个社会或社会群体中普遍的、一致的、对社会个体产生影响的社会共识、社会情绪、社会价值取向和行为意向。"⑤ 欧阳瑜华和刘海燕的观点是："把社会心态定义为对社会个体产生影响的社会心理，没有区分个体心态和社会心态。"陶冶则认为，"社会心态是由社会存在决定的，并受社会环境等多种因素的影响，反映了社会的现实状况和人们的情绪状态，折射着

---

① 程家明：《关于社会心态研究的几个问题》，《江淮论坛》1991 年第 6 期。
② 张二芳：《社会心态的研究及其意义》，《长江论坛》1996 年第 1 期。
③ 马向真、张雷：《道德价值建构与社会心态塑造的同向性探析》，《东南大学学报》2009 年第 4 期。
④ 胡红生：《社会心态论》，中国社会科学出版社 2011 年版，第 56 页。
⑤ 欧阳瑜华、刘海燕：《社会心态基本理论问题研究综述》，《理论探索》2014 年第 5 期。

社会变迁过程中的各种问题和人们的价值取向，是形成社会舆论的基础，也是推动社会发展的重要影响因素。① 这个定义认为社会心态是舆论的基础。而马光焱提出，"社会心态是某个社会中、某段时间内，尤其是特殊时期或特殊事件内，存在于整个社会之中，或者不同类别的社会群体之中，以整个社会或群体中的社会时尚、社会舆论、社会认知、社会情绪、社会生活感受等为外显特征，由社会价值观、社会动机、社会需要等构成的，反映特定环境、特定时期乃至于特定人群的思想心理趋势或倾向的相对宏观心理状态。"② 学者孙伟平认为，"社会心态是反映特定历史条件下人们的某种利益或要求、并对社会生活有广泛影响的思想态势或倾向，是以整体面貌存在和流行于社会成员之中，并内化在每一个人身上的精神状态，是指以社会情绪情感、社会态度、社会风气等感性形式表现出来的各种精神因素。"③

从社会学研究视角来看，学者丁水木认为："社会心态是指人们在社会生活中由经济关系、政治制度以及整个社会环境的发展变化而引起的直接的、在社会群体中较为普遍存在的、具有一定的共同性的社会心理反应或心理态势。具有社会性、大众性和概括性。"④ 杨宜音认为："社会心态是一段时间内弥散在整个社会或社会群体/类别中的宏观社会心境状态，是整个社会的情绪基调、社会共识和社会价值观的总和。"⑤ 马广海提出："社会心态是与特定的社会运行状况或重大的社会变迁过程相联系的、在一定时期内广泛存在于各类社会群体内的情绪、情感、社会认知以及价值取向的总和。"⑥ 何金宝则认为，"良好的个体心态是一个人人格健全、身心和谐的重要标志，良好的社会心态是一个社会有序运行、和谐康宁的重要条件。"⑦ 王俊秀提出，"社会心态是在一定时期的社会环境和文化影响

---

① 陶冶：《大庆人社会心态的演变及其特点分析》，《大庆社会科学》2015年第3期。
② 马光焱：《当代大学生良好社会心态培育研究》，博士学位论文，东北师范大学，2017年。
③ 孙伟平：《论影响社会心态的诸因素》，《吉首大学学报》（社会科学版）2013年第1期。
④ 丁水木：《社会心态研究的理论意义及其启示》，《上海社会科学院学术季刊》1996年第1期。
⑤ 杨宜音：《个体与宏观社会的心理关系：社会心态概念的界定》，《社会学研究》2006年第4期。
⑥ 马广海：《论社会心态：概念辨析及其操作化》，《社会科学》2008年第10期。
⑦ 何金宝：《良好的社会心态如何培育和引领》，《光明日报》2011年9月5日。

下形成的，社会中多数成员表现出的普遍的、一致的心理特点和行为模式，并成为影响每个个体成员行为的模板。"①周晓虹提出，"社会心态是不断演进过程中的社会的主观精神状态，因其变动不居和现实可感而常常成为社会变迁的晴雨表和风向标。"②陈满琪提出，"社会心态是在一定时期的社会环境和文化影响下形成的，社会中多数成员表现出的普遍的、一致的心理特点和行为模式，并成为影响每个个体成员行为的模板。社会心态并非是一个独立体，被动受社会环境的影响，相反，社会心态本就是社会环境的一部分，而且就社会的心理构成来说是更大的部分，是一定社会范围内多数人的心理或占较大比例的几种心理。"③侯静认为，"社会心态是通过共享现实性、主体间共识和社会表征而表现出的个体心理与社会现实相互建构的宏观和动态的心理关系。"④王小卫的见解是："社会心态是通过社会舆论、话语系统、社会风尚和社会习俗等形式表现出来的社会整体意识。"⑤薛洪认为，"我国社会心态状况具有积极社会心态与消极社会心态交织增长；社会心态的表达方式和传播手段多种多样；社会心态的调控疏导难度不断加大等特点。"⑥

冯婷认为，"社会心态是指社会群体的心智状态，它是社会心理和社会意识形态以整体面貌出现的主体状态社会心态具有群众性、整体性、客观性、实践性和历史性。社会心态一方面不能脱离个体心态而独立存在，它必然镶嵌、渗透并活动于个体心态中；另一方面，它又不是个体心态的简单集合，不能还原为个体心态，而具有超越于个体的整体结构和功能，并影响制约着个体心态的走向动态。"⑦邱吉等人的看法是"社会心态有其特有的发生发展规律。在人的社会化过程中，在个人与个人、个人与群

---

① 王俊秀：《社会情绪的结构和动力机制：社会心态的视角》，《云南师范大学学报》（哲学社会科学版）2013年第5期。

② 周晓虹：《中国人社会心态六十年变迁及发展趋势》，《河北学刊》2009年第5期。

③ 陈满琪：《基于社会心态的城市治理途径与方法》，《武汉理工大学学报》（社会科学版）2020年第4期。

④ 侯静：《社会转型中社会心态的理论内涵、逻辑建构及变迁》，《北京社会科学》2022年第4期。

⑤ 王小卫：《从当前中国社会心态看国家与社会关系的重构》，《社科纵横》2012年第8期。

⑥ 薛洪：《重视将社会心态的培育纳入社会建设的视野》，《唯实现代管理》2012年第1期。

⑦ 冯婷：《核心价值观建设与社会心态调适》，《中共浙江省委党校学报》2012年第5期。

体、个人与社会的交互作用之中，个人心态不断受到社会环境的制约和影响，并随着社会事务变化而不断滋生、衍化、嬗变。社会心态是个体无数力量相互交错、共同作用的结果；研究和处理社会心态，既要密切关注个体的深层动机和愿望要求，又要密切关注个人动机和愿望所形成的'集合'和'力的平行四边形'，这样才能准确地把握社会心态。否则，便可能导致以偏概全、以点概面的偏颇。"①

第二节 社会心态理论及其模型

近年来学者们通过对社会心态研究，达成了基本的共识，即社会心态是从宏观层面对社会心理的把握，而不是仅停留在个体或群体心理，要避免传统社会心理学研究对象、内容和方法的局限性。社会心态研究是在心理学、人类学、社会学、历史学等学科基础上采取宏观视角的一种研究范式，吸收各学科的理论、方法和成果。有学者认为："社会心态理论是一种中层理论，是因为社会心态研究需要面对一系列问题：个体思维怎么成为群体思维、社会思维？社会共识如何达成？社会共识如何推动社会成长、社会发展和社会进步？社会情绪则是联结社会认知、社会价值观和社会行为倾向的核心。社会心态理论既是宏观性、动态研究，亦是共时性、历时性结合的研究。"②

一 社会认同理论

社会认同理论自泰弗尔在20世纪70年代早期首次提出后就开始发展，代表着欧洲社会心理学与北美的个体主义倾向的社会心理学的分离。社会认同理论认为："社会是由社会归类组成的，这些归类与权力、地位相关，社会归类实质上构成了特定的社会结构。"③ "群体被认为是一个心理实体，

---

① 邱吉、孙树平、周怀红：《当前社会心态的考察分析与实践引导》，《中国特色社会主义研究》2012年第2期。
② 王俊秀：《社会心态理论：一种宏观社会心理学范式》，社会科学文献出版社2014年版，第105页。
③ ［澳］迈克尔·A.豪格、［英］多米尼克·阿布拉姆斯：《社会认同过程》，高明华译，中国人民大学出版社2011年版，第273页。

对于那些被吸引进入群体的人，群体会告诉他什么是应该优先考虑的，应当遵循哪种规范，集体行动的确切目标是什么。将自我范畴化为某一群体成员的过程会引导信息的寻求、与他人情感纽带的建立以及自我规范的融入。"①

社会认同是个体将自身归属于某个类别或群体的心理过程。研究发现，当个体将自我与一个类别建立心理联系之后，就会形成对该类别的认同，并因此与该类别以外的人或其他类别形成积极的特异性。个体所认同的类别被称为内群体，而其他类别被称为外群体。"这种通过自我归类而形成身份认同的过程一般会带来两种心理效应：其一，成员身份的原型化。当个体经过自我归类过程，建立了与群体的心理联系之后，往往以为自己具备内群体成员的典型特征，其他内群体成员也与自己一样，具有典型的内群体成员特征。其二，内群体偏好和群体自尊的提高。个体形成'我们感'以后，就会很盲目地喜欢内群体成员。群体成员往往看不到本群体成员身上的缺点、错误，即便看到了也尽可能地为其辩解，进行外部归因，形成为本群体服务的归因偏误。相反，对外群体也会形成归因偏误，在对立的情况下，经常会对外群体的缺点、失败进行内部归因。"②

该理论的提出和发展为群体心理学的研究做出了巨大贡献。杨宜音、王俊秀认为，"社会认同过程使个体与群体或类别建立起心理联系，形成一体感和我们感，共享类似的社会心态，并以这样的心态建立起群体内外的区隔。"③

二 社会表征理论

社会表征理论是法国社会心理学家莫斯科维奇在反思美国主流个体主义心理学基础上提出的。该理论自 20 世纪 70 年代提出后，被众多社会心理学研究者引入各个研究领域。社会表征理论影响范围极广，与社会认同

---

① ［澳］迈克尔·A. 豪格、［英］多米尼克·阿布拉姆斯：《社会认同过程》，高明华译，中国人民大学出版社 2011 年版，第 18—19 页。
② 杨宜音、王俊秀：《当代中国社会心态研究》，社会科学文献出版社 2013 年版，第 47 页。
③ 杨宜音、王俊秀：《当代中国社会心态研究》，社会科学文献出版社 2013 年版，第 47 页。

理论一起成为复兴欧洲社会心理学的重要理论。

"社会表征的核心是对陌生的知识熟悉化，这种转变过程不是人们主动掌控的，而是在社会互动中形成的。并且可分成两种过程：固化和客体化。固化是指利用已有的知识吸收和同化不熟悉的知识，通常有两种方式——命名和分类，也就是说用类别化和命名的方式使不熟悉的知识与已有知识建立联系，从而更好地理解和吸收；客体化是指使抽象的概念具体化，也就是说对某种抽象知识的感受可以用产生类似感受的具体化知识或概念类比出来。"[1]

莫斯科维奇认为，"社会表征有支配性表征、解构性表征和激化性表征三种形态。其中，支配性表征是社会主流的思想观念或意识形态，会对普通人形成示范性的具有霸权或支配性的社会表征；解构性表征在被社会主流的思想或意识形态主宰的社会表征中，会出现亚群体对主宰性共识体系的解构；激化性表征在社会变迁中对立的群体各自构造的表征体系会产生冲突。"[2] 社会表征理论注重"社会性"和对现实问题的探讨，为社会共识的形成提供了解释。

该理论提出后，众多社会心理学家把该理论应用于社会心理现象的表征研究。而社会心态研究可以从两个方面借鉴社会表征研究范式："一是在社会文化历史的背景中寻找人们心理机制产生的基础。社会表征理论借用科学史学'基耦'的概念来讨论人们的社会表征中深层的核心机制。这一概念核心机制是指人们对现实问题的社会思维与社会行为根植于其文化中，讨论的是社会表征显性内容与深层结构、社会形态和社会共识存在的相互依赖关系。"[3] "二是强调沟通及社会与个人的互构性。社会表征的过程即是个体获得内化知识的过程，也是个体与他人沟通的过程，重要的是，这一过程也是社会事实被不断建构的过程。这种动态的社会与个人互相建构的机制与社会心态的社会与个体双向建构的特性具有一致性，因而

---

[1] Moscovici, S., and G. Vignaux, "The concept of themata" (2000).

[2] Moscovici, S., "Notes towards A Description of Social Representations", *European Journal of Social Psychology*, Vol. 18, No. 3, 1988, pp. 211–250.

[3] 管健：《社会表征理论的起源与发展——对莫斯科维奇〈社会表征：社会心理学的探索〉的解读》，《社会学研究》2009 年第 4 期。

其问题意识、研究视角和研究方法都可以借鉴在社会心态研究中。"①

三 动力建构模型

学者杨宜音采用"个体与群体"相互构建的视角，参照文化心理学家康莹仪等人提出的文化的动态建构模型理论，构建了社会心态的动力建构模型。

该理论认为，"相互建构的过程是一个动力过程。首先，作为一个过程，社会心态被社会成员所建构，包括生成、改变、沉积、诱发等复杂交错的阶段。社会心态反映的是个体的宏观社会特性，是个体与宏观社会的联系性，是个体与宏观社会相互建构的产物，并以其孕育的复杂多变的心理事实而被人们感知到。社会心态的这种形成、改变、沉积、诱发的动力过程与文化心理过程相似、甚至也可以被看作文化的组成部分。其次，作为一种动力，社会心态不断作为个体、群体社会行为的背景和心理场域，作为内化为个体生存所依赖的社会适应中的选择定向，潜在地引导、诱发、推动、限制着个体的心理活动。最后，作为一种表征体系，社会心态并不完全是不可言说和记录的，它总是透过个体、群体的行为和言语彰显和被感知。此外，这种表征通常还会与社会的结构紧密联系在一起，反映在不同的人群和类别中，表现为一定的人群和类别共享的默会之知，或者说是刻板印象和观念。"②

文化的动态建构模型显示："第一，文化被定义为群体成员共享的知识网络。这里的知识是指文化群体内共享的信仰、价值观和民俗基本观念；第二，不同文化群体分享不同的知识体系；第三，启动不同的知识网络会得到不同的行为反应；第四，与其他知识特性一样，共享知识也具有可用性、接近性和适用性等特点，知识的提取和启动需要特定情境的唤起，因而具有典型意义的文化符号的出现会激活相应的行为反应。第五，个体不同的特质作为边界条件和调节变量调节文化作用于个体行

---

① 吴莹、杨宜音：《社会心态形成过程中社会与个人的"互构性"》，《社会科学战线》2013年第2期。
② 杨宜音：《社会心态形成的心理机制及效应》，《哈尔滨工业大学学报》（社会科学版）2012年第6期。

为的过程。"①

与文化的动态建构模型类似，在社会心态的动力建构模型中，"社会心态被定义为一种弥散的社会心境状态，由社会情绪基调、社会共识和社会价值观构成，被社会成员所共享；不同社会心理群体具有不同的社会心态；通过社会成员之间的相互认同、沟通和传递，具有对共享现实心态的接近性和适用性；个体不同的特质作为边界条件和调节变量调节社会心态作用于个体行为的过程。"② 相比较而言，社会心态的动力建构模型更具潜在价值取向的指向性和情绪性。

四 社会心态的解释水平及向上、向下和互动模型

比利时社会心理学家威廉·杜瓦斯在其编写的《社会心理学的解释水平》一书中，对社会心理学解释的本质进行了研究，概括了四种分析水平："个体内水平、人际水平、社会位置水平以及意识形态水平。"③

学者杨宜音在杜瓦斯的理论基础上提出，"社会心态与个体心理和行为之间的关系，可以由其两个层次（上层和下层）及其方向作用关系的模型来理解。它们之间相互验证、相互作用。这也是社会心理学两种重要的也是基本的解释水平。"④

"向上模型是指社会心态由个体自下而上汇聚而形成的整个社会或社会中的一些群体间弥漫的心境状态的过程和结果。目前往往采用社会态度的调查数据来描述社会心态。这些数据一般是量尺分数加总平均后得到的均值或人群中的累计百分比。通过对这些数据的分析可以推测某种社会心态表征在社会人群中的共享程度。如果大多数社会成员都具有某种社会心态特征，那么我们可以假设，这种社会心态会很容易被人们感知和识别出来。"⑤

---

① 康萤仪、Michael W. Morris、赵志裕、Veronica Benet-Martínez、张曙光：《多元文化心灵——文化与认知的动态建构主义进路》，《中国社会心理学评论》2010年第1期。
② 杨宜音、王俊秀：《当代中国社会心态研究》，社会科学文献出版社2013年版，第44页。
③ ［比利时］威廉·杜瓦斯：《社会心理学的解释水平》，赵蜜、刘保中译，中国人民大学出版社2011年版。
④ 杨宜音、王俊秀：《当代中国社会心态研究》，社会科学文献出版社2013年版，第46页。
⑤ 杨宜音、王俊秀：《当代中国社会心态研究》，社会科学文献出版社2013年版，第46页。

"假设个体融入社会的机制可以有四条通路，即态度、情感、个性、国民性。个体的融入和汇聚，最终会形成超越个体的共享的心理现实，成为现实社会的有机组成部分。而个体的融入，从深层看，还是一个个体价值观与社会价值观融合互动的过程，它引导和定向个体的社会态度、情感、个性和国民性，向着社会共识、社会整体的情绪基调、社会的一体感和归属感、文化性格的一体感的方向发展，并相互强化和调整。"①

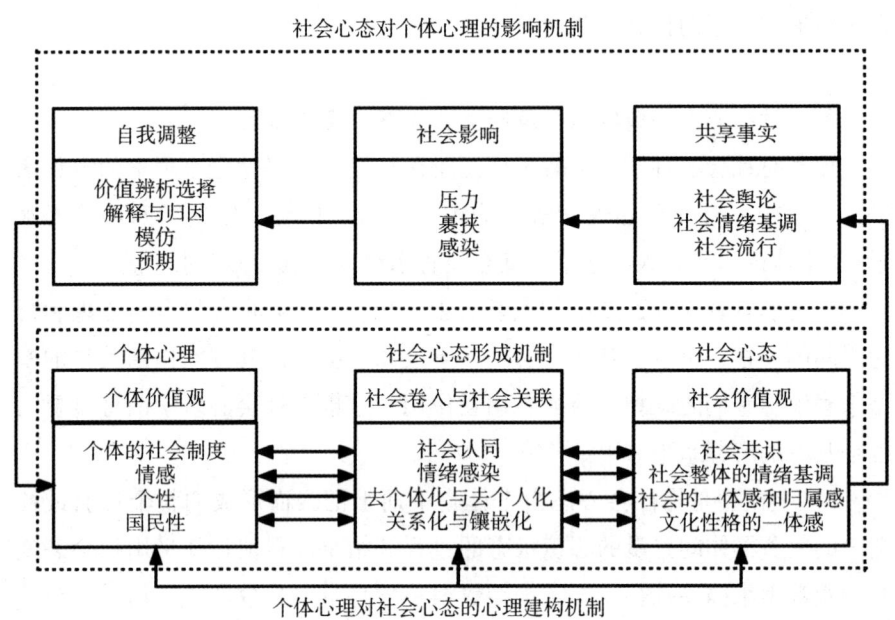

图1-1 社会心态的上下层互动模式②

"当某种社会心态逐渐形成之后，它就会作为一个整体自上向下影响个体和群体的社会心态，这就是向下模型。"③ 如图1-1所示，"个体与社会层次之间的互动，建构出整个社会的心智活动——社会心态。"④ 个体心

---

① 杨宜音、王俊秀：《当代中国社会心态研究》，社会科学文献出版社2013年版，第46页。
② 杨宜音、王俊秀：《当代中国社会心态研究》，社会科学文献出版社2013年版，第52页。
③ 杨宜音、王俊秀：《当代中国社会心态研究》，社会科学文献出版社2013年版，第47页。
④ 杨宜音、王俊秀：《当代中国社会心态研究》，社会科学文献出版社2013年版，第46页。

理自下而上影响社会心态的建构，社会心态自上而下对个体心理产生影响。

第三节 社会心态的结构和指标体系

目前有关社会心态的研究数量不断增多，研究的问题渐渐深入。拥有不同学科背景的研究者加入到研究队伍中，使研究对象、研究主体、研究方法逐渐多元化。总的来看，社会心态研究必须采用综合的研究策略和广泛的研究方法。"在针对具体问题、局部研究中，根据具体情况灵活使用实验、心理测量、抽样调查、访谈、资料分析等各种方法。而在宏观层面则采取整合的策略，借鉴社会学中指数研究方法，通过不同层级的代表性社会心态边缘元素来反映社会心态的核心要素，通过这些核心要素及其之间的关系来反映社会心态的整体状况。"[①]

国内学者先后从不同角度对社会心态的结构和指标体系构建进行研究，并在此基础上展开国民性的、针对不同群体的社会心态测量。不同专业背景的研究者们对社会心态内涵理解不同，使得目前有关社会心态的结构并不统一，因而在此基础上建立的指标体系也千差万别。在此，本书对有关社会心态结构和指标体系的研究进行梳理，为后续建立海南社会心态测量的指标体系提供依据。

一 社会心态的结构

研究社会心态的学者张二芳提出，"社会心态的三个维度，分别是文化要素、心理要素和思想要素。"[②] 程家明将"社会心态划分为五维结构，分别有本能和需要、性格和态度、认识和评价、意志和选择、文化和传统。"[③] 龙宣萍认为，"社会心态是心理取向、社会理智和精神支柱三个层次及其所有组成的诸要素构成的系统。其一，心理取向指社会主体争取和向往的趋向状态，也就是人们常说的追求。它由需要趋向、心理意向、社

---

① 王俊秀：《社会心态的结构和指标体系》，《社会科学战线》2013年第2期。
② 张二芳：《社会心态的研究及其意义》，《长江论坛》1996年第1期。
③ 程家明：《关于社会心态研究的述评》，《学术研究》2009年第7期。

会性格、民族精神等要素构成社会理智；其二，社会理智包括社会理性和社会智慧。心理取向中渗透着社会理智社会理智就是社会主体进行认识和实践活动时所动用的精神工具，即已有的、存在于社会成员大脑中的社会观念；其三，精神支柱，如果说心理取向和社会智慧构成了社会心态的基本内容，就像一栋大厦的屋顶和墙壁那样，那么，精神支柱就是支撑这个大厦的大梁，精神支柱由社会理想和社会信仰构成。"①

后续的研究中，马广海将社会心态测量的基本维度分为："社会情绪、社会认知、社会价值观和社会行为意向。社会情绪是社会心态构成成分中的感情性因素，是指社会成员对于各种社会现象的感情性反应或评价。社会认知，即群体或社会中人们对某些社会现象的相对一致的认识或理解；社会价值观是社会成员用来评价行为、事物以及从各种可能的目标中选择自己合意目标的准则；社会行为意向是社会心态构成中的行为成分，但不是行为本身，它是行为的准备状态。"② 马皑将社会心态分为七维结构："对社会现状的看法、对未来的看法、对社会不公的看法、有关人际信任的态度、归因方式、相对剥夺感与社会压力感等。"③ 同时，侯静提出，"社会需求、社会情绪、社会共识、社会价值取向和社会行为倾向存在内在逻辑关联而建构成为社会心态。"④

二 社会心态的指标体系

中国社会科学与社会学研究所社会心理学研究中心研发了"社会心态测量和指标体系"框架和测量工具，其基本的指标体系包括：一级指标、社会需求和动机、社会认知、社会情绪、社会价值观和社会行动五个方面，任何一个一级指标有多个二级指标作为子集。这一方法被学者王俊秀、刘红霞和全建刚等人使用过。而学者王益富、潘孝富参照中国社科院、中科院心理研究所及王俊秀等人（2007）的研究，确定以："生活满

---

① 龙宣萍：《论研究社会心态问题的意义与方法》，《贵州大学学报》（社会科学版）2000年第4期。
② 马广海：《论社会心态：概念辨析及其操作化》，《社会科学》2008年第10期。
③ 马皑：《中国人心态扫描》，中国政法大学出版社2010年版，第15—38页。
④ 侯静：《社会转型中社会心态的理论内涵、逻辑建构及变迁》，《北京社会科学》2022年第4期。

意感、社会压力感、政府信任感、社会公平感、社会安全感和社会问题感六个方面的测量指标对社会心态进行测量。"①

针对海南社会心态的研究，曾先锋和刘红霞自编了《海南人社会心态调查问卷》。问卷分为两部分，即："当地人的基本情况和社会心态测试项目：基本情况包括性别、年龄、学历、所在单位性质、收入水平等内容；测试项目主要是当地人对当前海南政策、经济、民生等社会热点问题认知评价、对生活现状、社会问题的情绪态度以及社会行为倾向三个方面。"②刘红霞也使用过王颖编制的社会心理量表进行测评，该量表包括："社会认知、社会情绪、社会价值观、社会行为倾向4个一级维度。其中，社会认知包括社会认同感、社会信任感、社会安全感和社会公正感4个二级维度；社会情绪包括乐观、自豪和冷漠3个二级维度；社会价值观包括择业观、爱情观和社会观3个二级维度；社会行为倾向包括社会参与和社会排斥2个维度，共计12个维度30个二级项目。"③刘红霞也在已有研究的基础上自编《海南黎族青年社会心态调查问卷》测试项目，测试黎族青年对当前海南自贸港知识，尤其涉及黎族地区政策、民生等热点问题的认知、情绪体验以及社会行为倾向三个方面。而高懿在调查过程当中选取的指标非常多，包含生活压力感、生活安全感等对当前社会问题的主观认知、对海南省相关政策的认知程度、对政府信息发布公众的满意度、对政府信息发布的不同内容的态度、对海南自贸区（港）建设的态度等。

本研究在建构社会心态指标体系的基础上，编制了海南社会心态调查问卷，并在海南地区开展了社会心态调查，以此来了解自贸港背景下海南社会心态现状，以期结合大数据平台对海南地区进行动态的社会心态监测。

---

① 王益富、潘孝富：《中国人社会心态的经验结构及量表编制》，《心理学探新》2013年第1期。

② 曾先锋、刘红霞：《疏导与培育：自由贸易港建设对海南人社会心态的新要求》，《武汉工程职业技术学院学报》2020年第3期。

③ 刘红霞：《自贸港建设背景下海南当地人社会心态培育研究》，《知识经济》2020年第3期。

三　社会心态的培育路径

培育积极向上的社会心态、探索社会心态培育路径是研究者们关注的重要内容。从对社会心态培育的研究对象来看，大致分为对某特定群体的社会心态培育和对整体社会心态的培育两类，其中，现有研究最多的为青年群体的社会心态培育。

欧阳瑜华以大学生群体为研究对象，提出，"无论培育哪种积极社会心态都应该遵多样性与主导性相结合、理论性和现实性相结合、整体性与个体性相结合、疏和导相结合的原则。并提出通过理论灌输、制度约束、现实需要关照等方面对大学生在思想和心理这两方面存在的问题及时进行疏通，为大学生积极社会心态的培育扫清障碍。"① 马光焱则认为，"当代大学生良好社会心态培育的路径选择要以社会需求为大学生社会心态培育的出发点，以社会认知能力为大学生社会心态培育的基础，以社会情绪调控为大学生社会心态培育的手段，以核心价值观念为大学生社会心态培育的重点。"② 郭志荣也提出，"营造积极向上的社会环境、校园环境、家庭环境、朋辈环境对大学生积极社会心态培育至关重要。"③ 王云提出，"大学生积极社会心态的培育策略包括把握时代发展的特征、贴近学生的精神诉求、注重社会舆论的引导等方面。"④

以青年群体为研究对象的学者张晓庆提出，"青年积极社会心态的培育路径有：（1）固牢基础：提升社会治理能力解决社会矛盾，加强文化滋养，突出价值引领。（2）推动关键：强化网络媒介和商业运营监管，注重舆论引导，净化传播载体。（3）强化重点：提高媒介素养推进个体行为建设，主动调节情绪，形成正确认知。"⑤ 张东方认为，"培育青年社会心态需要通过心理疏导解决现实社会问题、促进现实空间和虚拟网络空间相结

---

① 欧阳瑜华：《当代大学生积极社会心态培育》，博士学位论文，中国地质大学，2017年。
② 马光焱：《当代大学生良好社会心态培育研究》，博士学位论文，东北师范大学，2017年。
③ 郭志荣：《大学生积极社会心态培育研究》，硕士学位论文，东北师范大学，2019年。
④ 王云：《"讲好中国故事"背景下大学生积极社会心态培育研究》，《湖北开放职业学院学报》2022年第7期。
⑤ 张晓庆：《"丧文化"背景下的青年积极社会心态培育研究》，《青年教育》2019年第6期。

合、理顺社会心态和群众情绪三方面进行。"① 冯刚和孙贝二位学者则提出,"要聚焦青年社会心态培育的关切点,把握青年社会心态培育的矛盾点,提升青年社会心态培育的幸福感,以此来进行青年的社会心态培育。"②

从对社会心态培育的地域特点来看,有学者以地区为例进行社会心态培育路径的研究。其中,刘红霞对"海南人的社会心态培育路径进行了研究并提出培育策略应该从内因和外因来定义,她指出,主观是内因,直接影响事态的变化与发展。客观因素是外因,影响和促使主体的变化。"③ 曾先锋和刘红霞在研究中指出,"海南自贸港建设过程中良好的社会心态的培育包括:(1)政府层面:增加居民获得感和社会归属感,夯实社会心态培育基础;(2)个体层面:优化知识结构,提升社会认知和心理调控能力。"④

对整体社会层面做出相关研究的学者王俊秀提出,"社会心理建设包含2个路径:其一是个体心理建设,其二是群体心理建设,或者是社会心态培育和狭义的社会心理建设。其中个体心理建设更多地关注个体发展,包括一个人成长过程中的身心健康和健康人格的养成以及在不同人生阶段所经历的。而狭义的社会心理建设,也就是从社会心态培育转化为社会心理建设。"⑤ 李东坡认为,"社会心态的培育要做到以社会主流意识形态为主导、以中国特色社会主义为依据、以人的全面自由发展为方向、以思维的方式性变革为依托以及以思想政治教育介入为平台。"⑥ 唐晋提出,"培育社会心态要夯实培育积极社会心态的物质基础、完善培育积极社会心态的体制机制建设、加强思想政治工作发挥文化优势着力培育核心价值观、

---

① 张东方:《青年理性平和社会心态培育的逻辑理路》,《观察思考》2021年第5期。
② 冯刚、孙贝:《青年理性平和社会心态培育的逻辑与实践进路》,《西北工业大学学报》(社会科学版)2022年第3期。
③ 曾先锋、刘红霞:《疏导与培育:自由贸易港建设对海南人社会心态的新要求》,《武汉工程职业技术学院学报》2020年第3期。
④ 刘红霞:《自贸港建设背景下海南当地人社会心态培育研究》,《管理纵横》2019年第3期。
⑤ 王俊秀:《从社会心态培育到社会心理建设》,《北京工业大学学报》(社会科学版)2015年第4期。
⑥ 李东坡:《复杂社会条件下社会心态培育研究》,博士学位论文,兰州大学,2015年。

加强社会心理服务体系建设、注重社会心理疏导。"①

此外，俞国良、靳娟娟对疫情期间如何培育社会心态的路径进行研究。他们认为，"疫情期社会心态培育的途径包括大力提升人民的国家满意度、大力提升人民的国家满意度、强化经济发展为人民幸福感服务的理念、充分发挥文化的软实力作用、重视全社会的心理健康教育、研推高新技术产品等6个方面。"②

第四节　社会心态的研究趋势

在中国知网（CNKI）中，将"主题"设置为"社会心态"进行检索，截至2022年7月6日，共检索出中文各类文章4002条，外文各类文章13298条。利用中国知网的文献计量功能，分析我国关于社会心态的研究概览。

一　发文数量的年份变化

发文数量的年份变化可以反映相关方向的研究热度的变化，也体现出在一特定的时间点社会对该方向的需求。统计有关"社会心态"的研究成果的年份变化，结果显示如图1-2：

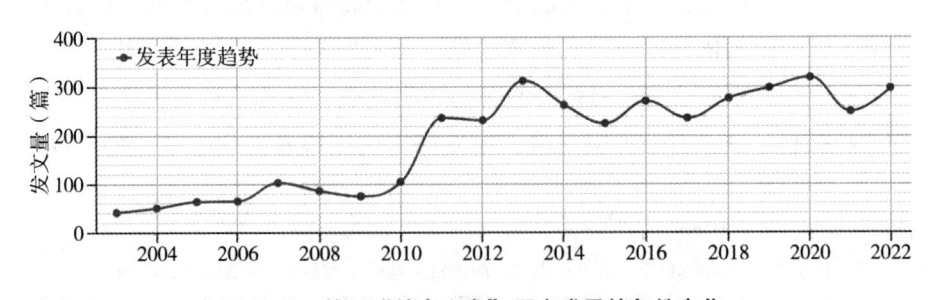

图1-2　关于"社会心态"研究成果的年份变化

如图1-2所示，我国学界关于"社会心态"的研究成果，从2011年

---

① 唐晋：《新时代积极社会心态培育研究》，硕士学位论文，湖南中医药学院，2018年。
② 俞国良、靳娟娟：《加强疫情期健康社会心态培育》，《首都治理》2020年第7期。

开始有较大提升,说明这一时期我国社会对"社会心态"的探索需求较为强烈。随后保持较为稳定的状态。2022 年上半年的发文数量达到 297 篇,呈现增长的趋势。

二 主题词共现

在所有关于"社会心态"的研究成果中,统计这些成果中所涉及的主题词的共现情况,如图 1-3 所示:

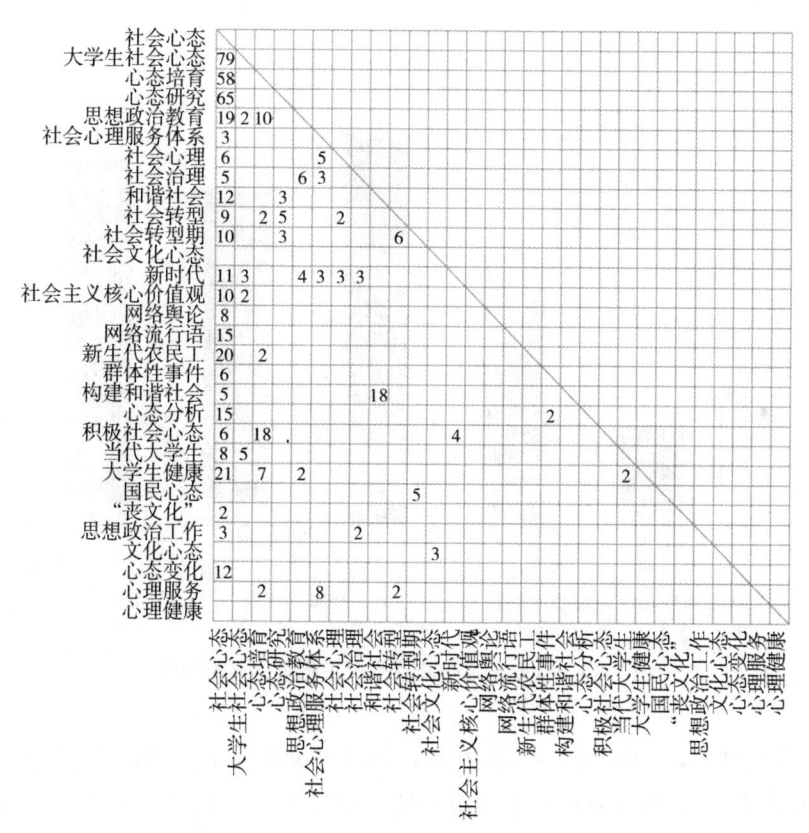

图 1-3 "社会心态"的主题词共现统计

从图 1-3 可知,涉及社会心态的主题词涵盖了教育学、心理学、哲学、社会学等学科,构建和谐社会、社会心理服务体系、社会转型期、心理健康、大学生社会心态,是社会心态研究的主要主题词。学者们的关注点从不同群体的心理健康到宏观社会心态推进，再到怎样培育优良的社会心态，建构出一个动态和谐的社会。这一方面印证了社会心态是一个多学科研究的交叉主题，有不同背景的学者对其进行了研究。另一方面也说明了社会心态是一个内涵十分丰富的概念，不同的学者对其有不同的看法。

三 研究趋势

图1-4为截至2022年7月1日，中国知网上检索的有关社会心态研究成果中主题词的年份变化情况。

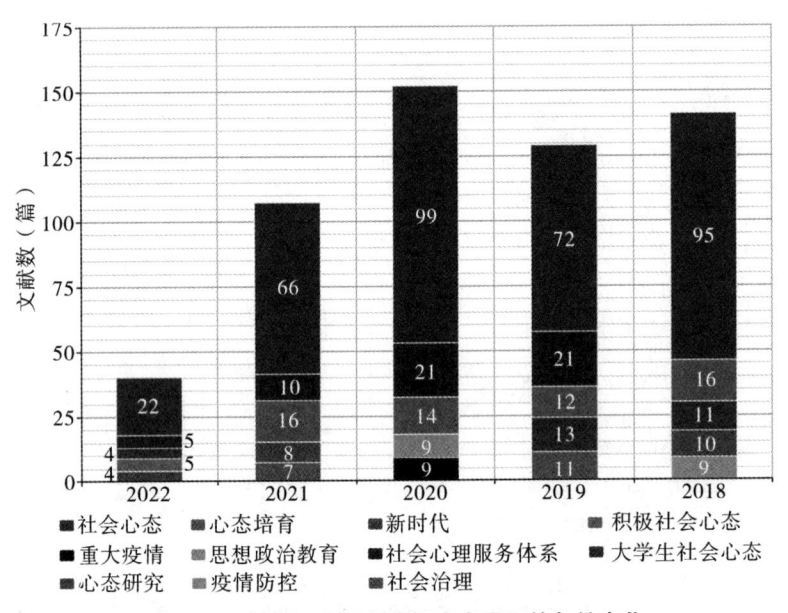

图1-4 社会心态研究成果中主题词的年份变化

从图1-4的柱状图中可以看出，2020年对社会心态的研究相对较多，而2019年、2020年对社会心理服务体系的研究文献较多，2021年有所下降，但总体上两个方面的相关研究成果都不算多。另外，部分研究成果集中在心态培育、结合新时代背景、疫情、社会治理等方面，缺乏对海南地区自贸港背景下的社会心态和心理服务体系研究。

从研究对象上看，现有研究缺乏对公务员、事业单位人群、新社会阶层、"候鸟"群体及个体从业者的社会心态研究。有关社会心态监测的研究成果较少，缺乏对海南地区自贸港背景下的社会心态和心理服务体系研究。因此需要从研究内容和研究对象上对已有的研究做出补充。

四 自贸港建设背景下海南社会心态研究展望

目前国内外对社会心态没有统一的概念界定，使得不同研究的评价标准存在差异，不利于社会心态的整体研究。测量方式较为单一，没有进行更深层次的研究。对于特色群体及海南自贸港等特殊经济地区的研究不够深入，或只是单纯研究当地的社会心态，对如何建构社会心态体系，建构社会心态监测系统等都没有较深的研究。

鉴于海南自贸港建设的研究背景，学者刘红霞认为，"外省人来琼和政府一系列改革措施的出台必将引起海南社会变化，从而产生复杂、多变的社会心态。对于并没有享受到自贸港建设实际利益的海南当地人来说，买不起的高价房、买车要摇号、高于一线城市的物价、较低的工资收入都可能激起负面社会心态。相关优惠政策并不惠及本省的人才和大学生，从而使本省人才会流向外省抑或消极怠工。"[①] 高懿提出，"目前海南省的社会心态整体处于一种相对平稳、持续向上发展的阶段，海南本土居民对于社会认同感个社会信任感具有提升，但是社会发展不平衡，强化弱势心态、基本道德失范，社会诚信缺失、经济快速增长，幸福指数不高、贫富差距拉大，社会公平感降低等一系列的社会问题的出现，使得海南省的社会心态走向出现偏差，整体的社会风气不利于培育良好社会心态。"[②]

海南省处于建立自贸港的关键时期，大量外来人才引进，一系列的相关政策出台，这时，对海南本地人以及外来人口社会心态的调研以及建构社会心态相关的监测方法，构建培育良好的社会心态显得尤为重要。这就需要我们从多角度出发，采用定性研究和定量研究相结合、宏观研究和微观研究相结合的方法，系统地对海南社会心态进行研究，为海南自贸港的建设提供相关的理论依据，为政府更好地培育健康的社会心态以及更多的利民政策落地做出扎实的理论基础，从而更好地为人民谋幸福。

---

① 刘红霞：《自贸港建设背景下海南当地人社会心态培育研究》，《知识经济》2020年第3期。
② 高懿：《政府信息发布与本土居民社会心态培育研究》，硕士学位论文，海南师范大学，2020年。

第二章　社会心态量表编制

为更准确地对自贸港建设背景下海南各群体的社会心态进行测量，本研究根据海南实际情况，因地制宜地编制了海南社会心态量表。该量表的编制分为两部分：第一部分为初始量表的编制，包括项目分析和探索性因子分析，在此基础上对项目进行删改和调整；第二部分是调整后正式量表的相关检验，包括信度、效度（内容效度和结构效度）、验证性因子分析（结构方程模型 SEM）。

第一节　海南社会心态的指标体系构建

国内学者对社会心态的结构有不同的建构方法。程家明将社会心态划分为五维结构，分别为本能和需要、性格和态度、认识和评价、意志和选择、文化和传统。[①] 刘崇顺认为，社会心态应该从内隐机制和外显系统划两个维度进行划分，其中，内隐机制包含社会需求、社会动机、社会情感和社会态度等，外显系统包含社会舆论、社会风俗、社会时尚、社会习惯等。[②] 中国社会科学与社会学研究所社会心理学研究中心多年来研发的"社会心态测量和指标体系"包括社会需求和动机、社会认知、社会情绪、社会价值观和社会行动 5 个一级指标，每个一级指标下包含若干二级指标。而学者王益富、潘孝富参照中国社会科学院、中国科学院心理研究所及王俊秀等人的研究，确定了生活满意感、社会压力感、政府信任感、社会公平

---

① 程家明：《关于社会心态研究的述评》，《学术研究》2009 年第 7 期。
② 刘崇顺：《社会转型与心理变迁》，武汉出版社 1997 年版，第 73 页。

感、社会安全感和社会问题感 6 个方面的测量指标对社会心态进行测量。[①]

针对海南社会心态的研究，刘红霞通过王颖编制的社会心理量表对海南社会心态进行测评，该量表包括社会认知、社会情绪、社会价值观、社会行为倾向 4 个一级维度。其中，社会认知包括社会认同感、社会信任感、社会安全感和社会公正感 4 个二级维度；社会情绪包括乐观、自豪和冷漠 3 个二级维度；社会价值观包括择业观、爱情观和社会观 3 个二级维度；社会行为倾向包括社会参与和社会排斥 2 个维度，共计 12 个维度 30 个二级项目。

本书以社会心态相关理论为基础，参考上述社会心态的结构指标，结合海南自贸港的发展背景，将社会心态测量指标确定为 9 个维度（见图 2-1），分别是社会认知、社会需要与动机、社会情绪、社会信任、社会认同、社会群体获得感、社会适应、社会价值和社会行为。然后在维度的构想下进行项目编制，其中社会认知包括对自贸港政策的认知和对自我的认知；社会需要与动机包括需要满足、社会期待、社会动机 3 个方面；社会情绪主要是基本情绪、复合情绪、情感氛围；社会信任包含政府信任感、社会保障；社会认同指身份认知、情感认知和内外对比；社会群体获得感包括经济获得感、民生获得感、政治获得感、精神获得感；社会适应包含社会环境适应、社会人际适应、社会生活适应；社会价值包括国家价值、社会价值、个人价值、核心价值；社会行为主要有行为动机激活、行为意义、行为规则、亲社会行为、公共参与 5 个方面。

第二节　初始量表的编制与修订

将初始问卷小范围发放进行初测，收集相关数据进行项目分析和探索性因素分析，确定每个项目的载荷和维度对应情况。对维度对应和设想存在较大、语义有分歧、存在引导性的项目进行调整，使量表符合规范，更加可靠，形成正式问卷。

[①] 王益富、潘孝富：《中国人社会心态的经验结构及量表编制》，《心理学探新》2013 年第 1 期。

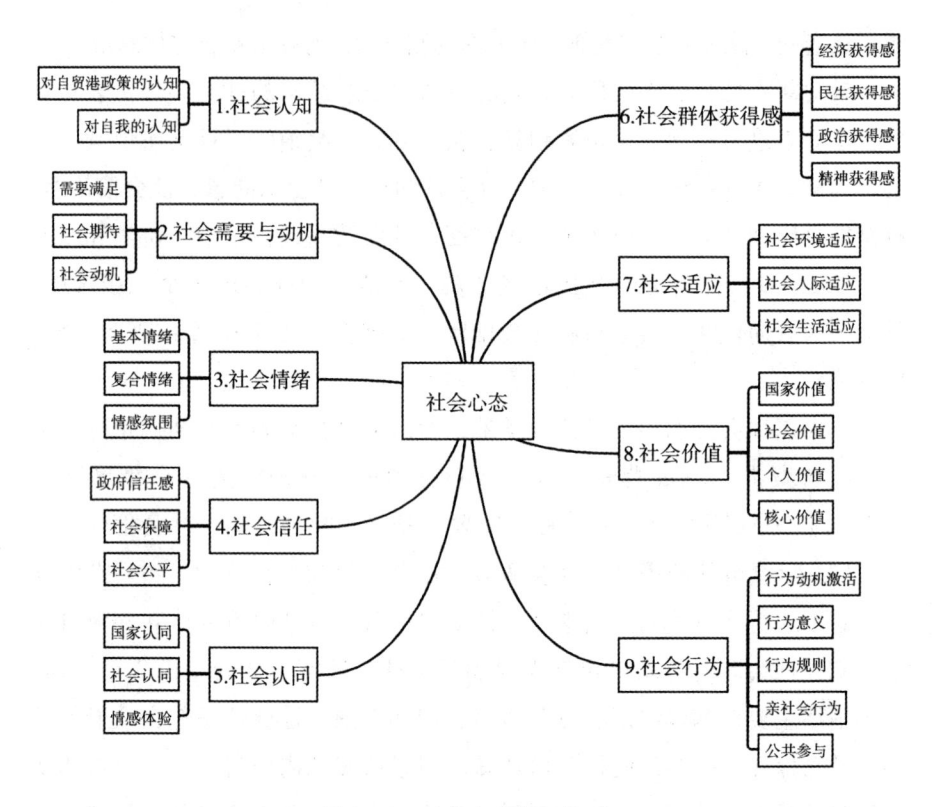

图 2-1 社会心态指标体系

一 初始量表编制

参考国内外已有的社会心态测量问卷，根据语言简明、浅显易懂等条目编制原则，结合已划分的 9 个维度进行条目编制。经项目团队对编制的条目进行集体讨论和评估，确定海南社会心态初始量表由 9 个维度 47 个条目构成。

其中社会认知包括 5 个项目（A1—A5），分别是对自贸港政策的认知 3 个项目（A1、A2、A3）、对自我的认知 2 个项目（A4、A5）；社会需要与动机包括 6 个项目（B6—B11），有需要满足 2 个项目（B6、B7）、社会期待 3 个项目（B8、B9、B10）、社会动机 1 个项目（B11）；社会情绪包括 5 个项目（C12—C17），分别是基本情绪 1 个项目（C12）、复合情绪 2 个项目（C13、C14）、情感氛围 2 个项目（C15、C16）；社会信任包括 5

个项目（D17—D21），有政府信任感 2 个项目（D17、D18）、社会保障 1 个项目（D19）、社会公平 2 个项目（D20、D21）；社会认同包括 5 个项目（E22—E26），分别是国家认同 2 个项目（E22、E23）、社会认同 1 个项目（E24）、情感体验 2 个项目（E25、E26）；社会群体获得感包括 5 个项目（F27—F31），有经济获得感 1 个项目（F27）、民生获得感 2 个项目（F28、F30）、政治获得感 1 个项目（F29）、精神获得感 1 个项目（F31）；社会适应包括 5 个项目（G32—G36），分别是社会环境适应 1 个项目（G32）、社会人际适应 2 个项目（G33、G34）、社会生活适应 2 个项目（G35、G36）；社会价值包括 5 个项目（H37—H41），有国家价值 1 个项目（H37）、社会价值 2 个项目（H38、H40）、个人价值 1 个项目（H39）、核心价值 1 个项目（H41）；社会行为包括 6 个项目（I42—I47），分别是行为动机激活 1 个项目（I42），行为意义 1 个项目（I43），行为规则 1 个项目（I44），亲社会行为 1 个项目（I45），公共参与 2 个项目（I46、I47）。

该量表为自陈式多维量表，采用李克特五点计分，从"不符合""不太符合""不确定""比较符合""非常符合"5 个选项中选择与自己情况相符的一项。计分原则：从"不符合"到"非常符合"分别记 1、2、3、4、5 分。

二 初试测量的被试分布

采用网络形式进行问卷发放，随机抽取海南省内 230 名被试进行海南社会心态初始量表的施测，被试构成情况见表 2-1。

表 2-1　　　海南社会心态量表初测被试分布（n=230）

变量	水平	人数	百分比（%）	累计百分比（%）
年龄	25—34 岁	69	30.000	30.000
	35—44 岁	60	26.087	56.087
	24 岁及以下	59	25.652	81.739
	45—54 岁	30	13.043	94.783
	55—64 岁	11	4.783	99.565
	65 岁及以上	1	0.435	100.000

续表

变量	水平	人数	百分比（%）	累计百分比（%）
性别	女	162	70.435	70.435
	男	68	29.565	100.000
民族	汉族	185	80.435	80.435
	黎族	34	14.783	95.217
	回族	7	3.043	98.261
	其他	4	1.739	100.000
子女	两名子女及以上	159	69.130	69.130
	一名子女	56	24.348	93.478
	其他	15	6.522	100.000
婚姻状况	已婚	132	57.391	57.391
	未婚	91	39.565	96.957
	离异	6	2.609	99.565
	丧偶	1	0.435	100.000
文化	大学/大专	184	80.000	80.000
	高中/中专	20	8.696	88.696
	研究生	13	5.652	94.348
	初中	9	3.913	98.261
	小学	2	0.870	99.130
	小学以下	2	0.870	100.000
工作	稳定	159	69.130	69.130
	其他	56	24.348	93.478
	离退休	10	4.348	97.826
	离职	5	2.174	100.000
职业	事业单位/公务员/政府工作人员	71	30.870	30.870
	学生	46	20.000	50.870
	其他	41	17.826	68.696
	专业人士（教师、医生、律师等）	26	11.304	80.000
	公司职员	22	9.565	89.565
	农民	8	3.478	93.043

续表

变量	水平	人数	百分比（%）	累计百分比（%）
职业	工人	7	3.043	96.087
	私营业主	7	3.043	99.130
	自由职业（作家、摄影师等）	2	0.870	100.000
家庭	夫妻、子女、老人	73	31.739	31.739
	夫妻、子女	63	27.391	59.130
	其他	49	21.304	80.435
	独自居住	25	10.870	91.304
	夫妻二人	20	8.696	100.000
月收入	2000—4000 元	86	37.391	37.391
	2000 元以下	54	23.478	60.870
	4000—6000 元	53	23.043	83.913
	6000—10000 元	25	10.870	94.783
	10000 元以上	12	5.217	100.000
合计		230	100.000	100.000

小样取样结果显示，由于问卷发放过程中存在不可抗因素，被试分布存在部分不均匀的情况。

三 初测数据正态性检验

由于数据要进行大量的参数检验，所以数据是否为正态分布需要进一步验证。对数据进行 Shapiro-Wilk（小数据样本，一般样本数为 5000 以下）查看其显著性，若不呈现出显著性（p 值大于 0.05 或 0.01，严格为 0.05，不严格为 0.01），说明符合正态分布，反之说明不符合正态分布。结果显示（表 2-2），数据并不符合严格的正态分布。

表 2-2　　　　　　初测数据正态性检验（n=230）

项目	平均值	标准差	偏度	峰度	S-W 检验
A 社会认知	17.378	4.038	-0.297	0.361	0.975（0.000***）

续表

项目	平均值	标准差	偏度	峰度	S-W检验
B 社会需要与动机	25.087	3.965	-1.440	4.068	0.894（0.000***）
C 社会情绪	18.448	3.387	-0.416	1.331	0.962（0.000***）
D 社会信任	18.504	4.000	-0.629	1.039	0.953（0.000***）
E 社会认同	22.078	2.997	-1.348	3.735	0.844（0.000***）
F 社会群体获得感	17.696	4.322	-0.323	0.174	0.965（0.000***）
G 社会适应	19.830	3.464	-0.357	0.488	0.943（0.000***）
H 社会价值	21.417	3.304	-0.916	1.591	0.875（0.000***）
I 社会行为	25.030	4.170	-0.675	0.784	0.900（0.000***）
总分	185.47	26.131	-0.638	2.445	0.965（0.000***）

注：*** 表示 $p<0.001$。

通常现实研究情况下很难满足检验，对样本进一步研究，样本峰度绝对值小于10并且偏度绝对值小于3，结合正态分布直方图、PP图可以描述为基本符合正态分布（见图2-2）。

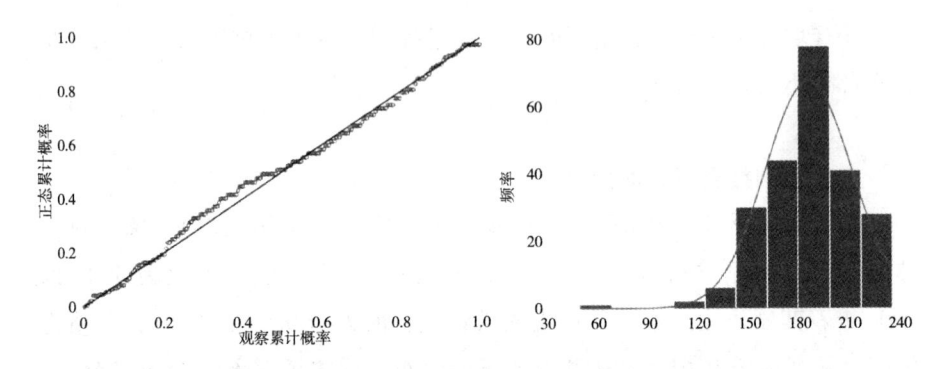

图2-2 海南社会心态量总分PP图和正态直方图

四 项目分析

项目分析主要有两种方法：一种是计算各项得分与总分之间的相关；另一种是计算项目的临界比率方法。通过对本研究的数据分析，从项目得分与总分相关显著来看，保留与总分相关大于等于 0.3 的项目，删除与总分相关小于 0.3 的项目。数据结果显示，可以考虑将项目 C13 与项目 C16 删除。

计算项目的临界比率（CR）值以确定题项的区分度，首先算出每个被试的问卷总分，然后对总分进行排序，采用 27% 的高分组，27% 的为低分组来进行独立样本 t 检验，如果 CR 值没有达到显著标准，说明该题无法对不同被试的反应程度进行鉴别，应当被删除。

在本研究中，除 C13 项目（t = -0.936，p = 0.351）以外，其他项目高分组、低分组差异检验值均达到显著，只需删除项目 C13。因此，综合项目分析的两种方法，在本研究中删除 C13 项目，其他项目不删除。

五　探索性因素分析

通过对数据进行 KMO 和 Bartlett 的检验，判断是否可以进行因子分析。对于 KMO 值：0.9 以上表示非常合适做因子分析，0.7—0.9 表示适合，0.6—0.7 表示尚可，0.5—0.6 表示差，0.5 以下应该放弃。结果表明，本次研究的 KMO 值为 0.93，非常适合使用因子分析。对于 Bartlett 的检验，显著性小于 0.001，拒绝原假设，说明各变量间具有相关性，可以进行探索性因素分析，结果见表 2-3。

表 2-3　　　　　　　　项目公因子方差表

成分	初始特征根			旋转后方差解释率		
	特征根	方差百分比（%）	累计（%）	特征根	方差百分比（%）	累计（%）
1	18.657	39.695	39.695	9.481	20.173	20.173
2	4.771	10.151	49.846	5.020	10.681	30.854
3	2.319	4.933	54.779	4.759	10.126	40.98
4	1.701	3.619	58.398	2.812	5.983	46.963
5	1.439	3.062	61.46	2.723	5.793	52.756
6	1.374	2.923	64.383	2.530	5.383	58.139
7	1.218	2.591	66.975	2.478	5.273	63.412
8	1.012	2.154	69.128	1.977	4.206	67.618
9	0.978	2.081	71.21	1.688	3.591	71.209

由表 2-3 可见，前 8 个公因子的特征值都大于 1，且解释的累计方差达到了 69.128%，也就是说，总体近 70% 的信息可以由这 8 个公共因子来解释。最后一栏"旋转方差解释率"表示经过最大正交法因子旋转后得到的新公因子的方差贡献值、方差贡献率和累计方差贡献率，可以看到和未经旋转相比，每个因子的方差贡献值有变化。

第三节 正式施测与量表的信效度检验

在初测结果的分析基础上，对存在问题的项目进行调整，最终得到正式量表。大范围发放问卷，收集大量个体样本数据。使用样本数据对量表进行信效度分析，进一步确定量表在实际中的测量效果。验证性因素分析的结果可以确定最初模型假设和实际情况的拟合程度。通过上述结果，为海南社会心态量表的使用和推广提供数据和理论支持。

一 初测后调整

对 A4、A5、D18、E22、I42、I46 进行表述上的调整，降低歧义和误导。用备选项目替代 D21，将原 D21 划到社会群体获得感这一维度作为 F30，原有条目依次向后排序。

调整后的海南社会心态量表由 9 个因子 48 个条目构成。其中社会认知包括 5 个项目（A1—A5），分别是对自贸港政策的认知 3 个项目（A1、A2、A3）、对自我的认知 2 个项目（A4、A5）；社会需要与动机包括 6 个项目（B6—B11），有需要满足 2 个项目（B6、B7）、社会期待 3 个项目（B8、B9、B10）、社会动机 1 个项目（B11）；社会情绪包括 5 个项目（C12—C17），分别是基本情绪 1 个项目（C12）、复合情绪 2 个项目（C13、C14）、情感氛围 2 个项目（C15、C16）；社会信任包括 5 个项目（D17—D21），有政府信任感 2 个项目（D17、D18）、社会保障 1 个项目（D19）、社会公平 2 个项目（D20、D21）；社会认同包括 5 个项目（E22—E26），分别是国家认同 2 个项目（E22、E23）、社会认同 1 个项目（E24）、情感体验 2 个项目（E25、E26）；社会群体获得感包括 5 个项目（F27—F31），有经济获得感 1 个项目（F27）、民生获得感 2 个项目

(F28、F31)、政治获得感分 1 个项目 (F29、F30)、精神获得感 1 个项目 (F32);社会适应包括 5 个项目 (G33—G37),分别是社会环境适应 1 个项目 (G33)、社会人际适应 2 个项目 (G34、G35)、社会生活适应 2 个项目 (G36、G37);社会价值包括 5 个项目 (H38—H42),有国家价值 1 个项目 (H38)、社会价值 2 个项目 (H39、H41)、个人价值 1 个项目 (H40)、核心价值 1 个项目 (H42);社会行为包括 6 个项目 (I43—I48),分别是行为动机激活 1 个项目 (I43),行为意义 1 个项目 (I44),行为规则 1 个项目 (I45),亲社会行为 1 个项目 (I46),公共参与 2 个项目 (I47、I48)。

二 正式施测被试分布

采用线上与线下相结合的形式,随机抽取海南省内本地 1457 名居民作为调查对象,调查对象人口学分布情况见表 2 – 4。

表 2 – 4　　　　海南社会心态量表初测被试分布 (n = 1457)

变量	水平	人数	百分比 (%)	累计百分比 (%)
年龄段	35—44 岁	405	27.797	27.797
	25—34 岁	369	25.326	53.123
	24 岁及以下	346	23.747	76.870
	45—54 岁	206	14.139	91.009
	55—64 岁	87	5.971	96.980
	65 岁及以上	44	3.020	100.000
性别	女	908	62.320	62.320
	男	549	37.680	100.000
婚姻状况	已婚	853	58.545	58.545
	未婚	562	38.572	97.117
	离异	36	2.471	99.588
	丧偶	6	0.412	100.000

续表

变量	水平	人数	百分比（%）	累计百分比（%）
民族	汉族	1272	87.303	87.303
	黎族	139	9.540	96.843
	其他	27	1.853	98.696
	苗族	11	0.755	99.451
	回族	8	0.549	100.000
子女	两名子女及以上	775	53.191	53.191
	一名子女	395	27.111	80.302
	其他	287	19.698	100.000
文化	大学/大专	814	55.868	55.868
	高中/中专	276	18.943	74.811
	初中	204	14.001	88.813
	研究生	93	6.383	95.196
	小学	49	3.363	98.559
	小学以下	21	1.441	100.000
家庭	夫妻、子女	412	28.277	28.277
	夫妻、子女、老人	380	26.081	54.358
	其他	315	21.620	75.978
	独自居住	210	14.413	90.391
	夫妻二人	140	9.609	100.000
工作	稳定	975	66.918	66.918
	其他	350	24.022	90.940
	离退休	88	6.040	96.980
	离职	44	3.020	100.000
职业	事业单位/公务员/政府工作人员	239	16.404	16.404
	公司职员	227	15.580	31.984
	学生	227	15.580	47.563
	专业人士（教师、医生、律师等）	195	13.384	60.947
	其他	170	11.668	72.615
	农民	147	10.089	82.704

续表

变量	水平	人数	百分比（%）	累计百分比（%）
职业	私营业主	110	7.550	90.254
	工人	87	5.971	96.225
	自由职业（作家、摄影师等）	55	3.775	100.000
月收入	2000—4000 元	442	30.336	30.336
	4000—6000 元	379	26.012	56.349
	2000 元以下	315	21.620	77.968
	6000—10000 元	223	15.305	93.274
	10000 元以上	98	6.726	100.000
合计		1457	100.000	100.000

样本分布结果显示，样本人口学变量分布相对均匀。

三　数据正态性检验及信度检验

数据正态性检验。本次测量样本为 1457 名，为大样本数据，故采用 Kolmogorov-Smirnov（K-S）检验。结果显示，p 值均为 0.000，说明拒绝原假设（数据符合正态分布），该数据不满足正态分布。由于通常现实研究情况下很难满足检验，样本峰度绝对值小于 10 并且偏度绝对值小于 3，结合正态分布直方图、PP 图或者 QQ 图可以描述为基本符合正态分布。（详见第三章）

信度检验。本研究中针对海南心态量表进行了内部一致性、分半信度检验，检验结果见表 2-5。

表 2-5　　　　　　　　总量表可靠性统计

Cronbach's α 系数	标准化 Cronbach's α 系数	项数	样本数
0.958	0.958	48	1457

由表 2-5 可知，总量表的内部一致性系数 Cronbach's α 值为 0.955，分量表的内部一致性系数为 0.733、0.806、0.538、0.825、0.846、0.830、0.840、0.884，社会情绪分维度的内部一致性系数较低，使用分半信度检

验,得出折半系数(Spearman-Brown 系数)为 0.656。以上结果表明,海南社会心态量表总体上具有较好的信度。

四 效度检验

内容效度。本书研究中,海南社会心态量表是在大量相关文献及调查讨论结果的基础上构建理论框架,结合海南省现状的特点来编写的。总的来说,该问卷既有理论指导,又结合了实际情况,具有相对真实性。因此,该问卷的内容效度良好。

结构效度。本书研究中,量表的编制过程严格按照心理测量学、心理统计学的要求进行。首先对条目进行项目分析,在项目分析的基础上,对条目修订之后进行探索性因素分析和 Bartlett 球形检验,分析结果见表 2-6、表 2-7。

表 2-6 KMO 检验和 Bartlett 的检验结果

KMO 值		0.966
Bartlett 球形度检验	近似卡方	39573.287
	df	1128.000
	p	0.000***

注:*** 表示 p<0.001。

表 2-7 项目公因子方差表

成分	初始特征根			旋转后方差解释率		
	特征根	方差百分比(%)	累计(%)	特征根	方差百分比(%)	累计(%)
1	16.894	35.195	35.195	7.053	14.694	14.694
2	3.655	7.615	42.81	4.423	9.215	23.909
3	2.545	5.302	48.112	3.450	7.187	31.096
4	1.879	3.915	52.026	3.441	7.169	38.266
5	1.374	2.862	54.888	3.211	6.689	44.955
6	1.167	2.431	57.319	2.902	6.045	51
7	1.015	2.114	59.433	2.488	5.183	56.183

续表

成分	初始特征根			旋转后方差解释率		
	特征根	方差百分比（%）	累计（%）	特征根	方差百分比（%）	累计（%）
8	0.977	2.035	61.468	1.82	3.793	59.976
9	0.906	1.887	63.355	1.622	3.379	63.355
10	0.855	1.781	65.136			

由表2-6、表2-7可知，探索性因素分析结果显示：KMO=0.966，Bartlett球形检验统计量 $\chi^2=39573.287$，df=1128.000，p=0.000，远远小于显著水平p（0.05），且每个项目的因素负荷度都在0.4以上，问卷各维度的累计方差解释率为63.355%。量表划分为9个因子与理论结构相对应，本量表具有良好的结构效度。

因子之间的相关矩阵也可以作为检验结构效度的标准，因素旋转后的成分矩阵见表2-8。

表2-8　　　　　　　　因素旋转后的成分矩阵

项目	成分								
	1	2	3	4	5	6	7	8	9
H42	0.726								
I44	0.725								
I45	0.718								
I46	0.704								
H41	0.675								
H39	0.660								
I48	0.657								
H38	0.612								
I47	0.598								
I43	0.592					0.467			
H40	0.590					0.463			
G36	0.444								

续表

项目	成分								
	1	2	3	4	5	6	7	8	9
G37	0.433								
D18		0.768							
D17		0.735							
D19		0.669							
D20		0.607							
F30		0.594							
F29		0.483							
D21		0.423							
C12			0.727						
B7			0.679						
F28			0.673						
F32			0.611						
F31			0.430						
E23				0.744					
E22				0.730					
E25				0.576					
E24				0.549					
E26				0.494					
C14				0.416					
C15									
B10					0.782				
B9					0.774				
B8					0.633				
B11					0.583	0.466			
B6						0.659			
A4						0.64			
F27				0.459		0.521			
A5						0.400			

续表

项目	成分								
	1	2	3	4	5	6	7	8	9
G35							0.705		
G34							0.626		
G33							0.515		
C13								0.801	
C16								0.781	
A3								0.501	0.437
A1									0.700
A2		0.416							0.571

表2-8结果显示：量表中因子之间的相关系数在0.358—0.720，存在中低度相关；而各分量表与总量表之间的相关系数为0.678—0.841，存在中高相关。根据测量学原理，分量表与总量表间成中高相关，而各分量表之间应呈中低相关。

综上所述，本书研究中的海南社会心态量表的内容效度和结构效度符合要求，效度较高。

五 验证性因素分析

运用正式测验所收集的数据进行验证性因素分析，以进一步验证量表因素结构模型的有效性，采用极大似然法对本书研究模型拟合度进行检验。为保持总量表的构念完整性，并能顺利进行验证性因素分析，以单因素的题项作为该因素的测量指标，与多因素的因子作为该因素的测量指标，同时进入结构方程模型。在模型的数学计算中，前者直接以题项分数进入矩阵参与运算，而后者则是以多个题项的算数平均分进入矩阵参与运算。本书研究的最终结构模型见图2-3。

RSMEA是评价模型拟合度最常用的指标，是始终不需要基准线模型的绝对性指标。本书研究模型拟合指标具体结果见表2-9。

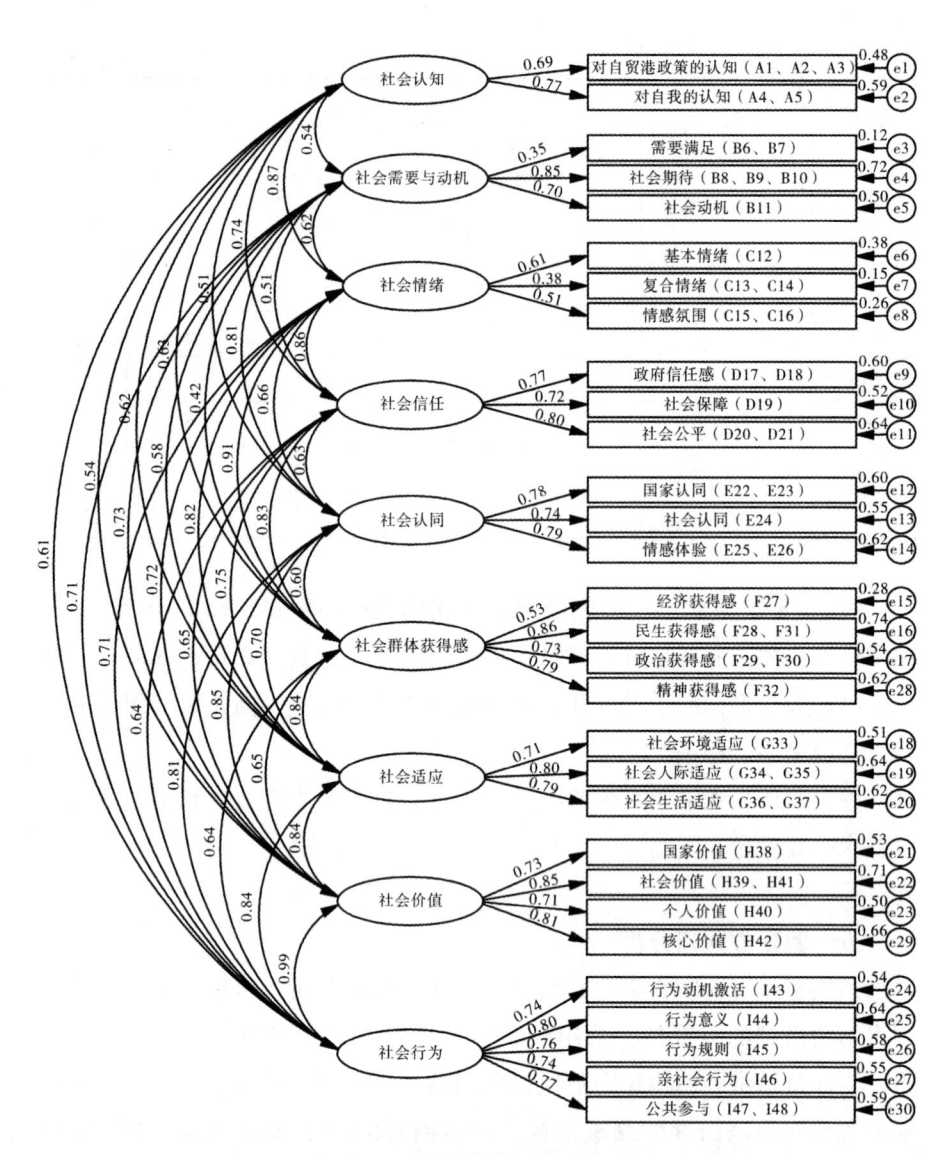

图 2-3　海南社会心态量表验证性因素模型图（SEM）

表 2-9　　　　　　　　　　模型拟合指标

指标	x^2	df	RMR	RMSEA	NFI	GFI	IFI	CFI	NNFI	x^2/df	p
值	3960.738	369	0.062	0.082	0.852	0.852	0.864	0.864	0.840	10.734	0.000
判断标准	—	—	<0.05	<0.10	>0.9	>0.9	>0.9	>0.9	>0.9	<3	>0.05

由表 2-9 可知，在本书研究中，RSMEA = 0.082，NFI = 0.852，IFI = 0.864，CFI = 0.864，

0.08 < RSMEA ≤ 0.1，表明本书研究模型拟合较好，结构模型最常用的指标拟合值 NFI（规准适配指数）、IFI（增值适配指数）、CFI（比较适配指数）在本书研究中也大于 0.8，能很好地支持构想理念的假设。

上述量表数据分析表明，海南社会心态量表具有良好的信效度，除部分因素还不够理想外，其整体达到使用标准，内部结构基本符合研究设想，可以通过此量表反映海南地区居民社会心态的现状。

第三章　海南社会心态总体研究

经过信度、效度以及验证性因子分析可知，海南社会心态量表具备良好的信度、内容效度和结构效度，结构模型的拟合度较高。因此，海南社会心态量表能够比较全面地反映海南自贸港建设进程中人民社会心态的现状。本章主要对量表的总分及九个维度展开深入分析和比较，包括海南自贸港建设下人民的社会心态整体状况分析、社会心态差异分析、社会心态相关分析。其中，社会心态整体状况分析包括被试的分布情况、问卷得分情况、问卷结果的正态性检验三个部分；社会心态差异分析主要包含社会心态问卷的九个维度及总分在人口学变量上的差异；社会心态相关分析包括社会心态问卷的九个维度及总分之间的相关关系。通过对社会心态整体状况分析、差异分析和相关分析这三个方面对社会心态进行整体性描述。

第一节　社会心态整体状况分析

本次研究中，随机抽取了海南省内1457名居民作为调查对象，调查对象人口学分布情况详见第二章表2-4。研究对象总体上呈现出以下特点：在性别上，调查对象性别女性多于男性；在年龄变量上，35—44岁群体的占比最多；在民族变量中，汉族群体为最大群体；在家庭子女数上，有两名子女及以上的群体占比最多；在文化水平变量中，大学/大专占比最高；家庭构成变量中占比最高的是夫妻、子女这一项，工作稳定的研究对象占比最高；在职业这个变量中事业单位/公务员/政府工作人员的占比最高；在收入变量上占比最高的为月收入2000—4000元群体。以下将基于本次研究对象进行社会心态数据分析。

一 社会心态问卷得分情况

采用 SPSS 对社会心态问卷的九个维度及总分进行得分情况统计分析，统计结果如表 3-1 所示。

表 3-1　　　　　　　社会心态总得分情况（n=1457）

	最小值	最大值	平均值	标准差
社会认知	1	5	3.31	0.82
社会需要与动机	1	5	4.14	0.78
社会情绪	1	5	3.56	0.64
社会信任	1	5	3.55	0.81
社会认同	1	5	4.30	0.70
社会群体获得感	1	5	3.53	0.81
社会适应	1	5	3.79	0.78
社会价值	1	5	4.14	0.74
社会行为	1	5	4.06	0.75
社会心态总分	48	270	183.60	27.95

由表 3-1 可知，海南自贸港建设进程中的社会大众（下文简称：海南社会大众）的社会认知均值为 3.31±0.82，处于中等偏上水平，表明海南社会大众对自贸港建设的相关政策比较了解；社会需要与动机均值为 4.14±0.78，处于偏上水平，表明海南社会大众对自贸港建设的期待值较高；社会情绪均值为 3.56±0.64，处于中等偏上水平，表明海南社会大众在自贸港建设大环境下情绪比较积极向上；社会信任均值为 3.55±0.81，处于中等偏上水平，表明在自贸港建设进程中，社会大众对各级政府具有较高的信任感；社会认同均值为 4.30±0.70，处于偏上水平，表明海南社会大众对国家颁布的关于自贸港建设的相关政策认同程度很高；社会群体获得感均值为 3.53±0.81，处于中等偏上水平，表明在自贸港建设的进程中，海南社会大众的经济、民生、政治、精神方面的获得感都得到了一定满足；社会适应均值为 3.79±0.78，处于中等偏上水平，表明在自贸港建

设的社会背景下，海南社会大众对社会环境、人际、生活的适应程度良好；社会价值均值为 4.14±0.74，处于偏上水平，表明自贸港建设能够较好地满足海南社会大众的自我实现需求与社会贡献需求；社会行为均值为 4.06±0.75，处于偏上水平，表明自贸港建设的社会行为准则体系建立较完善，自贸港建设下海南社会大众的公共参与、社会行为较多；社会心态总分均值为 183.60±27.95，处于偏上水平，这表明从整体上讲，社会大众在海南自贸港建设进程中对自贸港建设持有比较积极、理性的认识，保持了良好的社会心态。

二 社会心态问卷结果正态性检验

本次测量样本为 1457 名，为大样本数据，故采用柯尔莫戈洛夫-斯米诺夫（K-S）检验，结果如下表 3-2。

表 3-2　社会心态各维度的 K-S 正态性检验结果

	统计量	df	p
社会认知	0.06	1457	<0.01
社会需要与动机	0.14	1457	<0.01
社会情绪	0.08	1457	<0.01
社会信任	0.07	1457	<0.01
社会认同	0.16	1457	<0.01
社会群体获得感	0.06	1457	<0.01
社会适应	0.10	1457	<0.01
社会价值	0.12	1457	<0.01
社会行为	0.11	1457	<0.01
总分	0.04	1457	<0.01

由表 3-2 可知，社会心态各维度数据的正态性检验结果的统计量分别为：0.06、0.14、0.08、0.07、0.16、0.06、0.10、0.12、0.11、0.04，p 值均小于 0.01，即在 K-S 检验中数据为非正态。但由于 K-S 检验在样本量较大时检测结果太过敏感，只要数据稍有偏离，p 值就会小于 0.05，检验

结果倾向于拒绝原假设，认为数据不服从正态分布。因此，在本书研究样本量充足的情况下，需要结合 P-P 图和直方图来考察数据的正态性。本书研究的 P-P 图和直方图见图 3-1。

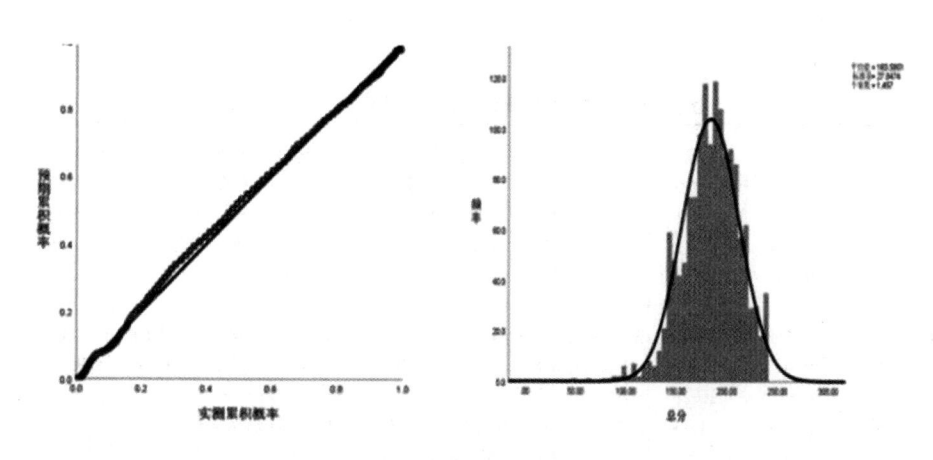

图 3-1　各维度总分的正态性检验

图 3-1 的 P-P 图和直方图结果显示数据可认为近似正态，因此在本研究样本量充足的情况下结合 K-S 检验和 P-P 图以及直方图结果，可以认为社会心态各维度数据近似服从正态分布。

第二节　海南自贸港建设下人民社会心态差异分析

本书研究将性别、年龄、婚姻状况、民族、子女、文化水平、家庭状况、工作、职业、收入共十项可能对社会心态产生影响的人口学因素作为自变量，将社会心态的九个不同维度以及总分共十项作为因变量，研究海南社会大众的不同社会心态维度在人口学变量上的差异性。通过统计分析发现，社会心态总分以及各维度在性别上虽略有差别，但均未呈现显著差异（$p > 0.05$），在年龄、婚姻状况等其他人口学变量上呈现了不同程度的显著差异。

一　年龄因素

将社会心态各维度得分及总分在年龄这一人口学变量上进行单因素方差分析，最终结果如表3-3所示。

表3-3　　社会心态各维度在年龄上的差异分析（M±SD）

	社会认知	社会需要与动机	社会情绪	社会信任	社会认同	社会群体获得感	社会适应	社会价值	社会行为	总分
24岁及以下	3.29±0.77	4.09±1.07	3.54±0.63	3.48±0.83	4.23±0.73	3.47±0.80	3.74±0.80	4.06±0.79	3.97±0.79	180.90±28.77
25—34岁	3.35±0.82	4.20±0.69	3.60±0.65	3.52±0.84	4.29±0.71	3.54±0.83	3.80±0.83	4.14±0.78	4.10±0.79	184.59±29.24
35—44岁	3.36±0.81	4.18±0.64	3.57±0.63	3.57±0.83	4.32±0.70	3.51±0.85	3.78±0.77	4.16±0.73	4.09±0.73	184.50±27.92
45—54岁	3.40±0.75	4.23±0.62	3.58±0.62	3.63±0.71	4.34±0.66	3.60±0.71	3.80±0.70	4.21±0.65	4.18±0.67	186.74±24.11
55—64岁	3.09±0.91	4.00±0.61	3.54±0.63	3.73±0.72	4.45±0.55	3.61±0.79	3.89±0.63	4.19±0.57	4.04±0.66	184.25±23.60
65岁及以上	2.57±0.89	3.55±0.75	3.28±0.81	3.54±0.91	4.26±0.88	3.55±0.81	3.79±0.79	3.95±0.70	3.75±0.77	172.09±31.93
F	9.91	7.21	2.04	1.87	1.70	0.89	0.61	1.96	4.01	2.87
p	<0.001***	<0.001***	0.071	0.097	0.133	0.485	0.695	0.082	0.001**	0.016*
LSD	1,2,3,4>5>6	1,2,3,4,5>6							2,3,4,5>6	1,2,3,4,5>6

注：* 表示 $p<0.05$，** 表示 $p<0.01$，*** 表示 $p<0.001$。

由表3-3可知，社会心态总分（$p<0.05$）及社会认知（$p<0.001$）、社会需要与动机（$p<0.001$）、社会行为（$p<0.01$）四个维度在年龄这个变量上呈现出显著差异，表明不同年龄段的群体的社会心态以及对社会的认知方式及程度、对社会的需要与动机、社会行为存在着明显差异，其中差异最为显著的是社会认知、社会需要与动机及社会行为。

经过 LSD 事后检验发现，在社会心态总分上，65 岁及以上的群体显著低于其他几个群体，这在一定程度上说明 65 岁及以上群体的社会心态状况需进一步提升的空间较大；在社会认知维度上，24 岁以下、25—34 岁、35—44 岁、45—54 岁这四个年龄段的群体的得分明显比 55—64 岁、65 岁及以上这两个群体的得分高，且 55—64 岁这个群体的得分明显高于 65 岁及以上这个群体，这表明 24—54 岁这四个群体对自贸港建设相关政策有更多的了解，认知程度优于 55 以上的人群，65 岁及以上的人群对自贸港建设的关注和了解最少。

从表 3-3 的调查数据来看，社会认知这一维度的年龄分化趋势主要体现为 55 岁以下人群高于 55 岁以上人群。一般来说，随着年龄的增长，个体的自我认知、社会认知等是随着社会阅历不断发展完善的，高年龄的人群普遍拥有更丰富的社会阅历，低年龄人群拥有的社会阅历相对较少，在社会认知这一维度中本应该是高年龄人群高于低年龄人群，但数据结果却截然相反。结合时代背景究其原因我们不难发现，现代社会处于高度信息化的状态，大量自媒体、信息平台的涌现可以轻松实现人们足不出户尽知天下事的需求。

据 2020 年 9 月发布的 CNNIC 中国互联网络发展状况统计调查对网民年龄结构的统计来看，19 岁及以下的网民占比为 18.3%、20—29 岁的网民占比为 19.9%，30—39 岁的网民占比为 20.4%、40—49 岁的网民占比为 18.7%、50—59 岁的网民占比为 12.5%、60 岁以上的网民占比仅为 10.3%。通过以上数据我们发现国内网民主要为 20—49 岁的群众，50—59 岁以及 60 岁以上网民占比最少。且据 CNNIC 调查显示，国民的上网时间平均为 26.9 小时/周。刘存地[1]的研究结果显示，每天上网浏览各类信息的频率也会影响个体对于人身安全、司法与执法、养老等社会保障待遇等社会认知内容的接收与理解。近年来国家对于海南地区自贸港建设的大力投入，对自贸港政策的宣传普及体现在方方面面，比如：短视频平台的宣传、大学内自贸港法专业的开展、大学生自贸港法律知识竞赛类的活动等，都加强了海南地区年轻人尤其是大学生群体对海南自贸港政策的了

---

[1] 刘存地：《网络媒体信息对个人社会认知的影响》，博士学位论文，武汉大学，2020 年。

解，加之年龄群体的主要分布、较长的网络冲浪时间都为年轻群体社会认知的发展提供了更多的可能性，也为低龄人群对自贸港建设相关政策的认知程度高于高龄人群这样的结果做出了较好的解释。

社会需要与动机维度的年龄分化特征明显，64 岁及以下人群的社会需要与动机大于 65 岁及以上的群体。65 岁及以上群体中退休人员占绝大多数，这个群体处于特点明显的角色转换阶段。卜永生、卢宁认为，老年人角色转换的主要表现为"由肩负社会公职的角色向不担负社会公职的角色转换；有紧张、繁忙、有规律的工作竞争型社会角色向自由、松散、消闲休息型社会角色过渡"① 等五种角色转换，他们还指出，老年人在离退休后容易产生忧郁、偏执、多疑、孤独等不良心态。海南省拥有优美的环境资源和全国独一无二的气候条件，吸引了世界各地游客前来休闲放松、欣赏美景，也成为了广大老年朋友养老生活的选择。尤其像三亚这种面朝大海、以旅游业为主的特色城市，养老特色服务的建设与开发在国内居于领先地位，每年都会有大量的候鸟人群进入。当地政府的养老服务体系建设日趋完善，针对老年人心理健康的行业得到政府支持，社区活动更加丰富，老年人的生活以及养老需求得到了保障，对于社会的需求与动机自然也就降低。

社会行为的年龄差异主要体现在 25—64 岁群体显著高于 65 岁及以上群体。姜勇对于老年人社会参与的特点做了详尽的总结，认为农村老年人"公共参与积极性不高，表现出被动、消极和服从的态度"，并且"私利性参与强于公益性参与"②。老年群体更乐于参加对自己有积极意义、有实质性好处的活动，而非社会性的、公益性的活动。从整体上看，很多老年人表示自贸港建设绝对是件好事，但和自己并没有什么关系，因此社会参与行为较少，这符合老年人社会参与的特点。因此，自贸港建设过程中，在普及宣传自贸港建设的各项政策以外，还需加强自贸港建设能切实给海南省地方社会、经济以及人民群众带来的红利和福祉的宣传，促使人民群众能将自己的工作、生活和自贸港建设紧密相连，能意识到自贸港建设和个

---

① 卜永生、卢宁：《老年人社会角色转换的不良心态及健教对策》，《江苏卫生保健》2003 年第 5 期。

② 姜勇：《村庄治理中农村老年人的公共参与》，硕士学位论文，浙江师范大学，2010 年。

人发展息息相关,从而提高社会参与的积极性。

二 婚姻状况因素

将社会心态各维度得分及总分在婚姻状况这一人口学变量上进行差异分析,最终结果如表3-4所示。

表3-4 社会心态各维度在婚姻状况上的差异分析(M±SD)

	社会认知	社会需要与动机	社会情绪	社会信任	社会认同	社会群体获得感	社会适应	社会价值	社会行为	总分
未婚	3.27±0.81	4.12±0.93	3.55±0.64	3.51±0.82	4.27±0.70	3.47±0.83	3.75±0.82	4.08±0.78	3.99±0.79	181.70±28.75
已婚	3.34±0.82	4.16±0.66	3.57±0.65	3.59±0.81	4.33±0.68	3.58±0.80	3.82±0.74	4.17±0.71	4.12±0.72	185.25±27.29
离异	3.08±0.79	3.98±0.84	3.42±0.69	3.18±0.92	4.06±0.99	3.26±0.86	3.67±0.90	4.09±0.77	4.07±0.77	175.34±31.97
丧偶	3.43±0.69	3.89±0.68	3.57±0.37	3.60±0.49	4.20±0.68	3.42±0.68	3.60±0.72	4.07±0.68	3.78±0.57	178.83±22.09
F	1.61	1.01	0.74	3.51	2.30	3.15	1.25	1.89	3.35	2.91
p	0.186	0.386	0.528	0.015*	0.075	0.024*	0.292	0.129	0.018*	0.034*
LSD				1,2>3		2>1,3			2>1	2>1,3

注:*表示$p<0.05$。

由表3-4可知,社会心态总分($p<0.05$)及社会信任($p<0.05$)、社会群体获得感($p<0.05$)、社会行为($p<0.05$)四个维度在婚姻状况这个变量上呈现显著差异,表明处在不同婚姻状况中的个体的社会心态、对社会的信任、对社会的群体获得感以及社会相关的行为都存在着明显的差异。

经过进一步的LSD事后检验发现,在总分这一维度中,已婚人群比未婚和离异人群有着更良好的社会心态;在社会信任这一维度中,未婚与已婚人群相较于离异人群对他人有着更高的社会信任度;在社会群体获得感这一维度中,已婚人群相较于未婚与离异人群有着更高的社会群体获得感；在社会行为这一维度中，未婚人群的社会行为要显著多于已婚人群。

社会信任这一维度在婚姻状况这一人口学变量上的差异，主要表现为未婚和已婚人群的社会信任程度高于离异人群。很显然，对于适婚年龄的个体来说，婚姻是其社会关系结构中最基础重要的组成部分，人们常说"一个耐心的爱人抵得过世间最好的良药"，足以表明在一段亲密关系中，适合的伴侣会帮助人们建立良好的社会关系，对于社会的信任程度也就更高。王磊的研究结果表明"未婚、初婚或丧偶人群的社会信任程度更高，离婚或再婚人群的社会信任程度更低，离婚人群社会信任程度最低"[1]。初婚的群体普遍认为"自己是值得信任的，他人也是值得信任的"，而离异群体中的大部分自我评价较低，认为"自己是不值得信任的"，对他人的批评也较低，认为"他人是不值得信任的"。经营婚姻是一个复杂的命题，但幸福感与社会福利绝对是其中不可忽视的影响因素。国家对于海南自贸港的大力建设，带动了海南地区经济体系的完善和社会福利的增加，可以有效提升海南地区人们的幸福感，降低离婚率，提高社会信任程度。

社会群体获得感这一维度在婚姻状况这一人口学变量上的差异主要表现为：已婚人群的社会群体获得感高于未婚及离异人群。姚斌的研究发现，"婚姻状况正向影响农民获得感，婚姻是家的纽带和联系，良好的婚姻状态会提升农民的幸福指数，提高农民的获得感"[2]。拥有更高获得感的人群更容易在社会群体中找到归属感与使命感。因此，在自贸港建设过程中，需要结合新时代精神文明建设，对社会各群体加强健康家庭和婚姻重要性的宣传，开展家庭、婚姻咨询与辅导，分享保持良好家庭关系的技巧，普及家庭教育指导，让社会各群体都能经营好自己的小家，保持良好的婚姻，毫无后顾之忧地投入到自贸港建设。

社会行为这一维度在婚姻状况这一人口学变量上的差异，主要表现为已婚人群高于未婚人群。笔者认为，已婚者的社会行为维度得分更高与其有更高的社会信任度之间有部分关系。正如田园认为，"个体通过观察学习不同的社会角色的亲社会行为，获得人际信任的一般性估计，通过感知

---

[1] 王磊：《社会信任与家庭幸福感的关系初探——基于中国家庭幸福感热点问题调查数据的研究》，《中国社会心理学评论》2018 年第 1 期。

[2] 姚斌：《农民获得感影响因素及提升路径研究》，硕士学位论文，东北财经大学，2020 年。

到的来自社会其他个体的社会支持,从而产生亲社会行为"[①]。在总分(社会心态)上已婚人群比未婚和离异人群有着更良好的社会心态。由此可见,一段良好的婚姻不仅能够给个体提供良好的社会关系、稳定的社会支持,还会影响个体的社会信任、社会群体获得感、社会行为以及社会心态。因此,要提高群众主动投身海南自贸港建设的积极性,提高社会群体的家庭婚姻质量、建立良好社会信任体系、提高社会群众的获得感是有效的手段。

三 民族因素

将社会心态各维度得分及总分在民族这一人口学变量上进行差异分析,最终结果如表3-5所示。

表3-5　社会心态各维度在民族上的差异分析(M±SD)

	社会认知	社会需要与动机	社会情绪	社会信任	社会认同	社会群体获得感	社会适应	社会价值	社会行为	总分
汉族	3.29±0.81	4.15±0.78	3.55±0.63	3.54±0.81	4.31±0.68	3.52±0.81	3.79±0.77	4.14±0.73	4.06±0.75	183.43±27.49
黎族	3.50±0.75	4.15±0.70	3.67±0.68	3.73±0.80	4.31±0.77	3.67±0.81	3.85±0.82	4.16±0.80	4.13±0.80	187.83±30.39
苗族	2.78±0.42	3.94±0.92	3.20±0.66	3.09±0.69	3.86±1.01	3.18±0.91	3.64±0.82	4.00±0.85	3.94±0.86	169.18±31.22
回族	3.20±1.10	3.69±1.17	3.45±0.65	3.50±0.91	3.75±0.80	3.31±0.45	3.28±0.59	3.83±0.90	3.67±0.65	169.00±30.75
其他民族	3.38±1.02	3.95±0.87	3.49±0.84	3.33±1.04	4.07±0.95	3.42±0.82	3.73±0.81	4.15±0.74	4.11±0.73	179.63±31.51
F	3.39	1.30	2.06	3.07	3.12	1.88	1.25	0.48	0.94	2.23

---

① 田园:《研究生人际信任、领悟社会支持与亲社会行为倾向的关系研究》,硕士学位论文,杭州师范大学,2011年。

续表

	社会认知	社会需要与动机	社会情绪	社会信任	社会认同	社会群体获得感	社会适应	社会价值	社会行为	总分
p	0.009**	0.267	0.083	0.016*	0.014*	0.111	0.289	0.749	0.443	0.060
LSD	2>1>3			2>1,3,5	1,2>3,4					

注：* 表示 p<0.05，** 表示 p<0.01。

由表3-5可知，社会认知（p<0.01）、社会情绪（p<0.05）、社会认同（p<0.05）在民族这个变量上呈现出显著差异，表明不同民族群体的社会认知、社会信任以及社会认同感存在着明显差异，其中差异最为显著的是社会认知。

经过进一步的 LSD 事后检验发现，在社会认知这一维度中，黎族的社会认知高于汉族的社会认知，汉族的社会认知高于苗族的社会认知，这可能是因为黎族人民对自己的原生社会环境有着更多的了解；在社会信任这一维度中黎族的社会信任度高于汉族、苗族以及其他民族；在社会认同这一维度中，汉族、黎族较于苗族、回族有着更高的社会认同感。

社会认知在民族因素上的主要差异表现为：黎族的社会认知高于汉族的社会认知，汉族的社会认知高于苗族的社会认知。我们将社会认知的结构分为两部分，对自贸港政策的认知和对自我的认知，其中自我认知的形成涉及成长环境、父母的教养方式、年龄等诸多因素。对海南自贸港政策的认知在民族上的差异较为明显，刘红霞的研究结果表明，"自贸港建设的背景下海南黎族人民的社会心态整体上是积极向上的、乐观的"[1]，这也表明作为最早居住在海南的黎族群众，对和家乡息息相关的重大项目比较关注，并持积极的态度。

社会信任在民族上的主要差异表现为：黎族的社会信任高于汉族、苗族以及其他民族，这可能与海南省是黎族人民的主要聚居地有关。作为海南岛原住民的黎族人民，在长达三千年的民族历史中已经建立了完善的、具有特色的社会体系，因此族民之间的社会信任程度较高。社会认同在民

---

[1] 刘红霞：《自贸港建设背景下海南当地人社会心态培育研究》，《知识经济》2020年第3期。

族上的主要差异表现为:汉族、黎族较于苗族、回族有着更高的社会认同感。汉族与黎族人民在海南人口基数巨大,黎族是海南人数最多的少数民族,也是最早居住在这片土地的民族,对海南的传统文化、社会发展有着更多的了解,对海南的发展变化、生活习惯有着更高的认同度。

四 子女因素

将社会心态各维度得分及总分在子女数量这一人口学变量上做差异分析,最终结果如表3-6所示。

表3-6 社会心态各维度在子女数量状况上的差异分析($M \pm SD$)

	社会认知	社会需要与动机	社会情绪	社会信任	社会认同	社会群体获得感	社会适应	社会价值	社会行为	总分
独生子女	3.33±0.82	4.24±1.00	3.55±0.62	3.48±0.84	4.31±0.73	3.50±0.83	3.80±0.83	4.17±0.77	4.10±0.79	184.23±28.7
两名子女及以上	3.28±0.81	4.09±0.66	3.55±0.64	3.58±0.79	4.29±0.68	3.52±0.79	3.78±0.74	4.12±0.72	4.05±0.72	182.97±27.11
其他	3.37±0.83	4.13±0.72	3.59±0.67	3.57±0.84	4.29±0.73	3.59±0.83	3.79±0.79	4.13±0.76	4.06±0.78	184.42±29.16
F	1.51	4.67	0.41	2.05	0.11	1.25	0.07	0.69	0.55	0.43
p	0.221	0.010*	0.666	0.129	0.898	0.288	0.931	0.502	0.575	0.682
LSD		1>2								

注:*表示$p<0.05$。

由表3-6可知,社会需要与动机($p<0.05$)维度在子女数量这个变量上呈现出显著差异。经过进一步的LSD事后检验发现,在社会需要与动机这一维度上,家中拥有独生子女的社会大众有着较高的社会需要与动机,而拥有两名子女及以上的社会大众的社会需要与动机则相对较低。

结合本次研究的田野调查的情况来看,家中拥有独生子女的大部分都是中年或青年家庭,虽然国家实行了双减政策,鼓励开放二胎,但大部分的独生子女家庭出于多方面原因不愿意生二胎;而也有一部分中青年家庭拥有两名或两名以上子女,且子女之间年龄相差较大,而在调查的海南老年人群体中,家中子女数量都是两个或两个以上。

　　独生子女家庭中必需生活支出相对多子女家庭低一点,负担相对较轻,而且独生子女家庭中父母的年龄相对较低,因此,有更多的精力关注自贸港建设的相关政策以及落实情况,对自贸港建设的重大意义以及与自己及家人生活之间的联系有较为深刻的认识,对自贸港建设为自己的生活能带来福利充满信心,更加期待自贸港建设会给海南和自己带来美好的未来。两名及以上子女的家庭中父母所需承担的生活成本更高,且年龄较大的父母对自贸港建设相关政策的动向关注较少,对于自贸港建设的期待值较低,参与自贸港建设的积极性也较低。

五　文化水平因素

将社会心态各维度得分及总分在文化水平这一人口学变量上进行差异分析,最终结果如表3-7所示。

表3-7　社会心态各维度在文化水平上的差异分析（M±SD）

	社会认知	社会需要与动机	社会情绪	社会信任	社会认同	社会群体获得感	社会适应	社会价值	社会行为	总分
小学以下	2.70±0.96	4.16±0.90	3.26±0.81	3.03±1.08	3.93±1.05	2.99±0.80	3.21±0.82	3.83±0.74	3.78±0.67	165.33±31.60
小学	3.08±0.94	4.08±0.72	3.51±0.69	3.48±0.92	4.14±0.82	3.40±0.94	3.36±0.91	3.87±0.79	3.81±0.89	175.02±30.15
初中	3.30±0.84	4.12±1.29	3.53±0.70	3.58±0.80	4.24±0.67	3.54±0.83	3.65±0.77	4.07±0.73	3.95±0.73	181.50±29.16
高中/中专	3.32±0.83	4.11±0.67	3.58±0.70	3.61±0.79	4.32±0.69	3.59±0.82	3.79±0.76	4.14±0.73	4.06±0.74	184.35±27.89
大学/大专	3.34±0.80	4.15±0.67	3.58±0.61	3.57±0.82	4.33±0.70	3.55±0.80	3.87±0.78	4.18±0.75	4.11±0.76	185.15±27.85

续表

	社会认知	社会需要与动机	社会情绪	社会信任	社会认同	社会群体获得感	社会适应	社会价值	社会行为	总分
研究生	3.30±0.64	4.27±0.52	3.52±0.56	3.31±0.70	4.26±0.64	3.26±0.69	3.75±0.58	4.11±0.66	4.09±0.62	180.99±21.39
F	3.38	0.74	1.30	3.85	2.34	4.67	8.43	2.85	3.46	3.68
p	0.005**	0.595	0.261	0.002**	0.040*	<0.001***	<0.001***	0.015*	0.004**	0.002**
LSD	3,4,5,6>1			2,3,4,5>1	4,5>1	2,3,4,5>1	3,4,5,6>1	4,5>2	4,5,6>2	3,4,5,6>1

注：*表示 p<0.05，**表示 p<0.01，***表示 p<0.001。

由表 3-7 可知，社会心态总分（p<0.01）、社会认知（p<0.01）、社会信任（p<0.01）、社会认同（p<0.05）、社会群体获得感（p<0.001）、社会适应（p<0.001）、社会价值（p<0.05）、社会行为（p<0.01）八个维度在年龄这个变量上呈现出显著差异，表明不同文化水平群体的社会心态，对社会的认知方式及程度、对社会的信任程度、社会认同感、社会群体获得感、社会适应、社会价值感及社会行为都存在着明显的差异，其中差异最为明显的是社会心态总分、社会认知、社会信任、社会群体获得感、社会适应及社会行为。

经过进一步的 LSD 事后检验发现，在社会心态总分上，初中、高中/中专、大学/大专、研究生学历群体得分高于小学及以下学历群体，说明其总体社会心态更良好；在社会认知这一维度中，初中、高中/中专、大学/大专、研究生学历群体的社会认知水平高于小学以下学历群体；在社会信任这一维度中，小学、初中、高中/中专、大学/大专学历群体的社会信任程度高于小学及以下学历群体；在社会群体获得感这一维度中，小学、初中、高中/中专、大学/大专学历群体的社会群体获得感高于小学以下学历群体；在社会适应这一维度中，初中、高中/中专、大学/大专、研究生学历群体的社会适应水平高于小学及以下学历群体；在社会行为这一维度中，高中/中专、大学/大专、研究生学历群体的社会行为多于小学学历群体。

表 3-7 的数据结果显示，初中及以上文化水平群体的社会心态在大部分维度中都高于小学及以下文化水平群体，文化水平因素是不同人群社会心态出现差异的重要因素之一。在社会认知维度中，可以从自我认知与自贸港政策认知两个角度去分析其原因。自我认知的发展受到诸多因素的影响，如成长环境、父母的家庭教育方式等，但我们在翻阅诸多文献后发现自我认知的形成与是否接受高等教育无直接正相关，一个人的受教育程度并不能决定其对自我是否有清楚的认知，因此，我们将讨论重点转向对自贸港政策的认知。曾先锋、刘红霞从"社会认知、社会情绪和社会行为倾向三个方面"揭示了在自贸港建设背景下海南"当地人复杂而嬗变的社会心态"[1]。研究发现，学历高、收入高的城镇居民普遍要比学历低、收入低的农村居民对自贸港建设有着更详尽的了解，同时对自贸港建设的态度更为积极；消极行动的当地人更多为女性、学历低、收入低的农村居民群体。她们认为，自己一直在按部就班的工作，自贸港建设并未为其生活工作带来改变，因此对自贸港建设抱有消极心态。这可能是因为海南自建设自贸港以来，采取了很多优惠政策吸引外来人才，而学历低者不符合人才补贴的政策，又加上外地人才的大量引入，在一定程度上可能影响了他们的就业，提高了就业门槛，即使就业岗位增加，但很多岗位的要求也相对较高，低学历低收入群体很难达到这些岗位的要求，加上对外地人的优先聘用也让当地人产生不平衡感。

本次调查中，高中/职高、大学/大专以及研究生群体多为在校学生和社会工作人员、公务员。在自贸港建设的初期，新的政策会迅速地通过教育部门、当地政府等机关普及到各高校、各公务员岗位，具有及时性、准确性、普遍性。而本次调查中的小学及以下学历群体，其工作大多是农民或个体户，对于国家新政策的了解主要依靠手机、社区、村委会等，及时性、准确性大打折扣。

在社会信任这一维度中，小学、初中、高中/中专、大学/大专群体的社会信任程度大于小学以下学历群体。针对此现象我们可以解释为，当个

---

[1] 曾先锋、刘红霞：《疏导与培育：自由贸易港建设对海南人社会心态的新要求》，《武汉工程职业技术学院学报》2020 年第 3 期。

体受教育水平有限时，随着个体成长，对社会的参与度提高，社会经验增长，所面对的风险也就越来越多，但是，有限的文化水平并不能在个体辨别到风险后找到最有效的应对方法，因此，个体会选择最简单的规避风险的办法——回避，只要回避社交，回避不熟悉的事物，就可以有效地规避未知的风险，因而对他人的社会信任也就在一次次的回避中不断降低，最终导致这类群体在面对全新的自贸港政策时持保守、怀疑的态度。但随着个体受教育水平的增加，个体的社会经验增长，眼界更加开阔，对于风险的辨别与预估能力大大提升，且较好的教育水平可以帮助个体找到合适的应对风险的办法，如法律途径、社交媒体途径等，因此良好的风险应对能力使个体在社交、工作中有良好的心态，所以在面对全新的自贸港政策时，这类群体会更有自信与底气去与其接触、了解。汪宁研究认为，"在个体的受教育水平达到高中时，个体的社会信任程度随着受教育的水平增加而增加"[1]，这也印证了本论著的观点。

在社会群体获得感这一维度中，小学、初中、高中/中专、大学/大专群体的社会群体获得感高于小学以下学历群体。社会群体获得感由经济获得感、民生获得感、政治获得感、精神获得感四个部分组成。针对经济获得感这一部分，在本次研究的调查对象中，小学以下学历的群体大多数是农民或个体户，小学以上学历的多为公司职员、公务员、企业高管等，在经济收入方面两个群体有着较大的差距，普遍表现为小学以上学历群体收入高于小学以下学历群体。针对民生获得感这一部分，海南自贸港建设拉动了当地的经济发展，惠民政策吸引了大量外来人才定居海南寻找发展的机会，而且由于工作的性质，公务员、公司职员、企业高管等更容易从惠民政策中获益，而农民及个体户，短期内还未从自贸港的政策中获益。针对政治获得感这一部分，我国对初高中、大学的政治教育非常重视，会开设国家特色的政治教育课程，因此接受过初高中、大学教育的群体会对政治政策等更加敏感，会紧跟国家的政治方向，积极响应国家政策，而小学阶段对于政治教育的内容相对较少，因此对于政治没有很高的敏感性和参与感。针对精神获得感这一内容，更高的知识水平，会使个体有充足的知

---

[1] 汪宁：《城乡居民一般信任及其影响因素研究》，硕士学位论文，西北师范大学，2020年。

识储备在面对一些社会性事件时进行自我反思，提高个体的精神境界，在获得更高水平知识的同时，个体的精神层面也会得到一定的提高，以匹配更高水平的知识。

在社会适应这一维度中，初中、高中/中专、大学/大专、研究生学历群体的社会适应水平高于小学及以下学历群体。针对此结果，我们可以认为，现在的社会环境对于学历的要求是比较明显的，高速发展的社会以及各种新兴产业的快速崛起，决定了人们需要通过不断地学习来掌握更高水平的知识，不论是互联网行业、服务行业还是技术相关行业。高学历人群（初高中/中专、大学/大专、研究生）不断提升的学习能力以及不断更新的知识技能会使其迅速适应社会变化，在面对新风险时，也有信心和能力去积极应对，因此社会适应水平较高。低学历（小学及以下）往往意味着学习能力的不足和掌握知识量的不足，在面对机遇与风险时，微薄的知识储备让其很难应对，面对社会的快速发展，低学历人群往往难以适应，社会适应水平低。

在社会行为这一维度中，高中/中专、大学/大专、研究生学历群体的社会行为高于小学学历群体。夏志东的研究结果显示，学历为初中、高中、大专以上群体的亲社会行为显著高于学历为中专的群体[①]，这与本研究的结果一致，表明文化水平是导致社会行为出现差异的重要因素之一。究其原因可能是因为过早的辍学进入社会，个体的心智发育不成熟，对不良行为及后果的认识不充分，抵抗诱惑的能力较低，导致个体更容易沾染不良的社会认知与行为，一旦这种不良认知与行为根深蒂固，在个体今后的成长中出现亲社会行为的可能性大大降低，导致低学历（小学）群体的亲社会行为频率下降，在面对自贸港建设全面实施的时代背景时，不关注也不会积极响应自贸港相关政策与行动。而高学历（高中、大学/大专、研究生）群体在接受文化教育的同时也在接受素质教育，个人素质的提升有助于亲社会行为的出现。胡晓晨在对农民的研究中指出，对于农村文化建设这样的生活性事件，初中及以上文化水平的农民更具有

---

① 夏志东：《新生代农民工自我概念、城市融入与亲社会行为关系研究》，硕士学位论文，浙江理工大学，2018年。

参与的意愿。① 受文化水平的影响，低学历群众难以理解相关自贸港政策和法规，因此也不具有参与自贸港建设公共阅读等相关文化活动的意愿。由此可见，低文化水平在绝大程度上限制着低学历群众想要参与社会活动的积极性与卷入性，最终导致社会行为频率的降低。在总分（社会心态）维度上，海南群众体现出初中、高中/中专、大学/大专、研究生学历群体的社会心态总体优于小学及以下学历群体的特点。社会心态是社会认知、社会群体获得感、社会行为等维度的综合，其结果的呈现也受到各个子维度的影响，因此出现类似的特点。

六 家庭结构因素

将社会心态各维度得分及总分在家庭结构这一人口学变量上进行差异分析，最终结果如表3–8所示。

表3–8 社会心态各维度在家庭结构上的差异分析（M±SD）

	社会认知	社会需要与动机	社会情绪	社会信任	社会认同	社会群体获得感	社会适应	社会价值	社会行为	总分
独自居住	3.32±0.93	4.29±0.64	3.56±0.65	3.52±0.78	4.31±0.67	3.50±0.70	3.80±0.71	4.15±0.66	4.09±0.69	184.47±27.43
夫妻二人	3.04±0.81	4.10±0.62	3.46±0.65	3.66±0.82	4.34±0.67	3.73±0.83	3.90±0.76	4.12±0.71	4.00±0.72	183.51±25.78
夫妻、子女	3.32±0.79	4.19±0.70	3.61±0.62	3.57±0.78	4.34±0.71	3.52±0.76	3.78±0.75	4.18±0.75	4.12±0.75	184.93±27.00
夫妻、子女、老人	3.39±0.80	4.11±0.72	3.58±0.65	3.60±0.84	4.30±0.76	3.54±0.84	3.81±0.83	4.14±0.80	4.09±0.83	184.48±28.55
其他	3.30±0.82	4.04±0.78	3.53±0.64	3.44±0.81	4.23±0.70	3.46±0.81	3.71±0.78	4.07±0.74	3.98±0.75	180.23±29.56
F	4.95	3.84	1.85	2.51	1.26	2.88	1.59	0.96	2.09	1.53

---

① 胡晓晨：《农村公共文化建设中的农民参与问题研究》，硕士学位论文，山东农业大学，2021年。

续表

	社会认知	社会需要与动机	社会情绪	社会信任	社会认同	社会群体获得感	社会适应	社会价值	社会行为	总分
p	0.001**	0.004**	0.117	0.040*	0.283	0.022*	0.176	0.428	0.080	0.201
LSD	1, 3, 4, 5>2	1>2, 4, 5		2, 3, 4>5		2>1, 3, 4, 5				

注：* 表示 p<0.05，** 表示 p<0.01。

由表 3-8 可知，社会认知（p<0.01）、社会需要与动机（p<0.01）、社会信任（p<0.05）、社会群体获得感（p<0.05）四个维度在家庭结构这个变量上呈现显著差异，表明不同家庭结构的社会群体在社会认知方式及水平、社会需要与动机、社会信任程度、社会群体获得感上存在着显著的差异，其中差异最显著的是社会认知和社会需要与动机。

经过进一步的 LSD 事后检验发现，在社会认知这一维度中，家庭结构以独自居住、夫妻子女、夫妻子女老人及其他类型为主的家庭的社会认知高于以夫妻二人为主要结构的家庭；在社会需要与动机这一维度中，家庭结构为独自居住的群体高于家庭结构以夫妻二人、夫妻子女老人及其他为主的群体。

社会认知在家庭结构因素上的差异主要表现为，家庭结构以独自居住、夫妻子女、夫妻子女老人及其他类型为主的家庭的社会认知高于以夫妻二人为主要结构的家庭，其形成的原因可能是以独自居住、夫妻子女、夫妻子女老人及其他类型为主的家庭经济开销较大，因此需要主动了解自贸港建设相关政策，寻找机会，且这些结构的家庭中，子女（独居多为年轻人）是重要组成部分之一，年轻人对于自贸港建设接触机会更多，对其政策了解的也更透彻，因此社会认知程度较高。社会需要与动机维度中，独自居住群体的社会需要与动机是最高的，可能是因为其他结构的家庭成员较多，每个人面对的社会压力被分摊，因此，对于社会资源的需要与动机就稍低，而独居群体面对的大部分压力都要自己一个人承担，如水电、房租、餐费、交通、病痛以及突发风险等，面对这些压力需要有更高的社会需要与动机来保证自己的生活质量。

七 工作稳定性因素

将社会心态各维度得分及总分在工作稳定性这一人口学变量上做差异分析，最终结果如表3-9所示。

表3-9　社会心态各维度在工作稳定性上的差异分析（M±SD）

	社会认知	社会需要与动机	社会情绪	社会信任	社会认同	社会群体获得感	社会适应	社会价值	社会行为	总分
稳定	3.37±0.81	4.21±0.82	3.60±0.63	3.55±0.83	4.30±0.70	3.55±0.81	3.80±0.77	4.16±0.74	4.10±0.74	185.09±27.83
离职	3.25±0.77	4.02±0.69	3.33±0.78	3.42±0.88	4.05±0.91	3.31±0.76	3.60±0.79	3.86±0.87	3.94±0.88	175.16±30.67
离退休	2.77±0.83	3.82±0.53	3.37±0.56	3.77±0.58	4.51±0.47	3.64±0.67	3.95±0.59	4.12±0.54	3.96±0.62	180.97±20.43
其他	3.27±0.80	4.04±0.71	3.53±0.66	3.52±0.81	4.27±0.73	3.46±0.83	3.75±0.84	4.10±0.77	4.00±0.79	181.14±29.22
F	15.61	9.84	6.04	2.75	4.70	2.77	2.61	2.74	2.59	3.45
p	<0.001***	<0.001***	<0.001***	0.041*	0.003**	0.040*	0.005	0.042*	0.051	0.019*
LSD	1,2,4>3	1>3,4	1>2,3	3>1,2,4	3>1,2,4	3>2		1,4>2		1>2,4

注：* 表示 $p<0.05$，** 表示 $p<0.01$，*** 表示 $p<0.001$。

由表3-9可知，社会心态总分（$p<0.05$）、社会认知（$p<0.001$）、社会需要与动机（$p<0.001$）、社会情绪（$p<0.001$）、社会信任（$p<0.05$）、社会认同（$p<0.01$）、社会群体获得感（$p<0.05$）、社会价值（$p<0.05$）八个维度在工作稳定性这个变量上呈现出差异，表明不同工作稳定性的群体在社会心态、对社会的认知方式及程度、对社会的需要与动机、社会情绪、社会信任、社会认同感、社会群体获得感、社会价值上存在着明显的差异，其中差异最为显著的在于社会认知、社会需要与动机、社会情绪、社会认同。

经过进一步的 LSD 事后检验发现，在社会认知这一维度上，工作稳定、离职及其他人群对于自贸港建设政策的认知水平高于离退休人群；在社会需要与动机这一维度上，工作稳定人群的得分高于离退休及其他人群；在社会情绪这一维度上，工作稳定人群的社会情绪相较于离职、离退休人群来说更稳定；在社会认同感这一维度上，离退休人群的社会认同感高于工作稳定、离职及其他人群。

在社会认知这一维度中，工作稳定、离职及其他人群的社会认知高于离退休人群，笔者认为，造成这一现象的原因有两个：首先，在本次研究调查的对象中，离退休人群都是高年龄群体，这部分群体中大多数人的生活主要以养老为主，尤其在海南这样气候适宜的省份，每年都会有大批候鸟老人涌入，自贸港建设的优点短期内并未在养老方面有所体现，因此，大部分离退休人群对于自贸港建设的政策并不了解，而工作稳定、离职及其他群体一般为年轻人，对于信息的接受与理解能力更高，因此对于自贸港建设的相关政策更为了解。其次，工作稳定或离职及其他群体一般处于工作状态或寻找工作的状态，想要适应海南的生活节奏与职场现状，就要充分了解自贸港建设的相关政策，把握机遇。

在社会需要与动机这一维度中，差异体现在工作稳定人群的社会需要与动机高于离退休及其他人群，造成这一现象的原因可能是工作稳定人群对于涨工资与职位晋升的需求更高，因此有更充分的动机去争取社会资源，而离退休人群的物质生活基本满足，没有充足的动机去争取更多社会资源。此外，不同工作稳定性群体背后的年龄差异也是造成工作稳定人群的社会需要与动机高于离退休及其他人群的原因之一。

社会情绪维度中，差异主要体现在工作稳定人群的社会情绪相较于离职、离退休人群来说更稳定。杨群红对不良社会情绪的产生与调控做了详尽的阐述，认为个体在面临生存危机时会出现负面的社会情绪[①]。当个体的工作状态从稳定工作变为离职时，尤其是在社会环境发生改变时，赖以生存的经济来源链断裂，个体的生活保障受到威胁，面临生存危机，就会出现负面的社会情绪，甚至出现心理健康问题。离退休人群在面临退休社

---

① 杨群红：《转型时期社会不良情绪产生的原因及调控对策》，《中州学刊》2004 年第 1 期。

会角色的转换时，也难免出现一些心理问题。王欢、蒋元香研究发现，在退休后约有三分之一的老年人群体出现不同的心理健康问题，如失落、孤独感、自我认同感低等负面心理状态。[①] 这也是当今离退休人群面临的重要问题，也是引起部分离退休人群社会情绪低下的主要问题。相比之下，工作稳定的群体没有资金链断裂、寻找工作、社会身份转换等问题的压力，负面社会情绪就少得多，所以会出现工作稳定人群的社会情绪比离职、离退休人群更稳定的现象。

社会认同维度中，离退休人群表现出了极高的社会认同感，这可能是因为国家养老、医保政策的发展与完善，尤其在海南地区，三亚、海口、儋州等适合养老的宜居城市，国家的养老政策着力于老年社区的建设，且积极关注老年人的心理健康问题。同时，医保政策的不断完善帮助大部分老年人解决了"看病贵"的问题。注重精神丰沛与健康保障的"双重保险"养老体系，让海南省的离退休人群对国家的认同感大大提升。

同样，社会信任维度中，离退休群体也表现出了最高的社会信任感，这也得益于国家对于老年人的政策关照。老年人的生活福利提升了，幸福感随之增加，对社会及国家的信任程度就更高了。处于工作稳定状态的群体，在职场中免不了各种竞争，对他人的信任程度降低。处于离职状态的群体因为各种原因失去了自己的工作，算是重大的负面生活事件，会产生许多的负面情绪，包括对社会的不满、对自我的否认等，社会信任感随之降低。

八 职业因素

将社会心态各维度得分及总分在职业这一人口学变量上进行差异分析，最终结果如表3-10所示。

[①] 王欢、蒋元香：《西部城市退休老年人心理健康状况研究》，《湖北函授大学学报》2015年第28期。

表 3-10　社会心态各维度在职业上的差异分析（M±SD）

	社会认知	社会需要与动机	社会情绪	社会信任	社会认同	社会群体获得感	社会适应	社会价值	社会行为	总分
农民	3.10±0.90	3.95±0.71	3.47±0.78	3.51±0.83	4.22±0.74	3.43±0.87	3.55±0.73	4.07±0.71	3.94±0.79	177.44±27.85
工人	3.27±0.86	4.06±0.74	3.65±0.69	3.54±0.89	4.25±0.73	3.53±0.80	3.70±0.83	4.06±0.77	3.99±0.79	181.87±30.33
事业单位/公务员/政府工作人员	3.52±0.85	4.28±1.21	3.68±0.67	3.76±0.86	4.39±0.73	3.68±0.84	3.98±0.77	4.29±0.71	4.25±0.74	191.45±29.85
公司职员	3.37±0.79	4.26±0.56	3.61±0.61	3.52±0.77	4.37±0.63	3.52±0.79	3.81±0.71	4.20±0.72	4.12±0.70	185.72±25.72
学生	3.29±0.75	4.04±0.69	3.56±0.62	3.49±0.80	4.25±0.72	3.48±0.81	3.74±0.83	4.06±0.80	3.95±0.83	180.72±29.20
私营业主	3.17±0.80	4.11±0.74	3.46±0.59	3.31±0.86	4.12±0.76	3.37±0.81	3.67±0.83	4.01±0.84	4.02±0.80	177.65±29.22
专业人士	3.28±0.77	4.27±0.57	3.52±0.54	3.54±0.74	4.38±0.58	3.57±0.75	3.90±0.68	4.22±0.64	4.15±0.63	186.11±23.20
自由职业	3.40±0.88	4.10±0.76	3.54±0.73	3.64±0.79	4.29±0.78	3.72±0.82	3.83±0.78	4.03±0.74	4.05±0.71	184.84±29.68
其他	3.24±0.76	4.02±0.65	3.49±0.60	3.58±0.77	4.27±0.71	3.44±0.78	3.73±0.81	4.05±0.73	3.96±0.74	180.31±26.07
F	4.24	4.59	2.58	3.59	2.53	2.74	4.89	3.30	4.16	4.99
p	<0.001***	<0.001***	0.009**	<0.001***	0.010*	0.005**	<0.001***	0.001**	<0.001***	<0.001***
LSD	3>1,2,4,5,6,7,9	3,4,7>1,2,5,9	3>1,5,6,7,9	3>1,2,4,5,6,7,9	3>1,5,6	3>1,4,5,6,9	3,4,5,7,8,9>1	3>1,2,5,6,8,9	3>1,2,5,6,9	3>1,2,4,5,6,7,9

注：* 表示 $p<0.05$，** 表示 $p<0.01$，*** 表示 $p<0.001$。

由表 3-10 可知，社会心态总分（$p<0.001$）、社会认知（$p<0.001$）、社会需要与动机（$p<0.001$）、社会情绪（$p<0.01$）、社会信任（$p<0.001$）、社会认同（$p<0.05$）、社会群体获得感（$p<0.01$）、社会适应（$p<0.001$）、社会价值（$p<0.01$）、社会行为（$p<0.001$）在职业这个变量上呈现出显著差异，表明不同的职业群体在社会心态、社会认知、社会需要与动机、社会情绪、社会信任、社会认同、社会群体获得感、社会适应、社会价值、社会行为上存在着明显的差异，其中差异最为明显的是社会心态、社会认知、社会需要与动机、社会信任、社会适应、社会价值、社会行为。

经过进一步的 LSD 事后检验发现，在社会心态、社会认知、社会需要与动机、社会情绪、社会信任、社会认同、社会群体获得感、社会适应、社会价值、社会行为十个维度上，事业单位/公务员/政府工作人员群体的得分都明显高于其他职业群体，这可能与上述群体的工作性质有关，也可能是海南自贸港建设对于事业单位/公务员/政府工作人员群体的这类群体的工作影响较大。

在社会认知这一维度中，经 LSD 事后检验发现，事业单位/公务员/政府工作人员的社会认知水平高于农民、工人、公司职员、学生、私营业主、专业人士和其他职业群体。出现这一结果的原因在于，政府公职人员的入职门槛较高，要经过系统的政治性考试，对公务员的思想觉悟要求很高，因此对自我的认知层次要更深一点，且由于职业的特殊性，对海南自贸港建设政策的熟知是工作内容的硬性要求，所以会出现政府工作人员的社会认知水平高于其他职业人群的现象。

在社会需要与动机这一维度中，经 LSD 事后检验发现，政府工作人员、公司职员及专业人士的社会需要与动机高于农民、工人、学生及其他职业群体。这个结果的差异可以从职业制度的不同来解释：政府工作人员、公司职员及专业人士的工作制度都是晋升制，只有在自己付出一定的努力和时间，做出一定的成绩后，才可以晋升到更高的职位，享受更好的待遇。且在自贸港建设的不断完善下，越来越多的工作岗位与自贸港建设高度同步，因此，这些群体在展望自己未来工作的同时也期待自贸港建设可以更美好。晋升制的工作性质决定了政府工作人员、公司职员及专业人士需要更大的动机去争取更多的社会资源，保证自己的生活水平，且薪资较高的群体有信心能够承担自己在海南的衣、食、住、行所需的成本。而农民、工人、学生及其他职业的工作性质并不需要这些人群去争取晋升的机会，农民、工人大多都是付出体力后得到相应报酬，学生则是学年制自动晋升。因此相比之下，农民、工人、学生及其他职业人群对于社会需求的动机不高。

在社会情绪这一维度中，经 LSD 事后检验发现，政府工作人员的社会情绪相较于农民、学生、私营业主、专业人士及其他职业群体更为稳定。这可能是因为政府工作人员的主要职责是服务人民，职业素养要求他们的情绪需要稳定，要正向引导群众。如执法人员、党委机关、办事员等都需要耐心服务群众，且作为国家公职人员，国家也会有定期的培训与心理健康讲座，以助于政府工作人员保持良好的社会情绪。

在社会信任维度中，经 LSD 事后检验呈现的结果来看，政府公职人员的社会信任是最高的。王浦劬、李锋的研究指出"我国公务员对公民的信任，实际上并不完全来自于与公民的互动，而更多地来自于公务员所处的职位属性和公务员的工作满意程度"[1]。在海南自贸港建设工作中，国家的大力投入和支持拉动了海南地区的经济发展，政府公职人员的福利待遇有所提高，公务员对工作的满意度就会上升；其次海南自贸港建设所带来的社会红利切实地保障和实现了部分海南公民的利益，群众对政府的信任程度也得到了提高，这是一个良性的双向互动，有助于建立政府公职人员与公民之间的长期稳定的信任。

在社会群体获得感这一维度中，经 LSD 事后检验所呈现的结果来看，政府公职人员的社会群体获得感也是高于其他职业的。首先，在经济获得感方面，政府公职人员的每月直接收入虽然不是很高，但是，福利待遇却要比其他职业优厚。比如，相对较高的公积金、餐补、工伤保险等福利待遇让政府公职人员的生活得到最基础的保障。其次，在民生获得感方面，政府公职人员的退休金、养老保险、伤保、产假等一系列人性化的福利待

---

[1] 王浦劬、李锋：《我国公务员信任公民的影响要素实证分析》，《中共中央党校学报》2016年第20期。

遇，保证了政府公职人员的民生问题。再次，在政治感获得感方面，工作性质的原因，政府公职人员更需要时刻关注、积极参与落实各项政策，对于政策的高度参与使得政府公职人员的政治获得感较高。最后，在精神获得感方面，作为一名合格的政府公职人员，要严格要求自己，要有坚定的政治立场，要有一定的思想水平，要树立正确的世界观，要有严于律己的概念，同时也要有良好的职业道德，因此政府公职人员的精神获得感较高。

在社会适应这一维度中，经LSD事后检验发现，政府工作人员、公司职员、学生、专业人士、自由职业及其他职业人群的社会适应能力优于农民群体。本次研究的对象中，农民群体中的大多数文化水平并不高，相较于其他职业的群体来说，在面对因自贸港建设而快速发展的海南社会环境时，不高的文化水平决定了农民群体对于信息的获取与接受、新技能知识的学习有一定的局限性。对自贸港建设政策的不了解导致了农民群体不能有较良好的社会适应。

社会价值维度在经过LSD事后检验发现，政府公职人员的社会价值感最高。我们分析其原因可能是政府公职人员以服务人民为宗旨的工作性质，使得政府公职人员对于社会价值、个人价值的评价略高。

在社会行为这一维度中，经LSD事后检验发现政府公职人员的社会行为也是最高的。首先，社区党支部是连接党和人民的最基础的节点，所有以社区为背景开展的宣传活动，都会有大量的公务员参与，公共参与的程度非常高；其次，政府公职人员的工作内容主要是服务大众，亲社会行为居多，这也就导致政府公职人员对自己社会行为的评价高于其他职业人群。

在社会心态总分上，经LSD事后检验得出了与前面内容相似的结论：政府公职人员得分高于其他职业群体。社会心态是社会认知、社会需要与动机、社会群体获得感、社会行为等九个维度的综合，其结果的呈现也受到各个子维度的影响，因此出现类似的特点。

九　收入因素

将社会心态各维度得分及总分在收入这一人口学变量上进行差异分析，最终结果如表3-11所示。

表3-11　社会心态各维度在收入上的差异分析（M±SD）

	社会认知	社会需要与动机	社会情绪	社会信任	社会认同	社会群体获得感	社会适应	社会价值	社会行为	总分
2000元以下	3.22±0.81	4.02±0.66	3.52±0.66	3.47±0.82	4.24±0.7	3.41±0.85	3.68±0.81	4.05±0.77	3.95±0.80	179.18±28.08
2000—4000元	3.31±0.77	4.08±0.67	3.58±0.66	3.62±0.79	4.28±0.72	3.52±0.83	3.74±0.79	4.16±0.73	4.06±0.72	183.38±28.12
4000元—6000元	3.40±0.85	4.22±1.02	3.59±0.60	3.61±0.78	4.34±0.66	3.60±0.77	3.85±0.73	4.13±0.73	4.11±0.73	186.10±27.58
6000元—10000元	3.32±0.82	4.28±0.65	3.57±0.62	3.47±0.85	4.36±0.67	3.56±0.75	3.88±0.75	4.20±0.72	4.13±0.73	185.76±26.17
10000元以上	3.21±0.88	4.24±0.77	3.50±0.70	3.45±0.89	4.24±0.80	3.57±0.84	3.92±0.80	4.18±0.75	4.13±0.78	184.15±30.75
F	2.46	5.66	0.75	3.02	1.55	2.54	3.91	1.71	2.85	3.09
p	0.043*	<0.001***	0.557	0.017*	0.186	0.038*	0.004**	0.146	0.023*	0.019*
LSD	3>1, 5	3, 4>1, 2		2, 3>1, 4		1>3, 4	3, 4, 5>1, 2		2, 3, 4, 5>1	2, 3, 4>1

注：*表示 $p<0.05$，**表示 $p<0.01$，***表示 $p<0.001$。

由表3-11可知，社会心态总分（$p<0.05$）、社会认知（$p<0.05$）、社会需要与动机（$p<0.001$）、社会信任（$p<0.05$）、社会群体获得感（$p<0.05$）、社会适应（$p<0.01$）、社会行为（$p<0.05$）七个维度在收入这个变量上呈现出显著差异，表明不同收入群体的社会心态、社会认知、社会需要与动机、社会信任、社会群体获得感、社会适应、社会行为上存在着明显的差异，其中差异最为明显的是社会需要与动机和社会适应。

经过进一步的LSD事后检验发现，在社会需要与动机维度中，月收入4000—6000元和6000—10000元群体的社会需要与动机高于月收入2000以下和2000—4000元群体；在社会适应维度中月收入4000元以上群体的社会适应能力要比4000元以下的群体更好。

在社会需要与动机维度上，月收入4000元以下的群体社会需要与动机显著低于月收入 4000—10000 元收入的群体。这可能是因为不同月收入的人群对自己和生活的期望水平是不同的。月收入 4000 元以下的群体可能对自己的生活品质要求较低，而 4000—10000 的月收入群体对自己的生活品质有一定的要求，而现实中的收入却不足以支撑高品质的生活，再加上这个群体可能大多学历程度相对较高，对自己创造美好生活的信心也较高。因此，他们更希望在自贸港建设中改善自己生活水平，具有更高的社会需求与动机。他们会紧跟自贸港建设的步伐，善于制造机会，抓住机遇。月收入 4000 元以下的群体，容易满足和安于现状，个体的社会需求和动机不足，对社会资源占有欲望不高，对自贸港建设政策了解不足，因此参与自贸港建设的动机较低，这也在一定程度上导致了他们收入水平较低。当然社会资源分配的倾斜、受教育程度、个人因素及不可抗力的突发事件等都是社会需要与动机在收入上出现差异的中间因素。

在社会适应维度上，月收入 4000 元以上群体的社会适应能力明显高于月收入 4000 元以下的群体。高收入往往代表着可能拥有更高的购买能力，能够享受更高水平的教育、医疗、居住环境等优质生存资源，这也意味着在面临部分突发事件时，高收入群体拥有更强的抗风险能力，因此，对于社会的适应能力较好。

第三节　海南自贸港建设下社会心态相关分析

为进一步了解社会心态总分和九个维度之间的关系，我们对社会心态的各维度之间进行了皮尔逊相关分析，结果如表 3 - 12 所示。

表 3 - 12　　社会心态各维度皮尔逊相关关系表 （N = 1457）

	F1	F2	F3	F4	F5	F6	F7	F8	F9	总分
F1	1									
F2	0.420**	1								
F3	0.534**	0.404**	1							
F4	0.558**	0.411**	0.509**	1						

续表

	F1	F2	F3	F4	F5	F6	F7	F8	F9	总分
F5	0.358**	0.537**	0.427**	0.599**	1					
F6	0.520**	0.369**	0.516**	0.705**	0.482**	1				
F7	0.456**	0.436**	0.492**	0.608**	0.567**	0.695**	1			
F8	0.410**	0.510**	0.475**	0.535**	0.709**	0.554**	0.714**	1		
F9	0.468**	0.512**	0.485**	0.534**	0.657**	0.556**	0.720**	0.855**	1	
总分	0.687**	0.678**	0.688**	0.781**	0.752**	0.794**	0.826**	0.833**	0.841**	1

注：** 在0.01级别（双尾），相关性显著。F1：社会认知，F2：社会需要与动机，F3：社会情绪，F4：社会信任，F5：社会认同，F6：社会群体获得感，F7：社会适应，F8：社会价值，F9：社会行为。

由表3-12可知，社会心态各维度之间都具有显著的相关关系。

一 社会认知维度与其他维度的相关分析

社会认知和社会需要与动机之间呈显著正相关（$r = 0.420$，$p < 0.01$），可能是由于对自贸港建设相关政策认知水平高的个体对自我和社会环境有更清楚的认知，能充分了解自我的需要，把握自贸港建设中的机会，因此有较强的目的性与社会动机。社会认知与社会情绪之间呈显著正相关（$r = 0.534$，$p < 0.01$），可能是因为社会认知包含自我认知，自我认知更深刻的个体对于自我的审视就更加清晰，能及时调控自我情绪，面对社会事件时也能保持较平稳的心态。社会认知与社会信任之间呈显著正相关（$r = 0.558$，$p < 0.01$），更高的自贸港建设相关政策认知水平可以帮助个体更及时地预知自贸港建设进程中所面对的风险，处理突发事件时也可以清晰洞察原因，规避不必要的麻烦与危险，因此对社会的信任程度就更高。社会认知与社会认同之间呈显著正相关（$r = 0.358$，$p < 0.01$），拥有较高自贸港建设相关政策认知水平的群体对自贸港建设的本质认识更深刻，对国家政策的理解更透彻，对国家和社会的认同感就更高。社会认知与社会群体获得感之间呈显著正相关（$r = 0.520$，$p < 0.01$），自贸港建设相关政策认知水平高的群体一般能准确理解政治政策，把握自贸港建设具体动向并抓住机遇，这就代表他们有更高的机会获得高薪水、高福利的工

作,因此社会认知水平的个体经济获得感、民生获得感、政治获得感等偏高。社会认知与社会适应之间呈显著正相关($r=0.456$,$p<0.01$),可能是因为有更高的自我认知水平意味着能更了解自己的需要,更高的自贸港建设政策认知水平更能洞察社会的性质,因此不论在人际交往还是在社会变化中都能够游刃有余,社会适应能力更强。社会认知与社会价值之间呈显著正相关($r=0.410$,$p<0.01$),清楚的自贸港建设政策认知使个体在从事任何职业时都能明确自身的价值所在,拥有正确的价值导向,因此对自身社会价值的评价就更高。社会认知与社会行为之间呈显著正相关($r=0.468$,$p<0.01$),高水平的社会认知使个体拥有正向的世界观,从而导致更多的亲社会行为的产生,社会行为得分随之提高。已经在这里分析过的两个维度的相关关系在后文将不再做详细分析。

二　社会需要与动机维度与其他维度的相关分析

社会需要与动机和社会情绪之间呈显著正相关($r=0.404$,$p<0.01$),是因为当个体的社会需要与动机被满足时,个体会产生对社会的正向积极的情绪。社会需要与动机和社会信任之间呈显著正相关($r=0.411$,$p<0.01$),当个体越多的社会需要被满足时,意味着个体从社会获得的挫折就越少,从而个体对社会的信任程度就越高。社会需要与动机和社会认同之间呈显著正相关($r=0.537$,$p<0.01$),当自贸港建设相关政策的不断完善解决了个体的社会需求时,个体对社会以及国家的认可程度就更高。社会需要与动机和社会群体获得感之间呈显著正相关($r=0.369$,$p<0.01$),个体的经济需求、民生需求、政治参与需求、精神需求越满足,个体的经济获得感、民生获得感、政治获得感、精神获得感就越高。社会需要与动机和社会适应之间呈显著正相关($r=0.436$,$p<0.01$),当个体对社会的需要与期待被满足时,个体能够从容地面对突发事件,对社会的适应能力更强。社会需要与动机和社会价值之间呈现显著正相关($r=0.510$,$p<0.01$),白长华研究认为,"人的自我价值是个人对自己需要的满足","人的社会价值是人能够满足社会的各种需要而产生的价值"[①]。当个

---

① 白长华:《人的自我价值和社会价值新探》,《学理论》2010年第29期。

体对生存、社交、社会等的需求被满足时,自我价值与社会价值也就随之提高。社会需要与动机和社会行为之间呈现显著正相关（$r=0.512$，$p<0.01$），当个体的需求需要被满足时,个体的动机就会提高,随之个体以满足需求为目的社会参与就会增多,所以个体社会需要与动机的高满足意味着个体社会行为的高频发生。

三 社会情绪维度与其他维度的相关分析

社会情绪与社会信任之间呈显著正相关（$r=0.509$，$p<0.01$），影响个体社会情绪的一般都是负面性的社会事件,负面糟糕的情绪同时也会影响个体对社会的信任程度,当这些负面事件发生的频率减少时,个体的社会情绪良好,社会信任程度就较高。社会情绪与社会认同之间呈显著正相关（$r=0.427$，$p<0.01$），社会情绪良好的个体意味着对周围社会环境有较好的印象,对社会的认可也会随之提升。社会情绪与社会群体获得感之间呈显著正相关（$r=0.516$，$p<0.01$），当个体的经济获得感、民生获得感、政治获得感等都得到满足时,社会情绪也就随之变好。社会情绪与社会适应之间呈显著正相关（$r=0.492$，$p<0.01$），更好的社会适应能力意味着面对突发事件时,个体能够更好地调节自己的负面情绪,沉着冷静地应对突发事件,同时良好的社会情绪也能在个体适应社会时提供良好的应对心态。社会情绪与社会价值之间呈显著正相关（$r=0.475$，$p<0.01$），良好的社会情绪与心态能让个体有更好的状态满足自我需求,创造社会价值,且更高的自我价值与社会价值感能让个体更加自信,产生更多正面情绪。社会情绪与社会行为之间呈显著正相关（$r=0.485$，$p<0.01$），良好的、积极的社会情绪会促进个体亲社会行为的发生,更高频率的社会参与、亲社会行为也会扩展个体的社交圈,让个体有更健康的心态。

四 社会信任维度与其他维度的相关分析

社会信任与社会认同之间呈显著正相关（$r=0.499$，$p<0.01$），当个体的社会认同程度高时,表明个体更加信任社会,较低的社会信任程度表明个体对社会的认可程度较低。社会信任与社会群体获得感呈显著正相关（$r=0.705$，$p<0.01$），高的经济获得感、民生获得感、精神获得感表明

个体的生活水平较高，受挫折事件相对较少，社会信任感也就更高。社会信任与社会适应之间呈显著正相关（$r=0.608$，$p<0.01$），个体较好的社会适应能力意味着可以较好地应对社会环境、社交情境等，对他人的戒备心就不会很重，人与人之间良好的社会信任感会使人们更轻松地适应社会。社会信任与社会价值之间呈显著正相关（$r=0.535$，$p<0.01$），更强的社会信任感会让个体在通过满足自我需求与社会需求而获得社会价值感的过程中更加顺利，而自我需求与社会需求不断被满足时个体所感到的社会价值感也会让个体对社会的信任程度更高。社会信任与社会行为之间呈现显著正相关（$r=0.534$，$p<0.01$），个体进行社会参与的过程本质上是与其他社会成员搭建信任桥梁的过程，而更高的社会信任感也会增加个体出现亲社会行为的可能性。

五 社会认同维度与其他维度的相关分析

社会认同与社会群体获得感之间呈显著正相关（$r=0.482$，$p<0.01$），较好的社会政策、福利待遇、人际关系等都会正向影响个体的获得感，也会使个体对社会更加认同。同样，个体对社会越认同，就会越有信心去争取社会资源，提升获得感。社会认同与社会适应之间呈显著正相关（$r=0.567$，$p<0.01$），社会适应水平高的群体，认为社会环境对自己比较友好，对社会的认同感更高，社会认同感高的个体，情绪体验更佳，心态更积极，有助于个体适应社会。社会认同与社会价值之间呈现显著正相关（$r=0.709$，$p<0.01$），个体自我需求得到满足，自我价值感就会提高，个体满足社会需求，社会价值感就会提高，同时个体会很有成就感与满足感，对自我的认同感就会更高。社会认同与社会行为之间呈显著正相关（$r=0.657$，$p<0.01$），对社会更认同的个体，会更加遵守社会的行为规则。同时，个体社会参与与社会认同之间是一个良性循环，参与有好的社交有助于提升个体的社会认同，高度的社会认同也会增加个体参与社交的频率。

六 社会群体获得感维度与其他维度的相关分析

社会群体获得感与社会适应之间呈显著正相关（$r=0.695$，$p<0.01$），良好的经济获得感、民生获得感、政治获得感及精神获得感表明

个体的经济水平高、民生问题得到保障、政治参与度较高、精神层次较高，也就表明个体在适应社会环境、应对社会交往时的适应资本较好，适应力强。社会群体获得感与社会价值之间呈显著正相关（r=0.554，p<0.01），个体满足自我需要意味着个体自我价值感的满足与经济获得感、民生获得感的满足，个体满足社会需要意味着社会价值感的满足与个体政治获得感、精神获得感的满足。社会群体获得感与社会行为之间呈显著正相关（r=0.556，p<0.01），可能是因为个体参与更多的社会公共行为意味着政治获得感的提高，亲社会行为的增多意味着个体精神获得感的满足，遵守社会行为规则意味着个体在经济获得感与民生获得感层面得到保障。

七 社会适应维度与其他维度的相关分析

社会适应与社会价值之间呈现显著正相关（r=0.714，p<0.01），个体社会人际适应良好表明满足了自己对人际交往的需要，对社会生活适应良好表明个体满足了自己对于生存条件的需要（如金钱、健康等）。同样，如果个体个人价值感高，表明个体满足了自己的个人生活需求，适应了社会生活，如果个体社会价值感高，表明个体满足了对周围社会的付出需求，适应了社会环境。社会适应与社会行为之间存在显著正相关（r=0.720，p<0.01），可能是因为个体遵守社会规则可以帮助个体更好地适应社会，亲社会行为与社会参与都是适应社会的关键。

八 社会价值、社会行为与其他维度的相关分析

社会价值与社会行为之间存在显著正相关（r=0.855，p<0.01），遵守社会规则是创造社会价值的前提，良好的个人行为准则可以帮助个体在社会工作、社会生活、社会交往中起到重要的正向辅助作用；亲社会行为与社会参与同样也是创造社会价值与个人价值的重要途径。社会行为与前八个维度均存在显著正相关（p<0.01），前文均有详细讨论，故在此不做过多赘述。

九 社会心态总分与各维度的相关分析

总分（社会心态）与社会认知（$r=0.687$，$p<0.01$）、社会需要与动机（$r=0.678$，$p<0.01$）、社会情绪（$r=0.688$，$p<0.01$）、社会信任（$r=0.781$，$p<0.01$）、社会认同（$r=0.752$，$p<0.01$）、社会群体获得感（$r=0.794$，$p<0.01$）、社会适应（$r=0.826$，$p<0.01$）、社会价值（$r=0.833$，$p<0.01$）、社会行为（$r=0.841$，$p<0.01$）共九个维度之间均存在着显著正相关关系，是因为社会心态是由以上九个维度共同组成的，所有的维度共同影响社会心态，其之间有着必然的相关关系。

第四章　社会认知研究

社会认知是20世纪七八十年代兴起的研究主题，涵盖范围广泛，涉及多门学科，其中在心理学领域被广泛研究。近些年来，随着认知科学方法与技术的突破，社会认知研究领域正在不断扩大，深度也在不断增加，社会认知已成为国内外热门的研究主题之一。有研究文献显示，社会认知是社会心态的重要维度之一。本章以海南自贸港建设为研究背景，从社会心态中的社会认知维度进行深入研究。对社会认知相关文献进行查阅、整理、归纳和总结，深入海南各地进行调研，了解海南地区的社会认知现状，力求对参与自贸港建设的人民产生的有关社会认知方面的问题进行解释与预控，提出一些改善建议，指导人们在拥有客观、正向的社会认知基础上，提高生活质量，积极主动地参与到自贸港建设中，为海南自贸港建设添砖加瓦。

第一节　社会认知的概念、理论与研究现状

人与人之间存在的差异，不仅体现在体形相貌上，还体现在我们对周边事物或现象的认知上。当我们处在人类社会之中时，就会受到社会的影响，对接收的信息进行社会认知，并对周边的人或事件形成感受与评价，而这一过程是在头脑中不自觉地完成的，并不需要刻意地进行思考，这就是社会认知产生的过程。本章对社会认知的相关概念、对象、维度与理论进行梳理，并进一步对其研究方法、近年研究现状和相关影响因素展开研究，以期更好地探究社会认知的全貌。

一 社会认知的相关概念与理论

社会认知中存在着共性与个性的关系。共性体现在同一地区或民族的群体对某一事件有着相似的见解与态度,而受文化、地域等因素影响,不同人群对事物会产生不一样的认知;个性则体现在不同个体对人或事不同的认知,例如,在沙漠中找到半瓶水,有人认为这是一件令人高兴的事件,有人却因为瓶子里只有半瓶水没有装满而感到沮丧。个人的人生经验、价值观、需求等不同,在大脑中加工的社会认知得到结果也不同。共性与个性的关系辩证统一,相互包含。在海南自贸港建设大背景下,对海南地区民众的社会认知研究即为共性研究。

(一) 社会认知的概念

关于"社会认知"的概念,研究人员从不同的研究取向对社会认知做出不同的界定。国外对社会认知的研究起步较早,研究成果较为丰富,对社会认知的定义更多。著名心理学家 Albert Bandura 以能动理念为基础,认为社会认知是"人既不是由内部力量驱动的,也不是被外部刺激自动塑造和控制的";Fiske 和 Taylor 认为社会认知是"人们对复杂信息进行表征和加工,抽取其中有意义的社会信息进一步地加工处理,评估社会情景状况,从而做出反应行为";[1] 国内对社会认知的研究起步相对较晚,近年来国内学者也对社会认知进行了相关定义。方富熹认为,社会认知是"对人类本身和社会关系的认知,包括对个人的认知、人与人双边关系的认知、社会关系的认知"。[2] 李路路和王鹏认为,社会认知是"对于社会整体状况的感知和判断"。[3]

需要指出的是,国外研究基本是从社会认知的形成过程上来对其进行定义,侧重研究个体思维、大脑记忆和信息加工对社会认知形成的影响。国内对社会认知的定义侧重于对社会事物的整体认识,从社会认知的结果上来对其定义。看问题需要全面,社会认知的研究包罗万象、涉及广泛,

---

[1] Fiske S. T. and Taylor S. E., *Social Cognition*, New York: Mcgraw-Hill, 1991.
[2] 方富熹:《儿童社会认知发展研究简介》,《心理学动态》1986 年第 1 期。
[3] 李路路、王鹏:《转型中国的社会态度变迁 (2005—2015)》,《中国社会科学》2018 年 3 期。

仅仅研究思维、记忆和信息加工也有不足之处，还需要对影响个体社会认知的文化、受教育水平、阶层等因素进行研究，或对社会认知的遗传、历史进化等方面做研究。

（二）社会认知的对象

关于社会认知的研究内容，学术界形成了一定的共识，研究对象主要包括人及其行为。社会认知的研究对象可以用图像进行概括，如图4-1所示。

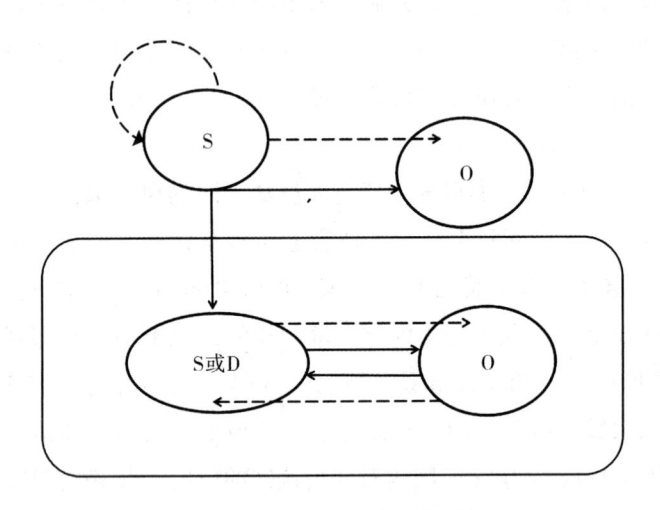

图 4-1　社会认知的研究对象

图中的字母表示的是对象，字母 S 和字母 D 是指知觉的主体或自我，字母 O 是指他人或团体。图中的线段表示关系或过程，方框外 S 指向 O 的实线箭头表示自我对他人或团体进行认知；虚线箭头 S 指向自身表示人内部的心理过程，指向 O 则表示对他人或团体的理解、判断、推理等，因此在图中表示时穿透了目标；方框内 S 或 D 与 O 之间的两条实线箭头表示社会认知包含个人与他人或团体之间的各种交往与关系，两条穿透的虚线则表示社会成员间进行社会认知的行动和结果。①

---

① 林秉贤：《社会心理学》，群众出版社1985年版，第207页。

（三）社会认知的维度

目前国内外关于社会认知的研究中，多数文献都是在温暖性和能动性这两个维度下进行。最早提出社会认知基本维度的是 Bakan，他从感知自我和一般他人将社会认知划分为温暖性和能动性两个维度。① Diehl、Owen 和 Youngblade 认为能动性是个体为了掌控环境、肯定自我、体验能力感、成就和权利所付出的努力，而温暖性是个体亲近他人，与他人合作，融入他人、集体的愿望。②

这两个维度中存在的效应也叫温暖性优先效应和能动性优先效应，不少学者对这两种优先效应展开了研究。温暖性优先效应是指，社会认知中的温暖性特质更容易被人们所关注从而分配更多注意和大脑加工；能动性优先效应则是社会认知中能动性特质更容易被人们所关注从而分配更多注意和大脑加工。个体在感知一般他人的形成印象的过程中容易产生温暖性优先效应，温暖性的词汇能更快地被识别，人们一步步搜集更多关于对方的温暖性特质信息而非能动性相关信息，并且对他人印象和情感反应都建立在温暖性优先效应的基础上。③ 能动性优先效应与自我评价有关，④ 在评价自我或重要他人和亲密朋友等情境中，能动性优先效应会起到更重要的作用，⑤ 这是因为个体与他人长时间接触，或形成亲密关系时，他人就可能被卷入个体的自我概念当中，使得能动性优先效应会影响个体对其的评价，在感知一般他人时温暖性效应比能动性效应发挥的作用更重要。⑥ 韩梦霏在对温暖性和能动性的脑机制研究中，发现温暖性词语比能动性词语吸引更多的注意，能动性特质高的个体更倾向进行自我相关的思考，通过

---

① Bakan D., *The duality of human existence*, Chicago, IL: Rand McNally, 1966.
② Diehl M., Owen S. K. and Youngblade L. M., "Agency and Communion Attributes in Adults' Spontaneous Self-Representations", *International Journal of Behavioral Development*, Vol. 28, No. 1, 2004, pp. 1 – 15.
③ Wojciszke B., Bazinska R. and Jaworski M., "On The Dominance of Moral Categories in Impression Formation", *Personality and Social Psychology Bulletin*, Vol. 24, No. 12, 1998, pp. 1251 – 1263.
④ Wojciszke B., "Morality and competence in person-and self-perception", *European Review of Social Psychology*, Vol. 16, No. 1, 2005, pp. 155 – 188.
⑤ Abele A. E. and Wojciszke B., "Agency and communion from the perspective of self versus others", *Journal of Personality and Social Psychology*, Vol. 93, No. 5, 2007, pp. 751 – 763.
⑥ Wojciszke B. and Abele A. E., "The Primacy of Communion Over Agency and its Reversals in Evaluations", *European Journal of Social Psychology*, Vol. 38, No. 7, 2008, pp. 1139 – 1147.

思考自己的能力来反思自己。① 刘凯歌的研究指出，在陌生情境下对他人进行评价时，喜欢态度下积极温暖性更为重要，而在熟悉情境下对他人进行评价时，能动性维度更为重要。② 陈菲菲和毕重增对小学儿童的问卷调查中发现能动性能预测自尊，而温暖性不能预测自尊。③ 郑鸽的研究发现了外群的能动性特质在现实威胁感知中的调节作用，当外群体表达性特质较低或能动性特质较高时，内群会感受到更高的威胁感，即外群的能动性和表达性特质在现实威胁感知中有重要作用。④

　　心理学研究领域对社会认知在不同情景中提出了不同概念，也有学者提出其他维度来进行研究。李路路和王鹏的研究指出，社会认知的层面主要有两个，社会公平感和社会信任感。⑤ 张丹在对社会认知的调查中也采取这两个维度进行研究。⑥ 王俊秀认为社会认知是社会心态的一部分，社会认知分为个体社会认知和群体社会认知，其中群体社会认知的下属概念包括效能感、幸福感、安全感、社会成就感、社会归属感、社会信任感、社会支持感、社会公正感等⑦。

　　（四）社会认知的相关理论

　　我们处在人类社会中，所产生出的社会认知受方方面面的影响。就此，班杜拉提出了社会认知理论，认为是个体认知、环境、个体行为间交互作用共同决定了我们的社会认知。亦有学者提出认知失调理论、平衡理论和认知相符理论等，对社会认知中的现象进行解释。社会认知是人脑对信息进行加工的结果，人脑是如何将信息层层传递并进行加工的呢？相关学者对此展开研究，提出了社会信息表征、社会信息加工模型等几大理论。

---

①　韩梦霏：《社会认知基本维度的神经机制研究》，硕士学位论文，西南大学，2015年。
②　刘凯歌：《社会认知基本维度、人际熟悉度对自恋者吸引力的调节作用研究》，硕士学位论文，西南大学，2015年。
③　陈菲菲、毕重增：《社会认知基本维度与小学儿童自尊的关系》，《第十七届全国心理学学术会议论文摘要集》，2014年。
④　郑鸽：《社会认知基本维度对群际威胁感知的影响》，硕士学位论文，西南大学，2017年。
⑤　李路路、王鹏：《转型中国的社会态度变迁（2005—2015）》，《中国社会科学》2018年第3期。
⑥　张丹：《政府绩效评价、社会认知对腐败感知的影响》，硕士学位论文，山东大学，2021年。
⑦　王俊秀：《社会心态：转型社会的社会心理研究》，《社会学研究》2014年第1期。

1. 社会认知理论

20世纪80年代，班杜拉首次提出了社会认知理论，认为个体认知、环境、个体行为形成了三元交互，三者之间相互决定、相互作用。[①]

个体认知指个体是否采取某一特定行为作为最直接的影响因素，包括自我效能和结果期望。自我效能指对自己能完成某一特定活动的信念和对自身能力的主观感知，即对自己能完成某一特定目标的信心和能力的判断；而结果预期是指对自己执行某一行为后可能带来的结果与反馈所做出的预判。环境是一种牵涉个人因素与行为发生的因素，可以划分为有形环境和无形环境。行为是指个体想实行某特定行为的主观概率，在没有其他内外环境的因素影响时，个体实行某特定行为的想法越强，就越可能发生该行为。[②]

班杜拉的社会认知理论指出人性的五种基本能力，包括使用符号的能力、深谋远虑的能力、替代能力、自我调节的能力以及自我反思的能力，共同构成人性观的理论基础。这五种能力并不是独立存在，无论是观察学习、替代强化等行为，还是自我效能感的养成，都需要这五种能力的有机结合。[③]

2. 认知失调理论

费斯廷格提出认知失调理论，认为人们在认知中存在很多的认知因素，这些认知因素间的关系可能是相互联系的，也可能是互相独立的。相互联系中的认知因素中存在两种情况——协调或失调，认知因素间的失调会导致心理上的不愉快，这时个体会倾向于协调一致，设法减轻或消除这种不协调的关系，并且认知因素间失调强度越大，个体越想减轻不协调的动机就越强。[④] 在日常社会生活中，认知失调理论能很好地说明行为与态度的变化关系，并被广泛应用。

[①] Bandura A., "Human Agency in Social Cognitive Theory", *American Psychologist*, Vol. 44, No. 9, 1989, p. 1175.

[②] 韦耀阳：《基于认知理论的大学生个人知识管理能力研究》，博士学位论文，武汉大学，2017年。

[③] 舒跃育、靳佳丽、李嘉明：《"社会认知论"对心理学的理论贡献》，《心理研究》2022年第1期。

[④] 张淑华：《社会认知科学概论》，光明日报出版社2009年版，第73—78页。

3. 平衡理论

海德的平衡理论认为，人们在社会生活中倾向于保持一种有秩序、有联系且符合逻辑的认知状态，并建立了平衡结构理论 P-O-X 模型，如下图 4-2 所示。其中 P 指认知者，O 指另一个人，X 指认知者与另一人共同认知的对象，三种成分相互作用组成一个认知场，他人对这件事的态度会影响个体对这件事的感受，知觉者需要考察三者间的平衡状态来进行认知或行为调节，"+"与"-"三个符号相乘，结果为正说明认知平衡，反之则说明不平衡。

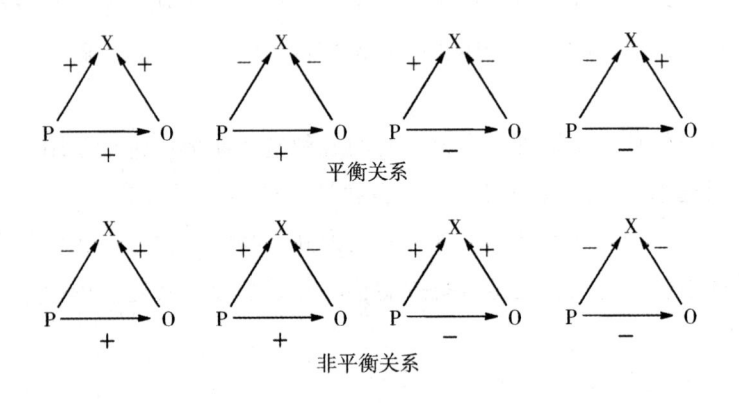

图 4-2 平衡理论模型

4. 社会信息表征理论

针对社会信息的影响，一些研究人员从信息加工角度研究社会信息在记忆中的表征，以及在后继判断过程中使用等问题，这条研究方向取得不错的成果，得出一些具有代表性的理论模型。

范畴模型，该模型以抽象概念为表征，认为个体在获得一个群体的相关信息后，就会对这个群体形成一种抽象化、概括化的概念。

样例模型，该模型以具体样例为表征，假定个体认知结构中存储的是大量的事例表征，对客体和样例记忆里的范畴相比较积累出样例的归类[①]。

---

① Smith E. R. and Zarate M. A., "Exemplar and Prorotype Use in Social Categorization", *Social Cognition*, Vol. 8, No. 3, 1990, pp. 243-262.

混合模型，该模型以抽象概念和具体样例为表征，是对前两种模型的整合，认为大脑知识表征抽象知识表征和具体样例表征[①]。

情境模型理论，该模型理论认为存在两种不同的知识结构：情境模型和概化表征。其中，情境模型在社会情境传递信息的过程中自动建立，是个体对具体事件信息建构出实体、起因、目的、时间和空间来进行理解[②]。

5. 社会信息加工模型

社会信息加工模型描述社会刺激从被注意－感知、记忆的编码和记忆的组织到作出判断与反应，解释社会判断和行为现象。该模型主要存在三个系统，输入系统、记忆系统和反应系统。模型阐述信息加工的各个阶段是如何联系、如何操作来产生判断和行为，具体展现加工阶段（编码、组织、存贮、提取和推理等）操作的认知机制。

社会信息加工双过程三阶段模型，是在社会信息加工模式基础上所提出的。理论模型的"两过程"是指内隐加工和外显加工两种形式，"三阶段"是指社会信息加工过程的感知—注意阶段、记忆阶段和思维阶段，社会信息则在这三个阶段中有序流动。[③]

二 社会认知的研究方法

社会认知是国内外研究的热点问题，涉及心理学、教育学、精神病学、言语学等诸多学科，研究对象一般为大众群体，也可按年龄、心理健康水平、职业等进行分类。在社会认知研究活动中，研究者主要将定量分析和定性分析相结合以进行探究，用实验法、测量法、问卷调查法、访谈法、观察法、事件评价等方法，解释在真实生活中的个体所体验感受到的各种心理现象和行为表征。

值得一提的是认知内隐测验法。根据社会信息加工的意识和无意识性，Greenwald 和 Banaji 将社会认知分成了外显社会认知和内隐社会认知，

---

① Lewicki P., "Nonconscious Biasing Effects of Single Instances on Subsequent Judgments", *Journal of Personality and Social Psychology*, Vol. 48, No. 3, 1985, p. 563.

② Zwaan R. A. and Radvansky G. A., "Situation Models in Language Comprehension and Memory", *Psychological Bulletin*, Vol. 123, No. 2, 1998, p. 162.

③ 张淑华：《社会认知科学概论》，光明日报出版社 2009 年版，第 73—78 页。

指出内隐社会认知是指过去的经验和行为以个体所不知道的方式影响着人的判断,并呼吁要用间接测量的手段对内隐社会认知进行测量。[①] 从目前研究内容来看,内隐社会认知的研究主体主要包括内隐刻板印象、内隐自尊、内隐态度和内隐学习内隐攻击性,研究者们也提出了很多种间接测量的方法来获得内隐社会认知,如启动效应、投射法、补笔法、实验分离范式、反应时法及其变式、加工分离程序、情绪性西蒙任务等都是具有代表性的方法。[②]

三 社会认知的研究现状

通过 CNKI 中国知网、万方数据库、重庆维普数据库、Education Source(EBSCO 教育专题大库)等中外文数据库,对"社会认知"进行关键词和主题检索,查阅图书馆相关文献资料,以"社会认知"为主题,共检索出 24465 条结果,国外文献 13521 篇,国内文献 10956 篇。其中国内检索核心期刊和 CSSCI 来源期刊共 4462 篇,国内硕博学位论文共 2477 篇,另通过 Education Source,以"Social cognition"为主题词语检索外文期刊共计 20868 篇。

(一)发文数量的年份变化

发文数量的年份变化反映了某一主题研究热度的变化,也在一定程度上反映了特定社会时期对该主题的需求程度。统计有关"社会认知"的研究成果的年份变化,结果如图 4-3 所示。

图 4-3 显示近 20 年来国内外对"社会认知"发文数量的变化(2022年的数据暂未引用)。进入 21 世纪,学术界的研究开始加速发展,国内外关于"社会认知"的研究成果日益丰富。2013 年之前,"社会认知"的文献年发文量逐年增加,"社会认知"的相关研究十年时间内年发文量翻了七倍。2013 年之后几年时间里,"社会认知"的年发文量呈现波浪上升的趋势。该趋势表明,学界对于"社会认知"的探索有迫切需求,随着经济发展和社会变迁,相关领域研究方法的创新,有关社会认知的研究也更上

---

① Greenwald A. G. and Banaji M. R.,"Impliclt Social Cognition: Attitudes, Self-esteem, and Stereotypes",*Psychological Review*,Vol. 102,No. 1,1995,p. 4.

② 孟凡松、钟玉芳:《内隐社会认知研究综述》,《牡丹江大学学报》2010 年第 2 期。

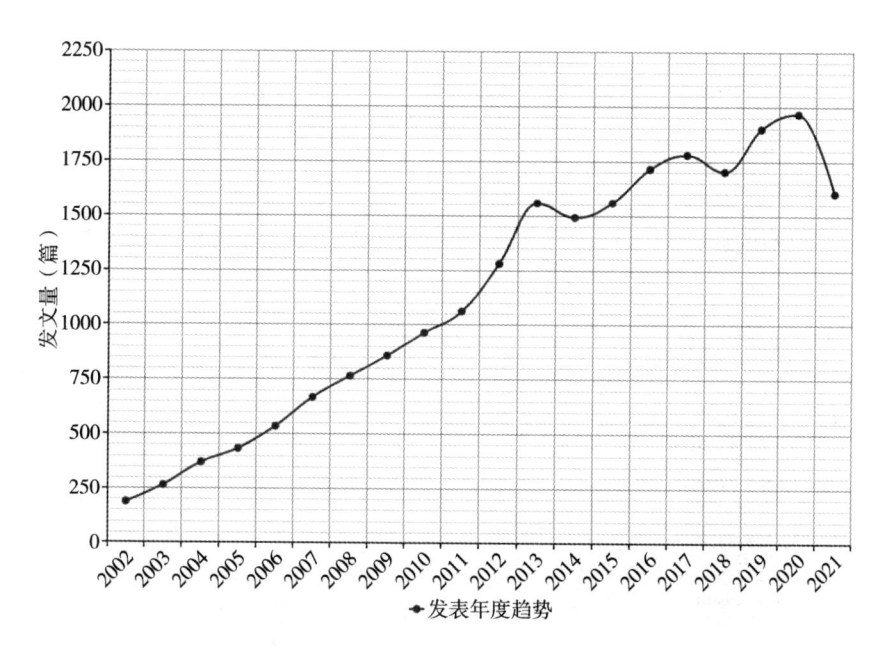

图 4-3 关于"社会认知"研究成果的年份变化

一层楼,但就目前研究深度而言,有关"社会认知"的研究探索仍任重而道远。

(二) 主题词共现

涉及社会认知的主题词主要涵盖了心理学、精神病学、统计学、社会学、管理学等学科,这一方面印证了社会认知是一个多学科研究的主题,另一方面也说明了社会认知是一个内涵十分丰富的概念。只从某一种学科对其进行研究时,需要注意对其进行概括且精确定义,避免其他学科对其概念的影响。本章统计出心理学与社会学范式下"社会认知"研究成果中的主题词共现情况,结果如图 4-4 所示。

由图 4-4 可知,与社会认知相关的热门主题主要有心理理论、精神分裂症、认知功能、移情、儿童、认知、情感、社会认知理论、内隐社会认知、社会知觉、社会支持等。这些主题词共同出现的频率较高,说明这些内容相互之间具有较为紧密的关系,从心理学角度对社会认知研究时,可以对这些相关内容进行考量。

(三) 研究趋势

探究社会认知的研究趋势,有助于在整体上对社会认知进行有效把

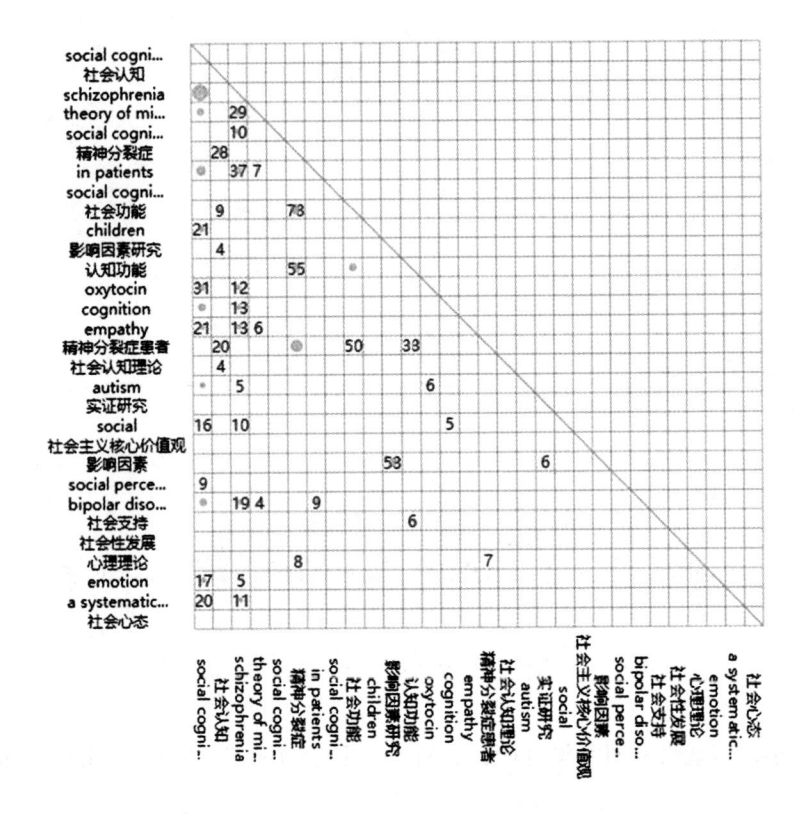

图4-4 涉及"社会认知"主题词的共现统计

握,其研究趋势如图4-5所示。

图4-5是截至2022年7月在中国知网上检索以"社会认知"为主题检索到的相关研究的文献梳理。从柱状图可以看出,2018年以"社会认知"为主题的研究最多,随着这几年的发展,热门主题词的相关研究下降趋势明显,但有关"社会认知"的年发文量没有下降,这说明社会认知的研究开始向更加多元化方向发展,所涉及的主题词更加广泛了。

四 社会认知相关因素研究

社会认知是人们社会生活基本的一种心理过程,影响到社会生活的方方面面,其相关因素十分广泛,以下选取关于健康、印象、归因、态度、神经等相关因素的文献研究进行梳理。

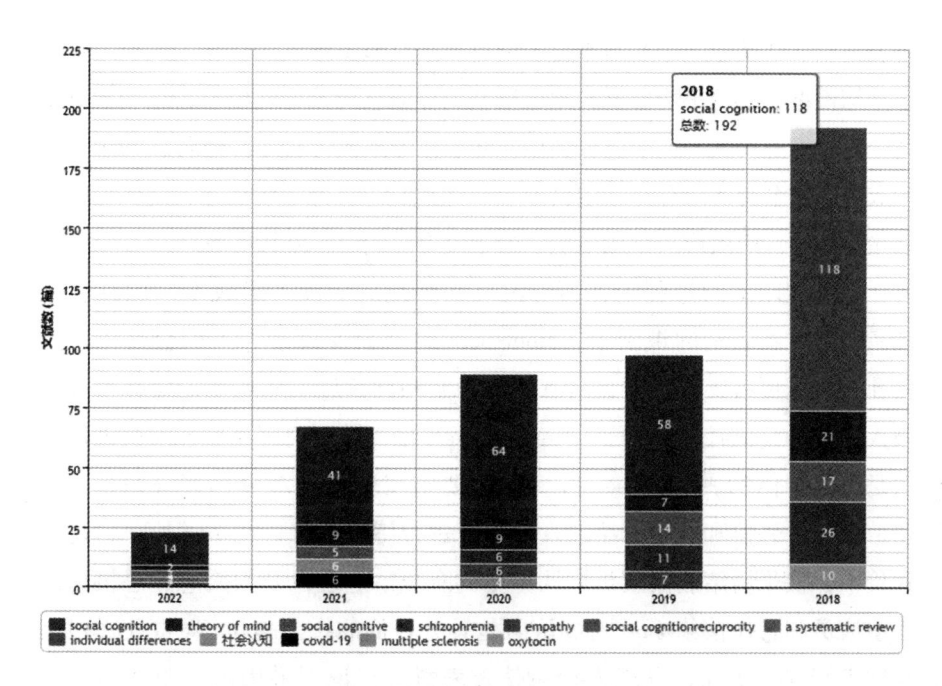

图 4-5　社会认知研究成果中主题词的年份变化

（一）社会认知与健康因素

社会认知对健康起到一定的影响作用。Seligman 和 Peterson 的研究发现，乐观群体其身体状况比悲观群体更好，乐观的生活态度以及在面对疾病时保持乐观解释是人们身体健康的主要条件之一。① 仇妙芹通过研究大学生群体，指出社会认知偏差对极端心理危机事件产生的危害影响。② 胡蕾的研究指出，"不正确的社会认知会极大地影响个体心理健康，主要表现在社会信息的选择、判断，对于社会信息的认识，以及自身心理健康的发展中"，③ 呼吁人们要重视心理健康教育，培养良好的社会认知。

（二）社会认知与印象因素

Osgood、Sici、Tanenbaum 用语义分析证明我们评价事物时可以分为评

---

① Peterson C. and Seligman M. E., "Causal Explanations as a Risk Factor for Depression: Theory and Evidence", *Psychological Review*, Vol. 91, No. 3, 1984, p. 347.

② 仇妙芹：《社会认知偏差对大学生极端心理危机事件的影响》，《教育观察》2018 年第 15 期。

③ 胡蕾：《心理健康教育与社会认知的关系研究》，《开封教育学院学报》2014 年第 8 期。

价、力量、活动性三个基本维度。Anderson 对印象形成进行相关研究，提出了平均模型、加权平均模型和累加模型三种信息加工处理模型，这些模型都在一定程度上得到一些研究的验证。在印象形成的过程中，通常认知主体所形成的印象会与实际存在一定偏差，干扰我们的进行社会认知，这些偏差效应主要包括首因效应、近因效应、晕轮效应、刻板印象与定型。①

在形成印象的过程中，不同的外在表现影响他人形成不同的社会认知。例如，在表情的识别中，Montepare 和 Dobish 发现，人们会将愤怒的面孔认为是更占支配地位且具有较低的亲和性，恐惧和悲伤的面孔可能会被人们认为是低控制力的。② Krumhuber 发现，微笑的面孔更容易被人们认为是值得相信的。③ Knutson 在实验中要求实验被试对分别表演快乐、悲伤、愤怒、恐惧和厌恶情绪的六位演员进行特质评价，在被试给予的特质评价中，快乐情绪表演演员被认为更具有统治地位以及归属感，恐惧情绪表演演员和悲伤情绪演员则被认为是具有较低的统治地位。④ 董天天对真实性表情进行研究，发现人们对伪装表情进行识别采用的是整体加工方式，表情的真实性影响了对变化面孔的识别，人们对伪装表情进行识别需要使用到更多的注意资源。⑤

（三）社会认知与归因因素

个体的归因会逐渐内化成为个性的一部分，并会对个体的行为、情绪、心理健康等产生深远影响。不同的归因方式决定了我们对该行为的认知、情感和反应倾向。

王沛和张国礼研究社会认知对归因发展的影响，总结出归因研究的四

---

① Carroll J. B., Osgood C. E. and Sici G. J., "The Measurement of Meaning", *Language*, Vol. 35, No. 1, 1959, pp. 58 – 77.

② Montepare J. M. and Dobish H., "The Contriburion of Emotion Pprceptions and Their Overgeneralizations to Trait Impressions", *Journal of Nonverbal Behavior*, Vol. 27, 2003, pp. 237 – 254.

③ Krumhuber E., Manstead A. S. R., Cosker D., Marshall D., Rosin P. L. and Kappas A., "Facial Dynamics as Indicators of Trustworthiness and Cooperative Behavior", *Emotion*, Vol. 7, No. 4, 2007, pp. 730 – 735.

④ Knutson B., "Facial Expressions of Emotion Influence Interpersonal Trait Inferences", *Nonverbal Behave*, Vol. 20, No. 6, 1996, pp. 165 – 182.

⑤ 董天天：《表情真实性对面孔识别与社会认知的影响》，硕士学位论文，曲阜师范大学，2019 年。

种发展趋势：（1）由狭义走向广义，即从注重行为与心理特质到关注知觉者的心理模型的建构过程；（2）由内容空泛走向内容具体，早期认为一些概括的推理规则足以产生一般意义上的适应性行为，如今强调以广泛的具体知识的表征和应用为基础的问题解决与适应性行为；（3）由规范模型走向各种"错误与偏倚"，即从归因者看作理性的人到如今强调归因推理时所犯的错误与偏倚；（4）由规则或算法走向过程，早期归因理论直指算法以及逻辑水平，具体归因判断规则只跟输入的各种信息的类型有关，如今对归因的判断更加关注执行水平的问题，例如从信息呈现的方法或从记忆中提取信息的方法。[1]

国内外对归因的研究十分丰富，特别是对学生归因方式的研究。学业方面，陈凤研究归因与学业倦怠的关系，发现情境归因和运气归因与学业倦怠呈显著正相关，归因方式对学业倦怠有正向预测作用。[2] 生活方面，赵媛在对高中生的研究中发现，归因方式宽恕和主观幸福感呈负相关。[3] 社会认知在归因上就能体现出我们生活的方方面面，归因是我们社会认知的方式，是我们社会生活的基础。

（四）社会认知与态度因素

当看待某一社会现象时，人们很难不从好与坏、积极或消极方面对其进行判断。态度的形成可以用海德的平衡理论、费斯廷格的认知失调理论等进行说明（上文有提及）。近些年来学界主要研究了个体的内隐态度，Nosek认为外显态度的测量受到了社会期望、自我动机、个人目标等个体自身目的的干扰影响，不能较好地反应个体真实态度，而内隐态度由于专业测量上个体难以有意识地改变反应，所以可以被看作是个体的真实态度。[4] 有研究用平衡身份设计作为一种方法来检验态度，该方法预测的数

---

[1] 王沛、张国礼：《社会认知对于归因理论与研究发展趋势的影响》，《宁夏大学学报》（人文社会科学版）2006年第1期。

[2] 陈凤：《高中生人格特质、归因方式与学业倦怠的关系研究》，硕士学位论文，广州大学，2020年。

[3] 赵媛：《高中生归因方式、宽恕与主观幸福感的关系研究》，硕士学位论文，哈尔滨师范大学，2020年。

[4] Greenwald A. G., Banaji M. R. and Rudman L. A., "A Unified Theory of Implicit Attitudes, Stereotypes, Self-esteem, and Self-concept", *Psychological Review*, Vol. 109, No. 1, 2002, p. 3.

据与内隐式（IAT）测量数据相吻合，但与并行的显式（自我报告）测量不一致。有种族歧视测量实验发现，白人工作申请的评分远高于黑人，且种族偏见者表现出了非常强烈的种族歧视。①

（五）社会认知与神经因素

近些年随着研究方法的突破和科学技术的发展，相关学者采用认知神经科学技术，从人脑的神经结构研究社会认知现象，并取得丰富的研究成果。目前学界对社会认知神经科学研究主要集中在自我认知、态度、情绪表达与控制、道德判断、理解他人意图等多个方面。② 早期对社会脑的研究，即对执行社会功能的脑结构的研究，有许多代表性的研究成果，例如，发现扣带前回对情绪认知的关键作用，认知信息和情绪信息的加工相分离，③ 扣带前回参与了主要的认知活动，且与情绪体验相关；在情绪的评定与调控上，Lee 等学者发现，人们的正性情绪主要激活的是大脑左半球，而负性情绪主要激活大脑右半球，证明了情绪活动的区域特殊性。④ 钟毅平等人回顾镜像神经元和社会脑对社会认知的影响，发现人类社会认知与其他动物相比主要区别在三方面：（1）我们可以不受限制地将意识经验转移且能代入他人思想观点；（2）我们总回带着强烈道德情感去评价他人，这种评价能激发我们特定的社会行为；（3）我们能灵活利用上述能力不受时间影响。⑤

五 研究的不足

国内外心理学界对社会认知这个概念没有统一定义，仍存在不同的见

---

① Ziegert J. C. and Hanges P. J., "Employment Discrimination: The Role of Implicit Attitudes, Motivation, and a Climate for Racial Bias", *Journal of Applied Psychology*, Vol. 90, No. 3, 2005, p. 553.

② 赵晶、石向实：《社会认知神经科学研究十年：回顾与展望》，《心理学探新》2010 年第 4 期。

③ Devinsky O., Morrell M. J. and Vogt B. A., "Contributions of Anterior Cingulate Cortex to Behaviour", *Brain*, Vol. 90, No. 2, 1995, pp. 279 – 306.

④ 黎岳庭、刘力：《社会认知：了解自己和他人》，北京师范大学出版社 2010 年版，第 41—44 页。

⑤ 钟毅平、范伟、张娣：《人类社会认知的神经机制：来自社会脑研究的证据》，《心理科学》2011 年第 1 期。

解。对社会认知维度的划分没有完全统一，多数研究者对社会认知维度划分温暖性与能动性进行研究。社会认知概念包含广泛，不少基于研究对象与目标选区了不同的维度对社会认知进行研究，并取得不错的成果。

社会认知相关理论与模型主要体现在对外显社会认知方面的研究，随着社会认知研究的加深，近年来对内隐社会认知的研究变得热门，但关于内隐社会认知的理论与模型仍然较少。

从研究方法来看，单从传统心理学领域对社会认知解释还不够充分。这些年认知神经科学的发展，为社会认知和人类行为提供了精确的神经生物学理论补充。随着技术的发展，认知神经科学对社会认知的研究有望得到更多方面的突破。从研究对象来看，有必要选择更多的社会群体进行研究，不单只限于对不同年龄、不同职业、不同心理健康水平这些维度。社会认知是一个内涵广泛的研究领域，涉及人类活动的方方面面，在研究数量上值得做更多的研究，同时在研究的内容上也有望有更高的突破。

因此，在对社会认知的趋势、概念、理论、影响因素等方面进行梳理的基础上，对海南居民的社会认知展开调查。海南居民的生活方式、文化水平、社会结构、人员流动等方面，随着社会变迁发生了一系列的变化，社会认知也随之发生了改变。运用问卷调查法、访谈法、个案法深入海南各地进行实地研究，了解自贸港建设背景下，海南居民的社会认知特点及其影响因素，为培育积极向上的社会心态提供指导。

第二节　海南社会认知的现状分析

研究对海南省各市县人民进行社会调研，开展了许多工作，其中在社会认知调查问卷上收集1457份有效调查问卷，对这些问卷数据进行检验，获得问卷的信度与效度，同时对海南人民的社会认知进行总体分析，探究海南社会认知现状。

一　对维度的信效度说明

本次问卷调查在社会认知维度上有5个题项，分别为"A1 我对海南自贸港建设的免税政策比较了解""A2 我认为海南目前的商业环境较好"

"A3 在海南自贸港建设过程中，我的工作面临较大的挑战""A4 我认为海南自贸港建设会给我带来更好的就业机会""A5 海南经济发展与我和家人的生活息息相关"。问卷为五级评分，对应到每个条目的描述，由被试者按其与自己实际情况符合的程度，从非常不符合到非常符合，按 1—5 计分，得分越高说明社会认知越好。使用 SPSS 26.0 软件对本次问卷社会认知相关条目进行信效度检验。

（一）社会认知维度的信度

关于本研究认知维度信度测量，使用 SPSS 26.0 软件进行检验，采用 Cronbach's α 系数进行评价，结果见表 4-1。

表 4-1　　　　　　　　　　可靠性统计

克隆巴赫 Alpha	基于标准化项的克隆巴赫 Alpha	项数
0.732	0.733	5

如表 4-1 所示，海南社会适应量表中社会认知维度的信度值 Cronbach's α 系数为 0.732（>0.7），说明本量表的社会认知维度信度值良好。

（二）社会认知维度的效度

效度分析是检验问卷有效性的另一方面，其目的在于检验问卷能否有效地触及研究目标，并帮助研究者有效地获得研究所需数据，从而准确实现研究目的，即检验问卷对于本书研究的可用性。对社会认知维度进行 KMO 和巴特利特检验，结果见表 4-2。

表 4-2　　　　　　　　　KMO 和巴特利特检验

KMO 取样适切性量数		0.781
巴特利特球形度检验	近似卡方	1335.779
	自由度	10
	显著性	0.000

由表 4-2 可知，效度为 0.781（>0.7），表明社会认知维度相关条目

效度良好,社会认知维度的题项能有效了解自贸港建设背景下大众的社会认知状况。

二 自贸港背景下社会认知总体情况

在海南社会心态调查1457份回收数据中,社会认知维度各条目数据总体情况见表4-3。

表4-3 社会认知总体情况(n=1457)

	最大值	最小值	平均值	标准差
社会认知总维度	5	1	3.31	1.17
A1	5	1	2.96	1.20
A2	5	1	3.30	1.12
A3	5	1	3.16	1.21
A4	5	1	3.45	1.17
A5	5	1	3.67	1.15

如表4-3所示,海南民众对自贸港建设的社会认知平均得分为3.31分,处于中间水平。结合访谈了解到,绝大多数海南人民都知道海南自贸港建设基本政策,但是,对其具体会给自己带来哪些利益影响,很多人并不明确。在社会认知的五项条目中,海南民众对"海南经济发展与我和家人的生活息息相关"认可度最高,肯定了社会与家庭密不可分的关系;而关于"我对海南自贸港建设的免税政策比较了解"的认知情况较低,普通民众对自贸港建设了解并不清晰,仅有模糊的认知。

三 各题项的选项分布比例

为进一步探究海南人民参与自贸港建设的社会认知情况,我们对各条目数据情况进行分析,总结海南人民对各项的选择情况及其原因。各题项的选项分布情况见表4-4。

表4-4　　　　　　各题项的选项分布比例（n=1457）

	十分不赞同	不太赞同	无法确定	比较赞同	十分赞同
A1	216（14.8%）	267（18.3%）	504（34.6%）	304（20.9%）	166（11.4%）
A2	105（7.2%）	220（15.1%）	500（34.3%）	400（27.5%）	232（15.9%）
A3	184（12.6%）	198（13.6%）	496（34%）	355（24.4%）	224（15.4%）
A4	132（9.1%）	135（9.3%）	428（29.4%）	472（32.4%）	290（19.9%）
A5	89（6.1%）	126（8.6%）	372（25.5%）	459（31.5%）	411（28.2%）

全面推动海南省迅速发展，打造国际都市，国家推出了自贸港免税政策。"A1 我对海南自贸港建设的免税政策比较了解"反映了海南人民对海南自贸港以"零关税、低税率、简税制"为核心的税收政策的了解程度一般。海南目前还未封关，各项政策暂未全面实施，海南人民难以真切感受到自贸港建设政策给生活带来的变化。商业环境体现出市场的发展情况，包括市场监管水平、交易便利程度、贪腐程度等。"A2 我认为海南目前的商业环境较好"反映海南人民对商业环境的评价，总体上对商业环境的认可较好。海南是旅游胜地，第三产业配套完善，整体商业环境较好。值得一提的有海南离岛免税店，游客和居民可凭离岛机票购买高额度的免税品，免税店的设立将海南打造成旅游者眼中的购物天堂，成功拉动了海南经济发展，形成良性循环。海南商业环境也存在不足之处，海南海岛的地理位置，资源有限，大量物资依靠从大陆运送，海上运输交通受到限制，导致了海南整体物价偏高。同时，海南城市化建设程度偏低，虽然局部旅游地区商业环境较好，但整体上商业环境发展受到经济限制。

海南自贸港的建设，拉动各方资本投入，吸引大批人才涌入，共同建设海南。外来人口带来推动力的同时，也带来了激烈竞争，人们的工作也面临着巨大的挑战。"A3 在海南自贸港建设过程中，我的工作面临较大的挑战"说明海南人民对工作的挑战认知感知较好，虽然自贸港政策尚未落实，但很多人已经意识到了自贸港建设的挑战。在带来工作挑战的同时，也带来大量就业岗位，各公司工厂在海南落地发展，拉动海南经济产业的发展与升级。"A4 我认为海南自贸港建设会给我带来更好的就业机会"体现海南人民对自贸港就业的认知情况，海南人民在该点上达成积极的共识，认知情况较好。对广大基层百姓而言，自贸港的建设必然会带来更多的就业机会。海南自贸港最大的机遇便是税收和免税产品，个人税收和企业税收只收 15%，相较于内陆地区 45% 的税收，各资本必然会选择海南作为落脚点，在海南形成国际经济圈。个体、家庭、国家是难以分割的整体，国家的经济发展与人民生活息息相关。"A5 海南经济发展与我和家人的生活息息相关"认知得分最高，持不认同观点的人数仅为 14.2%。改革开放后，人们已经感受到经济发展带来的各种便利与改善，希望家庭生活随着经济的发展过得更好。

第三节 群体社会认知的影响因素分析

通过对问卷中社会认知维度的进一步分析，探讨各因素对社会认知的影响。一是研究人口学中各项因素对社会认知的影响；二是研究其他社会心理因素与社会认知的关系。

一 人口学因素对社会认知的影响

年龄、文化、家庭、工作稳定性、职业等人口学变量均可能对个体的社会认知产生影响，通过方差分析来研究社会认知在各人口学变量上是否存在差异，并选取存在显著差异的人口学变量进行讨论。

（一）年龄因素

社会认知在年龄上存在差异，差异分析结果见表 4 - 5。

表 4 - 5　　　　　社会认知在年龄上的差异分析（M ± SD）

	A1	A2	A3	A4	A5	社会认知总维度
24 岁及以下（346）	2.94 ± 1.14	3.28 ± 1.09	3.20 ± 1.17	3.60 ± 1.04	3.45 ± 1.20	3.29 ± 0.77
25—34 岁（369）	3.03 ± 1.19	3.29 ± 1.15	3.24 ± 1.17	3.52 ± 1.17	3.69 ± 1.18	3.35 ± 0.82

续表

	A1	A2	A3	A4	A5	社会认知总维度
35—44 岁（405）	3.05±1.16	3.29±1.16	3.21±1.11	3.47±1.09	3.79±1.10	3.36±0.81
45—54 岁（206）	2.94±1.25	3.29±1.14	3.32±1.23	3.60±1.07	3.91±1.06	3.40±0.75
55—64 岁（87）	2.66±1.37	3.54±0.94	2.90±1.53	2.78±1.43	3.55±1.15	3.09±0.91
65 岁及以上（44）	2.32±1.22	3.14±1.09	1.98±1.39	2.14±1.53	3.27±1.04	2.57±0.89
F	4.42	1.02	10.17	19.88	6.56	9.91
P	0.001***	0.405	0.000***	0.000***	0.000***	0.000***
LSD	2、3、4>6***		1、2、3、4>5、6***	1、2、3、4>5、6***	1<3、4***	1、2、3、4>6***

注：*** 表示在 $p<0.001$ 水平上差异显著。

由表 4-5 可知，各年龄群里社会认知存在显著差异，其中 45—54 岁人群其社会认知平均得分最高。在总体上，随着 55—64 岁年龄段的增长或递减，社会认知得分呈现下降趋势。社会认知得分最低的群体为 65 岁及以上人群。分析数据发现，该人群就"在海南自贸港建设过程中，我的工作面临较大的挑战"和"自贸港建设会给我带来更多的就业机会"上得分显著低于其他年龄群体。一方面，该人群多数已进入退休生活，没有工作压力，仍在工作的人中，其生理机能已严重下降，工作一般简单且稳定，也难以转换工作；另一方面，55—64 岁和 64 岁以上年龄段中老年人低文化水平程度比例大，对社会政策了解少，社会时政信息接触少，导致社会认知得分偏低。

（二）文化程度因素

社会认知在不同文化水平上存在差异，差异分析结果如表 4-6 所示。

表4-6　　社会认知在文化程度上的差异分析（M±SD）

	A1	A2	A3	A4	A5	社会认知总维度
小学以下（21）	1.67±1.16	2.76±1.51	2.86±1.35	2.71±1.15	3.48±1.47	2.70±0.96
小学（49）	2.41±1.37	3.16±1.12	3.24±1.39	3.20±1.37	3.39±1.43	3.08±0.94
初中（204）	2.79±1.32	3.43±1.17	3.07±1.32	3.57±1.24	3.62±1.21	3.30±0.84
高中/中专（276）	2.91±1.19	3.49±1.10	3.00±1.32	3.40±1.32	3.79±1.05	3.32±0.83
大专/大学（814）	3.06±1.14	3.26±1.11	3.24±1.15	3.47±1.11	3.65±1.16	3.34±0.80
研究生（93）	3.16±1.15	3.00±1.01	3.14±0.99	3.42±0.95	3.76±1.00	3.30±0.64
F	9.730	4.741	2.233	2.670	1.534	3.378
p	0.000***	0.000***	0.049*	0.021*	0.176	0.005**
LSD	1<3、4、5、6*** 2<5、6***	4>6*** 3>6**	4<5**	1<3、4、5**		1<5*** 1<3、4、6**

注：* 表示在 $p<0.05$ 水平上差异显著；** 表示在 $p<0.01$ 水平上差异显著；*** 表示在 $p<0.001$ 水平上差异显著。

由表4-6可知，社会认知总维度在文化程度上存在显著差异，其中小学以下学历群体社会认知得分显著低于其他群体。在"我认为海南目前的商业环境较好"和"我对海南自贸港建设的免税政策比较了解"两项维度上，不同文化群体间差异十分显著，与文化水平呈弱正相关，文化水平越高的人群，对自贸港免税政策了解认知程度越高。

文化水平是影响社会认知的一个重要因素，学习对人的思维方式产生了影响，练就了思辨、逻辑、记忆、认知等能力，在不断内化的过程中，还形成了符合社会的价值观。学历高的人群可能对事物有更深入的思考。

（三）家庭因素

社会认知在不同家庭结构上存在差异，差异分析结果如表4-7所示。

表4-7　　　　　社会认知在家庭上的差异分析（M±SD）

	A1	A2	A3	A4	A5	社会认知总维度
独自居住（210）	3.05±1.20	3.27±1.14	3.21±1.22	3.49±1.13	3.57±1.23	3.32±0.78
夫妻二人（140）	2.75±1.21	3.34±1.07	2.64±1.45	2.87±1.46	3.57±1.06	3.04±0.93
夫妻、子女（412）	2.96±1.21	3.27±1.17	3.18±1.20	3.49±1.12	3.71±1.16	3.32±0.81
夫妻、子女、老人（380）	3.03±1.17	3.30±1.12	3.29±1.14	3.53±1.09	3.79±1.13	3.39±0.79
其他（315）	2.89±1.20	3.34±1.09	3.18±1.15	3.52±1.16	3.58±1.15	3.30±0.80
F	2.003	0.267	7.731	9.658	2.353	4.945
p	0.092	0.899	0.000***	0.000***	0.052	0.001**
LSD			2<1、3、4、5***	2<1、3、4、5***		2<3、4*** 2<1、5**

注：** 表示在 p<0.01 水平上差异显著；*** 表示在 p<0.001 水平上差异显著。

由表4-7可知，社会认知维度在家庭上呈现显著差异性。社会认知最高的群体是夫妻二人、子女和老人一起居住的群体。在这个群体中，对"海南经济发展与我和家人的生活息息相关"题目的得分最高，该类家庭结构成员更加注重家庭。夫妻二人的群体在这个维度上社会认知最低，主要表现于"在海南自贸港建设过程中，我的工作面临较大的挑战"和"自贸港建设会给我带来更多的就业机会"两个问题上，其社会认知得分显著低于其他群体，夫妻二人家庭结构的群体在年龄上有一定优势，海南省2021年全省结婚登记平均年龄为33岁，该年龄段的人群在工作上本该更有精力、职业生涯更有成长空间，但在面对工作上的挑战时，却表现出了不自信。

（四）职业因素

社会认知在不同职业上存在差异，差异分析结果如表4-8所示。

表4-8　　　　　社会认知在职业上的差异分析（M±SD）

	A1	A2	A3	A4	A5	社会认知总维度
农民（147）	2.46±1.28	3.35±1.32	2.90±1.32	3.34±1.37	3.42±1.27	3.10±0.90
工人（87）	2.78±1.39	3.37±1.18	3.15±1.40	3.40±1.20	3.64±1.22	3.27±0.86
事业单位/公务员/政府工作人员（239）	3.35±1.16	3.40±1.15	3.28±1.20	3.59±1.20	3.99±1.06	3.52±0.85
公司职员（227）	2.96±1.19	3.31±1.13	3.28±1.10	3.41±1.16	3.86±1.14	3.37±0.79
学生（227）	2.87±1.10	3.21±1.05	3.21±1.13	3.67±0.97	3.47±1.20	3.29±0.75
私营业主（110）	2.75±1.21	3.14±1.10	3.15±1.09	3.35±1.06	3.46±1.20	3.17±0.80
专业人士（教师/医生/律师等）（195）	3.00±1.12	3.20±1.08	3.10±1.17	3.37±1.14	3.73±1.03	3.28±0.77
自由职业（作家/摄影等）（55）	3.00±1.17	3.56±1.18	3.13±1.38	3.64±1.13	3.67±1.16	3.40±0.88
其他（170）	3.10±1.12	3.31±0.99	3.09±1.34	3.19±1.27	3.52±1.05	3.24±0.76
F	7.771	1.360	1.581	3.079	5.889	4.238
p	0.000***	0.210	0.126	0.002**	0.000***	0.000***
LSD	1<3、4、7、9***　3>2、4、5、6***			5>9***　5>1、7**	3>1、5、6、9***　4>1、5***	3>1、6***

注：** 表示在 $p<0.01$ 水平上差异显著；*** 表示在 $p<0.001$ 水平上差异显著。

由表4-8可知，社会认知在职业上存在显著差异，各职业群体关于海南自贸港建设社会认知得分从高到低依次是事业单位/公务员/政府工作人员、自由职业、公司职员、学生、专业人士、工人、私营业主、农民。在一些条目上，如"我对海南自贸港建设的免税政策比较了解"中，得分最低的是农民职业群体，该人群也是文化程度最低的，其对政策规则等制度认知了解程度最低，这是木桶效应中最短的那块板，为提高人民群众的认知水平，很有必要加强农村文体建设、文化宣传等；同时，在两个与工作相关的条目上，农民职业群体得分也最低。农民是弱势群体，不仅劳作辛苦，收入还低，海南农民耕种的农产品多是自给自足，难以积累财富，甚至需要靠政府补助；在不同的职业人群中，社会认知最高的群体是事业单位/公务员/政府工作人员，该人群一般在政府相关部门上班，接触到更多政策和时政信息，因此，社会认知得分显著高于其他职业群体。值得注意的是，在"我认为海南目前的商业环境较好"条目上，得分最低的是私营业主，他们是商业店铺的构成者，是对商业环境有发言权的群体，却认为商业环境不是很乐观。在海南自贸港建设中，对商户的反馈需引起重视，这些私营业主多以小资商贩为主，该人群对商业环境的不太看好，间接说明海南民生环境还需改善。

二 社会心理因素对社会认知的影响

通过对海南社会心态量表的九个维度进行相关分析（见第三章表3-12），结果表明社会信任、社会情绪和社会群体获得感与社会认知间的关系较为密切，存在相关关系，于是对这些维度展开讨论。

（一）社会信任

通过斯皮尔曼相关分析可知，社会信任维度与社会认知维度具有中等程度相关，两者斯皮尔曼等级相关达到0.53。在一定程度上，当社会信任提高时，社会认知得分相应提高，人们对自贸港建设的认识也较积极。

我国学者刘方等人发现，对社会中风险的认知的消极应对行为中，政府信任起着调节作用，高程度的政府信任能够缓冲风险认知对消极应对行为产生的负向影响，同时还能调节认知在心理层面上对消极行为的中介过程。另外，社会信任和社会认知共同对人们的社会生活产生影响，例如，李艳姣等学者对消费者的调查研究中发现，社会信任和社会认知在对农产品的购买意愿上都起着显著的正向影响。

（二）社会情绪

通过斯皮尔曼相关分析可知，社会情绪维度与社会认知维度具有中等程度相关，两者斯皮尔曼等级相关达到0.51。关于情绪的产生，心理学界形成了许多理论，其中较有说服力的是情绪的认知理论。阿诺德提出评价—兴奋理论，认为刺激传递到大脑皮层进行评估后，形成态度，再通过中介产生情绪体验；沙赫特和辛格提出认知情绪理论，认为情绪的产生是认知、环境和生理的共同结果，个体接收刺激，体验到高度生理唤醒后还产生了认知性唤醒。这几种理论都认为，认知是影响情绪产生的重要或决定因素。较好的社会认知易于个体或群体对生活感知到满意，促使形成良好的社会情绪。

（三）社会群体获得感

通过斯皮尔曼相关分析可知，社会群体获得感维度与社会认知维度具有中等程度相关，斯皮尔曼等级相关均达到 0.51。社会获得感是老百姓的生活满足感和幸福感的综合指数，获得感与需求密切相关，社会认知影响社会获得感。社会获得感提升路径包括实际获得、间接获得和收益预期。老百姓社会认知程度高低影响着生活决策的信息获取，高的社会认知能消除认知偏差，体验到更多的社会获得感。

三 其他因素对社会认知的影响

社会认知是个体的心理过程之一，是自身主体在社会环境下对客体进行认知的过程。其影响因素可以从认知主体、认知客体、认知情境三方面进行概括。

社会中的每个认知主体间都存在着差异，互相包容、碰撞，构造出精彩缤纷的世界。在生理上，存在着个体的年龄、性别、样貌、大脑神经结构、健康状况、生理状态等差异情况；在心理上，有个体的人格特质、心理健康水平、内心需求、情感状态、认知结构、气质等因素差异；在后天条件上，还有个体的经验、受教育水平、素养、经济状况、社会地位等因素差异。种种认知主体间的差异，通过其独特的作用，影响着社会认知。例如，海南男性社会认知所测得分显著高于女性，海南45—54岁人群社会认知得分显著高于其他年龄段群体。个体进行社会认知，主体因素是社会认知最主要的影响因素，主体可以控制意识能动地认识事物，决定社会认知的结果。

认知客体的特点也会影响人们的社会认知，客体的特定大致可分为社会人、社会物、社会事件。当知觉的认知客体是人时，这个人的性别、外貌、表情、社会地位、气质等因素都会影响对其的社会认知。值得一提的是，如果这个人有产出积极认知的突出特质，例如姣好的外貌或较高的社会地位，人们对其进行知觉时，会产生晕轮效应，在这种效应下，人们会认为这个人的其他品质也很好，会给予其较好的评价。

社会情境因素对人们的社会认知产生的影响也很大。社会情境因素主要有空间距离、背景参考、当地文化、交流过程、拥挤、噪声、温度、时间等。例如，在高温或拥挤中，人们更容易感觉烦躁和愤怒；在与陌生人接触时靠得过近会使人明显地产生紧张、警惕心理；人与人之间交流时距离的不同，也会极大地影响到认知，从而影响交流的质量。

第四节　社会认知的调整策略

建设海南自贸港，需要每位劳动人民的共同参与，凝聚广大群众的力量，在党和政府的带领下共同完成。这不仅需要提高每位自贸港建设者的认知能力以及参与度，还需要发挥人民政府的调节和管控作用。因此，本节从个体层面与社会层面提出社会认知的调整策略，以此促进海南自贸港建设朝着好的方向不断发展。

一　个体层面

在互联网信息时代，几日不接触社会信息，就会逐渐与社会落伍，这就需要生活在社会中的个体及时掌握社会信息，以应对社会生活。懂得运用大众传媒的手段积极获取社会信息，对社会动态展开认知，从新闻、报刊、网络、书籍中了解社会宏观形势，知道自己所处的社会或国家发生了哪些大事，又会对自己造成哪些影响。

（一）及时了解社会发展动态

对热点新闻、社会议点、舆论民情、政策新规、时政要务、国际会议等方面都可以进行适当关注，以便洞悉社会事件，了解社会动态，参与公民政治生活，在提升自身的社会认知的同时，还能丰富自身的生活，使生活更精彩、更有意义。社会发生的许多事情，尤其是政治、经济、文化教育等领域,都可能直接或间接地影响我们的生活。我们个人的力量,虽然无法对这些事件施加影响,但是预判其发展趋势,对于可能造成的负面影响,做好思想准备,才不至于临事手足无措。古人云:"卒来者,必备之",不无道理。另外,技术的创新、时代的革新,需要我们学会利用现代工具才能更好地了解社会。从计算机的普及到 AI 的广泛应用,产品更新、技术突破、时代发展都需要我们了解社会,保持学习的动力,掌握新的社会生活工具,以适应新的生活。

实践是认识的来源,生活在社会之中,不能脱离实践。我们要跟上社会的发展,就要发展自身对信息接收和分析的能力,并将在社会中接收到的有效信息服务于自身。实践与认识的转化是一个循环上升的进程,这启示我们要置身社会之中,将社会信息进行有效转化。我们不仅要知道社会事件的发生,还需要用知识经验对社会信息进行思考加工,做到明辨是非,洞悉真相,才能从中获益。在对社会信息认知中,要想有较清晰的逻辑或独到的见解,需要我们亲身实践于社会,在实践里磨炼,所学、所知、所想才能发挥出实际效用。

(二)多维度分析社会事实

在现实生活中,我们每个人都倾向于从自己的思维习惯、立场去看待问题,甚至仅凭自身感受就对事件进行定性判断,导致片面的认知结果。认知的局限多产生于人们狭隘的认知方式,多维度视角看待问题,认知才会更包容、更全面、更立体。海南自贸港建设是一次机会,更是一份巨大的挑战,自贸港建设可能只是时代的一粒尘,但落在我们身上却是一份沉重的责任。为此,我们需要加强自身能力,为自己和人民谋求福祉,为发展贡献一分力量。在海南建设发展中,必然会遇到无数的工作挑战和生活难题,在遇到难以解决的问题时,试着换个角度看问题,心态便会不一样。同时需要运用辩证的眼光看待问题,任何一个问题都有两个基本方面,两个方面相反却互相转化,逆境时要看到希望,顺境时要居安思危、防备祸患。

(三)建立清晰的自我认知

人与人之间最根本的差异在于认知能力上的差异,认知影响人们进行什么样的选择,在一次次的选择中我们的命运发生了改变,在一定程度上可以说，成长就是让我们大脑的认知变得更加清晰、实用、适应生活。我们在日常生活中所做出的决策主要受本能天性的影响，是源于本能和情绪，缺乏理智，人们倾向本能地选择简单舒适的一面。如何使人克服这种本能天性，首先需要我们认识到自身的这种缺陷，通过后天的学习武装自己，磨炼自身的意志力，帮助理智驱使本能和情绪去完成任务。在实践行动时，意识到自己所处阶段的过程与情境，对自己的感知、记忆、思维等认知活动本身的再感知、再记忆、再思维，就是元认知，通过自我的觉察与审视，有效防止我们被潜意识所影响。提高元认知能力能够有效地主动控制自己注意力，不容易被其他干扰信息影响支配，从而更专注地完成自己的任务。在生活中，个体可以有意识地锻炼自己的元认知能力，让自己的理智更多地掌控大脑，决定自己的行为。

二 社会层面

近年来，随着自贸港建设的政策加持，国家意愿将海南岛打造成国际都市政策的支持，海南岛今后的发展必定是快马加鞭、乘风飞驰，朝着更好的方向快速发展。在此进程中，改善就业环境、加强文化宣传和社会治理可以影响到当地居民对自贸港建设的认知。

（一）改善就业环境

在海南自贸港建设人群工作的社会认知上，多数人对自贸港建设带来的就业环境改持有积极态度，面对自贸港建设带来的挑战，多数人心态还是良好的。诚然，自贸港建设带来很多就业机会，但就海南当前的就业创业环境来说，还有很多问题亟待解决。海南产业结构与内陆沿海城市结构不同，海南工业化和交通建设发展存在缺陷，没有发挥出海运优势形成国际经济贸易外循环，省内经济内循环也发展缓慢，使得海南经济没能有效发展起来。

当今社会工作竞争压力普遍较大，若政府出台政策为就业者创造更好的条件，必能提高百姓的工作满意度，为自贸港建设吸纳人才。实地调研中发现，一方面，很多当地求职者学历水平有限，自贸港建设相关政策尚未落实，人民还没意识到自贸港建设会给自己带来更多的机会，更不知道如何应对当前的社会变迁，没有做出相应规划。另一方面，部分高学历、高职称人才对海南的人才引进政策颇有微词，这体现在对人才的配套福利政策不具有延续性，进入海南发展仍困难重重，由此带来了较大的心理落差。同时，数据显示，中年群体表现出对工作挑战的压力和未来就业机会的担忧。因此，海南自贸港建设不仅仅是下达一个造福百姓的文书，更要持之以恒地落实扎根进去，在长久的监督监管下推动社会发展，诚恳吸取公民反馈意见，关心每一位为社会做贡献的普通民众。

（二）加强文化宣传

当今社会，文化宣传也是促进社会发展的一个重要组成部分，加强社会文化宣传，提高百姓道德素养，提升社会认知能力，推动社会文化发展。在海南省农村生活的人群文化水平普遍不高，只能从事简单工作，对自贸港建设的认知程度较低。海南农村地区的文化建设亟待加强，社会主义价值观和社会政策需要持续宣讲。只有让老百姓了解社会政策和社会方针，才能更好地让老百姓适应社会，提高社会适应能力和社会认知水平。

文化软实力的竞争也是国家竞争的一部分，没有属于自己的文化的民族，是没有真正精神生命力的。提高文化软实力，媒体要积极宣传引导，引导社会正能量。媒体必须传递真实有益的文化内容。随着智能手机的普及，网上用户越来越多，五花八门的视频内容也井喷式爆发，不少网民知识积累和认知能力有限，对网上内容无法辨其真伪，而不少创作人只为谋求流量，不管内容是否真实是否全面，这容易误导群众的社会认知，针对这一现象，需要政府部门对其进行正面引导，需要各平台加强监管、积极引导，形成良好的网络风气，从而改善网络文化。

（三）加强社会治理

加强社会治理是海南自贸港建设的重要渠道之一，对改善人民的社会认知、提高人民的生活质量尤为重要，同时，对海南人才的引进也能起到积极作用。海南省地理环境优越，特别是冬季气候宜人，吸引了许多慕名前往的游客和定居人员。加强社会治理与改善社会环境，是给予广大外来者定居海南的定心丸。

社会治理效能的关键在于依靠人民群众，搭建多元化政务平台，成为公共服务的供给者，听取人民的诉求与意见，重视人民的利益，为人民解决问题，突出人民群众的主体地位。在海南社会心态调查中，在一些拆迁地区,地方政府征收土地方式过于强硬,对居民居住安排没做到位,当地农民多有怨言,问题始终得不到解决。政府要切实地考虑人民的利益,人民群众是国家治理的主体,脱离了群众,治理也就成了无源之水。

政府部门在社会治理手段与方式上,要善于创新、与时俱进、敢于改革。数字平台和智慧软件的使用,政府便民软件或设施的普及,小区内部共享资源库等,使百姓生活办事更便捷、成本更低、效果更好,体验也更好,这些工具都切实地改善了百姓的生活。随着这些软件的升级与推广,社会治理变得更加智能高效。例如,"新海南"软件的推出,为百姓了解海南时事、了解海南新政策、寻求政府帮助等提供了一个很好的媒介工具。再如,在海南的城市交通规划中,政府鼓励百姓节能出行,不仅规划了专门的电动车道,街边智能充电设施也全面启用,这都大大提高了百姓生活的便捷程度,改善百姓生活体验。除了在治理手段上要运用创新技术让社会治理更高效智能外,还要重视完善社会制度体系,保证制度的有效落实,乘着科技创新的快车,在自贸港政策的大力加持下,将海南岛建设起来。

第五章 社会需求与动机研究

随着海南自贸港建设的不断推进，以及受生育政策、百万人才进海南行动计划、健康养老迁移等因素的影响，海南省社会人口结构、产业格局等方面将发生诸多变化。要满足人民群众多样化、多层次的社会需要，激发民众的建设动力，这给社会变迁下的社会治理提出了更高的要求。面对这样的趋势，需要紧紧围绕海南自贸港建设，关注海南居民的社会需求与动机，重点了解候鸟人群、农民、高层次人才等的社会需求，激励他们产生为自贸港建设贡献力量和为自己创造美好生活的社会动机。

海南地区总体生活节奏较慢，尤其是农村地区，悠闲的生活环境使他们安于现状，对于满足社会需求的动机程度明显小于城区。海南自贸港的建设离不开在海南生活的每一个人，立足人民群众才能更好更快地发展。因此，本章以海南自贸港建设背景下的海南群体为研究对象，通过文献法、问卷调查法和访谈法对各群体的社会需求与动机的现状和影响因素进行系统研究，探求满足海南地区群众社会需求、提升社会动机的有效路径。

第一节 社会需求和动机的概念、理论与研究现状

个体在社会化的进程中，会发展出许多社会性需求与动机。这些社会需求与动机受到文化、社会变迁等因素的影响。随着国家的发展与社会的进步，社会需求与动机越来越受到人们的关注，对社会需求动机的概念、理论与研究现状等方面进行梳理，有利于掌握该领域的研究动态。

一 社会需求和动机的概念与理论

我国对社会需求和动机的研究比较深入的学者有王振宏、陈厥祥和胡忠英等人，他们从不同的理论视角，运用不同的方法对社会需求和动机进行深度剖析，比如，王振宏（2001）的《学习动机理论：社会认知的观点》①、陈厥祥（2007）的《聆听社会的需求》②、彭华民（2008）的《社会福利与需要满足》③、吴碧君（2012）的《洞悉需要》④、陈为（2019）的《心火：社会动机与我们的生活》⑤ 等，这些研究大多为理论研究。

国外对于社会需求和动机的研究也值得借鉴，如国际著名的心理学家大卫·麦克利兰博士，通过对社会动机的研究，将心理学的应用延伸到了社会的各个地方。当代著名社会心理学家伯纳德·韦纳成熟期的作品《归因动机论》⑥，提出了一种关于人际或社会动机的归因理论，全书回顾了归因研究领域的不同流派，通过对比彰显归因动机论的普适性与独特性，以隐喻的手法阐释各种社会语境中的情感与行动，形成完整的理论框架，并对人类生活中有关"为什么"和"有什么后果"等问题做出解答。以下从社会需求和动机的概念、影响因素、现状研究、策略等方面进行阐述。

（一）社会需求和动机的概念

社会需求是人类所特有的需要，是个体在成长过程中通过各种经验积累所获得的一种特有的、与人的社会生活密切联系的需要。它受到个体所处的文化背景、社会风俗以及经验的影响，因而表现出不同的社会特征、阶级特征、民族特征和个性特征。社会性需要在人类的生活中具有重要的意义。如劳动的需要、社交的需要、归属的需要、美的需要等都是人类生活中所必需的，这些需要得不到满足，会引起痛苦、沮丧和焦虑等情绪，甚至会引发疾病。

---

① 王振宏：《学习动机理论：社会认知的观点》，甘肃文化出版社2001年版。
② 陈厥祥：《聆听社会的需求》，浙江大学出版社2007年版。
③ 彭华民：《社会福利与需要满足》，社会科学文献出版社2008年版。
④ 吴碧君：《洞悉需要》，中国宇航出版社2012年版。
⑤ 陈为：《心火：社会动机与我们的生活》，机械工业出版社2019年版。
⑥ Bernard Weiner, *Social Motivation, Justice, and the Moral Emotions*, New York: Psychology Press, 2005.

动机是激发和维持有机体的行为,并使行动导向某一目标的心理倾向或内部驱力。动机这一概念由美国心理学家武德沃斯在1918年最早应用于心理学,被认为是决定行为的内在动力。[①] 社会动机是以人的社会文化需要为基础,在社会生活环境中通过学习和经验而获得的,是直接推动个体活动达到一定目的的内部动力和内部刺激,也是个人行为产生的直接原因。社会动机也可用来描述并解释个体的社会行为。同时,社会动机还对个人的行为起着维系和引导的功能,使个体在一定时间内能够坚持某种活动,并促进个体活动向预定的目标前进,实现个体心理与行为的协调。

彭聃龄(2012)《普通心理学》中提到,"社会动机的形成机制同生理动机相类似。只不过生理动机由生理内驱力和生理需要推动,而社会需要由心理内驱力推动,是社会化的产物,而且不同社会生活环境中的人会有不同的,甚至截然相对的心理需要。"[②]

(二)有关社会需求和动机的理论

有关社会需要和动机的理论较多,下面就较为经典的本能论、驱力论、需要层次理论、强化论、动机归因理论进行梳理。

1. 本能论

本能论是动机问题研究中形成的第一个理论。本能是指有机体与生俱来的、生而知之的行为方式,本能对维持有机体的生存、种族延续具有重要意义。20世纪初,心理学家们受达尔文进化论的影响,强调人类与动物之间的相似性,试图从人的自然属性方面寻求其行为动机。英国心理学家W. 麦独孤认为本能是策动和维持行为的动力,是使人确定和控制各种行为方向的内在能量。他在1908年的《社会心理学导论》一书中创建了一套以遗传本能和相应的情绪以及后天所形成的情操为基础的人类社会行为学说。他认为,"人实际上是一种有目的的自律机器,并以本能为动力运行着。"麦独孤一共列出12种本能,每一种本能都包含三个先天因素,即认知、情感、意志。[③] 1932年他将12种本能修改为18种本能。麦独孤的本能说对当时的社会心理学影响很大,至今社会心理学中的不少重要概念

---

① 林崇德等编:《心理学大辞典》,上海教育出版社2003年版,第223页。
② 彭聃龄:《普通心理学》,北京师范大学出版社2012年版,第375页。
③ 时蓉华:《社会心理学词典》,四川人民出版社1988年版,第126页。

都与本能有关。

2. 驱力论

驱力论是继本能论之后出现的一种动机理论，它强调驱力在行为激起中的作用。驱力概念最早是由心理学家吴伟士于1910年引入心理学，并于1918年出版《动力心理学》。吴伟士反对用本能解释人和动物的行为原因，而主张用驱力来解释。驱力是指由生理或心理方面的需要引起并推动有机体从事满足这些需要的行动的内部唤醒状态。驱力论在20世纪20—50年代的动机研究中非常盛行，霍尔被认为是驱力论的集大成者。霍尔（1884—1952）认为，驱力是需要状态的一种特性，并产生行为使有机体回到平衡状态。在霍尔看来，驱力是推动有机体朝向目标去行动的一种力量。他最初提出了一个公式来表述行为及其相关因素：行为 = 习惯 × 驱力。有机体的活动就在于消除或减少驱力，驱力降低，平衡恢复，行为终止。而当前的行为构成了一种奖励（强化），因为行为降低了驱力，并恢复体内平衡，满足了需要。因此，当以后出现类似的偏离状态时，有机体出现该行为的概率就增加。1951年，霍尔将诱因价值作为行为的一个决定因素，认为动机由驱力、习惯和诱因所决定，即行为强度 = 驱力 × 习惯 × 诱因。霍尔的驱力理论曾引起心理学家们的广泛兴趣和大量研究，但这一理论忽略了人类的主观能动性，把人类视为被动的存在物，所以用驱力论并不能很好地揭示了人类复杂的行为动因。

3. 需要层次理论

马斯洛（Maslow, A. H., 1908—1970）是人本主义心理学的主要创始人之一。他原本是在行为主义心理学主流中从事动物行为实验研究的，但后来他改变了研究兴趣和研究角度。马斯洛反对行为主义把人当作动物来研究，也反对精神分析学派以病态人格为研究对象，提出要把人当作人来研究，要尊重人。马斯洛的主要研究领域是动机和人格，他的动机论是以他对人类基本需要的理解为依据的。在马斯洛看来，"每个人自身内部都具有一定的价值，这种需要是排成为不同的层级的，其中最低层级的需要是生理需要，这是一种随生物进化阶梯的上升而逐渐变弱的本能欲求；最高层级的需要是自我实现的需要，这是一种随生物进化阶梯的上升而逐渐显现的潜能。从最低到最高一共有五个层级，分别为生理的、安全的、社交的、尊重的和自我实现的需要。"①

马斯洛最初提出人具有五种需要，后来五阶段模型扩大为八阶需要，包括生理需要、安全需要、归属与爱的需要、尊重需要、认知需要、审美需要、自我实现需要和超越需求。

4. 强化理论

强化理论认为，人的行为动机源于外界施加在个体身上的强化程度，这种强化决定了个体今后行为活动的愿望和行为活动的方向目标。强化指的是行为所带来或导致的结果对行为的影响作用。一个人做出某种行为后，可能会达到自己的目的，并且带来某种好处，如受到表扬、奖励等；也可能给自己带来不利的结果，如受到批评和惩罚，遇到困难、挫折等。前者称为正强化，后者即为负强化。显然这两种强化作用对个体的行为活动具有不同的影响，正强化激励个体继续努力，有利于行为的再次出现；负强化则约束和压抑个体行为冲动，具有抑制或减弱该行为出现的作用。强化理论不再从个人内在寻求行为的原因，而是关注外在环境的作用，探究外部环境因素对个体行为表现所产生的影响作用，但它不考虑人脑中所经历的过程和发生的变化，不考虑主体作用机制，实际上是否定了人的主观能动性，是一种行为动机的外因论。

5. 动机归因理论

维纳的动机归因理论基于一个基本假设："寻求理解是人类行为的主要激发因素，是人类动机的主要源泉。"他认为，人是有理性的，具有强烈的理解环境和自身的需要。人们通常会根据不同的信息和线索来推测事件或行为的后果，从而找到事件的真实动机。维纳的动机理论从总体上来说属于认知动机论，着重于个人的认知活动（归因过程）对后继行为的影响，强调觉察到的原因、期望、情感会成为后继行为的中介。

维纳曾经提出了一种认知动力模型，即在不同的刺激下，尤其是与成就相关的工作，以及个人后续的行动，都必须经过个体内部活动的中介。刺激引起个体的认知或思维，通过认知产生情感、期望，然后一起引起行为。维纳特别注重归因，即看重对行为结果的原因分析。他指出，"归因

---

① ［美］马斯洛：《人的潜能和价值》，华夏出版社1987年版，第162页。

是成就结果和后继行为的中介认知过程。归因虽是对行为因果关系的认知，但是它具有一种动机功能，不同的归因可以对行为活动产生不同的影响作用，或推动或激励或阻碍。因为归因会引起期望的改变和情感的改变，而这一期望和情感的改变又会促进下一步的行动。"归因理论是从人们内在的心理活动角度来认识行为动机的，对于解释人的社会动机的产生是很有说服力的，也具有很大的实践意义。既然行为动机产生于人们对行为因果关系的归因，那么通过一定的归因训练，帮助人们按动机激励的方向去对行为进行归因，就有可能促使人们形成和保持较积极的动机状态。例如，成就需要高的人会把成功与否归因于自己的努力和能力，不甘于失败，认为只要努力就能够成功；而成就动机低的人往往把失败归因于运气。维纳通过一定的培训，使人们相信努力和不努力结果会截然不同。研究结果表明，这种培训是有效的，许多国家的管理人员参加了这种培训后，其成就行为增加、提高，并得到较快的提升。[1]

二 社会需求和动机的研究方法

有关社会需求与动机的研究，主要通过问卷调查、访谈、测量等方法进行，亦不乏根据调研结果对各因素属性归类的 KANO 模型分析法。在收集资料的基础上对数据和访谈资料进行分析，以期更全面地了解研究对象的真实情况。

（一）问卷调查法

问卷调查法是目前国内外比较流行的一种社会调查方式。问卷是指为统计和调查所用的、以设问的方式表述问题的表格。问卷法就是研究者用这种控制式的测量对所研究的问题进行度量，从而搜集到可靠的资料的一种方法。调查问卷主要采用邮寄、个别分送或集体分发等多种方式发送问卷。

（二）访谈法

通过交谈的方式获取需求。需求调研最常见的入手方式是访谈，用得最多的也是访谈。访谈可以很正式，提前约好访谈对象、访谈时间、访谈

---

[1] 华红琴：《社会心理学原理和应用》，上海大学出版社2004年版，第106页。

地点，准备好访谈话题、访谈提纲等；也可以较随意，在电梯、餐厅、车上，都可以进行一次偶遇访谈。访谈未必都需要面对面，可以通过电话、邮件、视频聊天等方式进行沟通咨询，以上这些都可以归入访谈的范畴。

（三）需要测量

拉德肖（Bradshaw，1972）认为需要测量表现规范性需要、感受性需要、表达性需要以及比较性需要四种形式。其中，规范性需要由专业人员、专家、学者或行政人员依据专业知识和现存规则，制定在特定环境下人类所需的标准。如，中国城市的最低社会保障线就是研究人员根据人类的热量要求及当地人的生活习惯而提出的。由于各地物价水平不同，海南的最低社会保障线与其他省市就存在差异。感受性需要是当个人被问到对某种特定服务是否有需要时的反应。该需要可以通过调查获得，是个人主观的感觉。需要的产生不是来自我们缺乏的，而是来自他人拥有的，如人们相互攀比的具体对象就是一种感受性需要。表达性需要可以来自个人和团体，将感受性需要通过行动或表现来表示。如近几年我想通过努力提高我的收入。而比较性需要是根据某种特征所作比较后发现的不足，常在选择服务提供时出现。如希望海南自贸港建设能够提高海南地区的教育水平；希望海南自贸港建设能够提升海南的医疗条件和技术水平。

（四）KANO 模型法

KANO 模型分析方法是狩野纪昭基于 KANO 模型对顾客需求的细分原理，开发的一套结构型问卷和分析方法。[①]

KANO 模型分析方法主要是通过标准化问卷进行调研，根据调研结果对各因素属性归类，解决某一事物属性的定位问题，以提高群众满意度。至于如何利用 KANO 模型来评估需求，其实就是将要获取到的需求记录归类到基本型需求，期望型需求，兴奋型需求，无差异型需求和反向型需求中。

三 社会需求与动机的研究趋势

通过 CNKI、万方数据库、读秀、重庆维普数据库、Education Source（EBSCO 教育专题大库）等中外数据库，分别对"社会需求""社会动机"

[①] 吴爽、李健：《大气污染科普展品功能需求的 KANO 模型分析》，《设计》2019 年第 23 期。

"自贸港建设"进行关键词和主题检索，查阅图书馆相关文献资料。以"社会需求"为主题和关键词，检索近10年（2011—2021年）核心期刊和CSSCI来源期刊共1808篇，硕博学位论文共759篇；以"社会动机"主题和关键词，检索近10年核心期刊和CSSCI来源期刊共296篇，硕博学位论文共81篇；以"海南自贸港"为主题和关键词，检索近10年核心期刊和CSSCI来源期刊共123篇，硕博学位论文共11篇。以"social needs"为主题和关键词，通过Education Source检索近20年外文期刊3078篇。运用超星和读秀数据库检索近20年书名为"社会需求"的书籍，共有59本国内外图书，其中，文化、科学、教育、体育类有13本，工业技术类有3本，政治、法律类有2本，经济类有1本。

我国学界关于"社会需求"的研究涉及诸多学科，其中以教育学、体育学、经济学、统计学与社会学的研究成果居多。关于"社会动机"的研究涉及诸多学科，其中以心理学、经济学、社会学、统计学与教育学的研究成果居多，这说明"社会需求和动机"是一个跨学科的研究主题，也可以从不同学科视角进行研究。

（一）主题词共现

在所有关于"社会需求和动机"的研究成果中，统计这些成果所涉及的主题词的共现情况，如图5-1、图5-2所示。

从图5-1、图5-2可知，涉及社会需求和动机的主题词涵盖了教育学、管理学、经济学、社会学等学科，这一方面印证了社会需要与动机是一个多学科研究的主题，另一方面也说明了其概念的内涵十分丰富，从某一学科进行研究时，需要对其进行较为精确的定义。

社会动机、亲社会行为、亲社会动机、利他行为、情绪表达规则认知、社会情绪选择理论、情绪表达规则，这些主题词共同出现的频率较高，说明这些内容相互之间具有较为紧密的关系，共同构成了心理学视野中社会动机的主要内容。这也就提示我们，从社会心理学的角度对社会动机进行研究时，也要对社会成员的社会行为与情绪表达进行考察。

（二）研究趋势

在所有关于"社会需求和动机"的研究成果中，统计这些成果中所涉及的社会需求与动机的研究趋势，如图5-3所示。

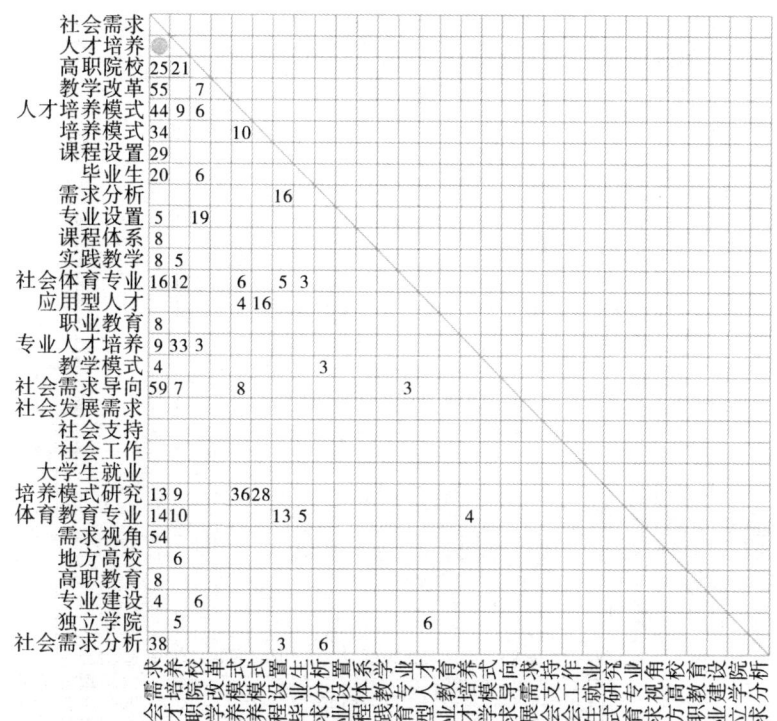

图 5-1 所有学科中涉及"社会需求"的主题词的共现统计

从图 5-3 可知，在关于社会需求和动机的心理学研究中，社会需求在近四年中均有所出现，虽然在不断减少，但这一点仍是相关主题研究中较为重要的内容。同时动机研究、学习动机和人才培养等方面的研究也与社会需求和动机产生了相关研究。而专门针对社会需要满足、社会动机方面的研究文献相对较少，对于社会需求和动机的研究对象较为单一，只针对个别社会群体进行研究，缺乏对公务员事业单位人群、新社会阶层、"候鸟"群体及个体从业者等广泛性社会群体的社会需求研究。另外，有关海南地区自贸港背景下的社会需求和社会动机的研究成果较少。

四 社会需求与动机的影响因素

社会需求是人们特有的需要，是后天习得的、与人的社会生活密切相

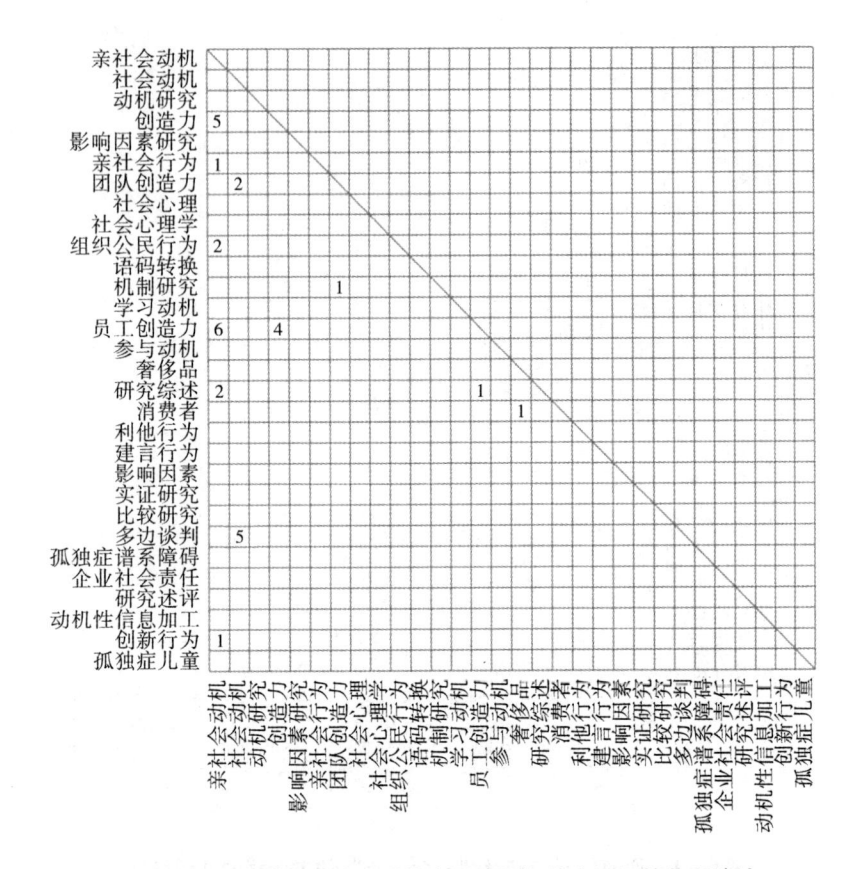

图5-2 所有学科中涉及"社会需动机"的主题词的共现统计

关的需要。它受到个体所处的文化背景、社会风俗以及经验的影响。而社会动机主要包括交往、亲和、成就等动机，可能受外界社会环境中的心理因素影响。

(一) 文化背景

针对特殊人群的社会需求展开的研究包括健康需求、社会关怀和社会支持等方面，这就涉及文化背景对社会需求的影响。

近年来我国的文化领域改革取得了不错成效，文化事业和文化产业快速发展，文化体系不断健全，文化市场日益繁荣，有效地满足了广大人民群众在改革开放中迅速变化、愈加旺盛的文化需求。但是，我们仍然需要清醒地认识到，越是超越了"供给贫乏"的短缺状态，越不能忽视那些"多层次多样化需求"。

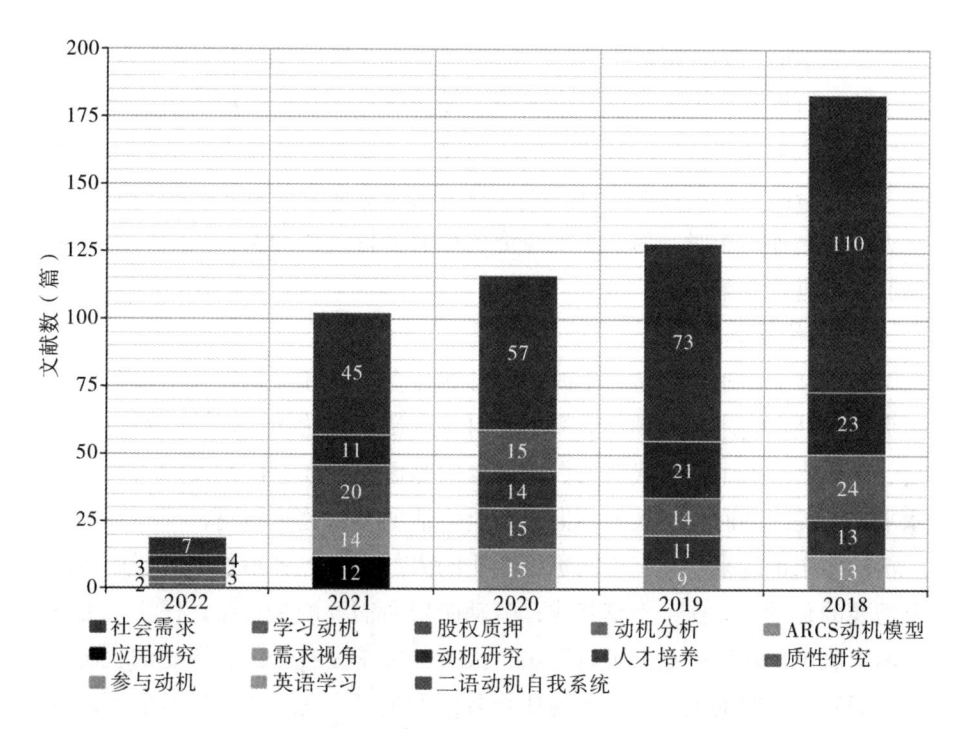

图 5-3　社会需求和动机研究成果中主题词的年份变化

人们按照对新的文化需求的兴趣、爱好、审美等进行分类，对文化内容的要求也将会越来越复杂和多样化。尤其是在社会主义市场经济条件下，"人的现代化"与经济、社会的现代化同步进行，而对文化内涵的追求也是个人发展的一个重要内容。除了收入、闲暇时间、教育程度等对文化需求的影响外，社会阶层、代际差异、社会融合程度、家庭结构、社会心态、个人心理等多种因素，都会影响个体的文化需求水平和需求类型。所以，海南省的自贸港建设离不开文化的需要。

习近平总书记指出："核心价值观是决定文化性质和方向的最深层次要素。"社会主义核心价值观正是当前人民群众的文化新需求中最为迫切、最为核心和最为重要的需求。同时，人民群众的文化新需求也是"坚持以社会主义核心价值观引领文化建设制度"的现实依据。①

另外，对地区文化做具体研究也得出相关结论，社会需求和社会文化

---

① 张铮：《新时代社会文化新需求分析》，《人民论坛》2020 年第 20 期。

是密切联系的。如，市民生活水平的不断提高，可以拉动社会文化消费日渐增长，所以，为了满足市民需求应当加快改革创新。简而言之，精神文明建设是人类文明发展的必然要求。因此，当原有的文化事业发展瓶颈仅靠文化自身的力量已经无法打破时，当文化事业原有的水平已经不能再满足人们的精神需求时，为了实现经济、社会可持续性的发展，我们的文化体制应当进行改革。

（二）社会风俗

人的社会需求不仅是天生的，而且在社会实践和文化教学中也会产生了大量的社会需求。这种社会需求受时代、历史和阶级的影响。在经济落后、生活水平低下的时代，人们所需要的是温饱；在经济发展和人民生活水平不断提高的时代，人们不但对物质生活的要求越来越高，而且对精神生活的要求也越来越高。不同阶级性质的人的需求也各不相同，资产阶级所需要的是不劳而获、坐享其成；劳动阶层所需要的是自由，民主，温饱和消灭剥削。从这一点上可以看出，人类的需求是社会的、历史的、阶层的。而随着时间的推移，各地的社会习俗发生了变化，从而导致了不同的社会需求。

比如，琼海地处海南东部的平原地带，濒临南海，地域开阔，自古以来这里便是海南经济文化发达之地。加积镇在明清时，便是富贾四方的商埠。据史书记载，琼海居民祖先多来自福建。因而海南文化也是中原文化的延续，反映在民居的型制和民俗上，这使它们必定与中原地区有某些相同之处，但是，由于时代的变迁，它们又形成了自己独有的特色。比如，其民居格局型制不但受时代文化的制约，也顺应其生活实用需要，而且还流露出了最朴实的审美需要。琼海民居是海南地区最常见的建筑形式。在闽东的乡土村落中，民宅是一个家族尊严的外在表现，民宅从开始的选址到以后的家族生活，都与民俗文化有着很大的联系，他们几乎是把全部的价值观和对生活的热爱都熔铸到里面去了。[①]

（三）亲和动机的影响因素

情境因素。群体压力越大，成员亲和动机越强。如疫情时的团结；遇

---

① 吴光玲：《闽东传统民居的地理经济选择及文化内涵》，《经济与社会发展》2007年第11期。

到困难时，悲惨情境也能产生亲和动机。遇到困难一致对外，社会隔离（剥夺）者，如单独关押的犯人、遇难船只的幸存者等。

情绪因素。恐惧越强，亲和倾向越明显（恐惧指向当前）；焦虑越强，亲和倾向越弱（焦虑指向未来），如，老板说要裁员，成员相互之间亲和弱；但裁掉之后的人们又会亲和。

出生顺序。长子、长女恐惧时的合群倾向要比弟妹们更明显，而且是按出生顺序递减。因为双亲对第一个孩子的关心照料更多，对父母的依赖性较大，亲和起源于依恋。

（四）成就动机的影响因素

目标的吸引力。目标的吸引力越大，个体主观能动性发挥的程度越大，成就动机越高。

风险与成败的主观概率。很有把握的事儿与毫无获胜机会的事儿，都不会激发高水平的成就动机。

个体施展才干的机会。自己想要的，通过努力可以实现的，能展现自己才华，其成就动机就强。如，在海南自贸港建设下我愿意为我想要的生活去努力奋斗的想法，能促使个体积极参与到自贸港建设中。

五　已有研究的不足

目前，针对不同人群的社会需要与动机研究日益受到学术界的关注。对社会需求与动机的研究趋于细致化，研究内容具有针对性、地域性。基于海南自贸区建设背景下的社会需求和动机的研究方向很广泛，如，海南健康旅游市场需求与发展研究、人口老龄化背景下海南中老年人的健康服务需求、海南在自贸区背景下的交通需求、海南休闲农业服务设施需求及其配置技术研究等，各个领域都体现了海南自贸港建设下社会需求的重要研究意义。同时，现有研究也存在一些不足之处。

从研究对象来看，目前只针对个别社会群体展开了粗略的调查和研究，如只有青年群体和老年群体的社会心态调研，缺乏对公务员事业单位人群、新社会阶层、"候鸟"群体及个体从业者等的社会需求研究。

从研究方法来看，方法较单一，大多以问卷调查取样，样本群体多为某区域小部分有针对性的群体，样本间的人口学信息差异较小，因此可能会影响到研究结果的概化性。

从研究内容来看，对社会需求和动机的概念界定较为模糊。因为概念涉及较广泛，各个领域的研究都有不同的理解和定义，对于社会需求和动机对研究方向的影响未进行深入研究，没有专门探讨社会需求和动机的关系，以及具体是何种社会需求和动机在其中起主导作用。

从研究方向来看，针对海南自贸港建设的社会需求和动机的研究较少，已有研究也只是针对具体的单一需求进行，如海南自贸港建设应满足高科技产业发展需求、基于ADLM模型的海南大中华旅游市场需求、海南自由贸易区（港）背景下各领域人才需求分析等，缺乏对海南大众群体社会需求和动机的总体研究。

总之，如何认识和把握人民群众日益增长的美好生活需要，是我们期望通过研究达到的。根据需求的本质，可以把人的需要分为三个不同的层面：第一层次是物质性需要，即保暖、饮食、种族繁衍等生存需要，这是人类最基本的需要，这就需要我们调查人们在海南的衣、食、住、行所需要的成本是否达到自己所期望的标准。第二层次是社会性需要，是基于物质需求的需要，包括社会安全需求、社会保障需求、社会公平需求等。这体现在人们对海南自贸港建设是否能够提高海南地区的教育水平，提升海南的医疗条件和技术水平等方面的需求。第三层次是心理性需要，即精神上的需要，包括价值观、道德、民族精神、理想信念、艺术审美、获得尊重，实现自我，追求信仰等。[①] 这是人们对海南自贸港建设的美好未来的期望，也是对自己是否努力奋斗的社会动机的体现。

因此，本书通过对海南自贸港建设下人们社会需求展开调研，了解在海南生活的各群体的需求和动机基础上，找到满足不同人群自贸港建设背景下"社会需求"和"社会动机"的路径。

第二节　海南社会需求和动机的现状分析

本节为海南社会心态调查问卷下的社会需求和动机维度，通过问卷调

---

① 张恒赫：《新时代我国社会主要矛盾变化的历史逻辑与理论向度》，《中国地质大学学报》（社会科学版）2018年第1期。

查的数据结果及分析，来呈现海南社会需求与动机的现状与特点。

一 社会需求与动机维度的信效度分析

该维度共 6 个题项：B6 近几年我想通过努力提高我的收入、B7 我能够承担在海南衣食住行所需要的成本、B8 我期待海南自贸港建设的美好未来、B9 海南自贸港建设能够提高海南地区的教育水平、B10 自贸港建设能够提升海南的医疗条件和技术水平、B11 我愿意为我想要的生活去努力奋斗。问卷题项为 5 级评分，对应到每个题目的描述，由被试按其与自己实际情况符合的程度，从非常不符合到非常符合，5 级计分。

（一）社会需求与动机维度的信度

本书编制的《海南社会心态调查问卷》中社会需求与动机模块的信度可靠性统计结果见表 5-1。

表 5-1　　　　　社会需求和动机模块的信度可靠性统计

克隆巴赫 Alpha	基于标准化项的克隆巴赫 Alpha	项数
0.782	0.806	6

由表 5-1 可知，本书所使用的《海南社会心态调查问卷》中社会需求与动机模块的信度为 0.782，信度较高，符合心理学测量学标准。

（二）社会需求与动机维度的效度

为保证本次研究的有效性，首先对所用问卷的社会需求与动机维度的效度进行分析，结果如表 5-2 所示。

表 5-2　　　　　社会需求和动机模块的信度可靠性统计

巴特利特球形度检验			KMO 取样适切性量数
近似卡方	自由度	显著性	
3384.459	15	0.000	0.796

由表 5-2 可知，本书所使用的《海南社会心态调查问卷》中社会需求和动机模块的效度指标 KMO 系数为 0.796，同时球形度检验显著性 <

0.001，说明该量表符合进行效度分析的基本要求。

二 海南社会需求和动机的总体情况

调查问卷填写对象为在海南生活的大众，将其总体社会需求和动机均值描述进行统计，结果如表5-3所示。

表5-3　　　　　　社会需求和动机总体情况（n=1475）

	最小值	最大值	平均值	标准差
总体社会需求和动机	1.00	5.00	4.13	0.67
B6	1.00	5.00	4.00	1.08
B7	1.00	5.00	3.33	1.20
B8	1.00	5.00	4.30	0.92
B9	1.00	5.00	4.42	0.83
B10	1.00	5.00	4.46	0.82
B11	1.00	5.00	4.29	0.92

由表5-3可知，总体社会需求与动机均值为4.13±0.67，处于偏上水平；通过努力提高收入动机均值为4.00±1.08，对海南生活质量的需求均值为3.33±1.20，海南自贸港建设需求均值为4.30±0.92，海南地区的教育水平需求均值为4.42±0.83，海南的医疗条件和技术水平需求均值为4.46±0.82，为生活努力奋斗的动机均值为4.29±0.92。各条目关系为：海南的医疗条件和技术水平需求＞海南地区的教育水平需求＞对海南生活质量的需求＞海南自贸港建设需求＞为生活努力奋斗的动机＞通过努力提高收入动机。

三 对各条目的分析

通过对社会需求与动机模块各条目的态度进行统计，了解海南社会需求与动机的总体情况，通过SPSS对社会需求与动机维度6个题项的得分进行统计，结果如表5-4所示。

表 5-4　　　　　　各题项的选项分布比例（n=1457）

	十分不赞同	不太赞同	无法确定	比较赞同	十分赞同
B6	73（5.01%）	56（3.84%）	248（17.02%）	501（34.39%）	579（39.74%）
B7	137（9.40%）	206（14.14%）	427（29.31%）	413（28.35%）	274（18.81%）
B8	27（1.85%）	34（2.33%）	196（13.45%）	423（29.03%）	777（53.33%）
B9	13（0.89%）	30（2.06%）	160（10.98%）	381（26.15%）	873（59.92%）
B10	15（1.03%）	25（1.72%）	149（10.23%）	361（24.78%）	907（62.25%）
B11	15（1.03%）	60（4.12%）	193（13.25%）	411（28.21%）	778（53.40%）

从表 5-4 可知，6 个题项的得分呈现出一个共同特征：表示赞同倾向的人数占比较多，选择不赞同的人数占比最少。另外，同一个选项在不同的题项对应的选择率也存在差异，比如，调查过程中发现很多人对自贸港建设的未来有很强的憧憬，绝大部分调查对象对海南自贸港的建设发展还是很支持的。但针对承担在海南生活所需要的成本方面的总体情况不是太理想，在日常生活中海南的物价普遍较高，特别是在道路维护和汽车油价上过高导致有车难开。农民群体与工人群体反映，工资相比前几年没有太大的改变，但是物价却在飞涨，这正是自贸港建设下更应该关注的基本社会需求问题。

总体上来看，海南群体的社会需求与动机程度整体偏上，可见大家对自贸港建设基本上持积极态度，也支持国家的政策。但在涉及基础民生问题上，还是有所欠缺与落后，没有将利益真真正正地落到老百姓头上，尤其是在医疗设备、教育基础建设上的需求很强烈。另外，影响海南自贸港建设背景下的社会需求与动机的主要因素有很多，下一节将从人口学相关因素和社会心理因素进行阐述。

第三节　群体社会需求和动机的影响因素分析

社会需求和动机受到诸多因素的影响，这些因素大致可以分为人口学因素、社会心理因素和其他因素，本部分将通过非参数检验等方法呈现各种因素与社会需要与动机之间的关系。

一 人口学因素对社会需求与动机的影响

采用非参数检验中的 Mann-Whitney U 检验，分析二分人口学变量对社会需求与动机的影响；采用克鲁斯卡尔—沃利斯（K-W）检验，分析分组较多的人口学变量对社会需求与动机的影响。将年龄、性别、民族等可能对社会需求与动机产生影响的人口学因素作为自变量，将社会需求与动机维度及各个题项得分作为因变量，研究海南人群的社会需求与动机在各个变量上的差异性。

（一）性别因素

使用非参数检验分析海南大众的社会需求和动机在男女性别之间的差异，结果见表 5-5。

表 5-5　社会需求和动机在性别上的差异分析［中位数（max-min）］

	男	女	z	p
社会需求和动机总维度	4.3（5-1）	4.2（5-1）	-1.98	0.048*
B6	4（5-1）	4（5-1）	-3.01	0.003*
B7	4（5-1）	3（5-1）	-3.53	0.000*
B8	5（5-1）	5（5-1）	-0.67	0.502
B9	5（5-1）	5（5-1）	-0.02	0.981
B10	5（5-1）	5（5-1）	-0.04	0.968
B11	5（5-1）	5（5-1）	-0.25	0.801

注：*表明在 $p<0.05$ 水平上显著相关。

由表 5-5 可知，非参数检验的结果显示，$Z=-1.98$，$p=0.048<0.05$，意味着海南当地不同性别总体社会需求和动机存在显著差异。男性的总体社会需求和动机中位数（max-min）为 4.3（5-1），女性的总体社会需求和动机中位数（max-min）为 4.2（5-1），即男性总体社会需求和动机高于女性总体社会需求和动机。具体表现为，努力提高收入的动机和承担在海南生活成本的需求方面 p 值均小于 0.05，即男性的需求和动

机显著高于女性的需求和动机。

研究显示，海南人民总体社会需求和动机在性别上存在显著性差异，表现为男性海南人民总体社会需求和动机略高于女性。实地调研中发现，女性对于自贸港建设了解得很少，这与社会文化有关，也与社会对不同的性别角色期望有关，大部分男性作为家里的顶梁柱对于社会需求和动机要更强烈一些。

（二）年龄因素

使用非参数检验，将年龄分为6个组别，检验海南大众的社会需求和动机在年龄上的差异，结果见表5-6。

表5-6 不同年龄组社会需求与动机差异的多重比较 [中位数（max-min）]

年龄组	B6	B7	B8	B9	B10	B11	总体社会需求和动机
24岁及以下（346）	4（5-1）	3（5-1）	4（5-1）	5（5-1）	5（5-1）	5（5-1）	4.2（5-1.7）
25—34岁（369）	4（5-1）	3（5-1）	5（5-1）	5（5-1）	5（5-1）	5（5-1）	4.3（5-1.2）
35—44岁（405）	4（5-1）	3（5-1）	5（5-1）	5（5-2）	5（5-1）	5（5-1）	4.3（5-1.8）
45—54岁（206）	4（5-1）	4（5-1）	5（5-1）	5（5-1）	5（5-1）	5（5-1）	4.3（5-1）
55—64岁（87）	3（5-1）	4（5-1）	5（5-1）	5（5-2）	5（5-1）	4（5-1）	4（5-2.7）
65岁及以上（44）	1（5-1）	3.5（5-1）	4.5（5-1）	5（5-1）	5（5-1）	3（5-1）	3.7（5-1）
卡方	108.217	31.664	7.345	8.22	9.527	74.387	56.335
p	0.000***	0.000***	0.196	0.145	0.090	0.000***	0.000***
成对比较	1、2、3、4>5、6；5>6；2>3	2、3、4、5>1				1、2、3、4>5、6；	1、2、3、4、5>6；2、4>1、5；

注：*** 表示 $p<0.001$。

由表 5-6 可知，从总体社会需求和动机看各年龄组中位数（最大值-最小值）：24 岁及以下为 4.2（5-1.7）、25—34 岁为 4.3（5-1.2）、35—44 岁为 4.3（5-1.8）、45—54 岁为 4.3（5-1）、55—64 岁为 4（5-2.7）、65 岁及以上为 3.7（5-1）。不同年龄段的总体社会需求和动机 $P=0.000<0.05$，存在显著性差异。具体来看，近几年通过努力提高收入的动机、能够承担在海南衣食住行所需要的成本的需求和愿意、为想要的生活去努力奋斗的动机均存在显著差异。经成对比较后发现，努力提高收入的动机中，54 岁及以内的人群显著性高于 54 岁以后的；能够承担在海南衣食住行所需要的成本的需求中，25—64 岁的显著性高于 24 岁以下的；为想要的生活努力奋斗的动机中，54 岁及以内的显著性高于 54 岁以后的。而对于海南自贸港建设美好未来的期待和提升海南的教育水平、医疗条件和技术水平的需求在年龄上不存在显著性差异。

海南人民在对提高收入、为生活努力奋斗的动机和承担生活成本、提高教育水平的需求方面存在年龄上的显著差异。比如，有些年轻男性对海南自贸港的建设抱有期待，但是自贸港如今的建设并未给自己带来太多积极影响。从调查对象资料中可以得出，年龄段在 45—54 岁的海南人民社会需求和动机较高，而年龄段在 65 岁及以上的海南人民社会需求和动机较低。主要是因为 45—54 岁的海南人民家庭和工作大都处于稳定或急需改善的状态，在家庭、生活、教育、养老上都需要有所考虑；而 65 岁及以上的海南人民大致考虑的是养老和社会保障方面，在社会需求和动机上就没有那么强烈了。另外，海南自贸港建设带来的各种机遇和压力对于不同年龄段的人有不同的意义，这也促进了产生他们不同的社会需求和动机。

（三）文化程度因素

根据文化程度不同将被试分为 7 个组别，调查不同文化程度的被试对社会需求与动机态度的差异，使用非参数检验分析海南大众的社会需求和动机在不同文化程度上的差异，结果见表 5-7。

表5-7 不同文化程度组社会需求与动机差异的多重比较 [中位数 (max - min)]

文化程度	B6	B7	B8	B9	B10	B11	总体社会需求和动机
小学以下 (21)	4 (5-1)	3 (5-1)	5 (5-1)	5 (5-1)	5 (5-1)	5 (5-1)	4.3 (5-1)
小学 (49)	4 (5-1)	3 (5-1)	5 (5-1)	5 (5-1)	5 (5-2)	4 (5-1)	4.2 (5-2.3)
初中 (204)	4 (5-1)	4 (5-1)	5 (5-1)	5 (5-1)	5 (5-1)	4 (5-1)	4.2 (5-1)
高中/中专 (276)	4 (5-1)	4 (5-1)	5 (5-1)	5 (5-1)	5 (5-1)	5 (5-1)	4.2 (5-1)
大学/大专 (814)	4 (5-1)	3 (5-1)	5 (5-1)	5 (5-1)	5 (5-1)	5 (5-1)	4.3 (5-1)
研究生 (93)	4 (5-1)	4 (5-1)	5 (5-1)	5 (5-3)	5 (5-3)	5 (5-2)	4.3 (5-2.8)
卡方	5.862	8.261	3.734	6.934	17.413	13.143	6.83
p	0.32	0.142	0.588	0.226	0.004 **	0.022 *	0.234
成对比较					5、6>3	6>3	

注:* 表示 $p<0.05$,** 表示 $p<0.01$。

由表5-7可知,从总体社会需求和动机看各文化程度组中位数(最大值-最小值):小学以下的4.3 (5-1)、小学的4.2 (5-2.3)、初中4.2 (5-1)、高中/中专的4.2 (5-1)、大学/大专的4.3 (5-1);研究生的4.3 (5-2.8)。不同文化程度上的总体社会需求和动机显著性 $p=0.234>0.05$,不存在显著性差异。社会需求和动机维度中的提升海南的医疗技术水平的需求和为我想要的生活去努力奋斗的动机,在文化程度上有显著性差异。成对比较显示,提升海南的医疗技术水平的需求方面,大学/大专和研究生学历显著性高于初中学历;为想要的生活去努力奋斗的动机方面,研究生显著性高于初中学历。社会需求和动机其他维度在文化程度上均不存在显著差异。

海南人民社会需求和动机中,努力提高收入的动机、提升海南的医疗技术水平的需求和为想要的生活去努力奋斗的动机,在不同文化程度上存在显著性差异。文化程度上,学历越高社会需求和动机越强,学历水平影响个体对社会政策的了解和社会信息的有效输入。比如,在农村进行调研时,农民们大多是躺在椅子上,要么发呆,要么刷着短视频消遣。大部分认为自己没文化,不懂什么是自贸港,生活负担较重,小孩的成绩、小卖部的生意、槟榔的收成等才是其关心的事情。部分村民对政府抱有负面情绪。而高学历的人表现出的是积极乐观的态度,认为海南自贸港建设的政策要大力宣传,让更多的人了解该政策,才利于海南自贸港建设的发展。

（四）家庭情况因素

不同家庭情况对被试社会需求与动机态度的影响也有差异,使用非参数检验分析海南大众的社会需求和动机在不同家庭情况中的差异,结果见表5-8。

表5-8 不同家庭情况组社会需求与动机差异的多重比较 [中位数 (max - min)]

家庭情况	B6	B7	B8	B9	B10	B11	总体社会需求和动机
独自居住 (210)	5 (5-1)	4 (5-1)	5 (5-1)	5 (5-1)	5 (5-1)	5 (5-1)	4.3 (5-1.2)
夫妻二人 (140)	4 (5-1)	4 (5-1)	5 (5-1)	5 (5-1)	5 (5-1)	4 (5-1)	4 (5-1)
夫妻、子女 (412)	4 (5-1)	3 (5-1)	5 (5-1)	5 (5-1)	5 (5-1)	5 (5-1)	4.3 (5-1)
夫妻、子女、老人 (380)	4 (5-1)	3 (5-1)	5 (5-1)	5 (5-1)	5 (5-1)	5 (5-1)	4.25 (5-1.2)
其他 (315)	4 (5-1)	3 (5-1)	5 (5-1)	5 (5-1)	5 (5-1)	5 (5-1)	4.2 (5-1)
卡方	26.91	34.266	2.974	5.786	11.104	18.136	11.31
p	0.000***	0.000***	0.562	0.216	0.025	0.001**	0.023**
成对比较	1、3、5>2; 1>4	1、2、3>5; 2>3、4			2>5	1、3、4>2	1>5

注: ** 表示 $p < 0.01$, *** 表示 $p < 0.001$。

由表5-8可知,从总体社会需求和动机看各家庭情况组中位数(最大值-最小值):独自居住的为4.3 (5-1.2),夫妻二人的为4 (5-1),

夫妻、子女的为4.3（5-1），夫妻、子女、老人的为4.25（5-1.2），其他的为4.2（5-1）。不同家庭情况的总体社会需求和动机显著性 p = 0.023 < 0.05，存在显著性差异。社会需求和动机维度中除了对海南自贸港建设美好未来的期待和提升海南的教育水平的需求在家庭上没有显著性差异外，其他维度都存在显著性差异。成对比较后结果显示：努力提高收入的动机方面，夫妻二人的显著性低于其他三类人，其他家庭情况的人的社会需求与动机要显著低于独居者；承担在海南生活成本的需求夫妻二人的显著性高于夫妻、子女、老人和其他；提高海南地区的教育水平的需求上，夫妻二人的显著性高于其他；提升海南的医疗技术水平的需求方面，夫妻二人的显著性高于夫妻、子女、老人和其他；为想要的生活去努力奋斗的动机方面，独自居住的显著性高于夫妻二人和其他的。

海南人民社会需求和动机在不同家庭状态上存在显著性差异，表现为独居者和夫妻二人的社会需求和动机高于其他家庭状态的社会需求和动机。比如，家里家庭成员多的虽然需要承担的生活压力较大，但总体心态很乐观，遇到烦心事和家人沟通，一起解决，就能保持良好的心态。对于上了年纪的老人和儿女一同生活，心态也普遍较好，认为海南正在朝着更好的方向发展。

而对于夫妻二人来说，未来生活的不确定性增加了他们的焦虑，海南自贸港建设虽然带来不少的就业机会，但要求也多了不少，经济压力也在加大。对于未婚的人来说，独自生活的他们除了自身的动力外，社会需求的满足对他们就更加重要了，比如医疗、教育、经济政策方面都会对他们有很大的影响。在调查中发现，家庭成员多的人相对于独居和夫妻二人的生活更稳定一些，对生活的满意度也较高一些。独居的之所以社会需求和动机大，可能是因为他们年龄还不大，加上他们生活的不确定性更多，追求的事物也会更加的多样化，在自贸港建设的发展下会有更多的社会行为，对社会需求和动机也更强烈一些。

（五）职业差异

除了工作状态，不同职业的被试对社会需求与动机态度也存在一定的差异，使用非参数检验分析海南大众的社会需求和动机在不同职业上的差异，结果见表5-9。

表5-9 不同职业组社会需求与动机差异的多重比较 [中位数 (max-min)]

职业	B6	B7	B8	B9	B10	B11	总体社会需求和动机
农民 (147)	4 (5-1)	3 (5-1)	4 (5-1)	5 (5-1)	5 (5-1)	5 (5-1)	4 (5-1.2)
工人 (87)	4 (5-1)	4 (5-1)	5 (5-1)	5 (5-1)	5 (5-1)	5 (5-2)	4.2 (5-1.2)
事业单位/公务员/政府人员 (239)	4 (5-1)	4 (5-1)	5 (5-1)	5 (5-1)	5 (5-1)	5 (5-1)	4.3 (5-1)
公司职员 (227)	4 (5-1)	4 (5-1)	5 (5-1)	5 (5-3)	5 (5-2)	5 (5-2)	4.3 (5-2.3)
学生 (227)	4 (5-1)	3 (5-1)	4 (5-1)	5 (5-1)	5 (5-1)	5 (5-1)	4.2 (5-1.7)
私营业主 (110)	4 (5-1)	4 (5-1)	5 (5-1)	5 (5-1)	5 (5-1)	5 (5-2)	4.3 (5-2)
专业人士 (195)	4 (5-1)	4 (5-1)	5 (5-2)	5 (5-3)	5 (5-2)	5 (5-2)	4.3 (5-2.5)
自由职业 (55)	4 (5-1)	3 (5-1)	5 (5-1)	5 (5-1)	5 (5-1)	4 (5-1)	4.3 (5-1)
其他 (170)	4 (5-1)	3 (5-1)	4 (5-1)	5 (5-1)	5 (5-1)	4 (5-1)	4 (5-2.3)
卡方	21.365	36.301	23.93	27.685	33.957	29.082	42.174
p	0.006**	0.000***	0.002**	0.001**	0.000***	0.000***	0.000***
成对比较	4>1、9	3、4、6、7>5	7>1	7>2、6	3、4、7>1;7>5、6	3、4、7>1;3、4>9	3、4、7>1;5、9

注：** 表示 $p<0.01$，*** 表示 $p<0.001$。

由表5-9可知，总体社会需求和动机方面各职业组中位数（最大值-最小值）：农民的为4 (5-1.2)、事业单位/公务员/政府人员的为4.2 (5-1.2)、公司职员为4.3 (5-1)、学生的为4.3 (5-2.3)、私营业主为4.2 (5-1.7)；专业人士的为4.3 (5-2)；自由职业的为4.3 (5-2.5)、大学/大专的为4.3 (5-1)；其他的为4 (5-2.3)。不同职业上的总体社会需求和动机显著性 $p=0.000<0.05$，存在显著性差异。社会需求和动机的所有维度都在职业上有显著性差异。成对比较后显示，不同职业

之间对社会需求和动机不同维度的问题存在显著性差异。

研究结果显示，不同职业的人的总体社会需求和动机存在显著性差异，并且社会需求和动机的所有维度都在职业上有显著性差异：调查对象包含的职业有农民、工人、事业单位/公务员/政府人员、公司职员、学生、私营业主、专业人士、自由职业和其他。他们在不同的社会需求和动机方面都有着不同的显著性差异。比如，专业人士（教师/医生/律师等）在提高海南的教育水平的需求上高于其他职业的人。因为他们的职业和教育密切相关，所以需求也更高。而农民在提升海南医疗水平的需求上要明显高于事业单位/公务员/政府人员、公司职员和专业人士的需求。通过访谈了解到，农民、商贩们都对医保涨价不满，微薄的收入让他们渐渐觉得这笔钱是很大的负担，但又不得不交。老人和小孩生病的花销让他们的生活更加艰苦，因此，他们提升医疗水平的需求和动机就更高一些。

不同个体的工作性质对其社会认知、社会获得感和社会行动方面都有不同的影响，也就导致他们有不同的社会需求和动机。

（六）月收入差异

经济收入对人的社会心态有着至关重要的影响，将月收入分为 5 个组别，使用非参数检验，检验海南大众的社会需求和动机在不同月收入上的差异，结果见表 5 - 10。

表 5 - 10　不同月收入组社会需求与动机差异的多重比较 ［中位数（max - min）］

月收入	B6	B7	B8	B9	B10	B11	总体社会需求和动机
2000 元以下（315）	4（5 - 1）	3（5 - 1）	4（5 - 1）	5（5 - 1）	5（5 - 1）	4（5 - 1）	4.2（5 - 1.7）
2000—4000 元（442）	4（5 - 1）	3（5 - 1）	5（5 - 1）	5（5 - 1）	5（5 - 1）	4（5 - 1）	4.2（5 - 1.2）
4000—6000 元（379）	4（5 - 1）	3（5 - 1）	5（5 - 1）	5（5 - 1）	5（5 - 1）	5（5 - 1）	4.3（5 - 1）
6000—10000 元（223）	4（5 - 1）	4（5 - 1）	5（5 - 1）	5（5 - 1）	5（5 - 1）	5（5 - 1）	4.5（5 - 1）

续表

月收入	B6	B7	B8	B9	B10	B11	总体社会需求和动机
10000元以上(98)	4 (5-1)	4 (5-1)	5 (5-1)	5 (5-1)	5 (5-1)	5 (5-1)	4.5 (5-1)
卡方	4.74	85.31	10.34	10.31	20.60	11.11	34.51
p	0.315	0.000***	0.035*	0.036*	0.000***	0.025*	0.000***
成对比较		2、3、4、5>1；4、5>2；4、5>3	4>1	4>2	4>1、2	3、4、5>2	3、4、5>1；4、5>2

注：* 表示 p<0.05，*** 表示 p<0.001。

由表 5-10 可知，总体社会需求和动机方面各月收入组中位数（最大值-最小值）：2000 元以下月收入的为 4.2（5-1.7）、2000—4000 元月收入的为 4.2（5-1.2）、4000—6000 元月收入的为 4.3（5-1）、6000—10000 元月收入的为 4.5（5-1）、10000 元以上月收入的为 4.5（5-1）。不同月收入人群的总体社会需求和动机显著性 p=0.000<0.001，存在显著性差异。社会需求和动机维度中，除了"近几年我想通过努力提高我的收入在月收入"上没有显著性差异，其他维度都存在显著性差异。经成对比较，在总社会需求和动机上月收入 2000 元以下的要显著性低于 2000—10000 元收入的，2000—4000 元的显著性低于 6000 元以上的；社会需求和动机其他维度也表现出高收入者的需求和动机显著高于低收入者。

个体生活条件越好，所接触到的社会环境越广泛，经济条件允许下，社会需求和动机也就越多。而低收入的人受工作或者文化水平等因素的影响，对自贸港建设了解甚少，对让自身更好的发展的动机也更小。总体上看，各人口学变量和社会需求与动机之间的影响因素存在较多显著性差异。因此，目前海南自贸港建设需要关注各个社会群体的不同需求。

二 社会心理因素对社会需要与动机的影响

对社会需要与动机、社会认同、社会价值、社会行为的总维度进行皮尔逊相关分析，结果见表 5-11。

表 5-11　　　　　各维度相关关系表（n = 1457）

	社会需要与动机	社会认同	社会价值	社会行为
社会需要与动机	1			
社会认同	0.561**	1		
社会价值	0.592**	0.693**	1	
社会行为	0.570**	0.641**	0.841**	1

注：** 表示在 0.01 级别（双尾），相关性显著。

由表 5-11 可知，社会需要与动机与社会认同、社会价值和社会行为三个维度存在显著正相关，相关系数分别为 0.561、0.592、0.570，即个体社会需要与动机越满足，他的社会认同感越高，社会价值越能体现，社会行为越规范。

（一）社会认同

为了检验社会需求和动机是否在海南大众的社会认同上存在差异，对社会需求和动机维度及相关题项与社会认同维度进行斯皮尔曼相关分析。数据检验结果显示，社会认同和社会需求与动机各题项相关系数分别为 $r = 0.561$、0.384、0.206、0.518、0.511、0.530、0.471，且 p 值均小于 0.01，表明两变量之间的正向关系很显著，这为下一步假设检验奠定了良好的统计学基础，同时说明社会认同感越高，社会需求与动机就越能满足。

社会认同理论的核心观点是：社会认同主要来自群体成员身份或资格，人们努力追求或保持一种积极的社会认同，以此来增强他们的自尊，而且这种积极的社会认同主要来自内群体与相关外群体之间进行的有利比较。如果没有获得满意的社会认同，人们就会试图离开他们所属的群体或想办法实现积极的区分[①]，社会需要与动机的满足能使小范围内的内群体

---

① 汪珊珊、李琳：《公共图书馆员的职业倦怠与对策研究》，《内蒙古科技与经济》2021 年第 11 期。

扩展到较大范围的共同内群体。

（二）社会价值

社会需求与动机和社会价值观的形成是相互影响的，为了检验两者的相关程度，对两者进行斯皮尔曼相关分析。数据检验结果显示，社会价值和社会需求与动机各题项相系数分别为 r = 0.592、0.747、0.563、0.735、0.711、0.703、0.752，显著性水平均小于0.01，表明两变量之间的正向关系很显著，说明社会价值越能体现，社会需求与动机就越能满足。其中社会价值和 B6、B8、B9、B10、B11 存在强相关。

个人的社会价值体现在个人的社会需要和对社会进步的贡献上。二者在概念上是相互关联的。需要是个体对其生存、享受、发展的客观条件的依附和需求，可以理解为个体反映现实的一种形式，是一种积极的行为内部动力。同时，需要是个体自身的规定性，也是一种激励人主动参与各种活动的内在驱动力，最终，也成为衡量发展的一个价值维度。调研结果显示，社会需求与动机对社会价值观的形成产生影响。那些近几年并不想通过努力提高自己收入的人，人们普遍认为，在海南自贸港的建设过程中，自己不太能贡献自己的力量。而希望海南自贸港建设能够提高海南地区的教育水平的人普遍认为海南社会的发展离不开大家的共同努力。同时，什么样的价值观也决定具有什么样的道德观，而这些都是由他们内心的需求所决定的。

（三）社会行为

为了检验社会需求和动机维度及相关题项与社会行为维度的相关程度，对两者进行斯皮尔曼相关分析，数据检验结果显示，社会行为和社会需求与动机各题项相关系数分别为 r = 0.570、0.747、0.563、0.735、0.711、0.703、0.752，显著性水平均小于0.01，表明两变量之间的正向关系很显著，说明社会行为越规范，社会需求与动机就越能满足。其中社会行为和 B6、B8、B9、B10、B11 存在强相关。

从心理学角度来看，人们的需要既有个体的需要，也有社会的需要，个人需求主要表现在生理需求，衣食住行是不可动摇的刚需，文明发展到今天，更多的高级需求随之而来。因为独特的脑机制，人类有了思维、情绪等高级心理活动，也衍生出了自我实现、自尊等更高层次的需求。而行为受内外因素的影响，内部动机的驱动是最主要的因素，动机是构成人类大部分行为的基础。因此，正确、深刻地理解动机和行为的关系，理解动机的认识，并运用它从根源上改进个人的行为，是促进个体健康、全面发展的重要手段。

众多研究显示，社会需求影响着社会行为的发生，各种社会心理需求对亲社会行为的影响也是人们不断关注的重点。有学者认为，自主性动机可以正向预测队友的运动亲社会行为等。海南自贸港的建设离不开社会需求和动机的作用，建议多挖掘人们的社会需求，刺激动机的产生，从根源上促进更多积极向上的社会行为的产生。

三 其他因素对社会需求与动机的影响

除了以上谈到的人口学因素和维度的相关因素，结合文献和访谈资料还总结出以下影响社会需求与动机的因素。

（一）民生需求

习近平总书记2022年4月在海南视察时强调，要多了解群众的想法，把所有精力都放在让老百姓过好日子上。据调查，海南的经济基础薄弱，除基础设施外，"稍微复杂点的病，就得出岛求医""小孩到了上学年龄，家长就头疼"等，都是海南医疗、教育等民生问题的突出反映。要解决人民的需要，海南要从基建、医疗、教育等方面着手，把资金和资源投入到基础设施的建设上。在实地调研过程中，部分民众对目前的生活条件和经济状况不满，对海南自贸港建设下满足社会需求和动机的愿望较为强烈。

（二）经济水平

伴随着自贸港建设的蓬勃开展，150多项新的政策相继出台，自贸港"四梁八柱"的政策框架已经初步形成。政策措施在海南不断落地见效，重大风险防控务实有效，产业基础不断夯实，制度集成创新不断推进，营商环境不断优化，这些都有效赋能了经济高质量发展。尽管海南的经济有了长足的发展，但仍然面临着许多问题，如发展模式粗放、发展水平低、产业结构不合理等。海南人民的经济收入水平普遍偏低，各种需求不能得到充分地满足，给海南的发展带来了困难，也对海南积极社会心态的培养带来阻碍。

(三) 生活习惯

在调研过程中发现，海南人的生活节奏比较缓慢，常常能看到在街道上有各种喝茶的地方，海南人都会三五成群地聚集在一起喝茶聊天，一聊就是一下午。有调查显示，慢节奏的生活能让人感到更安全，同时也能让人感到快乐，不会感到过于沉闷。因此，有很多人对社会需求和动机的表现不强烈，可能是受到了慢节奏生活的影响。

第四节　社会需求与动机的调整策略

海南自贸区、自贸港是大国战略下的新布局，是指导未来十年甚至二十年的区域布局，它满足了国家、区域、地方三个层面的需求，同时需要在各个方面不断发展和提升。社会需求与动机的影响因素众多，真正要落实到位，满足大众需求，就离不开各方面的完善和提升，基于上述研究我们从以下几个方面提出策略：

一　关注不同民众的差异化需求

由第三节数据所知，各人口学变量和社会需要与动机之间有显著的差异，要想满足大众的社会需求就要了解多方面的需求，差异化满足不同群体的需求。比如，年轻人更注重自贸港建设的教育水平、老年人更注重自贸港建设的医疗水平；海南是多民族地区，各民族人民有不同的社会风俗和独特的生活习惯，因此社会需求与动机也会有相应的不同；海南独特的地理位置决定了其产业基础薄弱、产业结构单一、经济发展水平悬殊、对社会需要、激励机制等方面存在差异。

根据研究发现，影响居民生活满意度的主要因素依次有：家庭收入、身体健康、住房条件、工作状况、医疗条件、家庭关系、教育、日用消费品价格、公共安全、食品安全和交通运输等。因此，海南自贸港建设可以从以上这些方面着手，提供不同的服务或政策。比如，在农村加强教育建设；为老年人提供更方便、更优惠的医疗服务；为少数民族给予特别优惠政策、优惠政策等，使广大人民切实体会到海南自贸港建设的价值。

另外，自贸港建设不光要关注到不同民众的差异需求，还要考虑到民众各层次需求的提高和基本需求标准的提高。这就要多听取群众意见，以民为本，这样才能更好、更快地发展。

二 增强民众的认同感、参与感和价值感

随着中国改革开放的不断推进，民众的民主意识、社会认同、社会价值感增强。多元化、高水平的社会需求，给未来海南自贸港的建设工作带来了新的挑战。因此我们要从群体的社会心理特性入手，掌握其发展和演变，增强民众的认同感、参与感和价值感，从而促进社会需求的满足和社会动机的产生。

在社会认同方面，研究显示，底层人群的社会认同感较差，不信任程度较高，更多的负向情绪已经成为社会不稳定的因素。因此，要更多关注社会中低层认同群体的心态和处境，切实保障他们的权益。在改善低收入人群的生活条件的同时，更要为弱势群体提供应有的社会支持，让他们得到尊重和接受，满足他们的社会性需要，使他们享有公平的教育、医疗、就业机会，获得公平的向上流动机会，增强他们的社会认同感。[1]

在社会价值层面，根据现有的调查发现，大众的价值观日益多元化。社会应当对有益于社会的基本价值观进行积极地宣传和鼓励，使之逐步形成为整个社会的核心价值观，成为社会稳定的坚实基础。比如，让大众形成自贸港建设是在建设美好生活的观念，促进人们为自贸港建设贡献力量，增加他们的参与感的同时，也提升了他们的社会价值感。所以，通过改变社会价值来促进社会需求和动机的产生是一个可行之举。

三 改善基础建设，切实解决民生问题

随着经济和社会的发展，人民对美好生活的向往更加强烈，社会需求从注重量的满足向追求品质的提高转变，因此，海南自贸港建设需要满足人民对更优质的商品、更好的教育资源、更舒适的居住条件、更高水平的

---

[1] 王俊秀：《关注社会情绪 促进社会认同 凝聚社会共识——2012—2013 年中国社会心态研究》，《民主与科学》2013 年第 1 期。

医疗卫生服务和更丰富的精神文化生活的需求，才能更好地提升人民群众的满足感、安全感。

基础建设的改善是最关键的因素之一，习近平总书记在海南工作系列讲话中指出，"海南要大力推进民生领域的体制机制改革，着力提高保障和改善民生水平，不断完善公共服务体系，努力提高保障和改善民生水平，不断完善公共服务体系，推动公共资源向基层延伸、向农村覆盖，着力解决人民群众关心的现实利益问题。"① 具体的举措有：在海南启动"一市（县）两校一园一院"优质资源引进工程，每个市县引进并办好省级水平的优质中学、小学、幼儿园及医院，引进多个外省帮扶医疗机构，推进国际教育创新岛建设，引进知名高、知名中小学校。有了坚实的根基，就不愁发展不好。

基础设施的改善是为了促进社会的发展，而人才则是整合资源、创造价值、创造财富的重要力量，没有人才的地区在经济社会发展过程中将会无所适从，尤其在创新领域，更是难有作为。从访谈过程中也了解到，海南的人才资源匮乏、教育质量较落后。因此，海南自贸试验区的建设迫切需要高素质的人才，为自贸试验区的建设注入更多的活力。目前，我国高校在人才培养、科研、社会服务、文化传承和国际交流合作等领域都积累了大量的实践经验。在未来，大学教育、科研应积极与社会需求对接，为全面建设社会主义现代化国家贡献力量。高校在教育科研上，要推动产学研一体化深度融合，及时注重社会需要，加大调研力度，深化企业、政府、学校三方合作，以促进社会发展，引领时代潮流。

四 增强人民群众的生活满足感

党的十八大以来，海南的经济实力、人民的生活质量都得到了极大提高，人民对美好生活的渴望也越来越强烈。"不仅对物质文化生活提出了更高要求，而且在民主、法治、公平、正义、安全、环境等方面的要求日益增长。"习近平总书记也强调："推进国家治理体系和治理能力现代化，

---

① 王顿责编：《习近平：党中央支持海南全面深化改革开放 争创新时代中国特色社会主义生动范例》，新华网，http://www.xinhuanet.com/politics/2018 - 04/13/c_ 1122680222.htm，2018年4月13日。

必须抓好城市治理体系和治理能力现代化"。① 但海南基础薄弱，现代化程度低，城乡差距大，因此，社会治理方面急需完善，并且要最大程度提升人民的获得感、幸福感。

具体实施方案如下：稳定就业、增加收入、促进合理分配、落实健康岛建设、提升公共文化服务、提高全民的社会保障水平等，还要切实把政策落地落实落细，做到工作项目化、项目清单化、清单责任化，强化监督考核问责，确保将人民对美好生活需要的愿景变为实景。宏观政策要主动扩大内需，要做好民生保障，要充分发挥各方的积极性。要切实落实好各项惠民政策，让人民群众真正感受到海南发展的阳光和雨露。②

另外，还需从人民美好生活需要的多样性、层次性和递增性方面入手，在工作中，多关注人民的需要，关怀群众的生活，既把握共性又把握特性，抓住人民最关心、最直接、最现实的利益问题，不断促进社会公平正义，形成有效的社会治理、良好的社会秩序，使人民获得感、幸福感、安全感更加充实。

五　全方位发展海南经济

习近平总书记强调，自贸区的发展是一项复杂的系统工程，要从思想上和工作上做好长期的努力。这就需要海南自贸港的建设，不断地总结以往的经验，充实和完善各方面的社会需求。

产业基础薄弱，产业结构单一，曾经是海南发展的一个软肋。海南在过去两年里，大力发展旅游业、现代服务业、高新技术产业、热带特色高效农业等"3+1"现代产业体系，特别是在自贸港政策的逐步落实下，海南产业"补短板"跑出了"加速度"。海南的传统优势产业，旅游业也是亟待解决的问题。如，呀诺达这样的旅游景点，则可借自贸港政策的"东风"加快转型发展。同样，海南的种植业也具有广阔的发展空间，可以加速集聚理论创新、技术集成、设计育种、产业孵化等全链条要素，使种植

---

① 孙英：《正确认识全面把握人民美好生活需要》，《光明日报》2018年12月26日第2版。
② 涂刚鹏、殷怡龙：《自贸港建设要坚持以人民为中心的价值追求》，《海南日报》2022年7月6日。

技术更加先进。① 此外，为了保证中国的食品安全，我们必须继承和发扬老一辈农科院科研人员胸怀祖国、服务人民的优良品质，以十年磨一剑的精神，勇攀农业科技高峰。

要使海南得到更好地发展，就要聚焦发展旅游业、现代服务业、高新技术产业、热带特色高效农业，加快构建现代产业体系。只有加快发展，才能满足更多的社会需求。

---

① 王晖余、王存福：《海南自贸港产业"补短板"跑出"加速度"》，《新华每日电讯》2021年12月28日。

第六章　社会情绪研究

习近平总书记在海南省人大会堂出席庆祝海南建省办经济特区30周年大会上讲话表示，"要充分肯定经济特区建设的历史功绩，深刻总结经济特区建设的宝贵经验，全面贯彻党的十九大精神和新时代中国特色社会主义思想，在新时代新起点上继续把全面深化改革推向前进，为实现'两个一百年'奋斗目标、实现中华民族伟大复兴的中国梦提供强大动力。"① 经过30年不懈努力，海南人民生活明显改善，教育、卫生、文化等社会事业加快发展，城乡面貌发生深刻变化。与此同时，海南地区的整体社会情绪也随着社会的发展而变化。社会的发展以人为载体，人们在社会变化之中，由人而生的情绪也会随之改变，而社会情绪正以群体为单位在社会背景下应运而生。以人为本的社会变革能够带来积极的社会情绪，而消极落后、不遵循人性的改革，则会导致社会情绪的负面化。

海南经济特区是我国经济特区的一个生动缩影。海南经济特区的建设要想能够稳步前进，需要考虑当地民众的社会心态，通过改善社会情绪、优化民众认知、增强团体凝聚力等方式来让更多的海南居民积极参与到自贸港的建设中。因此，如何利用积极的社会情绪为自贸港建设下的海南社会发展贡献一分力量，是海南社会发展和经济建设中理应重点考虑的因素。

本章以海南居民为主要研究对象，针对"社会情绪"这一维度进行探讨，了解社会情绪的内涵、作用机制及改善方式，在此基础上帮助人们提

---

① 习近平：《在庆祝海南建省办经济特区30周年大会上的讲话》，2018年4月13日，https://www.12371.cn/2018/04/14/ARTI1523660364597311.shtml，2022年8月30日。

高主观能动性，从而更好地改造客观世界，推动社会的前进和发展。

第一节　社会情绪的概念、理论与研究现状

目前有关社会情绪的研究集中于新闻传媒、社会学、心理学等领域。各个学科类别对于社会情绪研究的切入点不同，其中，心理学视角的研究主要以人为研究对象进行社会情绪的现象分析。早期的社会情绪研究主要结合"儿童"和"社会心态"进行讨论，近些年的研究方向倾向于探讨"社会情绪功能"，随着时间的推移和研究的积累，有关社会情绪的研究更多地将理论化研究调整为实践研究。因此，我们将切合社会情绪的多个研究视角进行概括和梳理，完善社会情绪的理论基础与实践方向。

一　社会情绪的概念

Forgas 在 2000 年时提出观点，认为应将社会情绪分为两类：一类是社会评价情绪，是指个体对自我、他人及社会的事件做出的无意识的情绪表达；另外一类是社会关系情绪，是指个体在感知与他人及社会的关系中体验到的情绪。二者区别在于，社会评价情绪是个体指向他人的，社会关系情绪是个体站在关系互动角度上，指向自我的，前者更基于直觉，而后者依靠一定的评价分析。[1]

朱代琼、王国华在《突发事件中网民社会情绪产生的影响因素及机理——基于三元交互决定论的多个案定性比较分析（QCA）》中认为，社会情绪是在人与人建立起的社会关系网中产生的。面对突发事件，网民对于事件整体的感知速度是较快的，个人情绪传播也在错综复杂的交往过程中彼此作用，群体活动促进情绪感染和认知趋同，并逐步形成了整体性的社会情绪。其中的社会情绪的形成受诸多因素的影响，通过三元交互决定论总结出了"利益诉求、事件类型、规则失守、安全危机、利益抗争"[2]

---

[1] Joseph P. Forgas, *Feeling and Thinking——The role of Affect in Social Cognition*, UK：The University of Cam-bridge, 2000, p. 334.

[2] 朱代琼、王国华：《突发事件中网民社会情绪产生的影响因素及机理——基于三元交互决定论的多个案定性比较分析（QCA）》，《情报杂志》2020 年第 39 卷第 3 期。

五大影响因素。

刘永明、贾林祥在《社会情绪发展及其调控对社会适应的影响》中，结合社会情绪发展与社会适应的相关程度来进行分析，认为社会情绪是在对社会关系，即人与人的关系以及人与社会的关系的认知过程中形成的，是建立在个体对社会的人和事的认知、心理变化的基础上的社会反映[①]。可以看出，社会情绪离不开社会的环境背景，也依靠人的认知进行承载，是社会适应的一种表现形式。刘永明、贾林祥还指出，对社会情绪的调控有助于个体理解他人、理解社会，从而能够更好地适应社会，减少反社会行为的出现，从而也能促进社会的和谐。[②]

根据上述研究，将社会情绪的产生和发展分为两种渠道：其一是表示个体的情绪社会化的过程与结果，其二则是突发的公共性社会事件对群体造成的具有相似性的情绪过程，二者均称作社会情绪。前者是情绪的社会化，由于人类的群居生活和社会模式，自身产生的个体情绪在进行社会化以后，会以多种形式辐射到周围的人群。受到长期的社会意识、环境、教养、文化等因素的影响，形成不同的认知观，进而影响社会情绪。后者则是面对一些公共性社会事件所产生的整体性情绪，突发的事件由于时间和空间上的重叠，即时地影响了两个以上的个体，从而导致个体产生情绪，在群体范围内具有一定的相似性。该情绪的起点原因相同，这种社会情绪的受众是自身，则认为是社会事件情绪。

王俊秀在《新媒体时代社会情绪和社会情感的治理》中将社会情绪理解为"社会环境下多数人共享的情绪体验"[③]。社会事件由于自身的突发性和影响力，将波及每一个参与事件或了解事件的人群，从而引发大面积的相似情绪。例如"社会恐慌"，社会恐慌可理解为某一个事件和信息引起社会大部分人的极度不安。尹思·罗伯逊在《现代西方社会学》中认为这是"一群面临威胁的人们以一种不合作、不合理的方式做出的种种反

---

① 刘永明、贾林祥：《社会情绪发展及其调控对社会适应的影响》，《第十一届全国心理学学术会议论文摘要集》，2007 年。
② 刘永明、贾林祥：《社会情绪发展及其调控对社会适应的影响》，《第十一届全国心理学学术会议论文摘要集》，2007 年。
③ 王俊秀：《新媒体时代社会情绪和社会情感的治理》，《探索与争鸣》2016 年第 11 期。

应"。① 王一伊在《恐怖袭击事件个体心理行为影响因素仿真分析》的研究中发现，具有敏感特质的个体则更容易受到他人情绪的感染。② 因此该人群所产生的"恐慌"情绪具有相似性，其过程为：突发性的公共事件发生，影响到了多个个体，从而使多个个体产生相同的情绪反应和生理唤醒，继而公共事件使得受影响的群体选择一种面对方式进行应对。因此，可以将社会情绪的内容理解为：个人情绪社会化和社会事件引起的共同情绪，并且由主观体验、生理唤醒、表现形式三部分组成。

二 社会情绪的相关理论

关于情绪理论的研究主要集中于心理学、临床医学、教育学、金融学四个学科方向，主题词往往还结合着情绪智力、负性情绪、投资者情绪等相关词汇。在情绪理论的研究中，主要包含了生物学理论、精神分析情绪理论、情绪认知理论、社会—认知情绪理论、情绪行为理论及情绪智力理论。

（一）情绪理论

关于情绪理论的研究学科主要集中于心理学、临床医学、教育学、金融学这四个方向，主题词往往还结合着情绪智力、负性情绪、投资者情绪等相关词汇。在情绪理论的研究中，主要有生物学理论（詹姆斯·兰格情绪理论、坎农巴德学说），精神分析情绪理论，情绪认知理论（阿诺德的兴奋—评定说、拉扎罗斯认知评价理论、沙赫特-辛格两因素情绪理论），社会—认知情绪理论，以及情绪行为理论和情绪智力理论。

其中，詹姆斯-兰格的情绪理论证明了情绪与生理唤醒之间的相互关系，新观念中的社会—认知情绪理论，帮助了解认知对于情绪的作用和帮助，以及情绪智力理论，作为情绪测量与改善的基础支持。詹姆斯·兰格认为情绪是生理技能的一种状态，行为主义也同样将情绪视为生理机能的反应，如此将情绪静态化，而失去了情绪本身的意义。我们在很多时候会产生相对类似的生理机能，但是要表达的情绪却并不相同。例如，我们身

---

① ［美］尹恩·罗伯逊：《现代西方社会学》，河南人民出版社1988年版，第77页。
② 王一伊：《恐怖袭击事件个体心理行为影响因素仿真分析》，《武汉理工大学学报》（信息与管理工程版）2016年第38卷第6期。

体震颤、血压升高，可能是由于愤怒也可能是由于紧张，只凭生理反应看待情绪的产生有一些片面。但是不置可否，情绪的产生必然伴随着生理因素的变化，生理唤醒是情绪产生的一个信号。

赵利娜等人在《情绪理论浅述》中强调情绪机能的认知基础。在情绪的认知理论中，评价是最常出现的概念，它是一个认知估计过程。这种理论认为认知在情绪中起着决定性作用。同一刺激情景，由于对它的评估不同，会产生不同的情绪反应。评估的结果可能认为对个体"有利"（产生积极的情绪体验）、"有害"（产生消极的情绪体验）或"无关"（人们对此忽略）。情绪产生的基本模式：情景刺激—评估—情绪。[①] 情绪社会文化理论强调社会或文化对情绪的发展和机能的贡献，在情绪产生中，民族文化和生活发展经验会对情绪的整个产生过程造成不同的影响，多元的文化同样也造就了情绪的多元化。

蒋重清和李勇辉在《情绪理论的社会—认知观浅析》中表示，由于情绪的认知理论的发展，美国心理学家 Agneta. H. Fischer 将社会文化观与认知观进行整合，在 1990 年提出社会—认知观，以了解个体的信念、态度与理念规范是如何融入情绪之中乃至成为其制约机制的。社会—认知观不同于社会心理学中的社会认知，"社会认知"是一个研究领域——即对社会图式中角色及其内容的研究，而社会—认知观代表一种透视情绪的视角。[②]

从社会—认知观的角度来看待情绪理论，不仅包括了认知的因素，保证了情绪产生的主观性这个理念的肯定，也加入了社会层面的因素，认为情绪的产生与情绪的诱因之间有着动态平衡的关系，同时也肯定了认知因素的作用。而情绪智力的高低在很大程度上也对情绪认知产生影响。Piqueras Jose A. 在 2019 年的研究中，做了一项主要围绕儿童的情绪智力对其未来发展效用的探讨。结果显示，确定的途径为旨在促进儿童心理社会适应、福祉和良好心理健康的情绪教育干预提供了帮助。研究结果支持

---

① 赵利娜、程鲜彩、徐玉圣：《情绪理论浅述》，《和田师范专科学校学报》2007 年第 1 期。
② 蒋重清、李勇辉：《情绪理论的社会—认知观浅析》，《广西民族学院学报》（哲学社会科学版）2001 年第 S2 期。

Trait EI 对儿童适应不良风险的缓冲作用,但在女生中更为明显。①

(二) 情绪社会化理论

对于个人的情绪社会化来说,很大程度是由于成长过程中不断形成的社会化过程,童年期对一个人情绪的社会化塑造,会很大程度上影响其社会情绪的发展。我们认为,儿童童年社会化发展进程中的一个关键时期,其情绪化机制的社会化程度是十分重要的参考。由于儿童的人格特性正处在缓慢地塑造过程中,因此,在儿童时期进行良好的情绪社会化的培养能够给未来的社会情绪健康发展提供有效的帮助。以下将对于儿童情绪社会化内容,儿童情绪社会化心理机制以及网络时代的民众情绪社会化现象进行概述。

熊文琴在《浅谈儿童情绪社会化的主要内容》中划分出了情绪社会化的三种内容,分别是:情绪理解的社会化、情绪表达的社会化、情绪调节的社会化。情绪理解的社会化是儿童情绪社会化最基本的内容。在儿童情绪社会化过程中,儿童早期的情绪调节发展会影响到他们今后的行为发展。有研究表明,调节能力高的儿童其社会技能发展水平也较高,问题行为的出现也较少。②

儿童的情绪机制一旦形成,对成长过程中的人格发展——乐观还是悲观,外向还是内向——都有一定决定性的作用。因此,探索儿童的情绪社会化机制可以预测成人的情绪社会化模式。

儿童的情绪社会化机制有三个过程,分别为角色引导机制、社会比较机制和社会学习机制。周宗奎在《儿童社会化》中表示,角色引导,是社会对于一个人的要求与期望,直接决定了他在社会结构中所处的位置和所担负的社会角色③。熊文琴发现,社会比较,是儿童将自我与周围环境进行交互的过程。随着儿童的不断成长和自我意识水平的不断提高,其自我评价的需要越来越强。同时,儿童虽然一出生就具有一定的情绪反应能

---

① Piqueras Jose A., Mateu-Martínez Ornela, Cejudo Javier, Pérez-González Juan-Carlos, "Pathways Into Psychosocial Adjustment in Children: Modeling the Effects of Trait Emotional Intelligence, Social-Emotional Problems, and Gender", *Frontiers in psychology*, 2019, p. 10.
② 熊文琴:《浅谈儿童情绪社会化的主要内容》,《今日科苑》2008 年第 22 期。
③ 周宗奎:《儿童社会化》,湖北少年出版社 1995 年版,第 216 页。

力，但大部分的情绪是通过后天习得的，因此，社会学习机制是儿童社会化心理机制中不可或缺的一部分。班杜拉的观察学习理论认为观察学习是人类主要的学习方式之一。[1]

社会化的过程发生在人成长的各个时刻，同样，环境也会在人成长的不同时刻给予不同的社会化影响。在纸质传媒逐渐式微、新兴媒体冉冉升起的今天，网络传播的速度之快是我们难以想象的，情绪社会不可避免地会受到环境中网络语言的影响。大家都熟悉的"键盘侠""网喷"正是对网络语言极端表达者的一种称呼。

隋岩和李燕在《论网络语言对个体情绪社会化传播的作用》中表示，从社会建构论的角度来看，人的情绪虽然以生物性反应为基础，但主要是社会建构的结果。个体情绪借助语言在社会网络间传播，实质是一场以情绪理解为内核的群体情感互动仪式。互联网群体传播帮助人们通过建立弱关系扩大社会网络，形成社会情绪型舆论。在此过程中，网络语言具有三重效应：凝合效应、转移效应、沉淀效应。[2]

（三）社会情绪选择理论

SST 的理论假设由 Carstensen 在 1987 年提出，本质上是动机的生命理论，即随着年龄的增长，个体知觉到的未来时间变得越来越有限，而不同社会目标的优先性会随之发生变化[3]。敖玲敏、吕厚超与黄希庭在《社会情绪选择理论概述》中认为，社会目标和未来时间洞察力是 SST 的核心概念，SST 试图在两者之间找到某种合理关系，以此来解释个体的行为并在此基础上对行为进行准确预测。[4] 该理论认为，对未来时间的感知能预测人们所追求的社会目标，说明人们可以利用感知的时间知觉，完成对于社会情绪的选择，加快认知处理的过程和效率。

刘晓燕等在《社会情绪选择理论的发展回顾》中认为，在社会情绪选择理论中，当人感到时间是有限的时，就会将情绪目标摆在优先的位置。

---

[1] 熊文琴：《论儿童情绪社会化的心理机制》，《中国新技术新产品》2008 年第 17 期。
[2] 隋岩、李燕：《论网络语言对个体情绪社会化传播的作用》，《国际新闻界》2020 年第 1 期。
[3] Carstensen, L. L., "The influence of a sense of time on human development", *Science*, Vol. 132, Jun 2006, pp. 1913 – 1915.
[4] 敖玲敏、吕厚超、黄希庭：《社会情绪选择理论概述》，《心理科学进展》2011 年第 2 期。

社会情绪理论提到的未来时间知觉实际上更侧重于对未来时间有限性的知觉，这从早期理论使用"预期的社会终结"的提法中也可以体现出来。作为毕生发展理论，社会情绪选择理论如果要对成年早期以及之前的社会动机选择做出更好的解释，有必要对未来时间知觉做进一步研究。①

三 社会情绪的研究现状

通过 CNKI 中国知网中外数据库，分别对"情绪""社会情绪""情绪社会化"进行关键词和主题检索。以"情绪"为主题和关键词，检索近11年（2011—2021）的论文，其中核心期刊和 CSSCI 来源期刊共 10234 篇，博士学位论文共 4572 篇，硕士学位论文共 45400 篇；以"社会情绪"为主题和关键词，检索近 11 年（2011—2021）的论文，其中核心期刊和 CSSCI 来源期刊共 237 篇，硕博学位论文共 278 篇；以"情绪社会化"为主题关键词，检索近 11 年（2011—2021）的论文，其中核心期刊和 CSSCI 来源期刊共 20 篇，硕博学位论文共 19 篇。

经过梳理可得，国内外关于"情绪"的研究较为丰富，而关于"社会情绪"和"情绪社会化"的研究较少。研究主要集中于新闻学类，关注人们情绪产生的来源与舆论治理。而心理学与教育学类的研究主要关注孩子的社会情绪的形成与发展，缺少在社会情绪与情绪社会化中的年龄差异研究、性别差异研究以及心理机制的探讨。

（一）发文数量的年份变化

发文数量的年份变化反映了某一主题的研究热度的变化，也在一定程度上反映了特定的社会时期对该主题的需求程度。统计有关"社会情绪"的研究成果的年份变化，结果如图 6-1 显示。

图 6-1 显示，我国学界关于"社会情绪"的研究成果在 2004 年之前一直处于缓慢增长时期，从 2010 年至 2019 年的 10 年间，发文数量逐年上升，且增长率较高，说明这一时期我国社会正在对于对"社会情绪"的探索需求较为强烈的时期。而从 2019 年至今，关于"社会情绪"的发文数

---

① 刘晓燕、陈国鹏：《社会情绪选择理论的发展回顾》，《华东师范大学学报》（教育科学版）2011 年第 1 期。

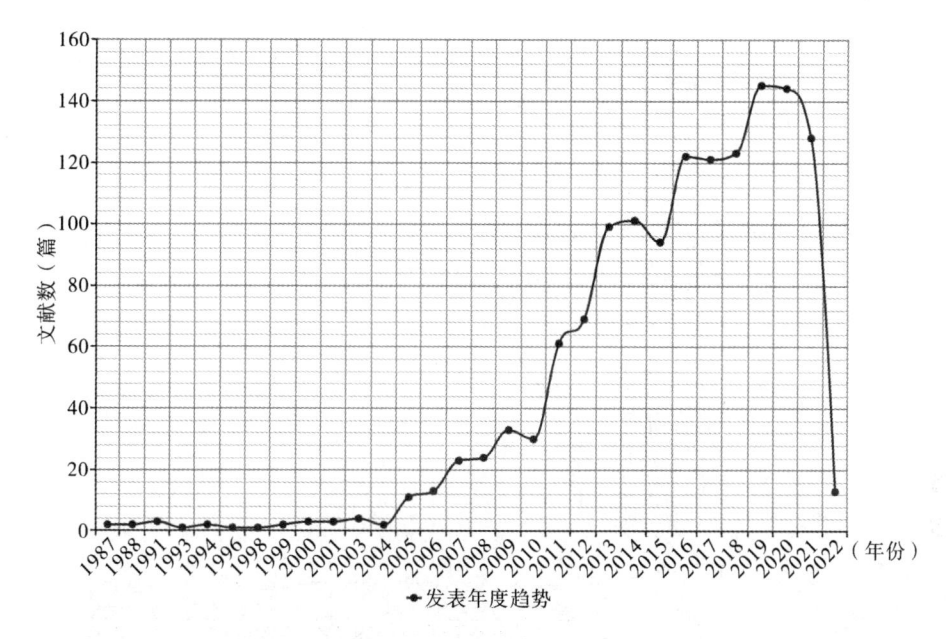

图 6-1 关于"社会情绪"研究成果的年份变化

量呈现缓慢下降的趋势。

(二) 主题词共现与研究趋势

统计心理学范式下社会情绪研究成果中的主题词共现情况,如图 6-2 所示。

从图 6-2 可知,社会情绪、老年人、社会情绪能力、积极效应、社会情绪选择理论、眼动研究,这些主题词共同出现的频率较高,一方面说明这些内容相互之间具有较为紧密的关系,另一方面也说明这些内容共同构成了心理学视野中社会情绪的主要内容。这也提示我们从社会心理学的角度对社会情绪进行研究的同时,也要对社会成员的社会能力以及成员年龄进行考察。可以发现社会情绪在其中连接了许多相关学科,结合了社会科学、新闻科学、医学等方面进行一些相关探索,因此相关度并不集中在心理学。在研究讨论过程中,也要结合多个维度,以多元化的眼光来统合关于"社会情绪"的概念理论和操作定义。

根据数据显示,在关于社会情绪的心理学研究中,社会情绪能力、社会情绪、社会心态、社会情绪学习四者在不同年份中均有所出现,说明这

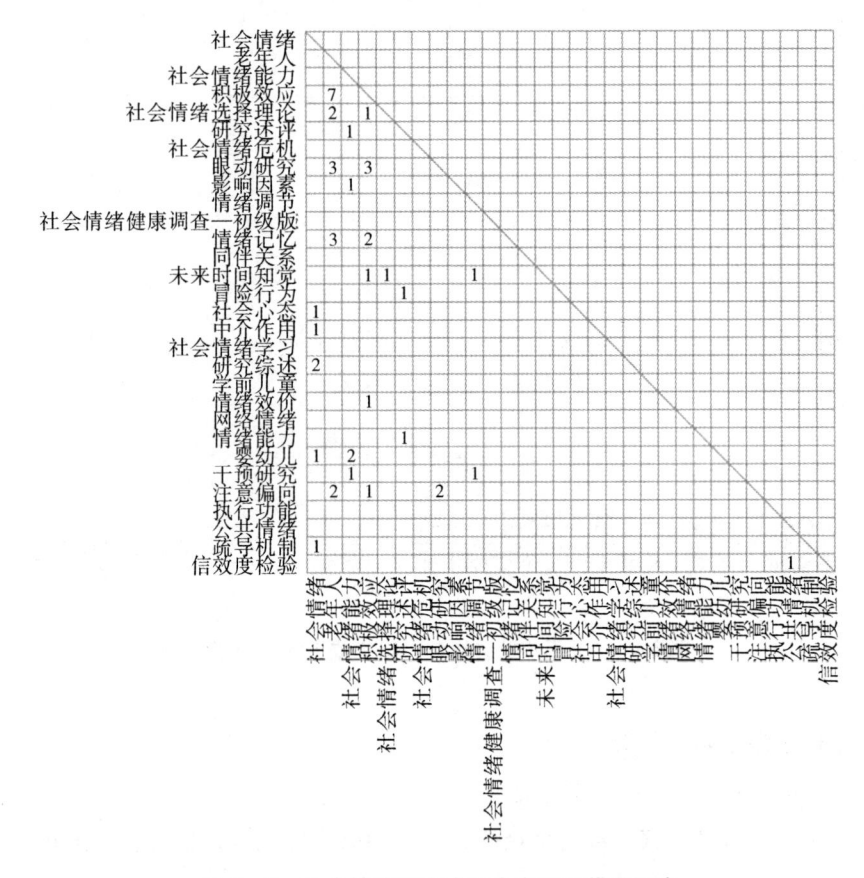

图 6-2　社会情绪研究成果中主题词共现矩阵

些主题词所代表的研究内容是此类研究中较为稳定的主题，也是社会情绪的心理学研究中较为重要的内容。

统计心理学范式下社会情绪研究成果中主题词的年份变化，如图 6-3 所示。

从图 6-3 中可以看出，"early childhood" "children" 的相关研究随着时间的推移近些年逐渐减少。在 2020 年时，研究者们把专业的视角放到了 "emotional functioning" 的相关研究上，从理论的研究角度逐渐转向实践和应用的方面，期间也有集中的关于社会情绪发展的相关研究出现。在 2022 年，多样的社会情绪和学龄前的社会情绪发展，是较于之前比重不大的新兴研究方向。

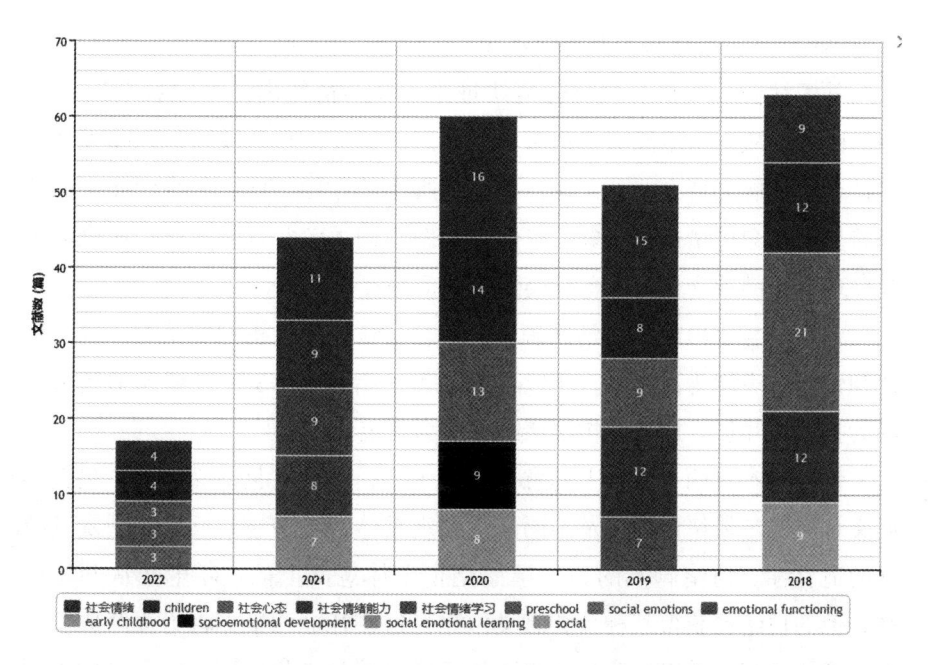

图6-3 社会情绪研究成果中主题词的年份变化

从以上结果来看，关于"社会情绪"的相关研究越来越多元化，人们的眼光不止局限于年龄段上的研究，也向其他的职业、人格、重大事件、外在因素等方面进行发展。

(三) 社会情绪发展中的性别差异

关于社会情绪性别间比较的研究数据显示，女性对积极情绪和移情表现出更高的激活和优势的敏感性，男性对消极情境更敏感。相关分析显示，自我超越（气质和性格量表的一个子量表）的得分与中性情境的激活分数之间只有一种正相关，但与情绪状态无关，这可能是因为情绪是依赖于情境的过程，而人格特质则被认为是与情境无关的习惯描述。这些发现应该被复制以丰富关于情绪加工中问题的知识。[①] 因此，面对社会情绪的发展，不同的性别会在不同的情境下产生一定的区别和规律。

---

① Azalea Reyes-Aguilar and Fernando A., Barrios A., "Preliminary Study of Sex Differences in E-motional Experience", *Psychological Reports*, Vol. 118, No. 2, Apr 2016, p. 16.

（四）社会情绪脚本与情绪极化

基于社会—认知观的社会情绪理论，社会情绪离不开"社会"的环境。因此，从三个不同的视角对社会情绪的研究进行概述，借此体现情绪在社会中发展的特点，分别是社会情绪脚本的作用、社会情绪发展中的性别差异、社会情绪极化现象，以便于帮助人们了解并且熟悉社会情绪的发展原理，帮助社会通过改善社会情绪来促进社会进步。

蒋重清与李勇辉在《情绪理论的社会—认知观浅析》中认为，这些情绪知识由于表现为系列性，所以可以称为情绪脚本，其中，说明情绪特征的为描述性知识，用以调控情绪进程的为规范性知识。

情绪脚本有两个层面上的意义。一个是指社会文化层面上的，包括不同文化会决定情绪诱因以及不同文化决定具体情境中情绪反应类型及其特征的适宜性。情绪脚本的另一层面是指个体意义上的。新生儿从开始交往，他的情绪便获得某种社会意义，并且这些社会意义亦将为逐渐成长着的儿童所认知，随着儿童社会交往的拓广，社会文化层面上的情绪脚本逐渐融入个体经验而塑造着个体的情绪脚本，这样一种社会文化和个体经验的相互作用即为个体情绪社会化过程。[①] 因此，情绪脚本成为社会情绪发展的一个前提。

群体极化最早是由传媒学者詹姆斯·斯托纳于1961年发现群体讨论时的现象而提出。在一个组织群体中，个人决策因为受到群体的影响，容易做出比独自一个人决策时更极端的决定，这个社会现象被称为"群体极化"。同时，群体的极化现象在社会情绪中也有所体现，或者认为社会情绪的极化表现是群体极化的表现之一。可以概括为：在社会形成的群体中，在面对负面的社会情绪时，群体中个体的负面情绪体验会比自己独自时的负面情绪体验恶化得更加极端。

高俊峰与黄微在《网络舆情信息受众情感极化的生发机理及干预措施分析》（2019年）研究中发现，情绪极化指在某时间阶段内的网络舆情存在定域，在基于对舆情事项持有一致性立场、态度而形成的若干个观点群

[①] 蒋重清、李勇辉：《情绪理论的社会—认知观浅析》，《广西民族学院学报》（哲学社会科学版）2001年第S2期。

落中，倘若任何一个群落出现受众个体情感强度普遍趋于非中立的极端化的现象，且此群落内极化受众数量与极化情感总量的规模达标，便称该群落所表现的情感状态为网络舆情信息受众的情感极化。[1]

孙立明在《对网络情绪及情绪极化问题的思考》中认为，群体极化更容易发生在互联网上，一方面是因为网络的发达容易达到"物以类聚，人以群分"的效果，人们在互联网上积极地寻找共鸣；另一方面则是网络上的热点事件容易迅速传播，引起民众的"围观"，使社会情绪产生冲动和非理性的特征。[2] 郑雨雪在《环境污染事件中网络情绪指向及极化研究》中表示，网络匿名化和把关人缺失等特征与中国网民结构使得个体情绪在网络中集聚和感染，也是形成社会情绪极化的重要原因。[3]

四 社会情绪的影响因素

探究社会情绪的影响因素，研究社会情绪在民众生活中的作用，利用研究结果帮助稳定、改善社会情绪，提升生活质量与生活满意度，推动社会的发展进步。

（一）儿童社会情绪发展与教师言语

为了探讨教师群体对于儿童社会情绪发展的影响，King Elizabeth K. 在2020年通过观察27名教师在与112名幼儿自然发生的课堂互动中的情感语言，来检验教师与女孩和男孩的不同情感社会化实践，探讨教师情感语言的效价、教师情感语言的类型以及教师情感语言与幼儿社会情感能力之间的关系，均按儿童性别进行。结果表明，教师对男孩使用消极情绪语言的次数多于对男孩使用积极情绪语言的次数，而且情绪语言因语言类型（标签、提问、解释或最小化）而不同。此外，教师对男孩负面情绪的最小化与幼儿男孩的社交情绪能力呈负相关。[4]

---

[1] 高俊峰、黄微：《网络舆情信息受众情感极化的生发机理及干预措施分析》，《情报理论与实践》2019年第5期。

[2] 孙立明：《对网络情绪及情绪极化问题的思考》，《中央社会主义学院学报》2016年第1期。

[3] 郑雨雪：《环境污染事件中网络情绪指向及极化研究》，《新媒体研究》2020年第22期。

[4] King Elizabeth K., "Fostering toddlers' social emotional competence: considerations of teachers' emotion language by child gender", Early Child Development and Care, Vol. 191, No. 16, Jan2020, p. 14.

在传统的社会文化中,性别差异给儿童带来的标签是不同的。同样在教育中,无论是家庭、学校或者社会,带着标签进行情绪社会化的培养是不利的。例如,中国传统所认为的"男孩子大丈夫有泪不轻弹",在教师教育中则会包含这种思想,对于男孩的哭泣与软弱进行批评,导致儿童的社会情绪发展出现偏颇,从而影响其社会情绪发展的空间与弹性。

(二) 社会情绪与网络语言

社会建构论认为,文化和语言是建构情绪的重要力量。作为互联网文化的重要组成部分,网络语言是建构情绪和表达情绪的重要载体,具有表层和深层双重情绪基因,同时在模因原理作用下能够不断被模仿、复制,因而在推动个体情绪社会化传播方面有着独特作用。

社会情绪在网络语言的作用下有几种表现效应。首先是凝合效应,网络语言利用模因的理论,在网络载体上,将个人的情绪进行"复制"和"传染",利用网络的特点迅速扩散,将个体情绪凝聚成群体的整体性情绪,衍化舆论,加大社会情绪影响的严重性。其次是转移效应,网络语言具有多样性和多元化的特点,相较于日常沟通或者书面语言更具有"活泼""轻松""无束缚"的特点,能够使人正视其中的负能量,以戏谑调侃的形式缓解社会情绪的焦虑感,从而起到疏导开解社会情绪的作用。

隋岩等人在《论网络语言对个体情绪社会化传播的作用》中发现,无论是发泄负面情绪还是自我娱乐调侃,无论是形成舆论使网络语言对个体情绪进行社会化传播还是疏导舆论,网络语言体现的实质是网民生活理想与社会现实之间的矛盾关系,是人们现实生活中情绪表达不畅转移到网络空间后的补偿性宣泄,反映了他们维护社会道德规范和价值体系的努力。[①]

(三) 社会情绪与舆论

对于社会情绪而言,社会环境是其不可缺少的一个重要基础。在社会环境中所形成的社会评价反馈——舆论,会在一定程度上反映社会心理和社会情绪,并且舆论对于社会情绪的影响是相互作用的。

在当今社会中,多媒体多渠道的舆论风向速度尤为之快,很容易在短时间内让多人感染到其中携带的情绪并且不易分辨,具有弥漫性。例如,

---

① 隋岩、李燕:《论网络语言对个体情绪社会化传播的作用》,《国际新闻界》2020年第1期。

在重大疫情防控中情绪治理和舆论引导的策略思考过程里，要做好情绪治理和舆论引导工作，把社会情绪整体引向理性积极的方向，有利于凝聚众志成城共抗疫情的磅礴力量。

因此，杨婧岚在《试论社会情绪治理：重大疫情防控中的舆论引导》中，对于如何利用舆论来把控社会情绪的发展方向，有以下看法："重大疫情传播中，要充分动员主流媒体矩阵，通过'高唤起'的情感修辞，在舆论场中全方位、多渠道、多形式地展开正向情绪设置。"① 这样的舆论治理可以有效地保证社会情绪的稳定，以及重大创伤后的积极转变，同样的社会情绪治理方案可以参考用于多种大型社会动荡背景下的情绪管理，有效地为民众提供安全感和社会保障。

（四）社会情绪与突发的公共事件

基于大背景环境下，日渐趋于融入生活的"疫情常态化"现象，成为社会情绪在社会稳定推进发展过程中的一个重大挑战。疫情期间社会情绪应急管理的主要任务是干预心理危机发生过程和疏导社会消极情绪。

在这期间，习近平总书记作出"要加强心理干预和疏导，有针对性做好人文关怀"的指示，为此指明了方向。心理救援是紧急状态下的心理干预，指在灾难发生之后，通过非侵入性链接方式，给予人们在心理经历痛苦之中的危机提供信息和帮助，降低心理急性痛苦，重启人们的社会支持系统。

孙元明在《灾难中社会恐慌的生成、演绎、变化及其危害性——重大疫情防控期社会情绪应急管理及后疫情时代的社会情绪治理》中发现，通过进一步整合组织形式和方法，提升心理抗疫水平，个体心理与社会心理有很大的不同，社会大多数人的心理困惑需要特殊的解决办法。群体心理干预是心理抗疫中的薄弱环节。群体心理干预有很多种方法，比如，家庭干预、小组干预、认知干预及行为干预等。就工作对象而言，针对个体的心理干预主要是就疫情引起的情绪紊乱和急性应激心理障碍进行疏导。②

---

① 杨婧岚：《试论社会情绪治理：重大疫情防控中的舆论引导》，《西部广播电视》2021年第23期。

② 孙元明：《灾难中社会恐慌的生成、演绎、变化及其危害性——重大疫情防控期社会情绪应急管理及后疫情时代的社会情绪治理》，《前沿》2020年第4期。

由此种重大的公共卫生事件所引起的群众焦虑、恐慌等不安心理，是社会情绪的组成部分，也是在社会情绪治理研究中需要考虑的因素之一。在不可能遏制其发展时，要有合理的手段进行控制和调适，使社会情绪处于相对稳定的状态。这样人们才能够积极地面对工作和社会需要所带来的其他压力，并且充分适应环境的改变。

五　已有研究的不足

从研究内容来看，目前国内外对于社会情绪没有统一的概念界定，不同的研究有不同的研究结果，因此很难进行概括归类，从而使得社会情绪的研究缺少核心概念。较少关注社会情绪在不同群体中产生、过程变化与结束的区别。面对当前的研究现状，社会情绪理论的研究方向有些过于单一。由于社会情绪的基础来源于"社会""情绪"两个概念的集合，社会情绪也在很大程度上围绕着"情绪"展开，研究者们的研究方向以"情绪"为核心，探讨"情绪"在社会环境中的展现形式。

从研究对象来看，社会情绪的研究对象主要集中于儿童和老人，缺少对青年群体的样本研究以及宏观视角的整体研究。在社会发展中，社会化是贯穿一生的过程，因此，社会情绪也应当在不同年龄段有不一样的社会化体现。

从研究工具来看，并没有专门针对社会情绪所使用的测量表，更多的是以研究中所用到的情绪量表进行替代。以情绪量表的前后测结果，来对社会情绪的程度进行推敲与判断，难以测量人们的卷入深度、情绪的社会化程度以及社会公共事件所引起的社会情绪范围。

总体而言，国内对于社会情绪的研究仍有待深入，在海南自贸港建设的背景下，希望能够通过本书研究来弥补不足，帮助人民提高生活质量和心理满意度。

第二节　海南社会情绪的现状分析

本节为海南社会心态调查问卷下的社会情绪维度，通过问卷调查的数据结果及分析，来呈现海南社会情绪的现状与特点。

一 社会情绪维度信效度分析

"社会情绪"维度内容包含:C12 我对目前的生活感到满意、C13 我羡慕别人比我生活得更好、C14 生活在海南,好的空气质量让我感到舒心、C15 我喜欢在海南的生活节奏和工作状态、C16 自贸港建设带来的经济高速发展会给我带来焦虑感。对应到每个题目的描述,由被试按其与自己实际情况符合的程度,从非常不符合到非常符合,5 级计分。

(一) 效度分析

利用 SPSS26 软件进行数据统计分析,得出 KMO 和巴特利特检验结果,如表 6-1 所示。

表 6-1　　　　　　　　　　KMO 和巴特利特检验

KMO 取样适切性量数		0.601
巴特利特球形度检验	近似卡方	893.893
	自由度	10
	显著性	0

表 6-1 数据显示,本书研究所使用的《海南社会心态调查问卷》中社会需求和动机模块的效度指标 KMO 系数为 0.601,同时球形度检验显著性为 0.00,说明该量表符合进行效度分析的基本要求。

(二) 信度分析

利用 SPSS 26.0 软件进行数据统计分析,得出 KMO 和巴特利特检验结果,如表 6-2 所示。

表 6-2　　　　　　　　　　可靠性统计

克隆巴赫 Alpha	基于标准化项的克隆巴赫 Alpha	项数
0.52	0.539	5

根据表 6-2 数据显示,本书研究所使用的《海南社会心态调查问卷》中社会情绪模块的信度为 0.52,符合心理学测量学标准,因此进行测量统计。

二 海南社会情绪的总体情况

通过 SPSS 对社会信任维度 5 个题项的得分进行统计，结果如表 6-3 所示。

表 6-3　　社会情绪维度各题项总体情况（n=1457）

题项	最小值	最大值	平均值	标准差
C12 我对目前的生活感到满意。	1	5	3.54	1.12
C13 我羡慕别人比我生活的更好。	1	5	3.01	1.28
C14 生活在海南，好的空气质量让我感到舒心。	1	5	4.37	0.84
C15 我喜欢在海南的生活节奏和工作状态。	1	5	3.91	1.02
C16 自贸港建设带来的经济高速发展会给我带来焦虑感。	1	5	2.98	1.19

总体来看，5 个条目得分表明被试在社会信任维度上的总体情况良好，说明海南大部分人群的社会信任程度处于中等偏上水平。分条目来看，"C12 我对目前的生活感到满意"的均值为 3.54±1.12，"C13 我羡慕别人比我生活的更好"的均值为 3.01±1.28，"C14 生活在海南，好的空气质量让我感到舒心"的均值为 4.37±0.84，"C15 我喜欢在海南的生活节奏和工作状态"的均值为 3.91±1.02，"C16 自贸港建设带来的经济高速发展会给我带来焦虑感"的均值为 2.98±1.19，各条目均分为 C14＞C15＞C12＞C13＞C16。

三 各题项的选项分布比例

在社会信任维度总体处于良好水平的情况下，利用 excel 对 5 个题项进行具体比例分析，结果如表 6-4 所示。

表 6-4　　各题项的选项分布比例（n=1457）

	各项选择人数占比（%）				
	1（十分不赞同）	2（不太赞同）	3（无法确定）	4（比较赞同）	5（十分赞同）
C12	6.2	9.6	30.3	31.8	22.1

续表

	各项选择人数占比（%）				
	1（十分不赞同）	2（不太赞同）	3（无法确定）	4（比较赞同）	5（十分赞同）
C13	16.4	16.5	31.4	20.7	15
C14	1	1.8	12.3	29.6	55.4
C15	2.9	4.4	26.4	32	34.4
C16	13.7	18.5	36.7	18.9	12.3

首先，对于5个题项的得分体现出了一个共同的特征，即选择3和4两个选项的人数占比最多，选择1和2两个选项的人数占比最少。其次，同一个选项在不同的题项对应的选择率也存在差异，可以看出在项目"C14生活在海南，好的空气质量让我感到舒心"中，超过一半的人都选择了5分（十分赞同），表示海南人民对于海南的生活环境肯定和认可。

对于项目"C13我羡慕别人比我生活的更好"和项目"C16自贸港建设带来的经济高速发展会给我带来焦虑感"，选择高分的人数较少，但仍有部分民众认为更加羡慕他人生活，并且自贸港的建设导致的快速发展会引发一定的焦虑感。通过实际调研，观察访问者的态度发现，由于传统文化因素，人们会以谦虚的态度为主，赞扬和欣赏他人生活。因此，有一定的羡慕感可以促进自身努力改善生活，同时政府部门在进行自贸港建设工作推进的同时需要关注到民众的心理需求，收集民众的反馈意见并且予以解决。

结合已有的问卷调查数据和访谈记录得出，从总体数据上来看，海南群体的社会情绪处于稳定水平，情绪质量也呈现积极的倾向。在实地调研中发现，民众对于自贸港建设的了解度并不高，并且自身参与度较低，人们的日常生活与自贸港建设相对脱离，影响了海南民众对于自贸港建设的推动力。并且在自贸港发展的背景下，民众的生活水平改善程度并不显著，更多的经济发展和政策颁布没有彻底地落实到民众身上，在访谈中了解到这是由于反馈机制的不完善导致的。可以在自贸港建设推进的同时，开设更加便利的民意反馈通道，实现民众的切实利益和需求，有助于提升民众的自豪感、归属感和安全感，有效提升民众自发地参与自贸港建设工作的积极性、社会环境的适应性与社会情绪的稳定性。

第三节 群体社会情绪的影响因素分析

社会情绪受到诸多因素的影响，这些因素大致可以分为人口学因素、社会心理因素和其他因素，本节将通过相关分析、回归分析等方法呈现各种因素与社会情绪之间的关系。

一 人口学因素对社会情绪的影响

本研究将年龄、性别、民族等可能对社会信任产生影响的人口学因素作为自变量，将社会情绪维度及各个题项得分作为因变量，研究海南人群的社会信任在各个变量上的差异性。

（一）年龄因素

根据数据统计，分析社会情绪各项目在年龄因素上的差异，结果如表6-5所示。

表6-5 被试社会情绪及各项目得分在年龄上的差异分析（n=1457）

	C12	C13	C14	C15	C16	社会情绪
24岁及以下	3.44±1.081	2.98±1.255	4.31±0.844	3.86±1.080	3.14±1.185	3.48±0.83
25—34岁	3.53±1.133	3.07±1.206	4.40±0.808	3.98±1.023	3.02±1.64	3.52±0.84
35—44岁	3.04±1.259	3.46±1.09	4.33±0.865	3.92±0.972	3.05±1.131	3.57±0.83
45—54岁	3.08±1.304	3.46±1.01	4.40±0.807	3.98±0.952	2.89±1.138	3.63±0.71
55—64岁	2.87±1.477	3.61±1.04	4.53±0.713	3.78±1.028	2.51±1.275	3.73±0.72
65岁及以上	2.52±1.548	3.30±1.25	4.41±1.085	3.41±1.019	1.98±1.303	3.54±0.91
F	5.912	1.877	1.277	3.177	11.226	2.038
p	0.000**	0.095	0.271	0.007**	0.000**	0.071
LSD	5,6>1,2,3,4			6>1,2,3,4	4,5,6>1,2,3	

注：** 表示 $p<0.01$。

根据表6-5中数据可得，条目C12 "我对目前的生活感到满意"中，以 55—64 岁、65 岁及以上与 24 岁及以下、25—43 岁、45—54 岁的差异较为显著。条目 C15 "我喜欢在海南的生活节奏和工作状态",以 55—64 岁与 65 岁及以上、24 岁及以下、25—43 岁、45—54 岁的差异较为显著。条目 C16 "自贸港建设带来的经济高速发展会给我带来焦虑感",在各个年龄段的维度上呈显著差异。

根据以上数据分析,在生活满意度上,54 岁及以上的评价得分要明显比 54 岁及以下人群的评分低,结合访谈可以发现,海南自贸港建设与未来的发展是充满展望的,对于青年人而言,具有较大的参与性和自豪感,海南省的青壮年群体更加对生活抱有憧憬,导致 54 岁及以下人群的均分较高,而 54 岁以上的群体对于生活保持着稳定的态度,从而显出差异。

而对于生活节奏和工作状态,65 岁及以上人群的得分要显著区别于其他年龄段的人群。在调研中发现,65 岁及以上的人群大多保持着居家生活的状态,并且处于退休状态,在面对生活节奏与工作状态的问题中,要明显区别于其他人群,得分会相对较低。

在面对海南省自贸港建设对于自己生活影响的问题中,45 岁及以下的人群要与 45 岁以上的人群明显地区分开,45 岁以上的人群普遍得分较低,证明其焦虑感较少,面对当前生活环境的变动和经济的快速发展,45 岁以上的人群表现出更加稳定的心理素质和认知观念,能够更加适应自贸港建设带来的变化。而 45 岁及以下的青年群体可能由于自身参与感较高,在面对未知变化时保持着一定的焦虑感,适当的焦虑情绪可以帮助其提升工作动力。当然也需要注意当前年轻人的心理健康,需要保持良好的生活作息规律与节奏,以积极的眼光来看待发展。

(二) 子女因素

根据数据统计,分析社会情绪各项目在子女因素上的差异,分析结果如表 6-6 所示。

表 6-6　被试社会情绪及各项目得分在子女上的差异分析 (n=1457)

	C12	C13	C14	C15	C16	社会信任维度
独生子女	3.57±1.127	2.94±1.279	4.45±0.809	3.96±1.025	2.84±1.172	3.552±0.6213

续表

	C12	C13	C14	C15	C16	社会信任维度
两名子女及以上	3.49±1.109	3.04±1.280	4.35±0.814	3.90±0.968	2.98±1.173	3.554±0.5421
其他	3.62±1.136	3.04±1.266	4.30±0.927	3.84±1.128	3.16±1.229	3.592±0.6714
F	1.651	0.923	2.895	1.046	5.934	0.407
p	0.192	0.397	0.056	0.352	0.003**	0.666
LSD					3>1,2	

注：** 表示 $p<0.01$。

根据表 6-6 数据显示，在条目 C16 "自贸港建设带来的经济高速发展会给我带来焦虑感"中，独生子女人群的得分均值为 $2.84±1.172$，两名子女及以上的人群得分均值为 $2.98±1.173$，其他人群得分均值为 $3.16±1.229$，$F=5.934 p=0.003<0.05$。

由此得出，在自贸港建设带来的变化中，人们的焦虑感会因育养子女情况不同而产生显著性差异，主要体现在其他情况的人群与已有子女的人群所选择的评分标准有所不同，其他情况的人群相较于已有子女的人群，焦虑感受更高。这些人群里包含着：未婚人群和丧子人群等其他情况未有子女的人群，其中以未婚未孕人群居多。

在访谈三亚公交车司机时了解到，该群体普遍看好海南自贸港的建设，不过也担心是否会和1988年的海南经济特区的建设一样，没有把握住风向与机会。他们当中虽然大多数收入居中，有两到三个孩子，每天除了自身工作以外，需要承担的生活压力也很大。但是，大多数人还保持着积极乐观的心态，会以轻松的方式面对眼前的生活。对于这些人群来说仍然保持着紧张积极的工作节奏和工作环境，在未有子女的情况下生活变动较大，很多还面临着工作的变化和调岗。自贸港的建设变化更多地体现在这类人群身上，因为这类人群相较于其他家庭环境子女结构较为稳定的人群来说，有更多的参与感。受到经济高速发展的影响，心理认知难以跟上发展的步伐是有可能的，导致了一些对于未来规划茫然的情况，面对生活的不稳定性充满了一定的焦虑感，与其他人群呈显著差异。

（三）家庭状况因素

根据数据统计，分析社会情绪各个项目在家庭状况因素上的差异，结果如表6-7所示。

表6-7 被试社会情绪及各项目得分在家庭上的差异分析（n=1457）

	C12	C13	C14	C15	C16	社会情绪
独自居住	3.51±1.183	3.11±1.246	4.35±0.806	3.84±1.044	2.96±1.237	3.555±0.645
夫妻二人	4.00±1.095	2.64±1.395	4.45±0.834	3.72±0.975	2.47±1.354	3.456±0.649
夫妻、子女	3.52±1.139	3.14±1.323	4.40±0.838	3.98±0.976	3.01±1.191	3.611±0.653
夫妻、子女、老人	3.49±1.061	3.04±1.205	4.35±0.800	3.98±0.978	3.01±1.069	3.577±0.617
其他	3.44±1.105	2.91±1.232	4.31±0.899	3.85±1.101	3.12±1.158	3.527±0.647
F	6.864	4.97	0.904	2.635	7.819	1.848
p	0.000**	0.001**	0.461	0.033	0.000**	0.117
LSD	2>3,4,5	1,3,4,5>2			1,3,4,5>2	

注：** 表示 $p<0.01$。

表6-7的数据显示，C12"我对目前的生活感到满意"在不同的家庭结构上呈显著性差异，其中以夫妻二人居住的人群得分与其他人群呈显著性差异。C13"我羡慕别人比我生活的更好"的内容得分在不同的家庭结构上呈显著性差异，其中以夫妻二人居住的人群得分与其他人群呈显著性差异。C16"自贸港建设带来的经济高速发展会给我带来焦虑感"中的内容得分在不同的家庭结构上呈显著性差异，其中以夫妻二人居住的人群得分与其他人群呈显著性差异。

根据以上数据可得，在这三项条目中，夫妻二人生活的家庭结构模式都处于良好的程度。从对于目前的生活满意程度上来看，夫妻二人的得分较于其他的家庭结构偏高，并且在羡慕他人生活与自贸港建设带来的焦虑感中得分偏低。可以看出，简单的生活结构与家庭模式可以提升人们的社会心态与社会情绪的稳定性。面对独自居住的家庭，个体缺少亲密关系的陪伴，而在家庭成员较为丰富的复杂家庭中，家庭成员要承担更多的责任与义务，也会加重彼此的负担。建议因家庭环境造成自身压力过大的个体，可以尝试调整或者改善家庭氛围，减少心理负担。愉快和轻松的心理状态更容易帮助家庭成长和改善家庭环境困扰。

（四）工作稳定性因素

根据数据统计，分析社会情绪各项目在工作稳定因素上的差异，结果如表6-8所示。

表6-8 被试社会情绪及各项目得分在工作上的差异分析（n=1457）

	C12	C13	C14	C15	C16	社会情绪
稳定	3.54±1.083	3.08±1.238	4.36±0.830	3.97±0.993	3.06±1.148	3.601±0.6326
离职	3.43±1.246	2.66±1.180	3.98±1.067	3.55±1.229	2.98±1.210	3.332±0.7811
离退休	4.22±0.999	2.33±1.491	4.73±0.541	3.72±0.922	1.88±1.163	3.373±0.5552
其他原因未上班	3.37±1.172	3.05±1.277	4.35±0.856	3.83±1.46	3.02±1.170	3.526±0.6561
F	13.828	10.676	8.84	4.667	28.506	6.042
p	0**	0**	0**	0.003**	0**	0**
LSD	3>1,2,4	1,4>3	1,3,4>2	1,3,4>2	1,2,4>3	1,4,>2,3

注：** 表示p<0.01。

表6-8中数据显示，条目C12、条目C13、条目C16均在工作状态不同的人群中呈显著性差异，以离退休人群与其他人群差异较大。条目C14、条目C15在工作状态不同的人群中呈显著性差异，其中以离职人群与其他人群差异较大。C17社会情绪维度总分显示，社会情绪在工作状态不同的人群中呈显著性差异，其中以离退休人群、离职人群与其他人群差异较大。

首先，离退休人员在社会情绪的各个维度中得分都良好，离退休的人群更多地以"功成身退"的态度面对未来发展和社会进步，其中的大部分人都保持着积极乐观的生活心态。其次，可以发现在 C14 与 C15 中，离职人员得分较低。结合访谈分析得出，失去稳定的工作会一定程度上影响人们的生活心态，大部分人群缺乏稳定的收入来源从而带来较大压力。如果有针对性地对其进行就业指导和调配下岗人员分流，可以在一定程度上帮助离职人群解决未来迷茫的生活状态。

（五）职业因素

根据数据统计，分析社会情绪各项目在职业因素上的差异，结果如表 6-9 所示。

表 6-9　被试社会情绪及各项目得分在职业上的差异分析（n=1457）

	C12	C13	C14	C15	C16	社会情绪
农民	3.41±1.287	3.18±1.494	4.28±1.058	3.66±1.263	2.79±1.273	3.465±0.7789
工人	3.51±1.328	3.28±1.273	4.44±0.803	3.94±0.981	3.10±1.172	3.653±0.6918
政府工作人员	3.680±1.054	3.08±1.237	4.47±0.760	4.15±0.981	3.02±1.273	3.680±0.6688
公司职员	3.50±1.066	3.16±1.245	4.41±0.812	3.98±0.947	2.99±1.125	3.610±0.6120
学生	3.47±1.098	2.94±1.263	4.33±0.852	3.89±1.012	3.17±1.159	3.559±0.6215
私营业主	3.44±1.169	3.00±1.249	4.18±0.940	3.74±1.029	2.95±0.994	3.460±0.5895
专业人士	3.62±1.026	2.80±1.156	4.45±0.705	3.89±0.951	2.82±1.146	3.515±0.5368
自由职业	3.64±1.238	2.78±1.301	4.18±0.905	3.76±1.170	3.35±1.190	3.542±0.7300
其他	3.58±1.065	2.86±1.287	4.34±0.776	3.85±0.983	2.82±1.228	3.491±0.6022
F	1.155	2.549	2.199	3.598	2.825	2.575
p	0.323	0.009**	0.025*	0**	0.004**	0.009**
LSD		2>1,3,4,5,6,7,8,9	2,3,4,7>1,5,6,8,9	3>1,2,4,5,6,7,8,9	8>1,2,3,4,5,5,6,7,9	2,3>1,4,5,6,7,8,9

注：* 表示 $p<0.05$，** 表示 $p<0.01$。

根据表 6-9 数据可得，条目 C13、C14、C15、C16 中，不同的职业类别均呈显著差异。社会情绪总分也在不同的职业类别上呈显著差异。

农民与商贩们都表达出对医保涨价的不满，微薄的收入让他们渐渐觉得这笔钱是很大的负担,但又不能不交,不得不交。除了医保,婚丧嫁娶的礼金、小孩出生的费用、老人生病的花销等,都会加重他们的负担。小孩的成绩、小卖部的生意、槟榔什么时候成熟可以拿去卖,这些才是他们真正关心的内容。(商贩,三亚,2022年5月26日)

因此,稳定的工作状态、工作节奏、工作收入以及良好的社会保障服务,才是广大人民群众所期待的。

由数据可知,政府工作人员、公务员、事业单位的人群在C15中关于在海南的生活节奏与工作状态的问题上,得出了与其他人群明显不同的高分。根据差异比较可以看出,政府工作人员、公务员、事业单位的人群对于其他职业的人群而言,更具有凝聚力和团结力。

(六)收入因素

根据数据统计,分析社会情绪各项目在收入因素上的差异,结果如表6-10所示。

表6-10 被试社会情绪及各项目得分在月收入上的差异分析(n=1457)

	C12	C13	C14	C15	C16	社会情绪
2000元以下	3.32±1.187	3.05±1.321	4.34±0.876	3.83±1.070	3.05±1.232	3.521±0.657
2000—4000元	3.50±1.123	3.10±1.255	4.35±0.839	3.90±1.049	3.02±1.174	3.576±0.663
4000—6000元	3.60±1.040	2.99±1.214	4.35±0.801	3.97±0.927	3.01±1.158	3.586±0.603
6000—10000元	3.70±1.085	2.93±1.308	4.45±0.780	3.97±0.972	2.82±1.160	3.574±0.620
10000元以上	3.83±1.140	2.80±1.377	4.38±0.958	3.74±1.078	2.76±1.252	3.500±0.701
F	6.194	1.563	0.663	1.667	2.358	0.752
p	0**	0.182	0.618	0.155	0.052	0.557
LSD	5>1,2,3,4					

注:** 表示 $p<0.01$。

表6-10数据显示,条目C12内容在月收入上呈显著性差异,组间差异主要体现在10000元以上收入人群较于其他人群得分较高。可以看出,收入的提高对于民众生活满意度的提高在一定程度上是有所帮助的。

二 社会心理因素对社会情绪的影响

影响社会情绪的社会心理因素是多元的,通过对海南社会心态问卷的9个维度进行相关检验(如图3-12所示),结果显示:社会认知、社会适应与社会行为与社会情绪密切相关。因此通过相关分析和一元线性回归分析来探究诸多因素对社会情绪的影响。

(一) 社会情绪与社会认知

利用皮尔逊相关分析,讨论社会情绪各个项目与社会认知的相关度以及预测效果,结果显示,社会认知维度与社会情绪维度($r=0.534$ $p<0.01$),以及其各个题项C12($r=0.354$ $p<0.01$)、C13($r=0.218$ $p<0.01$)、C14($r=0.252$ $p<0.01$)、C15($r=0.405$ $p<0.01$)、C16($r=0.352$ $p<0.01$)以上均呈现正相关,并且社会认知与社会情绪维度之间的相关呈现强相关。为进一步探究其相关关系,将社会情绪作为因变量,社会认知作为预测变量,进行进一步地一元线性回归分析,结果如表6-11所示。

表6-11 社会情绪维度与社会认知维度的一元线性回归分析

变量	未标准化系数		标准化系数	t	F	p	R^2
	B	标准误	Beta				
常量	2.169	0.059		36.473		0	
社会认知	0.421	0.017	0.534	24.12	581.756	0	0.286

由表6-11可知,对社会情绪而言,能预测28.6%的变异量,标准化回归系数为0.421。非标准化回归方程为:$y=0.421*x+2.169$。

社会认知是个人对他人的心理状态、行为意向作出推测与判断的过程。公众的社会认知是指公众在人际互动中根据交往对象的外在特征推测与判断其内在属性,同时考察自己的心理特质、动机、态度和情态等,驾驭自己给人的印象的心理活动。

在认知反应中,个人的心理状态会在社会刺激的影响下发生迁移,迁移主要以个人对于社会刺激的理解而定义。社会认知的产生往往伴随着情绪的产生，同理可得，社会情绪与社会认知是紧密而不可分割的。社会的公共事件产生的社会情绪具有相似性，公共刺激使部分群体产生了相同的认知，从而导致相似情绪的发生。良好的社会认知是有助于社会情绪的健康发展的，要保持稳定、积极向上的社会情绪，首先要改善民众的社会认知，帮助民众正确地看待目前的困境，正确地认识未来发展。政府积极地宣传相关政策的有利因素，帮助民众更清晰地认识到党和国家的政策福利对于自身的帮助，自然能够树立理性的社会认知，从而稳定社会情绪。

（二）社会情绪与社会适应

利用皮尔逊相关分析，讨论社会情绪各个项目与社会适应的相关度以及预测效果，结果显示，社会适应维度与社会情绪维度（$r=0.492$ $p<0.01$），以及其各个题项 C12（$r=0.468$ $p<0.01$）、C13（$r=0.077$ $p<0.01$）、C14（$r=0.450$ $p<0.01$）、C15（$r=0.415$ $p<0.01$）、C16（$r=0.133$ $p<0.01$）以上均呈现正相关，并且社会适应与社会情绪维度之间的相关呈现强相关。为进一步探究其相关关系，将社会情绪作为因变量，社会适应作为预测变量，进行进一步地一元线性回归分析，结果如表6-12所示。

表6-12　　社会情绪维度与社会适应维度的一元回归线性分析

变量	未标准化系数		标准化系数	t	F	p	R^2
	B	标准误	Beta				
常量	2.021	0.073		27.704		0	
社会适应	0.407	0.019	0.492	21.551	464.446	0	0.242

由表6-12可知，对社会情绪而言，能预测24.2%的变异量，标准化回归系数为0.407。非标准化回归方程为：$y=0.407*x+2.021$。

社会适应一词最早由赫伯特·斯宾塞提出，指个体逐渐地接受现有社会的道德规范与行为准则，对于环境中的社会刺激能够在规范允许的范围内做出反应的过程。社会适应对个体有着重要意义。李耀松等研究者在《宁夏生态移民可持续发展研究》（2012年）中发现，如果一个人不能与社会取得一致，就会产生对所处环境格格不入的心理状态，久而久之，容易引起心理问题。人类对社会的适应可以通过语言、风俗、法律以及社会制度等等的控制，使自己与社会相适应。①

社会适应优劣状态的体现之一则是情绪。社会适应不良，会导致个体无法融入其所生活的社会环境中，并且从各方面发生冲突，产生消极的人际关系、悲观的处世态度，进而导致消极的社会情绪产生，而社会适应良好，个体或群体能够保持良好的生活节奏、人际关系等，则其社会情绪自然也能够维持积极向上的稳定状态。

（三）社会情绪与社会行为

利用皮尔逊相关分析，讨论社会情绪各个项目与社会价值的相关度以及预测效果，结果显示，社会行为维度与社会情绪维度（$r=0.475$　$p<0.01$），以及其各个题项 C12（$r=0.377$　$p<0.01$）、C13（$r=0.069$　$p<0.01$）、C14（$r=0.528$　$p<0.01$）、C15（$r=0.431$　$p<0.01$）、C16（$r=0.113$　$p<0.01$）以上均呈现正相关，并且社会行为与社会情绪维度之间的相关呈现强相关。为进一步探究其相关关系，将社会情绪作为因变量，社会行为作为预测变量，进行进一步地一元线性回归分析，结果如表6-13所示。

表6-13　**社会情绪维度与社会行为维度的一元线性回归分析**

变量	未标准化系数		标准化系数	t	F	p	R^2
	B	标准误	Beta				
常量	1.875	0.081		23.152		0	
社会行为	0.415	0.020	0.485	21.168	448.103	0	0.235

由表6-13可知，对社会情绪而言，能预测23.5%的变异量，标准化回归系数为0.415。非标准化回归方程为：$y=0.415*x+1.875$。

心理和行为之间本身就是存在着密切联系的，很多行为是由心理导向的，或者直接是由心理引发和抑制的，而行为的进程又会对心理产生相应的影响，因此可以说行为和心理是相互作用的存在。社会情绪能够很好地

---

① 李耀松、许其、李霞：《宁夏生态移民可持续发展研究》，《宁夏社会科学》2012年第1期。

预测社会行为的质量,良好的质量意味着社会行为的各个方面呈现积极发展的状态。例如,良好的人际关系包括:亲子关系、上下级关系等,而恶性的社会情绪自然会破坏其中的人际关系,从而导致社会行为无法顺利地进行,加深了社会情绪的负面状态。

三 其他因素对社会情绪的影响

除了以上人口学变量和社会心理因素会对社会情绪产生影响外,新闻与网络舆论、社会环境等方面也会影响社会情绪。

(一)新闻与网络舆论

舆论的正向引导有利于社会情绪稳定,新闻报道作为如今信服力度极高的消息来源渠道,对于民众的社会情绪影响力更是举足轻重。许莉与董艺璇在《公共事件网络视频传播中的社会情绪研究》中表示,"后真相"时代,情绪的影响力甚至超过了事实,媒体赋权引发的公共事件往往错综复杂,而监管不明、权责不清、信息不畅等多重因素更易煽动大众的极端情绪,非理性因素占主导地位时,导致大众在发表意见时强化偏见,极易引发情绪危机。[①]

舆论借用发达的新媒体平台,会迅速地发酵人体的应激反应,在初期会呈现判断力下降的现象,盲目地从众跟风,主观片面。并且互联网更青睐于对负面情绪的传播。舆论是社会评价的一种,是社会心理的反映。研究发现,针对特定网络舆论事件,线上用户的"愤怒""惧怕"和"厌恶"情绪表现非常明显,而线下用户的情绪则相对更为平和多元。

从正面来看,这种社会情绪的爆发有效吸引了公众对社会生活的关注,引发了社会观点的讨论,促进了社会问题的及时解决。但是如果民众沉溺于负性情绪的宣泄而放弃理性思维,就会导致群体的社会情绪走向负面化和极端化。因此,在言论自由的前提之下,要把握好新闻媒体的严谨性和发布情况,避免民众利用网络的便携性,掀起对于舆论的负面推动。相关工作人员要及时地把握网络语言的力度,坚决做到"不信谣、不传

[①] 许莉、董艺璇:《公共事件网络视频传播中的社会情绪研究》,《中国新闻传播研究》2021年第1期。

谣"。在海南自贸港建设背景下，利用新闻与网络媒体进行正面客观地报道与宣传，鼓励民众积极参与建设，成为其中的一分子。参与感的提高有利于民众团结凝聚力的提升，也有利于自豪感的建设。

(二) 社会环境

在社会情绪的发展中，环境因素也是其中不可分割的一部分。

首先，社会心理服务体系的建设，通过专业人员的指导和训练，锻炼其改善和消化负面情绪的能力。以此进行良性循环，帮助民众建设强大稳定的社会情绪，在面临个人事件或社会事件时能够理性地看待，并且以良好的方式进行情绪的处理。

其次，社会保障方面也是环境对于社会情绪影响的因素之一。社会保障并不是局限于弱势群体，而是面向大众的一种生活保障。提升社会保障的服务和质量，能够更好地帮助困难人群或突发变故的人群保持生活的稳定，帮助其建设积极乐观的情绪态度，以良好的状态度过低谷。

城市的基础设施完善对于社会情绪向良好方向发展也有较大的推动力。良好的社会建设和完善的生活设施，能够提升人们的生活质量，使民众在一个更加积极的环境中，保持乐观的心态，增加民众对于未来生活的积极向往。

第四节 社会情绪的调控策略

党的十九大报告指出，"加强社会心理服务体系建设，是培育自尊自信、理性平和、积极向上社会心态的重要方式"[①]。加强社会心理服务体系建设应是推进国家治理体系和治理能力现代化的重要内容。从调查数据上看，海南地区民众社会情绪总体健康和谐，但有部分的消极情绪出现，并且有民众表现出对其自身情绪难以排解和消化的情况。在社会变迁的背景下，保持良好的社会情绪有利于社会经济的全面发展。因此，我们对于社会情绪的研究，可以在了解民众的心理需求和情感需要的基础上，建立良

---

① 习近平：《在中国共产党第十九次全国代表大会上的报告——决胜全面建成小康社会，夺取新时代中国特色社会主义伟大胜利》，《光明日报》2017 年 10 月 28 日第 1 版。

好的社会情绪环境，提升民众对于自贸港建设的参与度与满意度，从而更好地推动社会进步与经济发展，共创和谐繁荣的社会景象。

为此，本节将探讨提升正向社会情绪的有效策略，分三个层面进行改善社会情绪的探索，分别是：个体层面、学校层面、社会层面。每个层面都将会进行具体措施的讨论，有效帮助社会情绪进行正向提升。

一 个体层面

个体作为承载情绪和调动情绪的主体，对于情绪具有很高的能动性。对于个人情绪社会化引发的社会情绪而言，个人的情绪能动性不止体现在调整和控制社会化的过程，也在于情绪的表达和释放。

社会情绪的负性传播主要体现在社会情绪泛化、社会情绪极化和社会情绪的传染性三方面。因此，对于社会情绪的改善，在个人层面的努力主要表现为面对恶性情绪进行合理的社会化处理、对负面情绪进行合理宣泄以及情绪的适当表达等方面。

（一）关注自身的身心健康

詹姆士－兰格理论认为，情绪是由环境激起的内脏活动所导致的。坎农、帕佩兹、林斯利、宾德拉等人也试图说明情绪的生理机制，希望寻找到脑的机能定位和生理、情绪之间的模式。蒋重清和李勇辉认为，这些理论引起了人们对情绪的生理基础的注意，并且情绪生理学研究也发现了一些伴随着情绪的生理反应。[①]

对于个人而言，想要从生理上调节和稳定情绪，首先要保持正常且稳定的生物节律，防止负面情绪恶化。其次，为了能够更好地调节生物节律，使其维持在健康状态，可以通过运动来帮助生物激素释放与平衡的调节。最后，在忙碌的工作中要合理地进行放松，劳逸结合。通过海南自身优美宜人的风景进行放松，也是调节社会情绪的很好办法。

此外，人们也要对自身的心理健康和情绪状态保持一定的警觉，意识到身心健康的重要性，感知自身的情绪变化。休假、与朋友交流沟通、参

---

① 蒋重清、李勇辉：《情绪理论的社会—认知观浅析》，《广西民族学院学报》（哲学社会科学版）2001年第S2期。

加团体活动等，都可以有效调整、提升自身对抗挫折的能力。同时，也要通过生理信号的有效预警来关注自身的身心状况，例如长期的口腔溃疡、心慌心悸、胸闷憋气、胃酸胃胀、食欲下降等，有可能是压力过大导致的，当信号出现的时候，需要积极地调整或者寻求帮助。

（二）合理化认知观念，理性应对负面情绪

蒋重清与李勇辉表示，社会—认知观理解情绪为事件系列，它受着情绪脚本的影响。[①] 情绪脚本是在社会文化和个体经验的交互作用下形成的，情绪脚本的形成过程也即情绪社会化的过程。认知因素作用于情绪，形成情绪脚本，符合情绪脚本规范的情绪则会被身体识别和产生，因此认知因素是情绪产生的基础。为了保证情绪健康，认知与行为的协调统一十分重要。

例如，疫情期间人们被迫封闭管理，希望能够自由出入的认知与克制自身行为遵守规定的认知产生冲突，人们无法平衡其中，便会陷入无法排解的焦虑情绪中。所以，认知对于情绪的产生来说是十分重要的一个环节，个人的认知观也对个人的情绪产生和社会化过程起到调节的作用。

在面对自身的负面情绪产生而无法排解时，不妨尝试着调整自己的认知，使自身的认知观念适应当前面临的困境，以达到观念和行为的协调，从而帮助自身化解情绪困扰，即使在负面情绪产生时也能够独善其身，以积极的方式解决问题。

（三）重视家庭教育，提高个体的情绪智力

熊文琴认为，家庭是个体社会化的第一个载体，家庭关系对孩子的认知、情感和健全人格的形成都具有极其重要的影响。[②] 个体的情绪智力是在与他人的交往中形成的。父母作为孩子的第一任老师，也是孩子接触最多、关系最亲密的重要他人，是影响孩子情绪社会化发展的重要因素。树立健康的家庭教养观念，摒弃不合理的教育理念，能够更好地帮助儿童以及所有未成年人塑造健康的心理环境和良好的社会情绪。

1968 年贝尔在发表的《再释社会化研究中的影响方向》中提出社会化

---

① 蒋重清、李勇辉：《情绪理论的社会—认知观浅析》，《广西民族学院学报》（哲学社会科学版）2001 年第 S2 期。

② 熊文琴：《论儿童情绪社会化的心理机制》，《中国新技术新产品》2008 年第 17 期。

过程中个体的能动作用及社会化的双向性。随着传统社会向现代社会转变，这一影响日益明显。社会化的早期研究多着重于父母、教师和年长一代对年轻一代的影响。20世纪60年代末70年代初，开始涉及后者对前者的影响。因此，孩子也可以利用自身的优势帮助长辈协调不平衡的认知，给予长辈正向的支持，缓解长辈因为时代的变迁所产生的不适与焦虑。

此外，组织一些家庭的户外运动，可以给家庭成员带来更多活力，例如：短途、长途旅行、登山钓鱼、自由骑行，或者进行家庭互助形式的休养调息，例如：家庭阅读、冥想、家庭影院等，帮助培养家庭亲密感和提供家庭支持力。由于家庭中的关系比较亲密，父母可以作为榜样支持孩子，而孩子也可以反向地鼓励家长，培养健康的身体状态，维持情绪平稳，保持良好的社会情绪。

二 学校层面

社会化是贯穿一生的过程，而青少年与儿童正是成长的关键期。社会情绪的本质使其与社会化紧密相关。熊文琴表示，因为儿童情绪社会化不仅是儿童社会化的重要内容，也是儿童道德发展的积极影响因素。[①] 每个人的人格与性格特质是相对稳定的，其形成的过程便尤为关键。

良好的校园环境和教育理念，对促进儿童良好的情绪社会化发展起着重要的指导作用。在儿童的成长过程中，较多时间是在学校度过的，学校老师的教育方式以及教育环境和教育政策，都将对孩子的性格塑造产生影响，教师能够帮助孩子树立正确的情绪知识，面对自身的情绪困扰时，能够合理地运用自身能力进行情绪调适。

（一）关注师生心理健康

对于学校而言，学生的身心健康是尤为重要的一方面，健康心理能够帮助其面对挫折对抗困难，而健康的身体可以帮助孩子成长并且优化心理健康。因此在改善生理基础方面学校可以尝试以下措施，全面教育、张弛有度、心理健康维系。

首先，对于全面教育，学校不可单方面紧抓学习成绩，严格苛刻地要

---

① 熊文琴：《浅谈儿童情绪社会化的主要内容》，《今日科苑》2008年第22期。

求卷面成绩的提升，而是要注重德智体美劳的全面发展。考试是选拔人才的一种方式，但不是唯一的方式，在注重学习之余也要重视其他方面的培养，尤其是生理健康方面。开设体育健康课、组织有效的团体活动、举办文体节等，都可以帮助学生重视身心健康，并且得到身心健康的提升和锻炼。其次，张弛有度也是维持身心健康、保持积极良好社会情绪的方法之一，在适当的时候组织春游、秋游活动，或者结合传统节日举办联欢会，都可以使学生身心得到放松，在注意用脑健康的基础上更好地完成学业。最后，心理健康也是学校应当重视的一个方面，杜绝谈"心"色变，教师应重点关注学生的心理健康及情绪状态，并给予学生支持和帮助。

（二）宣传、培训正确的认知理念

学校要通过教育机制，传达并且维持积极健康的社会认知，不能因为只重视学业成绩而过分偏激指导，从而忽视学生的认知健康，舍本逐末。

积极关注小团体（非正式组织）的情绪反馈。由于小团体的形成具有强大凝聚力，其中更容易出现认知偏好和群体极化现象，当其中的不良认知已经影响到内部或外部人员的情绪时，教师和专业人员要主动地进行调整和帮助，使其恢复正确的认知，帮助其平衡自身的认知状态。例如，对于教育层面政策的发布和方针的实施，对学生可以进行半透明化处理，使学生正确地认识到教育政策所带来的积极变化，而不是偏激地抵抗改变。

（三）优化校园学习与活动环境

学校也可以通过改善校园环境的方式对学生进行社会情绪的调整与提升。高年级学生一天至少有三分之一的时间身处学校环境，校园环境优美与否、校园资源是否丰富、学校食堂饭菜的可口程度，都会在环境上影响到学生的心态健康和社会情绪的发展。

例如，在校园做到适当的安保措施，可以给予学生足够的安全感；提升校园环境质量，优化学校设施，翻新教学楼、装修宿舍等，都会给学生带来耳目一新的感觉，并且提升学生对于学校的满意度，从而塑造一个优质的学习环境，建立积极良好的社会心态，为社会情绪的健康发展打下基础。

同时，学校也应当注意教师的心理健康培训，适时适地地考察心理健康专业老师的资质以及其他教师的心理健康状况。此外，关于教育的相关政策也要给予关注，并且开设反馈通道，使学生们能够有机会提出建议和意见，帮助营造优质的教育环境和学习环境。

三 社会层面

社会环境是人与人之间所构成的社会系统，在社会系统的不断发展和运作中会产生社会情绪。社会情绪的稳定和调节并不是依托个人就可以完成的，也需要政府和相关机构提供政策上的支持。

（一）政府或社会组织积极举办集体活动

如今健康的意识深入人心，运动作为改善生理基础，增强体质，调节身心健康的重要方式，开始在各个城市都有了不同的特色化展现。各大城市纷纷举行"城市半马活动""彩虹接力赛跑""自行车环岛"，或者结合当地民族特色举办"泼水节游园活动""那达慕大会"等。这样的城市活动，带动了全民健身的热情，群众的传染力有利于社会积极情绪的形成，使更多的民众感受到欢乐，负面情绪在其中也会得到更好地释放和疏解。海南可以结合当地民族特色与传统文化，更多地举办发扬民族自豪感精神的活动，将一些传统的技艺与文化融入其中，使得人们在参与活动过程中还能学习到相关的民族知识。

例如，儋州市于2022年1月21日举办"寿苏会"系列活动，纪念苏东坡先生诞辰985周年，利用当地的特色文化和历史遗迹，结合传统的民风古乐，弘扬东坡精神。临高首办"虎跃龙腾灯会"，不仅能够让市民游客感受节日的氛围，也凸显出中国传统工艺与文化结合的自信。

（二）普及政策方针，开设反馈通道

布尔盖斯将群体定义为若干互动的具有特定人格的个体集合。纽卡布则指出，群体由两个以上的个体组成，他们相互分享有关特定事物的规范并彼此扮演密切制约的社会角色。群体成员是具有类同性、相似性、共同命运，群体实体性，对于目标群体的社会信息加工、群体边界的维系和群体成员的社会认同，具有重要意义。在群体中，个人的认知会与群体的认知相互作用相互影响，并且通过群体的效应感染他人，同时又对社会情绪起到关键作用。

对于社会而言，如果需要调整或者改善社会情绪，必然的条件之一就是改善群体的认知。政府可以通过加大宣传力度扩大宣传方式，公布实时消息，由权威代表进行合理解答，提出解决方案并且开设民意通道，收集民众的意见与反馈，帮助其调整认知，消退公共事件所引发的负面情绪，并且设立良好的社会服务体系，提供民众足够的支持量，使民众能够以理性的认知看待事件的发生与处理，帮助社会情绪的稳定。

舆论的扩大化和情绪泛化，会导致人们在被负面舆论卷入时，即时地产生负面情绪，并且随着舆论的扩大化而愈发严重变得自身难以控制。在公共事件突发时，做到良好的舆论把控，减少舆论恶化所导致的恶性情绪传播，也可以在一定程度上稳定民众的社会情绪。

（三）优化社会服务体系和保障政策

对于民众而言，生活环境是生活满意度的基础，政府政策、福利待遇、后勤保障是民众生活质量提升的助力。相关研究表明，人们生活在城市中，城市的房屋建设、道路规划、绿化园林、建筑密度等，都会影响到人们的社会情绪。例如，在高密度高拥挤的环境中，人们的应激水平会提高，同时产生焦虑不安的情绪。规范城市建设，可以更有效地帮助公民发展、适应与稳定社会情绪，提升民众的生活满意度。

同时，社会的发展和社会民众社会情绪的正向提升，都离不开国家和政府的政策扶持。在疫情面前，国家在税收、社保缴费、低息贷款和房租等方面推出减、延迟和支持措施，大大缓解了就业或经营困境。这就需要政府部门及时关注、妥善引导和帮扶，体现社会主义制度优势，及时将海南自贸港建设成果惠及全岛人民，使海南居民增加获得感和满意度，切实提高生活质量。[①]

本书研究发现，工作稳定、工作收入来源较高的工作人群，都能保持较高较良好的心理素质与心理健康水平。具有人本主义关怀的福利待遇，可以帮助工作的人群保持积极健康的心态，同时，关注海南的社会心理服务体系建设，为民众做好后备保障，使人们清晰地意识到自身的情绪问题，关注情绪健康，优化基础设施，提升民众的幸福感。

[①] 曾先锋：《"就地过年"背景下海南城市居民社会情绪调查》，《武汉工程职业技术学院学报》2021年第4期。

当前自贸港建设变革刻不容缓，为了能够更好地推进自贸港的建设工作，需要提高民众的获得感、参与感、自豪感。正如习近平总书记所说的"小康不小康，主要看老乡"，应该以多样化的形式提高民众的"建设参与度"，把自贸港建设的大主题分解为小模块，使得民众愿意参与并尽己所能地为此努力奋斗。社会情绪的健康良好发展是为了推动社会的进步，而社会的进步也能促使积极社会情绪的产生，有利于培养积极向上的社会心态。

第七章　社会信任研究

改革开放初期，我国社会信任呈现"差序格局"，但认为大多数人值得信任的人数比例超过半数，高于许多西方国家。社会信任是社会资本的核心组成部分，是法律等正式制度的重要补充，其在降低交易成本、促进公共物品供给、减少企业存款和促进企业投资等方面都起到不可忽视的作用。不少学者认为，一个市场如果想运行良好、拥有秩序，就需要某种道德支撑，而市场经济的道德基础便是社会信任。在契约型的现代社会中，社会信任是促进国家经济社会发展的一种重要的非制度因素。

然而，现实生活中，虚假、欺诈事件频频发生，人们对社会的信任水平持续受到损害。海南某国际医院注射"假疫苗"（九价 HPV 疫苗）事件，不仅使得妇女健康受到威胁，也让相关医院损失了信誉；海鲜、水果等强制消费事件导致其消费市场环境浑浊，海南旅游业深受影响；而医患矛盾、医疗器械不良的结果则是生命的代价。中国社会科学院（2013）发布的《社会心态蓝皮书》统计显示，我国居民的社会信任水平近些年呈现持续下滑的趋势，社会不信任程度不断加深，给经济社会的长期发展带来危害。而自由贸易以诚信和契约精神为前提，良好的社会信任，为自贸港区建设提供良好的软环境，与自贸区基础建设硬环境同样重要，是不可或缺的一部分。

本章以海南自贸港建设背景下的海南群体为研究对象，通过文献法、问卷调查法和访谈法对自贸港建设背景下海南群体的社会信任的现状和影响因素进行系统地研究和分析，并寻求提升海南地区社会信任的有效途径。

第一节 社会信任的概念、理论与研究现状

目前，社会信任越来越受到社会各界的普遍关注，理论界对于社会信任的研究也在逐年稳步增加，其研究成果主要集中在变迁社会中的社会信任研究、社会信任影响因素研究和社会信任的现状及其重建机制研究。国外学者对于社会信任做了多方面的研究，调查开展得比较早，测评和调查工具、方法也相对成熟，形成了比较系统的理论体系和实证结论。相比之下，国内在该领域的研究调查多视角但不系统，且实证研究较少。为此，有必要将社会信任研究进行系统梳理和概括，寻找存在于其中的问题，以便于更好地开展相关的研究工作。

一 社会信任的概念及理论

随着经济的发展与社会的进步，社会信任也变得尤为重要，受到越来越多人的关注。我国对"社会信任"的研究比较深入的学者有郑也夫、杨中芳、彭泗清、杨宜音、王绍光、刘欣、白春阳、翟学伟、薛天山等。相关领域研究最多的是社会信任与社会资本，这些大都是理论研究，在此基础上进一步对社会信任进行研究，由此开始了社会信任的实证研究，主要体现在具体时期或具体范围的社会信任测评与重构。根据已有的研究，以下主要从社会信任的概念研究、影响因素研究、现状研究、策略研究进行综述。

（一）社会信任的概念

社会信任对社会发展具有重要作用，早在20世纪初，人们就认为，"信任是社会发展的润滑剂，是一种社会资本"[1]。在经济世界化、知识经济、资讯等时代的影响下，人类社会正经历着深刻的变革，大家正在进入一个风险性社会，生活的变化也日益频繁，因此，不论是对人的信任还是对制度的信任，对社会的发展及对人们自己的发展都有重要作用。社会学、社会经济学以及社会心理学都对社会信任作出了很多卓有成效的研究。

---

[1] 乐国安、韩振华：《信任的心理学研究与展望》，《西南大学学报》2009年第2期。

社会信任在某种意义上相当于信任，在社会构造、规章制度改变的过程中能合理降低社会交往过程里的多元性。社会信任植入到社会结构和规章制度当中，是具有功能性的社会体制。社会信任是一种交往心态，产生于交往过程，应用于交往行为，是主体和客体之间的相互影响，关系复杂。就主体间关联视角来看，可把信任分成人与人之间的信任、人和组织之间的信任。

国内外关于社会信任的几个典型定义有：第一，社会信任是在一个社团之中，成员对彼此常态、诚实、合作行为的期待，基础是社团成员共同拥有的规范，以及个体隶属于那个社团的角色。[①] 第二，社会信任是一种相信某人的行为或周围的秩序符合自己愿望的态度，是交换与交流的媒介。[②] 第三，社会信任指全体社会成员间存在着对待公共事务、公共组织、人际交往等社会性活动或机构运作所持有的一整套普遍而近似的态度。可以看作是人们在社会活动和交往过程形成的一种理性化的交往态度，是基于对自己的安全考虑和行为结果的预期而形成的一种价值心理。[③] 第四，社会信任度就是在不确定的环境中，对方信息没有足够了解的情况下，但对对方一种乐观的期待，并采取一些行为致使自身的某些利益不受到损害的意愿。[④] 第五，在社会转型视角下，社会信任是一段时间内弥散在整个社会或社会群体／类别中关于制度、机构和组织等是否可以信任的共享态度，它是民众对各种社会实体是否可以信任的集体表征，它来自社会个体心态的同质性，是新生成的、具有本身特质和功能的心理现象，反映个人与社会之间相互建构而形成的最为宏观的心理关系。[⑤]

从上述社会信任的定义中可以看出，社会信任的研究是建立在对信任研究基础之上的，虽然不同学科背景的研究者从不同角度对社会信任的含义进行了分析，但研究者们对社会信任有着最基本的共识，即社会信任是指个体在社会成员、社会或团体中的制度、组织等方面进行评价和区分的

---

① ［美］弗朗西斯·福山：《大分裂：人类本性与社会秩序的重建》，刘榜离等译，中国社会科学出版社2002年版，第18页。
② 郑也夫：《信任论》，中国广播电视出版社2006年版，第19页。
③ 白春阳：《现代社会信任问题研究》，博士学位论文，中国人民大学，2006年。
④ 宋朝阳：《大学生网络购物中的社会信任研究》，硕士学位论文，苏州大学，2010年。
⑤ 井世洁、杨宜音：《转型期社会信任感的阶层与区域特征》，《社会科学》2013年第6期。

一种心理活动。社会信任的定义可以从两方面来看,一是建立在关系基础上的社会信任,二是以宏观的心理关系为依托的社会信任。

社会心理学领域最早对社会信任作出定义的是 Deutsch。他认为,"所谓一个人对某件事的发生具有信任是指,期待某件事的出现,并相应地采取一种行为,这种行为的结果与他的预期相反时所带来的负面也理影响要大于结果与他的预期相符时所带来的正面也理影响"。此后,国内外研究者对社会信任的含义进行了大量研究。目前对于社会信任的含义的探讨可归为 3 个方面:(1)很多研究者认为社会信任本质上是人格特质。Wrightsman 指出,"信任是个体所有的一种构成个人特质之一部分的信念,是一种经过社会学习逐渐形成的相对稳定的人格特点"。(2)有的研究者认为社会信任是一种行为反应。如 Deutsch 通过研究指出,社会信任其实是人对情境的一种反应,它是由情境刺激决定的个体也理和个人行为,信任双方的信任程度会随着情境的改变而改变。(3)有的研究者将社会信任看作一种也理期待。李权时等指出,"社会信任是社会交往主体一方对另一方的一种持续性的心理期望"[①]。张建新等从人际信任的角度出发,认为"社会信任是在人际交往的一方在或合作或竞争的不确定条件下,预期另一方对自己做出合理行为的心理期待"[②]。

(二)社会信任的理论

从政治学角度看,社会信任的理论主要是"政治制度论"。该理论认为,社会信任是政治制度或政府制度安排的结果,不同的制度环境产生不同的社会信任。这一理论的代表人物是赛里格森和巴伯,巴伯在《信任的逻辑和局限》一书中明确指出,"信任是人对自然和道德秩序的坚持和履行的期望"[③];赛里格森认为,民主制度是人与人之间产生社会信任的前提,拥有民主,人们才可能产生社会信任,并且也只有民主制度才有益于提高社会信任。

[①] 李权时、章海山:《经纪人与道德人》,人民出版社 1995 年版,第 66 页。
[②] 张建新、张妙清、梁觉:《殊化信任与泛化信任在人际信任路径模型中的作用》,《心理学报》2000 年第 3 期。
[③] [美]伯纳德·巴伯:《信任的逻辑和局限》,牟斌等译,福建人民出版社 1989 年版,第 13 页。

自 20 世纪 70 年代后，许多具备经济学背景的学者对社会信任问题进行了科学系统地研究。如，威廉姆森在建立的契约规制模型中指出，人都是契约人，为实现自身利益而寻求机会主义，而个人对外部监管的信赖则可以降低这种机会主义行为。在经济学"嵌入理论"的影响下，西方新经济学家提出了社会信任的"网络嵌入论"①。该理论认为，在现实的经济生活中，人们很少会依靠普遍的道德或制度来解决问题，仅有经济行为者在具体的人际关系网络中的嵌入所产生的个体彼此间的信任感，才能更好地阻止欺诈和破坏行为的发生，进而保持经济社会的良好秩序。因此，社会信任产生在经济行为者在具体人际关系网络里的嵌入。

社会学角度，科尔曼最先明确提出以信任为核心的社会资本理论。该理论主要认为，"社会信任是一种可以降低监督和惩罚成本的社会资本"②。科尔曼还指出，信任由期望和义务组成，假如 A 为 B 做了某些事情，而且坚信 B 之后会回报自身，A 对 B 便产生了一种期待，B 对 A 则担负一种责任。普特南在书中表明，"社会资本，如信任、规范和网络，是社会稳定与发展的关键"③。福山则认为，"信任是社会资本的主体，它不仅是经济层面上的，更是在于建立一个健康的、文明的社会"④。

从心理学角度，埃里克森等心理学家主张的"认识发生论"认为，社会信任产生于过去的经验，尤其是个体幼年心理发育的阶段。幼年的个体处于家庭破碎或家庭气氛恶劣的环境中，父母离异或受到父母虐待，就很难产生对他人和外界的信任感。相反，如果个体年幼时的家庭和谐幸福，个体则可能更容易信任外界。人们的社会信任感来自对过去经验的学习。早年形成的信任感或不信任感很难改变，除非成年后有大量的相反经验才能将其克服。

综上所述，政治制度论强调政治制度对社会信任的决定性影响；网络嵌入论强调人与人在经济活动中的相互影响，社会信任是人际关系中的相

---

① 董才生：《社会信任的基础——一种制度的解释》，博士学位论文，吉林大学，2004 年。
② [美]科尔曼著：《社会理论的基础》，邓方译，社会科学文献出版社 1999 年版，第 360 页。
③ [美]罗伯特·D.帕特南著：《使民主运转起来》，王列、赖海榕译，江西人民出版社 2001 年版，第 132 页。
④ [美]弗朗西斯·福山：《大分裂：人类本性与社会秩序的重建》，刘榜离等译，中国社会科学出版社 2002 年版，第 20 页。

互依存；社会资本论则认为，信任是一种对社会稳定与发展具有决定性影响的社会资本；认识发生论则指出，社会信任产生于个体早期经验。由此可见，社会信任的产生是由社会和个体共同起作用的，从社会层面看，社会信任产生于政治制度和人际互动，从个体层面看，社会信任产生于个体早年经验。

二　社会信任的研究方法

有关信任的研究包含了问卷调查法、测量法和归纳演绎法等，其中问卷调查法一般把信任当作一种特质，通过问卷调查来测量个体信任水平的高低。测量法主要通过度量的手段来研究人际信任的水平。而归纳演绎法则运用演绎推理的方法，从理论上分析了相关因素对社会信任的影响。

（一）问卷调查法

问卷调查法是以书面方式间接收集有关资料的一种方式。通常根据问卷的用途，请受访者填写问卷或表格，以搜集资料。对问卷调查所得到的数据资料进行整理，并运用社会统计分析软件对收集到的数据进行分析，主要包括频数分析相关数据和交叉列表分析两变量间的相关关系，再对质性调查数据进行归纳、分析和总结。

（二）测量法

国际学术界大多采用"一般来说，您认为大多数人是可以信任的，还是要和人相处越小心越好？"来测量个体的社会信任水平，其中，"大多数人是可以信任的"编码为"1"，"要越小心越好"编码为"0"。这是目前度量人们社会信任最普遍使用的单一题目。国内学者也曾试图探讨社会信任问题。胡荣利用13个项目对福建省厦门市本岛市区、同安农村和泉州安溪县进行了调查，数据包含城市居民、城乡过渡带居民、农村村民等的信任因子。

综上所述，当前对社会信任的测量有两大趋势。一是采用宏观的度量方法。其优点是形式上统一，有利于不同研究的沟通，但不能充分反映"社会信任"的内涵。二是利用特定的关系来构建一套完整的度量标准，并针对不同的研究对象进行个体化的测量。该度量方法可反映出社会信任的特定内容，但各研究所采用的度量指标所涵盖的项目不尽相同，难以对各研究间的社会信任进行全面的对比。

(三) 归纳演绎法

归纳式演绎法主要分为三大部分：一是在文献综述部分，对国内外关于社会信任的文献进行归纳和评述；二是在理论分析和研究假设部分，对国内外有关研究的主要观点、研究成果以及相关的理论依据进行归纳和引用，然后运用演绎推理的方法，从理论上分析相关因素对社会信任的影响，进而得出研究的假设；三是在结论、建议及局限部分对研究结论进行总结，并提出建议。

三　国内外已有研究概览

通过 CNKI 中国知网数据库，分别对"信任""人际信任""政府信任""社会信任"进行关键词和主题检索。以"信任"为主题和关键词，检索近 11 年（2011—2021）的论文，其中核心期刊和 CSSCI 来源期刊共 14817 篇，博士学位论文共 3610 篇，硕士学位论文共 19757 篇；以"人际信任"为主题和关键词，检索近 11 年（2011—2021）的论文，其中核心期刊和 CSSCI 来源期刊共 594 篇，博士学位论文共 99 篇，硕士学位论文共 999 篇；以"政府信任"为主题和关键词，检索近 11 年（2011—2021）的论文，其中核心期刊和 CSSCI 来源期刊共 510 篇，博士学位论文共 68 篇，硕士学位论文共 549 篇；以"社会信任"为主题和关键词，检索近 11 年（2011—2021）的论文，其中核心期刊和 CSSCI 来源期刊共 1492 篇，博士学位论文共 195 篇，硕士学位论文共 1013 篇。

经过梳理可得，国内外关于信任的研究较为丰富，而关于人际信任、政府信任和社会信任的研究较少。国内外学者的相同之处在于将信任与其他领域结合起来研究，关注的领域集中在社会学、统计学、行政学、管理学及经济学等，可见信任的研究涉及广泛。心理学与教育学的研究主要关注于社会信任与社会支持、人际信任、领悟社会支持、孤独感、亲社会行为、社会信任取向等相关领域，其中缺少在具体、实时的社会背景政策下对社会信任的研究。

(一) 发文数量的年份变化

发文数量的年份变化反映了某一主题研究热度的变化，也在一定程度上反映了特定社会时期对该主题的需求程度。统计有关"社会信任"的研究成果的年份变化，结果显示如下图7-1。

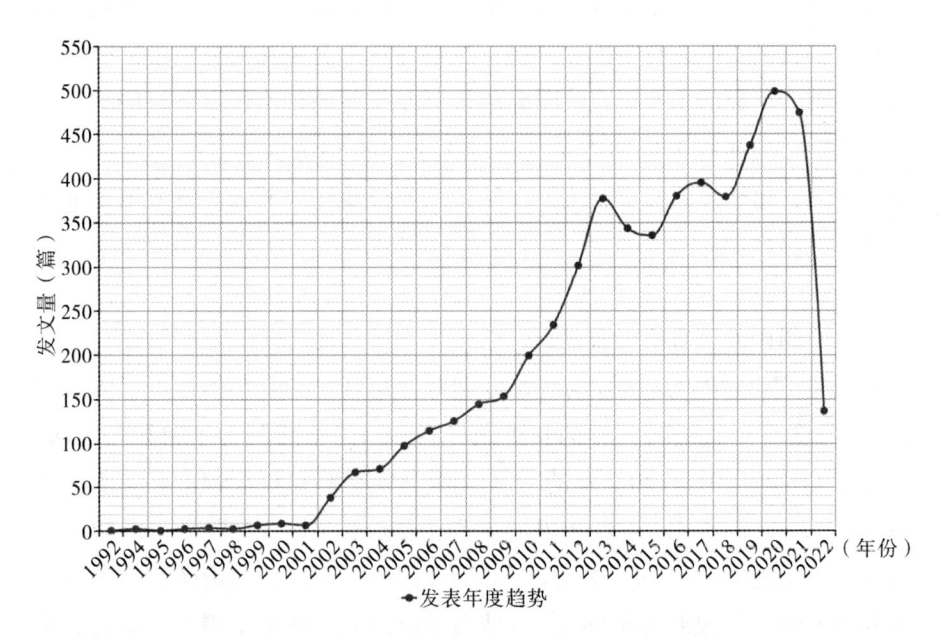

图7-1 关于"社会信任"研究成果的年份变化

图7-1显示，我国学界关于"社会信任"的研究成果在2001年之前一直处于缓慢增长时期，从2001年至2014年的14年间，发文数量逐年上升，2014年到2015年发文数量逐步减少，2016年到2017年持续上升，在2018年稍有回落后，又急剧上升，2019年至2020年的1年间增长率较高且增长率较高，说明这一时期我国社会正在对"社会信任"的探索需求较为强烈。而从2021年至今，关于"社会信任"的发文数量呈现缓慢下降的趋势。总体而言，我国学界关于"社会信任"的研究成果呈现波动上升的发展形式。

（二）主题词共现

在所有关于"社会信任"的研究成果中，统计这些成果中所涉及的主题词的共现情况，如图7-2所示。

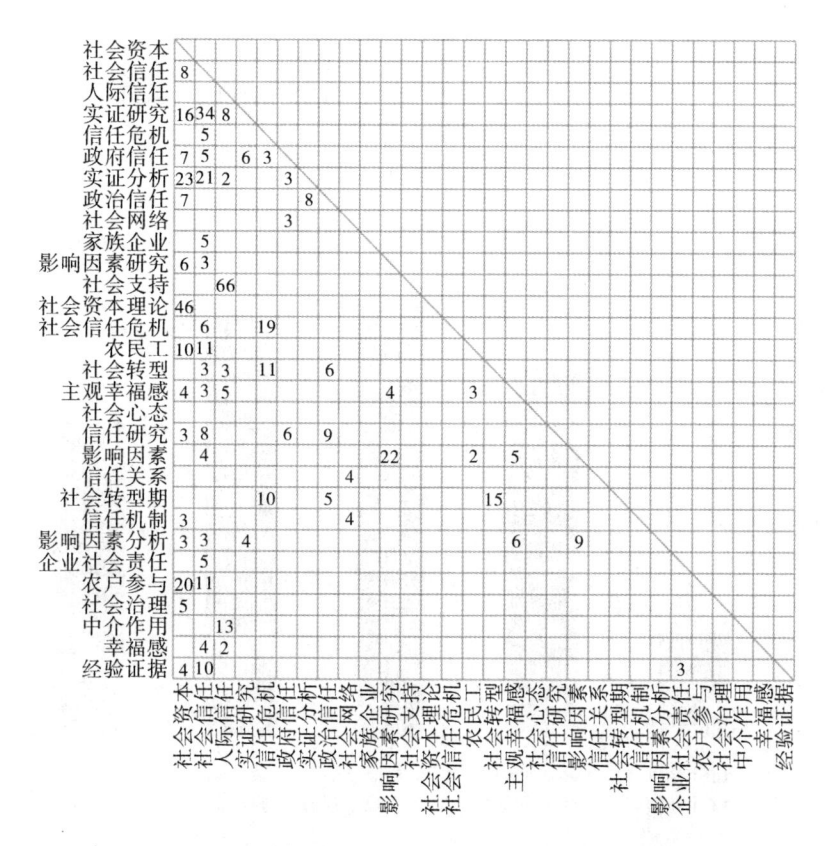

图7-2 各学科中涉及"社会信任"的主题词的共现统计

从图7-2可知，涉及"社会信任"的主题词涵盖了管理学、经济学、社会学等学科，这一方面印证了"社会信任"是一个多学科研究的主题，另一方面也说明了"社会信任"是一个内涵十分丰富的概念，从某一学科进行研究时，需要对其进行较为精确的定义。

同时，对心理学范式下"社会信任"研究成果中的主题词频率进行统计发现，社会支持、人际信任、领悟社会支持、孤独感、亲社会行为、社会信任取向，这些主题词共同出现的频率较高，一方面说明这些内容相互之间具有较为紧密的关系，同时也说明了这些内容共同构成了心理学视野中社会信任的主要内容。这也就提示我们，从社会心理学的角度对社会信任进行研究时，也要对社会成员的社会支持和社会互动进行考察。

(三)研究趋势

截至2022年7月,对中国知网上的有关社会信任的文献进行梳理,结果如下图所示。

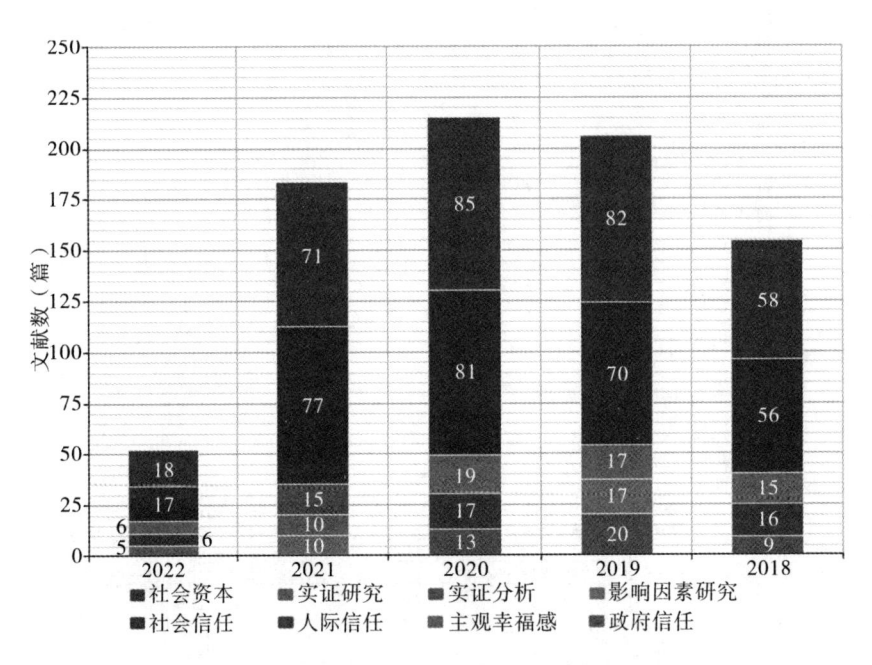

图7-3 社会信任研究成果中主题词的年份变化

从图7-3的柱状图可以看出,2019至2021年有关社会资本和社会信任的研究相对较多,尤其在2021年,对于社会信任的研究已经开始多于对社会资本的研究,但是总体而言对于社会信任的相关研究并不算多。同时,社会资本、社会信任在不同年份中出现频率较高,说明这些主题词所代表的研究内容是此类研究中较为稳定的主题,同时也说明了二者是社会信任的研究中较为重要的内容。

四 社会信任的现状研究及影响因素分析

(一)社会信任的现状研究

国外对于社会信任的研究是从信任开始的,对于信任的理解西方学者有着多个不同类型的看法。迄今对于信任的研究有比较突出意义的有:卢曼第一次澄清了信任的概念①；福山的"道德性社团"社会信任理论的批判与继承；巴伯的社会信任的重建和组织工作的重要性②；彼得什托姆普卡的理论的重建和知识的梳理。③

纵观西方国家对于信任的研究发现，由于视角的不同，对信任的归纳也不尽相同，到目前为止还没有一个统一的概念，但是总体来看，大致有以下方面的研究。

首先，刘易斯和威格特从人际关系视角进行研究，他们认为"对于人际信任而言应该从情感和理性两个维度进行研究，而情感和理性两个维度对应的最重要的两个方面就是日常的情感信任和认知信任"④。其次，部分学者从社会制度规范角度开展研究，认为"社会信任的产生是随着社会制度的产生而产生的"⑤。并表示在人类产生后就会随着产生社会，而为了维持整个社会的平稳就会有一定的制度规范，从最开始的道德规范发展到文明社会的法律规范都是制度。⑥再次，还有学者从文化规范的角度，对于上述的研究持不认可的态度，他们认为对于人际信任而言，应该早于社会制度而出现，或者说是人际信任的发展逐渐带动了社会制度的发展。

从总体上看，西方学者是根据他们对于信任的理解来进行研究的：一方面是广义上的社会信任研究。从社会的本质角度出发，社会包容一切，它包含许多制度方面的因素，从个人行为，到社会的法律和制度。社会信任是一种基于人与人之间的相互关系，强调对人际交往中的信任，以及通过社会群体和群体之间的相互沟通而形成的信任。但是无论哪种信任，都是建立在制度的框架之内的，没有具体到个人，虽然有人际的信任，但是

---

① 车凤成：《卢曼"复杂性理论"辩证——兼论其信任观之内涵》，《江南大学学报》（人文社会科学版）2008年第3期。
② 陈炳辉：《弱势民主与强势民主——巴伯的民主理论》，《浙江学刊》2008年第3期。
③ 张建荣：《论信任文化的社会生成——什托姆普卡信任思想述要》，《学习与实践》2010年第4期。
④ 董才生：《社会信任的基础：一种制度的解释》，博士学位论文，吉林大学，2004年。
⑤ 俞弘强：《社会交换理论与理性选择理论之比较研究——以布劳和科尔曼为例》，《中共浙江省委党校学报》2004年第3期。
⑥ 唐有财、符平：《转型期社会信任的影响机制——市场化、个人资本与社会交往因素探讨》，《浙江社会科学》2008年第11期。

所占程度不大。① 另一方面是狭义上的社会信任研究。这些研究都是将本国乃至区域的研究相结合，不管是人际信任，还是由文化因素造成的信任，都会受到研究领域的限制，对我们来说，只能提供一些参考，要想实际应用，就必须要结合中国国情。

因此，国内学者借鉴西方学者的研究成果，从社会学、心理学等角度进行了实证研究。由于中国学术界对社会信任的研究是多学科、多领域的，因而著述较多，涉及面较广，主要观点包括如下内容：

第一，对信任理论层面的探究。郑也夫认为信任是人的主观能动性的体现，人的主观愿望是信任的基础，只有在信任的基础上，一切的行为和环境才能向着理想的方向去发展，愿望才能得以实现。② 彭泗清的理论研究使微观心理学的思想与中国的文化理念完美的结合起来，形成了中国特色的社会信任解析。③ 第二，有关个体的信任本质研究。结合上下五千年的文化和千年来的儒家思想的根深蒂固，部分学者认为目前的中国仍是以血缘关系为纽带的形式建立起属于人自己的信任关系。亲戚血缘，是血浓于水的关系，是打断骨头连着筋的手足信任。④ 第三，对人际交往中信任所处的环境进行研究。彭泗清强调了在社会这个大群体中，单靠关系建立信任是不行的，单靠法制管理也达不到人与人之间信任的最终目的。因此，需要在社会环境中建立关系联合运作的大网，使个体如鱼得水，同时又要利用法纪的准则，随时对游走在法律边缘的人敲响警钟，实现对人际关系管理的双控双管。⑤ 第四，社会结构和功能的影响研究。王绍光、刘欣两位学者根据性质对信任进行了分类，并提出了自己的研究见解，得出了社会地位决定信任观念的思想。在他们看来，信任的建立和巩固必须充分考虑到"相对易损性"。此外，社会体制的转型和再发展过程中，打破了原来的

---

① 陈捷、呼和·那日松、卢春龙：《社会信任与基层社区治理效应的因果机制》，《社会》2011 年第 6 期。
② 蔡起华、朱玉春：《社会信任、收入水平与农村公共产品农户参与供给》，《南京农业大学学报》（社会科学版）2015 年第 1 期。
③ 彭泗清：《信任的建立机制：关系运作与法制手段》，《社会学研究》1999 年第 2 期。
④ 宋丽娜：《人情的社会基础研究》，博士学位论文，华中科技大学，2011 年。
⑤ 唐忠武：《欠发达地区农村社会信用体系建设工作研究——以广西农村信用体系建设情况为例》，《区域金融研究》2015 年第 2 期。

社会结构和功能，让已有的主导型信任理念无所适从，随之而来的是现代型的新型社会结构和结构秩序的多样型信任建立变成了必然趋势。①

总之，我国学术界对社会信任的研究成果有：对信任的本土化的思想和理论进行了深入的探讨；建立新的信任架构与功能模式；关注我国目前的状况——杀熟、信任危机等；开创一个新的信任架构；采用问卷调查法和访问法，较为深入地了解我国的信任状况。

虽然国内进入该领域的时间比较短，但经过中国学者的不懈努力，已经形成了有中国特色的本土化的信任研究模式，很多方面中国的学者有了突破性的进展，特别是结合中国特色的研究方法，开阔了视角和问题研究思维的广度。②

(二) 社会信任的影响因素研究

从以往的研究中可以发现，国内外学者从宏观和微观视角对社会信任的影响因素进行了研究。

从宏观视角来看，持信任文化解释论的学者认为不同类型的文化环境对于信任具有决定性的影响。部分学者对世界各国文化进行了比较研究，如，福山认为"具有不同类型的文化传统的社会导致了它们之间信任水平的差别"③。在英格哈特的"世界价值观"研究中，他发现了宗教文化对信任的影响，受到儒家和新教道德文化的影响的国家比天主教、伊斯兰教、东正教更高。而胡安宁、周怡认为"儒家文化通过关系机制和类别机制对社会信任产生影响"④。

持信任制度论的学者发现社会制度环境会对社会信任水平产生影响。董才生在其研究中指出，"社会信任是建立在社会体系之上的"⑤。完善、健全的社会制度可以提高公民的安全感，为社会的生活提供保障与支撑。

---

① 刘欣：《新政治社会学：范式转型还是理论补充?》，《社会学研究》2009年第1期。
② 周怡、周立民：《中国农民的观念差异与基层政府信任》，《社会科学研究》2015年第4期。
③ [美] 弗兰西斯·福山：《信任：社会美德与创造经济繁荣》，彭志华译，海南出版社2001年版，第84—95页。
④ 胡安宁、周怡：《一般信任模式的跨部门差异及其中介机制——基于2010年中国综合社会调查的研究》，《社会学研究》2013年第4期。
⑤ 董才生：《偏见与新的回应：中国社会信任状况的制度分析》，《社会科学战线》2004年第4期。

因此，社会制度在维护和保护社会信任方面起着重要的作用。国家可以通过制度的方式对失信主体进行有效的惩戒，为公民创造一个安全的社会环境，从而提高社会的信用。祖克尔相信，一个人的信任可以基于对另一个人的认识，也可以基于过去的社交经验，比如货币制度、法律法规、法律和专家。什托姆普卡认为，"制度环境会影响信任社会的生成，比如一致性的规范、稳定的社会秩序、公开透明的社会组织、熟悉的社会环境、具有责任的他者或组织等"[①]。

国外有学者发现，在不平等的社会环境中，人们更加当心和提防他人，这使得信任关系的建立变得更加困难；国内学者的相关研究也充分证明了社会公平对社会信任具有正向影响，创建公平的社会环境，可以提升人们的信任水平。[②] 而在王辉的研究中发现，社会经济地位与社会信任度并不是一直保持正向关系。从社会经济地位较低的人到中等社会经济地位的人，其社会信任程度有提高的趋势，在经济地位的中上阶段达到最高的社会信任水平，然后逐步降低。

另外，还有学者认为由于我国幅员辽阔，各个地区的经济发展水平、社会建设程度以及现代化的水平都具有很大的差异性，即使在同一地理区域内，不同的行政级别之间的社会经济发展水平也具有较大的差异，其对个体之间的信任也具有影响作用。敖丹、邹宇春等学者从"资源因素论"的视角分析了社会资本和社会经济地位对于生活在不同地域的居民普遍信任的影响，发现社会资本对于东部和中部地区人们的普遍信任具有显著影响，但在西部地区并不具有显著影响，社会经济地位则只对东部地区的普遍信任具有影响。[③] 井世洁、杨宜音则将不同地区与受访者居住地类型的划分方式相结合，分析了在不同地域中，居住地区类型不同的居民信任水平也不尽相同。[④]

从微观视角来看，个体因素对社会信任产生影响。王绍光、刘欣主要

---

① ［波］彼得·什托姆普卡：《信任：一种社会学理论》，程胜利译，中华书局2005年版，第43页。
② 张书维：《社会公平感、机构信任度与公共合作意向》，《心理学报》2017年第6期。
③ 敖丹、邹宇春、高翔：《城镇居民普遍信任的区域间及区域内差异分析——基于"资源因素论"视角》，《社会》2013年第6期。
④ 井世洁、杨宜音：《转型期社会信任感的阶层与区域特征》，《社会科学》2013年第6期。

分析了性别、年龄、生活满意度、乐观预期、教育及社会地位以及社会经验等一系列单项变量对其普遍信任的影响。[1] 林聚任、刘翠霞在对山东省农村居民的调查中发现受教育水平、政治面貌和行政职务等后天获得的要素对个体社会信任水平具有影响作用。[2] 胡荣、李静雅通过对厦门市居民的生活状况进行调查，对个体性别、年龄、受教育程度、收入以及社团参与状况对居民信任水平的影响。[3] 黄健、邓燕华研究分析了中英两国的高等教育对社会信任的影响，发现两国的高等教育都对社会信任起促进作用。[4]

从社会参与对社会信任的影响来看，胡安宁对 CGSS2005 数据进行分析，发现高的社会参与度可以促进个体信任水平的提升，不同的社会参与能够培养一起参与一个活动的个体之间的特殊信任，其实质上是通过在社会参与的过程中为个体与个体之间产生熟悉感、交换信息的行为提供机会，从而促进人际交往过程中信任关系的建立。[5]

从不同群体出发对社会信任影响因素进行分析。首先，对于老年人群：朱水容对老年人对陌生人信任的研究中发现，老年人对陌生人的信任具有消极性，受信方的个体特征、过去的经历类型、风险评估和信任方的个体特征、信任内容特征、双方相似性这些因素对其陌生人信任具有一定影响。[6] 其次，对于青年群体：通过对陕西省大学生社会信任现状的调查，钟游和杨建科发现，家庭结构的完整性对他们的特殊信任起到了重要的作用。最后，对流动人口、农民工群体：符平认为农民工的社会信任、政府信任和市场信任的信任度表现为由高到低，发现性别、文化程度、职业地位、政府的支持对于不同信任的影响不同。[7] 翟学伟从农民

---

[1] 王绍光、刘欣：《信任的基础：一种理性的解释》，《社会学研究》2002 年第 3 期。
[2] 林聚任、刘翠霞：《山东农村社会资本状况调查》，《开放时代》2005 年第 4 期。
[3] 胡荣、李静雅：《城市居民信任的构成及影响因素》，《社会》2006 年第 6 期。
[4] 黄健、邓燕华：《高等教育与社会信任：基于中英调查数据的研究》，《中国社会科学》2012 年第 11 期。
[5] 胡安宁：《社会参与、信任类型与精神健康：基于 CGSS2005 的考察》，《社会科学》2014 年第 4 期。
[6] 朱水容：《老年人对陌生人的信任特点及影响因素研究》，硕士学位论文，西南大学，2014 年。
[7] 符平：《中国农民工的信任结构：基本现状与影响因素》，《华中师范大学学报》（人文社会科学版）2013 年第 2 期。

工求职策略与关系强度的研究中探讨了社会流动与关系信任之间的作用机制。①

（三）已有研究的不足

回顾国内外有关社会信任的文献，发现国外的社会信任调查起步较早，调查工具和方法相对成熟，并有较为系统的理论和实践结论。与此形成鲜明对比的是，我国在这方面的调研和研究远不能适应社会的需要。

以往针对信任问题的研究获得了许多有价值的成果，但源于各学科背景的社会信任研究存在一个较为显著的问题，即将社会信任的社会性和心理性特征割裂开来，造成了社会信任研究相互割裂和缺乏整合的问题。具体问题可能有这样几个方面：首先是社会信任的本质并不明显，因为各个研究角度的差异，对其可操作的界定也不尽相同，导致了跨领域的交叉研究受阻，使其缺乏系统性；其次是我国过于依赖国外的社会信任理论，缺乏自身地理论体系，影响数据的可靠性；第三是我国关于社会信任的实证研究较少，多以理论推导和逻辑推理为基础；最后是我国学者对社会信任的研究大都是从社会学、政治学和经济学角度出发，而对其进行微观分析的研究较少。

有关社会信任影响因素的研究由来已久，但多数研究一方面是从传统社会的历史渊源去探究当下社会信任危机的出现，另一方面是从人们的性别、所拥有的社会资本、受教育程度以及所处不同地域等方面入手来分析人们社会信任程度的异同，鲜有从当今社会所特有的时代因素进行思考研究。由此，本次研究建立在自贸港建设的背景下，以海南人群的社会信任情况作为研究对象，运用问卷调查法、访谈法等方法，从心理学的视角进一步研究特有时代因素下社会信任的现状、影响因素、调整策略等，以求为未来的研究、发展提供一定的理论、实证基础。

第二节 海南社会信任的现状分析

本节为海南社会心态调查问卷下的社会信任维度，通过问卷调查的数

---

① 翟学伟：《社会流动与关系信任——也论关系强度与农民工的求职策略》，《社会学研究》2003年第1期。

据结果及分析,来呈现海南社会信任的现状与特点。

一 社会信任维度的信效度分析

该维度共5个题项,分别为:D17 我相信政府公布的相关民生数据,D18 我对海南政府及街道部门的服务态度和办事效率感到满意,D19 海南医疗、养老等社会保障制度解决了我很多后顾之忧,D20 自贸港建设会让海南社会更加和谐,D21 社会上绝大部分人是值得信任的。大致包括三个方面的内容:政府信任感 D17、D18,社会保障 D19,社会公平 D20、D21。问卷题项为5级评分,对应到每个题目的描述,由被试按其与自己实际情况符合的程度,从非常不符合到非常符合,5级计分。

(一)社会信任维度的信度

为保证本次研究的可靠性,首先对所用问卷的社会信任维度的信度进行分析,结果如表7-1所示。

表7-1　　　　　　　社会信任维度信度分析

克隆巴赫 Alpha	基于标准化项的克隆巴赫 Alpha	项数
0.826	0.825	5

从表7-1可以看出,本研究所使用的《海南社会心态调查问卷》中社会信任模块的信度为0.826(α>0.8),信度较高,符合心理学测量学标准。

(二)社会信任维度的效度

为保证本次研究的有效性,首先对所用问卷的社会信任维度的效度进行分析,结果如表7-2所示。

表7-2　　　　　　　社会信任维度效度分析

巴特利特球形度检验			KMO 取样适切性量数
近似卡方	自由度	显著性	
2433.793	10	0	0.846

从表 7-2 可以看出，本研究所使用的《海南社会心态调查问卷》中社会信任模块的效度指标 KMO 系数为 0.846（KMO > 0.8），同时球形度检验显著性为 0.00，效度较高，说明该量表符合进行效度分析的基本要求，为下文的研究奠定了可靠的数据基础。

二 海南社会信任的总体情况

通过 SPSS 对社会信任维度 5 个题项的得分进行统计，结果如表 7-3 所示。

表 7-3　社会信任维度各题项总体情况（n=1457）

	最小值	最大值	平均值	标准差
社会信任维度	1	5	3.55	0.81
D17	1	5	3.57	1.08
D18	1	5	3.39	1.10
D19	1	5	3.41	1.12
D20	1	5	3.81	0.99
D21	1	5	3.58	1.01

总体来看，5 个条目得分均值均介于 3 和 4 之间，且海南群体总体社会信任均值为 3.55±0.81，表明被试在社会信任维度上的总体情况良好，说明海南大部分人群的社会信任程度处于中等偏上水平。分条目来看，"D17 我相信政府公布的相关民生数据"的均值为 3.57±1.08，"D18 我对海南政府及街道部门的服务态度和办事效率感到满意"的均值为 3.39±1.10，"D19 海南医疗、养老等社会保障制度解决了我很多后顾之忧"的均值为 3.41±1.12，"D20 自贸港建设会让海南社会更加和谐"的均值为 3.81±0.99，"D21 社会上绝大部分人是值得信任的"的均值为 3.58±1.01，各条目均分为 D19 > D21 > D17 > D19 > D18。

三 各题项的选项分布比例

在社会信任维度总体处于良好水平的情况下，利用 excel 对 5 个题项进行具体比例分析，结果如表 7-4 所示。

表 7-4　　　　　　各题项的选项分布比例（n = 1457）

	十分不赞同	不太赞同	无法确定	比较赞同	十分赞同
D17	79（5.42%）	117（8.03%）	472（32.40%）	478（32.81%）	311（21.35%）
D18	101（6.93%）	162（11.12%）	509（34.93%）	439（30.13%）	246（16.88%）
D19	97（6.66%）	170（11.67%）	495（33.97%）	425（29.17%）	270（18.53%）
D20	40（2.75%）	73（5.01%）	417（28.62%）	519（35.62%）	408（28.00%）
D21	56（3.84%）	125（8.58%）	471（32.34%）	527（36.17%）	278（19.08%）

首先，5 个题项的得分体现出了一个共同的特征，即选择 3 和 4 两个选项的人数占比最多，选择 1 和 2 两个选项的人数占比最少。其次，同一个选项在不同的题项对应的选择率也存在差异，如对于"自贸港建设会让海南社会更加和谐"这一说法表示不同意的人数更少，说明大多数海南人群是肯定自贸港建设这一举措的。但是在"我对海南政府及街道部门的服务态度和办事效率感到满意"和"海南医疗、养老等社会保障制度解决了我很多后顾之忧"这两个说法上，选择 3 的人数略多于选择 4 的人数，表现出大多数海南人群对于一些基本的服务与社会保障等制度并没有呈现出明显的满意状态，虽然总体呈现良好趋势，但仍存在相关问题。

在实地调研中了解到，许多村民反应村干部不作为，存在变卖公有土地等情况；也有村民反应在选举过程中自己的意愿不能很好的体现，存在花钱买票的现象；还有村民表示政府要划地，让他们搬离，却不给他们解决住房问题与补偿问题。这些违反规定的操作让相关人群对海南政府以及街道等政府部门的服务表示不满。同时，多年以来，国家迅速发展，民生不断改善，导致基层群众对基层政府提供的服务在数量上和质量上也都有了更高要求。如今的"不满意"，很大程度上已经不是一个"有没有"的问题，而是一个"好不好"的问题。一旦群众认为自身的经济社会地位与参照群体直接或间接相比没有达到既定预期，且这种预期在经济社会频繁变动中仍不能实现时，就不可避免会产生失望、焦虑、不满等情绪。

结合已有的问卷调查数据和访谈记录得出，从总体数据上来看，海南群体的社会信任呈现出中等偏上水平。大部分海南本地人对自贸港政策的了解程度一般,认为海南自贸港政策是个好政策,认为海南自贸港给予海南最大的发展是城市面貌发生了很大的改变,城市治安方面也得到了很大的改善,医疗教育等社会保障制度也方便了许多,解决了很多人的后顾之忧。而影响社会信任的主要因素包括人口学相关因素和社会心理因素两方面,将在下一节进行阐述。

第三节 社会信任的影响因素分析

社会信任受到诸多因素的影响,这些因素大致可以分为人口学因素、社会心理因素和其他因素,本部分也将通过相关分析、回归分析等方法呈现各种因素与社会信任之间的关系。

一 人口学因素对社会信任的影响

本研究将年龄、性别、民族等可能对社会信任产生影响的人口学因素作为自变量,将社会信任维度及各个题项得分作为因变量,研究海南人群的社会信任在各个变量上的差异性。

(一)性别因素

从性别因素上分析,男性海南人群的总体社会信任均值为 3.59 ± 0.85,女性海南人群的总体社会信任均值为 3.53 ± 0.72,即男性海南人群社会信任高于女性海南人群社会信任。社会信任维度在性别上总体并不呈现差异性($p = 0.134 > 0.05$),"D19 海南医疗、养老等社会保障制度解决了我很多后顾之忧"题项在性别上呈现出差异性($p = 0.043 < 0.05$),说明不同性别对于社会保障制度的看法和态度不一,男性对于社会保障制度显得更加满意。具体数据如表 7-5 所示。

表 7-5 被试社会信任维度及其题项得分在性别上的差异分析(n=1457)

	男性	女性	t	p
社会信任维度	3.59 ± 0.85	3.53 ± 0.72	1.499	0.134
D17	3.58 ± 1.34	3.56 ± 1.04	0.252	0.801

续表

	男性	女性	t	p
D18	3.4±1.14	3.38±1.08	0.213	0.831
D19	3.49±1.17	3.37±1.08	2.025	0.043*
D20	3.87±1.02	3.77±0.97	1.839	0.066
D21	3.63±1.04	3.55±1.00	1.452	0.147

注：* 表示 $p<0.05$。

许多研究表明女性的信任度低于男性，如王绍光、刘欣以及陈秋虹等的研究。他们认为，总体上妇女的社会地位要比男性低，而且在与人交往的过程中，她们还处在相对不利的位置。根据社会资本理论中的相对易损性，使得自身处境不利的女性在交往中由于担心失去而产生了更多的顾忌和不信任。

从医疗保障角度来讲，男女之间的医疗需求差距是导致这种差距的重要因素之一。女性退休较早，医保是个人账户和社会统筹，男女之间的收入差距导致了女性的个人账户积累的资金较少，这同时也体现出了在养老上男女性别的差异所在。从安全感的角度来说，女性比男性更倾向于用信任来补偿安全感。而这种心理表现在生活中就是，女性对邻里关系、同事关系的重视程度要远远高于男性，她们需要通过关系来获得对周围环境的信赖。而男性往往处于一个更具竞争性的环境中，他们更倾向于把对方视为对手。需求的差异也导致了人们对社会的信任存在不同观点。

（二）子女因素

从子女因素分析，海南独生子女人群的总体社会信任均值为 3.48±0.84，海南两名子女及以上人群的总体社会信任均值为 3.58±0.79，即海南两名子女及以上人群社会信任高于海南独生子女人群社会信任。具体数据见表 7-6。

表 7-6　社会信任维度及其题项得分在子女上的差异分析（n=1457）

	社会信任	D17	D18	D19	D20	D21
独生子女	3.48±0.84	3.53±1.07	3.28±1.16	3.28±1.15	3.76±1.05	3.55±1.09

续表

	社会信任	D17	D18	D19	D20	D21
两名子女及以上	3.58±0.79	3.58±1.04	3.45±1.05	3.46±1.09	3.82±0.96	3.59±0.96
其他	3.57±0.84	3.56±1.17	3.37±1.15	3.48±1.12	3.85±0.99	3.58±1.01
F	2.05	0.29	3.273	4.118	0.73	0.187
p	0.129	0.748	0.038*	0.016*	0.482	0.83
LSD			2>1*	2>1** 3>1*		

注：* 表示 $p<0.05$，** 表示 $p<0.01$。

社会信任维度在子女上总的不呈现差异性（$p=0.129>0.05$）。D18和D19两个题项在子女上呈现出差异性（$p=0.038<0.05$，$p=0.016<0.01$），数据表明独生子女的海南人群对于服务态度、办事效率和社会保障制度显得更不满意。经LSD事后检验，在D18题项上的差异主要来自具有两名子女及以上的海南人群和独生子女的海南人群；在D19题项上的差异主要来自独生子女组分别与两名子女及以上组和其他组的差异。两名子女及以上组的均值明显高于独生子女组。

独生子女家庭的海南人群对于服务态度、办事效率和社会保障制度显得更不满意，可能是由于独生子女家庭，子女未来负担重。相比非独生子女的家庭而言，独生子女在考虑自身发展时，要兼顾父母的照顾陪伴问题，并且当独生子女自己再有了孩子以后，赡养老人的压力也非常大，面对很多问题常常感到分身乏术。而父母在年老后需要得到小辈的照料，养老、医疗等保障制度对于独生子女来说就显得尤为重要。

（三）职业因素

从职业因素分析，海南农民群体的社会信任为 0.35±0.83，海南工人群体的社会信任为 3.54±0.89，海南政府工作人员群体的社会信任为 3.76±0.86，海南公司职员群体的社会信任为 3.52±0.77，海南学生群体的社会信任为 3.49±0.80，海南私营业主群体的社会信任为 3.31±0.86，海南专业人士群体的社会信任为 3.54±0.75，海南自由职业群体的社会信任为 3.64±0.79，具体数据见表7-7。

表7-7 被试社会信任维度及其题项得分在职业上的差异分析（n=1457）

	社会信任	D17	D18	D19	D20	D21
农民	3.35±0.83	3.39±1.25	3.40±1.20	3.41±1.27	3.79±1.04	3.56±1.10
工人	3.54±0.89	3.49±1.20	3.46±1.27	3.44±1.26	3.95±0.96	3.37±1.17
政府工作人员	3.76±0.86	3.81±1.07	3.66±1.07	3.61±1.12	3.96±0.98	3.75±0.98
公司职员	3.52±0.77	3.45±1.05	3.28±1.07	3.39±1.10	3.73±0.94	3.70±0.95
学生	3.49±0.80	3.53±1.02	3.35±1.03	3.37±1.00	3.72±0.95	3.47±1.03
私营业主	3.31±0.86	3.32±1.08	3.08±1.09	3.10±1.19	3.54±1.18	3.49±0.94
专业人士	3.54±0.75	3.58±0.97	3.29±1.07	3.34±1.01	3.88±0.92	3.63±0.91
自由职业	3.64±0.79	3.53±1.05	3.44±1.23	3.58±1.13	3.87±1.12	3.80±1.04
其他	3.58±0.77	3.73±1.04	3.46±1.05	3.44±1.09	3.86±0.96	3.39±1.06
F	3.593	3.585	3.522	2.368	2.575	3.257
p	0.000**	0.000**	0.000**	0.016*	0.009**	0.001**
LSD	3>4, 5, 6*** 3>7, 1** 3>2* 9>6** 8, 2, 7, 4, 1>6*		3>4, 6, 7*** 3>5** 3>1* 2, 1, 5>6** 9>6*			

注：* 表示 $p<0.05$，** 表示 $p<0.01$，*** 表示 $p<0.001$。

社会信任维度及其各个题项都在职业上呈现显著差异性（$p<0.01$），并且均表现为政府工作人员和自由职业者的社会信任感高于其他人群。经LSD事后检验，在社会信任维度的差异主要来自于政府工作人员组和私营企业主分别与其他组的差异，政府工作人员组的均值均显著高于其他组，私营业主组的均值显著低于其他组。

职业对社会信任水平的影响主要表现在不同职业所体现的不同程度的成功心态对社会信任水平的作用上。本研究中，社会信任维度及其各个题项都在职业上呈现显著差异性，并且均表现为政府工作人员和自由职业者的社会信任感高于其他人群。对于政府工作人员而言，他们相比普通市民更加了解政府的政策、服务等内容，同时享有的隐性福利等均高于普通职工，并且工作稳定不易受经济市场变化的影响；而自由职业者相比其他职业者在工作时间上更加自由，能更好地应对生活中的突发事件，因此这两类人群的社会信任显著高于其他工作群体。

（四）收入因素

从收入因素分析，月收入2000元以下的海南人群的社会信任为3.47±0.82、月收入2000—4000元的海南人群的社会信任为3.62±0.79、月收入4000—6000的海南人群的社会信任为3.61±0.78、月收入6000—10000元的海南人群的社会信任为3.47±0.85，月收入为10000元以上的海南人群的社会信任为3.45±0.89。社会信任维度和"D19海南医疗、养老等社会保障制度解决了我很多后顾之忧"题项都在月收入上呈现显著差异性（$p=0.017<0.05$，$p=0.002<0.01$），而且都表现为月收入2000—6000元的人群的社会信任感高于其他人群。经LSD事后检验，社会信任维度的差异主要来自于月收入2000—4000元组和4000—6000元组分别与月收入2000元以下组和6000—10000元组的差异。具体数据见表9。

在基本信念方面，农民工对社会地位的公平感及对命运的认识都会对其公平感产生一定的影响。被调查者越认为世界的公平、社会地位和成就取决于个体的素质和勤奋的工作，他们就愈感到社会公平；越认为自己可以改变自己的命运，越能改变自己的命运，就越觉得这个世界是公平的。在心理预期方面，农民工对就业收益的期望愈高，其不平等感愈强烈。在社会对比中，如果流动人口将其自身与成功人士相比，或者与其将来相比，其所受到的不公正程度也会更高。在归因取向方面，当外来人员觉得自己的生存状况是由于运气、社会和国家政策等外在因素所致时，他们就会因为对其不能掌控而感受到更多的不公正。

表7-8 被试社会信任维度及其题项得分在月收入上的差异分析（n=1457）

	社会信任	D17	D18	D19	D20	D21
2000元以下	3.47±0.82	3.46±1.10	3.38±1.10	3.11±1.12	3.73±1.02	3.48±1.05
2000—4000元	3.62±0.79	3.67±1.04	3.47±1.11	3.52±1.11	3.85±0.97	3.59±1.01
4000—6000元	3.61±0.78	3.59±1.06	3.42±1.10	3.51±1.06	3.89±0.91	3.65±0.97
6000—10000元	3.47±0.85	3.53±1.11	3.22±1.08	3.27±1.12	3.80±1.03	3.53±1.06

续表

	社会信任	D17	D18	D19	D20	D21
10000 元以上	3.45±0.89	3.45±1.14	3.27±1.11	3.20±1.24	3.62±1.13	3.70±0.94
F	3.018	2.142	2.305	4.199	2.308	1.687
p	0.017*	0.073	0.056	0.002**	0.056	0.151
LSD	2>4, 1* 3>4, 1*			2>5, 1* 2>4** 3>4, 5, 1*		

注：* 表示 p<0.05，** 表示 p<0.01。

关于收入不平等理论的研究表明，社会信任的改变主要是由两个方面引起的：第一种是社会心理机制，即收入的客观不平等增加了个人的主观不公正，从而使大多数人对他人缺乏普遍的信心。生活在较为不公平的环境中的低收入群体，往往更容易在社会比较中感受到相对的贫乏，因而很难相信别人。第二个是新唯物主义机制，它从物质资源的视角解释了收入对社会信任的影响。一方面，由于社会各阶层之间的社会资源分布不均衡，使阶级关系更加牢固，因而造成了社会信任的下降；另一方面，对于那些具有高容忍能力的区域，其公共投资水平相对较低，而有限的公共资源导致了社区居民关系的紧张和相互间的互信。在本研究中，数据表明，较高的收入水平会增强人们对于不恰当的社会信任决策所造成的损失的承受能力，提高其社会信任水平；但由于收入越高需要承担的社会责任也越多，因此社会信任水平与月收入呈现出倒 U 形趋势。

二 社会心理因素对社会信任的影响

影响社会信任的社会心理因素是多元的，通过对海南社会心态问卷的 9 个维度进行相关检验（如图 3-12 所示），结果显示：社会群体活动感、社会适应与社会认知密切相关。因此通过相关分析—元线性回归分析来探究诸多因素对社会信任的影响。

（一）社会群体获得感

采用 Pearson 积差相关分析的统计方法，进一步探究社会信任与社会群体获得感的相关关系，结果表明，社会群体获得感总维度与社会信任总维度（r=0.705，p<0.01）及其各个题项 D17（r=0.542，p<0.01）、D18（r=0.534，p<0.01）、D19（r=0.584，p<0.01）、D20（r=0.532，p<0.01）、D21（r=0.514，p<0.01）上均呈现正相关，并且社会群体获得感总维度与社会信任总维度之间的相关达到了强相关程度。为进一步探索两者间的关系，将社会信任总维度作为因变量，社会群体获得感总维度作为预测变量进行一元线性回归分析，结果如表7-9所示。

表7-9　社会信任维度与社会群体获得感维度的一元线性回归分析

变量	未标准化系数		标准化系数	t	F	p	R^2
	B	标准误	Beta				
常量	1.051	0.068		15.546			
社会群体获得感	0.709	0.019	0.705	37.951	1440.303	0.000	0.497

由上表可知，对社会信任来讲，社会群体获得感这个变量能预测49.7%的变异量，其标准化回归系数为0.705。非标准化回归方程为：y = 0.709 * x + 1.051（y 为社会信任维度分，x 为社会群体获得感维度分）。结果表明社会群体获得感维度分正向预测社会信任维度的得分。

获得感包含了物质与精神两个层面。获得感首先要从改善物质生活条件入手，即改善住房、增加收入、接受优质教育等。其次，要使人人有理想，有追求，有尊严地生活，享有平等的权利。而社会保障与社会公正是衡量社会信任的重要指标，因此，社会成员的获得感必然会对其产生一定的影响。总体而言，社会信任是一种心理—行为关系，它是一种随社会期望、实际获得感与知足之间的比率而发生变化的过程。利他价值观念的培养、社会交往中的坦诚守信、强烈社会责任感的感召以及公权力权责履职的落实，都是推动形成稳定、健全的社会秩序时不可或缺的重要动力。

（二）社会适应

采用 Pearson 积差相关分析的统计方法，进一步探究社会信任与社会适应的相关关系，结果表明，社会适应总维度与社会信任总维度（r =

0.608，p<0.01）及其各个题项 D17（r=0.471，p<0.01）、D18（r=0.420，p<0.01）、D19（r=0.452，p<0.01）、D20（r=0.510，p<0.01）、D21（r=0.488，p<0.01）上均呈现正相关，并且社会适应总维度与社会信任总维度之间的相关达到了强相关程度。为进一步探索两者间的关系，将社会信任总维度作为因变量，社会适应总维度作为预测变量进行一元线性回归分析，结果如表7-10所示。

表7-10　　社会信任维度与社会适应维度的一元线性回归分析

变量	未标准化系数		标准化系数	t	F	p	R^2
	B	标准误	Beta				
常量	1.140	0.084		13.505			
社会适应	0.637	0.022	0.608	29.176	851.258	0.000	0.369

由上表可知，对社会信任来讲，社会适应这个变量能预测36.9%的变异量，其标准化回归系数为0.637。非标准化回归方程为：$y = 0.637 * x + 1.140$（y为社会信任维度分，x为社会适应维度分）。结果表明社会适应维度分正向预测社会信任维度的得分。

人本主义心理学家马斯洛的"需要等级"理论认为，人与人之间的关系和尊重是个人的基本需要，而要与别人建立亲密、融洽、赞扬和信任，就必须建立起一种良性的人际关系，从别人那里得到支持和认同。而人际交往或社交技巧则是以一个人是否能够正确地对待和维持一个良好的人际关系来衡量和反应一个人的社会适应性。个人可以从社会网络中获取普遍或具体的支持资源，以协助弱势群体解决问题或危机，增强其对生存的适应能力。最早在阐释信任倾向与社会适应关系时，就有学者提出个体信任倾向越高，亲社会行为会越多，更能被他人接受。由此可见，个体的社会适应性越强，那么他的社会信任度也越高。

（三）社会认知

采用Pearson积差相关分析的统计方法，进一步探究社会信任与社会认知的相关关系，结果表明，社会认知总维度与社会信任总维度（r=0.558，p<0.01）及其各个题项 D17（r=0.436，p<0.01）、D18（r=

0.442,p < 0.01)、D19（r = 0.435,p < 0.01)、D20（r = 0.443,p < 0.01)、D21（r = 0.385,p < 0.01）上均呈现正相关。

社会认知，是个体如何理解与思考他人，根据环境中的社会信息形成对他人或事物的推论，是个人对他人的心理状态、行为动机、意向等作出推测与判断的过程。社会认知的过程既是根据认知者的过去经验及对有关线索的分析而进行的，又必须通过认知者的思维活动（包括某种程度上的信息加工、推理、分类和归纳）来进行。中国的人际信任大部分建立在亲疏关系的认知基础之上，社会认知对于社会信任的影响也主要表现在人际信任方面。已有研究采用投资博弈，以大学生为被试探讨关系认知（亲疏关系、阶层关系）和特质认知（以善意为例）对中国人人际信任的影响。结果发现，亲疏关系认知、阶层关系认知和善意认知都会影响中国人的人际信任；关系越近、阶层越高、越善意，信任水平越高；随着亲疏关系下降或善意降低，阶层关系对信任水平的作用之间的差异逐步减弱。

三 政策因素对社会信任的影响

在实地研究中发现，部分海南民众认为海南的自贸港建设是为了吸引外地人来海南发展，从而推进海南的经济，对外地人提供一系列的优惠政策，而对本地人的帮助少之又少，因而对政府的相关政策有抵触心理。虽然从总体调研数据来说，海南人群的总体社会信任较好，但也存在以下两个方面的问题：一是从普通市民角度讲，他们讲究直观感受，也就是说海南自贸港是否能给他们带去实实在在的、跟切身利益相关的东西，但从目前来看并为达到，还存在一些负面因素。二是自贸港部分政策面向外来人员，但由于相关建设和配套政策缺乏连贯性等问题，许多引进落户的人才又陆续离开海南。这些问题都现实地反应在海南人群的生活中，影响着海南人群的社会信任，因此，政府政策对于社会信任产生较大影响。

四 其他因素对社会信任的影响

影响社会信任的因素还可以从信任本身出发，分为信任者、信任对象、社会环境和传播媒介。首先，信任者因素，包括个人的信任、群体的信任。不同的人，对同样的人和事物会有不同的信任。易信者比较受人欢迎，但也容易受骗上当，进而走向反面，变成更不信任别人。小群体对个人的信任是对熟人的信任，大群体对个人的信任主要是对陌生人的信任，对其他群体和组织机构的信任，也是对"异己者"的信任，因而会受到个别的人和事的影响。其次，信任对象因素，分为人和事物。值得信任的人，被人们了解后总会得到信任，并被延伸到对同类人的信任，以及其周围事物的信任，而不值得信任的人则会处于相反的状况。对事物而言，人们容易对小事产生较多的信任，而对大事则不愿轻信。再者，信任环境因素，包括信任者的家庭、朋友、社区等小环境，政治、经济、文化、社会等大环境。小环境在很大程度上影响着信任者的性格，家庭环境和谐，亲友的可信度越高，便容易相互信任。最后，传播媒介因素。传播媒介的质量，尤其是真实、全面、客观、公正程度，决定了人们对媒介的信任度，进而影响人们对媒介机构及其主办、主管方的信任度，乃至对社会的信任度。

第四节　社会信任的提升途径

根据上述对于社会信任的现状研究以及影响因素分析，以下将从构建良好政府信任制度、控制利益分配与贫富差距、营造良好社会信任环境、发挥良好社会资源四个方面，对社会信任的整体提升提供一些方法支持。

一　构建良好政府信任制度

在现代社会，传统社会人际信任特征逐步消失，健全的制度信任机制的缺乏，促使我们既要从传统文化中吸取必要的营养，又要不断构建和完善符合社会发展的制度信任机制。制度信任的构建和完善是人类社会发展的必然趋势，它的建立和完善是建立起一套合理、完整的制度规范，使人们对制度的信赖得以充分发挥，进而推动整个社会的发展。

随着我国社会结构的变化，我国现行的社会体制存在着许多不完善的方面，或者是在执行中存在着一定的执行力、监管力度不够等问题，从而造成了我国社会信任体系的缺失。制度是建立陌生人社会信任的基础，是建立现代社会信任的先决条件。在新的社会架构下，要减少人际关系的复杂性，并减少其风险，需要建立健全的制度信任体系，主要有以下两个着力点：一是着力健全和完善现有诚信制度体系，特别是法律体系的完善；二是着力增强普通契约关系的真实可靠性，即增强各层次社会主体对制度承诺的信任度。

（一）构建政府信息公开制度

诚信政府的首要任务是将政府信息进行公开。实践证明，越是保密的活动，就越是容易造成社会不信任，从而降低公众对政府的信任。而政府行为若能做到公开、透明，就能促进政府与人民之间的良性互动，就能极大地减少公众对政府的信心危机。

信息披露机制的不健全是导致权力腐败的主要根源，也是制约政府公信力的一个重要因素。权力源自公共生活和公共利益的需求，因而权力的本质是公共性。然而，在实际的社会中，一些官员手中的权力已经不能再为人们所用，而只是一种工具，一种资源，一种特殊的权利；市场经济条件下，各类诱惑层出不穷，公职人员面临诱惑，成为权利的奴隶，进行权力与金钱的交易，从而失去了官德；在当前社会收入差距日益拉大的情况下，某些公职人员或不满现状或持有权力不必过时、废止观念等原因，走上了不能回头的道路。这些偏离了权力本质特性的现象，使得为民服务成为了"权力之恶"，从而直接造成了公众对政府的不信任，削弱了政府的公信力。因此，要想化解社会诚信的道德危机，必须要建立健全政府信息公开体系，充分发挥群众监督和社会监督的力量，防止社会的腐败。

（二）构建政府失信惩戒制度

虽然行政机关及其工作人员在行使行政权力时必须遵循诚信原则，但由于其自身素质的差异以及自身的人性弱点等因素，使得公职人员在行使权力过程当中，难以避免地出现违反诚信原则的行政失信行为。许多村民反应村干部不作为，变卖公有土地等情况。也有村民反应在选举过程中自己的意愿不能很好地体现，存在花钱买票的现象。

因此，为有效地落实行政诚信原则，建立健全我国的行政失信救济机制，对于行政失信行为的发生，必须给予相应的惩罚。为了避免流于形式，行政失信惩戒制度需要从两方面加以完善：一是扩大行政责任的适用范围，使行政主体对其失信行为承担相应的行政责任，如行政赔偿责任等。二是增加惩戒行政主体失信行为的责任形式，如公开道歉和引咎辞职等。

二 控制利益分配与贫富差距

在现实社会中，利益分配的失衡已为事实。海南众多人群在听到问卷上"您觉得社会大部分是公平的吗？"时表示不平等。因此，在政策制定和实施中，必须充分体现和保护最广大人民的利益，把社会公正、社会信任等作为政策要素，真正实现公平、效率的统一。加强宏观调控，构建科学的分配制度，有效地抑制不合理的分配方式，净化良好的社会财富环境。只有如此，社会的利益结构才能得到合理地调节，才能从根本上解决社会的信任问题。

公务员、事业单位等政府工作一直都是受到大多数人青睐的岗位，尤其是在经历巨大的社会突发事件（例如，新冠疫情）之后，大多数人群都希望能找到这样的稳定工作。相比较而言，一些私营或者民营企业面对突发公共事件时，所受影响较大。本次调研数据表明：政府工作人员的社会信任明显高于其他工作群体，而私营企业的社会信任明显低于其他工作群体。由此可见，为提高总体社会信任，势必要提高对私营企业的关注，通过拓宽私营企业投资空间，加大融资支持力度，做好私营经济发展示范工作等措施来切实给与支持。

三 营造良好的社会信任环境

良好的社会环境是社会信任培育的温床，以一种"浸润式"的形式，潜移默化地对人们的思想和行为产生影响，促进性别的弹性平等化、关注民族地区的民生问题、弘扬优秀道德文化等措施都是营造良好社会环境的有效途径。

（一）促进性别的弹性平等化

研究指出，性别是影响社会信任的一个重要因素，而究其根本还得源自于传统的男尊女卑思想。虽然现代社会这一思想已经有了较大的转变，女性也从家庭主妇的单一角色扩展到了工作领域，并且国家也颁布了许多政策保障妇女的权利，如平等就业权利（促进公平就业，消除就业性别歧视），针对不同妇女群体就业创业中面临的困难出台支持性政策措施，不断改善妇女就业结构，保障农村妇女的土地权益（确保农村妇女平等享有土地承包经营权，宅基地使用权和集体收益分配权），提高妇女社会保障水平等。但是在经济状况不太好的地区，尤其是农村地区，男女不平等的现象屡见不鲜；同时在就业上对于女性的偏见更是严重。所以，要有效地提高社会信任，需要更有针对性地为女性争取平等所需提供支持，尤其是研究中所提及的社会保障制度。这里所强调的平等，是根据需求所提供的平等，而非是不论具体实际的量上的平等。

（二）关注民族地区民生问题

海南岛是多民族地区，自贸港建设自然离不开各个民族的共同努力。因此，必须采取相关措施来提升各民族的社会信任，以求民众带着良好的社会心态参与自贸港的建设，具体措施如下：一是强化少数民族流动人口管理服务力度，要把工作重点由农村为主，转变为农村与城市并重，民族地区与杂散居地区并重，与公安、市场监管等相关部门加强沟通联系帮助解决城市少数民族群众面临的困难和问题。二是着力构建各民族共有精神家园，加强社会主义核心价值观教育、中华民族共同体意识教育，健全常态化宣传教育机制，推动建立相互嵌入式的社会结构和社区环境，鼓励各族群众共居、共学、共事、共乐，使各族群众交得了朋友、做得了和睦邻居、结得成美满姻缘，让少数民族群众更好地融入城市。三是贯彻落实党的民族政策和法律法规。建立民族政策和民族法律法规执行情况监督检查机制，重点清理规范执法监管单位和窗口单位、服务行业等领域违反民族政策和歧视少数民族的行为。

（三）弘扬社会信任的优秀道德文化传统

讲信用历来是中国优良的道德文化传统。构建和谐社会，需要健全的社会信任伦理制度，提倡人与人、人与己、权与责、义与利、得与失，使诚信、信用、公平、诚信等道德要素渗透到社会的方方面面，为社会的信任打下坚实的基础，使社会主义社会朝着全面、协调发展的轨道上健康、迅速地前进。

我们必须在传统的信任基础上，将对血缘、地缘、亲人、朋友的信任，扩大到对社会公众、公民社会和对经济活动的主体的普遍的信任。传统信任也有其本质，在中国的社会主义市场经济环境下，不仅要重视价格机制，还要重视对亲人的牵挂和温暖。否则，所谓的"完全市场化"就会成为金钱至上、"一切以钱为本"的冷漠金钱关系。因此，我们应该从中国传统的信任文化中汲取精髓，扩大信任的范围，把邻居、同事、朋友甚至路人等都纳入信任范畴。孟子云："老吾老，以及人之老；幼吾幼，以及人之幼。"社会信任的出发点在于，尽管"吾老"和"吾幼"都不能止步于此，还要将自己置于他人的角度，扩大信任与关怀的范畴，以达到"人之老"和"人之幼"的平等关怀与信赖。

四 发挥良好社会资源作用

良好的舆论环境是海南自贸港建设的重要促进力量。随着时代的发展，新媒体成为中国"第一媒体"和最重要的"舆论场"，这个新格局打破了传统宣传工作和舆论引导方式的局限，公众的知情权、参与权、监督权日益强烈。由此，我们要呼吁新媒体进行创新宣传和舆论引导，为自贸港建设提供有力的思想保证和强大的精神力量，具体内容可包括：加强宣传工作，为自贸港建设注入强大能量；加强党对意识形态工作的领导，发挥主流媒体主力军作用；尊重新闻传播规律，提高舆论引导的有效性；加强网络意识形态管理，强化舆情研判及响应机制；加强国际传播能力建设，提升海南国际影响力；坚持以人民为中心，提升全岛人民的获得感幸福感。

社会心态是一段时间内广泛存在于整个社会和各类社会群体中的，由社会情绪、社会认知、社会价值观和行为意向构成的宏观的、动态的、突生的社会心理态势，具体表现为：广大人民对党中央和中央政府的信任度较高；对已有成就充满自豪感，对未来发展持乐观预期；社会价值观务实理性，进取精神不减；群际关系相对和谐，集群行动风险可控。本研究数据显示：社会认知、社会需要与动机、社会情绪、社会认同、社会群体获得感、社会适应、社会价值和社会行为均与社会信任成正相关，其中社会群体获得感和社会适应两因素与社会信任因素更是呈现强正相关且有一定的预测作用。由此可知，社会心态的总体提高或者其他维度的提高也会导致社会信任的提高。所以，我们要积极关注社会心态某些方面的消极问题

（例如，与财富和收入分配差距有关，相对剥夺感和怨恨情绪突出；与优质教育资源、医疗资源、就业机会的稀缺有关，社会焦虑与心理压力弥漫；对物质财富的追求，延宕为泛化的物质主义价值观等），以求将消极转化为积极，提升整体状态。同时，社会心态的提高表明民众对于社会生活中的教育、就业、医疗等需要的满足，当人们的中低级需要得到满足后，才会衍生出高级的精神需要，在精神上、行动上支持国家相关建设，推动相关地区的发展。

第八章　社会认同研究

社会心态是一种综合的社会心理现象，是一定时期内社会成员心理状况的整体面貌，是社会存在的心理反应。社会心态的内容诸多，包括了社会信任、社会期待、社会需求、社会获得感、社会认同、社会价值等内容。其中，社会认同与社会心态的关系密切，社会成员对他们所处的社会持有什么样的认同类型，在很大程度上预示了他们相应的社会心态。积极类型的社会认同，例如亲社会行为、合作行为、信任行为等，都会促进积极社会心态的形成。社会成员积极的社会心态能够为社会的发展提供内生动力，创造良好的社会心理环境，尤其是当社会处于变迁阶段时。海南目前正在进行自贸港建设，一定也会发生相应的社会变迁。在这种背景之下，研究海南民众的社会认同与社会心态之间的关系，就具有现实性和迫切性。

因此，本部分内容聚焦于海南民众的社会认同，分析海南民众社会认同的现状、特征、影响因素，并探究提升社会认同的策略与路径，以期为培育海南民众积极的社会心态提供参考。

第一节　社会认同的研究述评

社会认同一直以来是社会学、心理学，尤其是社会心理学的重要研究主题，中西方学术界关于社会认同也进行了长足深入地研究。关于社会认同研究的述评，主要从社会认同的研究起源、概念、理论与过程、研究方法、研究现状和影响因素几个方面进行，并总结当前社会认同研究的特点与不足。

一 社会认同的研究起源、概念、理论与过程

著名的德国心理学家冯特在其学术生涯的后期转向研究民族心理学，并用20年的时间陆续出版了十卷本的《民族心理学》，为民族心理学、文化心理学、社会心理学奠定了基本的研究范式和研究模型。冯特的《民族心理学》强调人类心理的群体性、文化性、连续性，因此也被认为是描述了社会心理学的学科雏形。自此以后，社会心理学的研究内容，包括社会认同，被逐渐纳入到一个统一的学科体系之中。

（一）社会认同的研究起源

心理学中的"认同"（identity）一词由弗洛伊德率先提出。而后埃里克森在该基础上提出了"自我同一性"这一概念。社会身份论对社会认同理论研究的进程有着启发作用。该理论源于多国家、多民族、多语言的欧洲地区。在19世纪时，欧洲政治革命迅速蔓延，国民主义不断兴起，由于欧洲各个国家均以本民族文化为傲，使得各国语言族群间纷争四起，社会身份论就是在这种环境下诞生了。

在社会认同理论产生之前，大多数关于群体行为的研究集中于关注个人偏见和歧视的模式上。而与这些研究路径不同的是谢里夫的现实冲突理论（Realistic Conflict Theory，RCT），该理论认为群际冲突与歧视的形成是由群体利益的现实冲突所导致，与此同时，群体利益的现实冲突也促进了对内群体的认同过程和积极依恋。然而对内群体的认同过程在现实冲突理论中却没有得到充分的重视，只是被当作群际冲突的一种副现象。这些被现实冲突理论所忽视的重要问题正是随后诞生的社会认同理论的关注重点。

（二）社会认同的结构

国内心理学家将社会认同分为了四个维度，分别为认知、情感、动机和行为。认知维度指与其他群体相比，个体对其所在群体的认知和了解程度，以及对群体内其他成员的身份承认程度；情感维度指在社会认同中的意义为个体所属的某一特定群体的情感、联系和依赖，即联系得越紧密，其社会认同状况就越好；动机维度，指个体从心理之上所选择某个群体进行交往的原因和目的；行为维度，指个体对于其所处群体的各种作为或不

作为情况。

有学者将社会身份动机归纳为四大要素。一是提升自我，Tajfel 在社会身份理论中提出了一种对社会认同的影响，通过了解群体来提升自我价值。由此，提出了"社会身份"与"社会比较"的关系十分紧密的社会认同原则；二是降低不确定感或增强认知安全感，在"社会身份"中，人们明确了自己和本群体的特点，以及其他群体的特点。人一旦拥有了这种认识，就可以根据自己的社会地位，来预测自己的行为，并且知道该怎么和别人打交道。这能减少对生命的不确定感，同时也给人一种对社会的认识的安全感。由此提出两个原则：（1）并非所有的社会成员都可以减少社会生活的不确定，这要求社区成员的组成要简单、身份标准清楚；（2）认同规范清晰，成员组成简单，这种倾向性的强弱也因人而异。三是要符合归属感和个人需求，在社交活动中，人们希望保持个人的身份，同时也希望通过对团体的依赖来获得归属。在群体中，个人会有一种归属感。归属感和保留人格需求的需求程度越高，则个体需求越少，个体需求越能包容更多的群体。相反，他们倾向于更排外或者更少的群体。四是寻找存在的意义，当人类意识到自己即将死亡的时候，就会感觉到一种恐惧，而当恐惧被激活，如果他们认为自己还活着，那么恐惧就会被暂时地缓解。所以，当人们想起死亡的时候，他们的社会认同感就更强了。

（三）社会认同理论

社会认同理论由 Tajfel 等人在 20 世纪 70 年代提出，以群体行为为主要研究内容，但从其产生的历史背景上来看，社会认同研究是在宗教冲突、种族冲突的历史背景下产生的。[①] 后来 Turner 又提出了自我归类理论，进一步完善了这一理论。[②] 社会认同理论强调了社会认同对群体行为的解释作用，它的提出促进了社会心理学在相关领域的发展，为群体心理学的研究做出了巨大贡献。[③]

[①] 赵志裕、温静、谭俭邦：《社会认同的基本心理历程——香港回归中国的研究范例》，《社会学研究》2005 年第 5 期。

[②] ［澳］约翰·特纳等：《自我归类论》，杨宜音、王兵、林含章译，中国人民大学出版社 2010 年版，第 46—53 页。

[③] Brown R., "Social Identity Theory: Past achievements, Current Problems and Future Challenges", *European Journal Social Psychology*, Vol. 30, 2000, pp. 745–778.

Tajfel 将社会认同定义为,"个体认识到他(或她)属于特定的社会群体,同时也认识到作为群体成员带给他的情感和价值意义。"[①] 社会认同的具体表现是一个人在某个团体中取得了自己的身份,而在此过程中,他就是一个积极的社会身份的形成,而这一过程又是通过与外部团体的对比而得到的。个人对内部群体的认同、环境对群体的比较、外部群体的可比性等是影响个体内部群体与外部群体区别的重要原因。社会身份在团体中的地位、态度、行为等方面起着举足轻重的作用。

社会身份理论把社会身份分为社会类别、社会比较和积极区分原则。社会分类法是指人们在自我和他人之间自发地进行内部团体与外部团体之间的区别。当个体将自己归为某一群体成员时,也会将符合这个群体的特征赋予自己,将自己塑造成为一个符合内群体成员特征的人。社会比较通过积极区分原则,使个体对内群体产生积极评价,同时在特定的维度上夸大与外群体的差异,这样就使得个体产生对内群体和外群体的不对称评价和行为,从而使个体偏向于内群体,实现个体在认知、情感和行为上对内群体的认同。积极区分就是个体在获得某一群体身份的过程中,在能够将内群体和外群体区分开来的维度上表现得比其他群体成员更加出色的一种动机,这种动机的来源就是个体的自我激励需要。个体在进行内群体和外群体的区分过程中,以积极区分为原则,客观或主观地认为自己所属的群体比其他群体优秀,同时会将群体差异放大,就会引发群际偏见、群体冲突。[②]

社会认同理论作为一种社会心理学中的重要理论,其研究对象是社会群体,社会认同理论既强调群体内部互动,即群体成员之间的互动,也强调群体之间的互动,对于普遍意义上的群体研究具有重要的指导意义。

(四)社会认同的基本过程

社会认同理论认为,社会认同是由类化、认同、比较建立的,因此社会认同理论又被称作 CIC 理论(categorization-identity-com-parisontheory)。

[①] Tajfel H., *Differentiation Between Social Groups: Studies in the Social Psychology of intergroup Relations*, London: Academic Press, 1978, pp. 346 – 389.

[②] 张莹瑞、佐斌:《社会认同理论及其发展》,《心理科学进展》2006 年第 3 期。

类化是个体通过对大量的环境刺激的组织和分类，简化知觉以适应社会现实。强化效应说明，当对象一旦被分类后，对于类别成员间的相似性的知觉，会比其真正的相似性来得大，而对不同群体成员之间差异的知觉，也会比其真正的差异来得大。换句话说，类别之内的相似性和类别之间的差异会被强化。身份是社会身份的重要组成部分。在此，"身份"一语包含两种意思：一种是鉴别和区分的意思，即从大量的人群或事物中辨别一个人或事物。社会认识论接受了这种意义，认为"同一性"是指能够区分个体和其他个体的社会性特性，因而根据个体特性所构建的个体就叫作个体，而根据"社会团体"的身份来构建的社会。第二个意义就是对等。在社会性认同方面，如果一个特定的团体的成员资格被接受以确立其自身的社会身份时，它就会给自己带来与内部团体相适应的特性。在任何一种自我评估中，都有一种与别人相比的潜质。在自我评估中，要与其他社会群体进行隐性的对比。任何一种社会类型的素质只有在与其所属团体或其所属团体之外的成员进行社会对比时才能体现出其积极的社会身份。社会对比使这种划分过程更为清晰。

二　社会认同的研究方法

在心理学科领域，我国学者主要采用文献分析结合实证研究法、理论分析结合建模法、问卷调查结合数据分析法对社会认同进行研究。

（一）内隐测验法

在测量社会认同的过程中，为测量和单一态度之间的连接强度，多采用内隐联想测验（Implicit Association Test，IAT）。该测验由 Greenwald 等于 1998 年首先提出，此后，国内外很多学者开展了大量的 IAT 研究。相对于经典 IAT，Karpinski 等在 2005 年提出对 IAT 进行修正，用单类内隐联想测验（Single Category Implicit Association Test）测量内隐性别认同和内隐自尊。使得经典 IAT 中只能测量相对态度，对只测量单一对象的内隐态度无法解决这一难题得以弥补。在我国，多用 SC-IAT 的研究方法来探讨各群体单一对象的内隐态度的特点。

何梅念与郭田友在对深圳外来工子女对当地社会认同内隐态度的研究中使用了该测验方法。设置了自我—地域及地域—偏爱两种内因联结测验。探明了深圳外来工子女在社会认同内隐态度上的自身特点。[1] 在对初中阶段城市农民工子女的社会认同研究中,贺雯、莫琼琼也使用了单类内隐联想测验（SC-IAT）,发现了该群体存在积极的内群体认同,具有内群体偏好,更容易将本群体概念词与积极属性词连接在一起。他们虽然在社会上受到一定程度歧视,但出于自我价值的保护以及自尊的需求仍具有积极的内群体认同。[2]

（二）问卷测量法

在对流动人群进行社会认同的研究中,多使用社会认同问卷和城市适应问卷。大多对社会认同的研究中会用到社会认同问卷,由于各研究者想要探索的大方向不同,大都会在原有问卷的基础上进行改动。袁晓娇在探究流动儿童社会认同特点的文章中根据 Ward 和 Rana-Deuha 的文化适应模式索引进行修订。根据探究问题对量表题项进行改动,使量表灵活性得到提升。[3]

王中会利用蔺秀云编写的《流动儿童社会认同量表》,对流动儿童的社会认同与学校适应的关系进行了探讨。修改后的表格在信度和结构效度上均较好。此外,本问卷还对流动儿童的社会身份和文化适应性进行了调查。结果显示,流动儿童更容易接受家乡身份和自我肯定。本研究将此量表应用于《流动儿童心理韧性对主观幸福感的影响：社会认同的中介作用》。[4]

三 社会认同的研究现状

近几年来,随着我国社会化进程的加快,我国社会认同的研究也得到了较快的发展,研究对象的取向在这段时间不断增多。以社会认同为主题的研究对象,不仅呈现了社会转型时期的时代特点,也呈现出中国文化与

---

[1] 何梅念、郭田友：《深圳外来工子女社会认同的内隐研究》,《中国心理卫生杂志》2008年第12期。

[2] 贺雯、莫琼：《初中阶段城市农民工子女的社会认同研究》,《心理学探新》2015年第35期。

[3] 袁晓娇、方晓义、刘杨、蔺秀云：《流动儿童社会认同的特点、影响因素及其作用》,《教育研究》2010年第31期。

[4] 王中会：《流动儿童心理韧性对主观幸福感的影响：社会认同的中介作用》,《中国特殊教育》2017年第6期。

民族的特性。

（一）国内已有研究概览

在中国知网中，将主题设置为"社会认同"作为检索条件，截至2022年4月23日，共检索出各类文章10971条，利用中国知网的文献计量功能，分析我国关于社会认同的研究概览。

1. 发文数量的年份变化

发文数量的年份变化反映了某一主题研究热度的变化，也在一定程度上反映了特定的社会时期对该主题的需求程度。统计有关"社会认同"研究成果的年份变化，结果如图8-1所示。

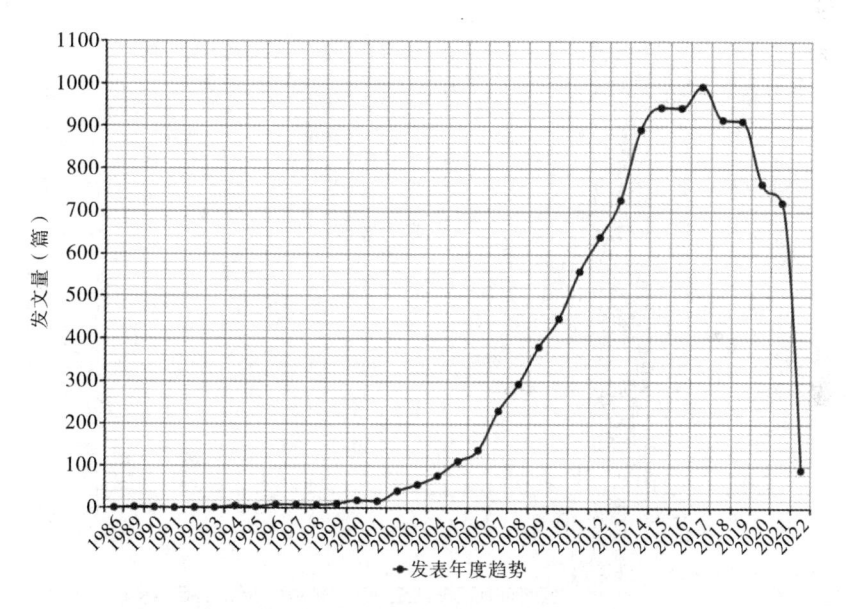

图8-1　"社会认同"研究成果的年份变化

图8-1显示，我国学界关于"社会认同"的研究成果在2001年之前基本处于无进展时期，从2001年至2006年发文数量缓慢增长，在2007年到2016年的10年间，发文数量逐年上升，且增长率较高，说明这一时期我国社会正在对于"社会认同"的探索需求较为强烈。而从2016年至今，关于"社会认同"的发文数量呈现缓慢下降的趋势。

整体而言，在心理学学科范式下，关于"社会认同"的研究成果总体数量不多,说明国内心理学界对"社会认同"的关注度较低。造成这种现象的原因可能在于"社会认同"这个概念本身的心理学色彩较低,没有引起心理学界的关注,也有可能是由于心理学研究者将"社会认同"分解为了更加具体的下位概念进行研究,例如身份认同等。这也提示我们在心理学学科范式下进行关于"社会认同"的研究时,更需要注意其操作性定义和测量指标的建构。

2. 主题词共现

在所有关于"社会认同"的研究成果中,统计这些成果中所涉及的主题词的共现情况,如图8-2所示。

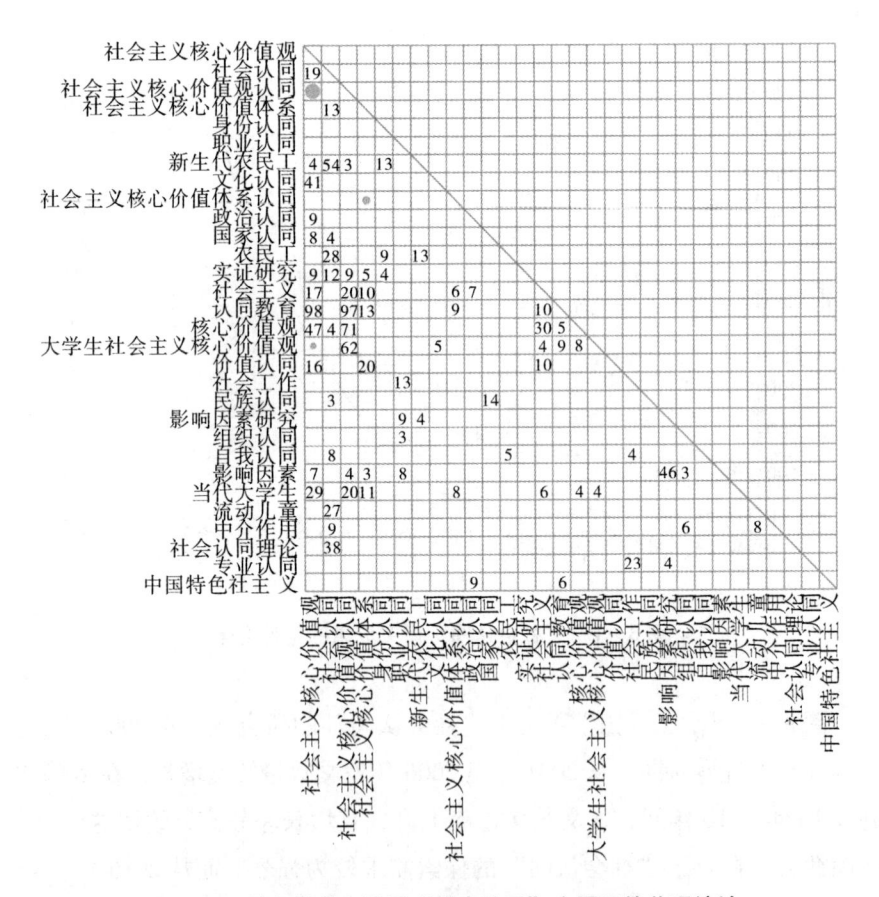

图8-2 所有学科中涉及"社会认同"主题词的共现统计

从图 8-2 可知，涉及社会认同的主题词涵盖了教育学、社会学、民族学等学科，这一方面印证了社会价值是一个多学科研究的主题，另一方面也说明了社会认同是一个内涵十分丰富的概念，从某一学科进行研究时，需要对其进行较为精确的定义。

社会认同、流动儿童、社会支持、亲社会行为、群体认同、社会适应、道德认同是心理学范式下社会认同研究的主要主题词，说明心理学对于社会认同的研究主要基于社会心理学的视角，同时对社会认同的定义也更倾向于社会互动与社会信任。

3. 研究趋势

自 2018 至 2022 年，心理学领域有关"社会认同"的研究成果中，每年的主题词都有所变化，情况如图 8-3 所示。

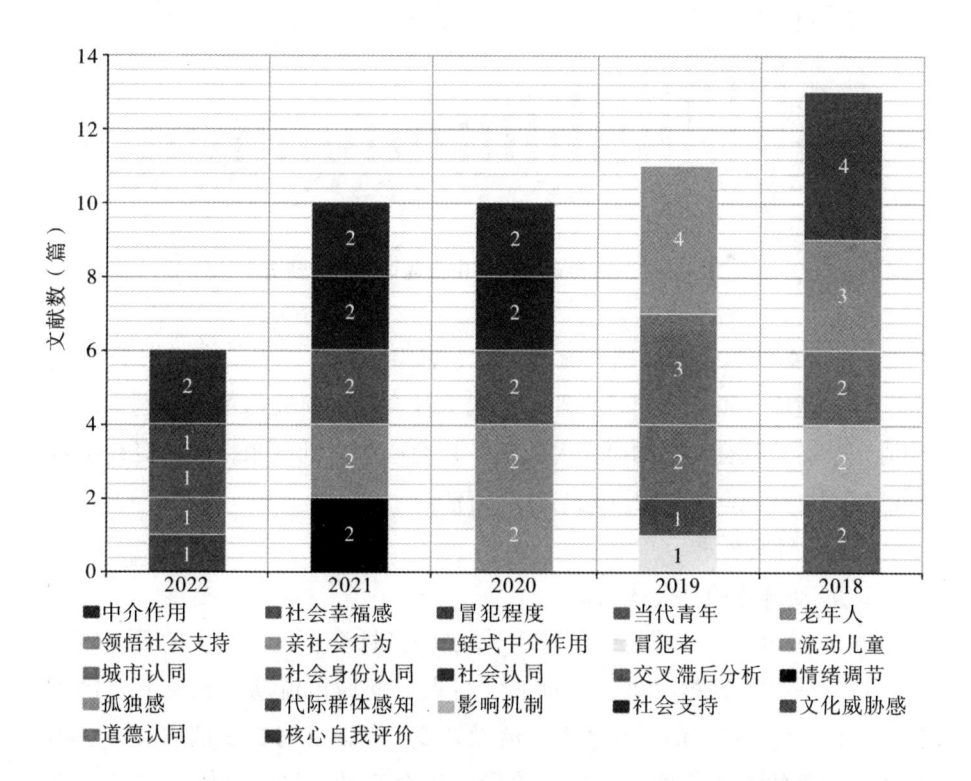

图 8-3　近五年关于社会认同研究成果中主题词的年份变化

从图 8-3 可知，在关于社会认同的心理学研究中，与亲社会行为、社会支持、核心自我评价等主题词有关的文章呈现较多，说明这些主题词所代表的研究内容是此类研究中较为频繁的主题，同时也说明了这三者是社会价值的心理学研究中较为重要的内容。

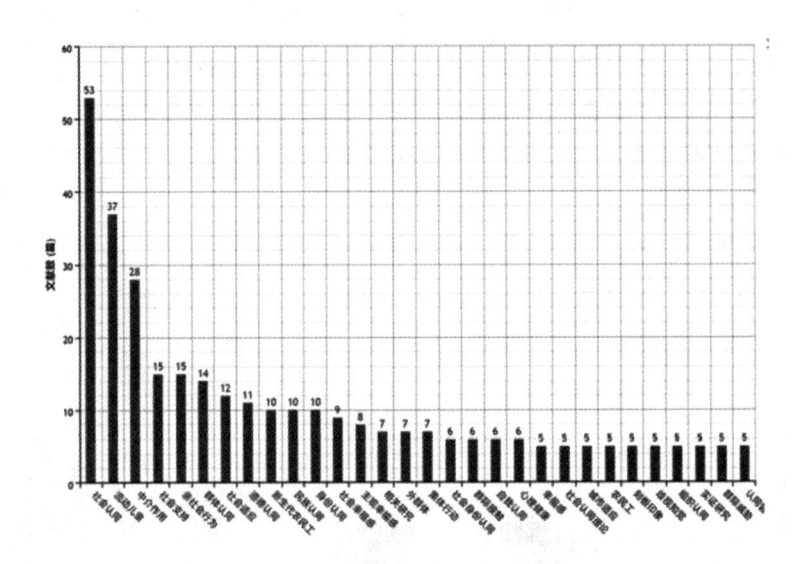

图 8-4　社会认同研究中主题词的分布情况

图 8-4 显示社会认同、流动儿童、社会支持、亲社会行为、群体认同、社会适应、道德认同是心理学范式下社会认同研究的主要主题词，说明心理学对于社会认同的研究主要基于社会心理学的视角，同时对社会认同的定义也更倾向于社会互动与社会信任。

（二）研究现状

1. 流动群体的社会认同

20 世纪 80 年代后期，我国处于城乡经济社会发展一体化的重要转型期，城乡壁垒逐渐被打破，大批的农村人口向城市流动，形成了"民工潮"。而"家庭式"的大规模人口流动转变，使随父母进城的农民工子弟成为了城市的流动儿童。在这一阶段，社会流动、弱势群体问题开始突显，研究者们针对农民工整体、流动儿童、城市新移民等对象进行了研究。

中国近年来在社会认同领域的研究显著增多，相对于国外把不同语言族群作为研究对象，国内更偏向对某一社会群体进行研究，例如流动儿童、农民工等。[1] 范兴华等结合社会认同问卷、社会支持问卷等多个问卷，结合生态系统理论与认知发展理论，描述了弱势群体青少年的正常发展过程，发现歧视知觉与社会文化适应的负向预测中，社会认同起调节作用。同时社会认同也调节社会支持的部分中介作用。[2]

社会认同不仅对社会支持起中介作用，在流动儿童亲子依恋对城市适应影响中也起中介作用。王中会通过对流动儿童城市适应，社会认同和青少年依恋进行研究，其结果支持了社会认同对亲子依恋和城市适应影响的中介模型。[3] 流动儿童是被边缘化的人群，他们在进入城市后，受到了不公平的对待。倪士光、李虹等运用个人差异性直觉等量表，考察了不同性别差异对流动儿童身份认同整合的影响。"外来儿童的歧视意识对其身份整合有负面的影响，而歧视感愈高，其认同整合程度愈低；同时，歧视感知对流动儿童的身份整合有重要的作用，包括应付方式和社会支持。"[4] 有学者从城市认同和故乡认同两个角度探讨了流动儿童的社会认同特征、影响因素以及与城市适应的关系，认为流动儿童的城市认同要比家乡认同更多，并且以同化与分离的方式为主。在都市与故乡的调查中，都市身份对文化适应与心理适应具有积极的预测效果，而故乡身份则只对社会文化适应产生负向的预测。

从农村到城市务工的农民工群体的社会认同也是社会心理学的热点研究问题。在城市新移民的社会认同研究中，对新移民的文化认同、地域认同、群体认同、地位认同和职业认同这几个方面进行了深入的研究。通过对其社会认同的现状详细分析后，得出城市性移民的总体社会认同程度不

---

[1] 尹书强、马润生：《城市流动儿童的社会认同困境及对策》，《青少年研究》2008年第1期。

[2] 范兴华、方晓：《流动儿童歧视知觉与社会文化适应：社会支持和社会认同的作用》，《心理学报》2012年第44期。

[3] 王中会、童辉杰：《流动儿童社会认同对学校适应的影响》，《中国特殊教育》2016年第3期。

[4] 倪士光、李虹：《流动儿童认同整合与歧视知觉的关系：社会支持和应对方式的作用》，《心理发展与教育》2014年第30期。

高。在文化认同上也呈现出滞后性的倾向。相比之下，城市新移民群体的地域认同的程度相对较高。同时，从户籍制度、个人地位、社会记忆等方面进行出发，探究以上几种因素对城市新移民社会认同的影响，得出户籍类型对城市新移民的职业认同没有显著影响作用。职业地位、经济收入越高的城市新移民，其他的认同也会更高。居住时间也对文化认同、地域认同、地位认同产生了正向影响作用。

为了重构新生代农民工的社会身份，出现了炫耀性消费。这种行为在很大程度上违背了新生代农民工的群体特征。这一现象的矛盾一方面表现为收入与消费的不匹配，另一方面表现为其社会身份的内部结构与炫耀性消费倾向的不一致。他们希望在混乱的社会身份状态中，通过异常的炫耀性消费行为，融入城市的社会生活，建构新的社会身份。这也是他们反对城市边缘化和社会地位不平等的斗争。[①] 农民工社会认同包含3个维度，即：归属认同、归属情感和归属评价以及农民工社会认同在性别、年龄、文化程度等上均存在显著差异。[②] 随着城市化进程的加快，一部分农民正在被动城市化，该群体规模日渐庞大。孟祥斐探讨了失地农民的转型适应，包括同化、融合、分化、边缘化4种表现。而社会认同也影响着失地农民的转型适应。经过调查研究发现，转型适应也影响着社会认同和社会记忆这些综合要素，也导致失地农民的社会认同程序化趋势，使他们的转型适应发生障碍，流动农民的社会认同操作化定义中认为它还包括分类仪式、目前身份仪式、未来归属仪式三个层面。[③]

2. 其他群体的社会认同

郑雪、王磊对澳大利亚中国留学生的文化身份、社会取向和个人幸福感进行了研究。研究发现，中国学生在文化融合的加速过程中，越来越多地接受了澳大利亚的主流文化，而对中国的文化认同却在逐步弱化；中国留学生的文化身份和社会倾向对他们的幸福感有很大的影响；中国留学生的文化融合过程可以直接影响他们的幸福感，并间接地影响他们的文化身

[①] 金晓彤、崔宏静：《新生代农民工社会认同建构与炫耀性消费的悖反性思考》，《社会科学研究》2013年第4期。
[②] 夏四平：《农民工社会认同的特点研究》，硕士学位论文，西南大学，2008年。
[③] 王毅杰、倪云鸽：《流动农民社会认同现状探析》，《苏州大学学报》2005年第2期。

份和社会取向。①

时代在进步,社会在发展,网络时代下自媒体已融入大学生的日常中,耿中华和丁三清探索了自媒体环境下大学生社会认同的培育路径。他们认为自媒体环境是培养的学生社会认同的良好机遇,也是不错的挑战。自媒体时代的信息传播速度得到了飞速地提升。各种自媒体平台丛生,扩展了大学生社会认同的空间。而网上充斥的各种纷乱复杂的信息和多元的价值观冲突也会使不少大学生形成彷徨的心态。

郑彩莲和管素叶在高校辅导员社会认同的研究中将社会认同对辅导员的意义加以概括,认为社会认同有助于高校辅导员发挥育人功能,有助于高校辅导员的自我赋能。但目前有些群体对高校辅导员队伍缺乏应有的社会认同。学生眼中,辅导员是行政人员、领导,而非"教师",专任教师眼中辅导员是"辅助人员",学校行政部门与领导眼中,他们是多面手,而在他们自身眼中,辅导员是"万金油""灭火器"。以上多种因素影响,使高校辅导员的社会认同陷入困境。当然,作者也提出了该群体社会认同的重塑路径,包括提升价值观念的认同,从各种政治制度上体现对该群体的社会认同,提升专职教师、校领导以及该群体自身对高校辅导员这一身份地位的认同,提升个人素质,尊重平等面对学生,使学生信服,让自身的行为过程获得认同。

在群体关系领域,最有影响的是社会身份理论,它是群体之间的行为诠释。在群体中存在着不同的身份认同,或者在认识、情绪上出现了距离感、自卑感,从而导致了社会身份的危机。社会身份管理是解决危机与困境的重要途径,其目标是采取多种策略,以达到增强个人或团体的正面身份的目的。探讨社会身份的复杂性及其治理对策,对于强化转型时期各个群体的和谐相处,降低个人身份的困境,促进社会团体的融合与和谐。②

---

① 郑雪、王磊:《中国留学生的文化认同、社会取向与主观幸福感》,《心理发展与教育》2005年第1期。

② 管健:《社会认同复杂性与认同管理策略探析》,《南京师大学报》(社会科学版)2011年第2期。

四 社会认同的影响因素

社会认同即个体认识到他特定的社会群体,同时也认识到作为群体成员带给他人的情感和价值的意义。社会认同也是社会成员拥有的信仰、价值和行动取向的集中体现,社会认同本质上是身份认同。个人虽然是社会认同的主体,但社会认同并不仅仅受个人认知的控制,还受到很多外界因素的影响和制约。总的来说,社会认同的影响因素分为这三个层面:以年龄、受教育程度、户籍、人口流动性为主要内容的人口学因素;与经济收入、行业类型有关的社会经济因素;囊括社会变迁、文化适应、国家认同、民族认同的社会文化因素。这些因素都会从不同方面对社会认同产生影响。

(一)人口学因素

在年龄方面,一般来说,随着年龄的增长,生活阅历逐渐丰富,对外界有了更多的感知和接触个体开始进入不同的社会群体,在群体中扮演自己的角色。经历的事情不断增多,社会认知更加丰富,社会认同水平不断加强。

受教育水平也是社会认同的重要影响因素,受教育水平的不同会导致不同个体所认识、理解到的社会认同的含义是不同的。教育的作用一方面会塑造个体的完整人格结构,使本我、自我、超我达到和谐稳定,让个体认识到自身所处的环境,以此来达到社会认同;另一方面会培养人的理性思维。例如,钓鱼岛事件时,某些民众为表达自己的爱国之心去街上大肆破坏同胞的个人私有物品,如日系车等,而还有些人会对如何爱国进行思考,想着尽自己的力量让国家强大,从而达到爱国的目的。

户籍也可能影响社会认同,同样生活在一个城市,有本城市户籍的人会有更强的归属感。他们或许是从小生长在这片土地,对这里的社会行为规范、历史发展事件更为了解,从小到大的社会关系也存在这个地方,和这里的联结更深,更有安全感,因此对这个城市有较强的社会认同。而对户籍不在该城市的人来讲,这里缺少了"家乡"这一概念,他们或许会有一种外来者的心态,想要在这个城市立足,就需要不断地加强与该地的联结,在此过程中可能会遇到挑战。为了更好生活在该城市中所遭遇的挫折可能会成为影响他们的社会认同。

（二）社会经济因素

社会经济因素是影响社会认同的重要因素，不同职业、不同经济收入的人群会因为自己的个人利益产生对社会的不同看法，以致影响其社会认同。一般来说，高收入人群社会认同程度相对较高，其基本生存需要已被满足，当低级需要得到满足后，会更加注重高级需要，例如精神需求等。作为社会中既得利益者，该群体对自身所置的环境持满意态度，以至于有较高的社会认同。经济收入偏低的群体可能会因为个人基本生活、基本需求无法轻易满足，尤其是在经过社会比较后，认识到与别人的差距，认为是社会原因导致从而产生了不满现状的心态，导致社会认同水平偏低。

五 已有研究的特点和不足

社会心理学实际上是一门研究社会现实与人类心理和行为关系的学科，因此，社会心理学不可避免地会受到社会现实的重要影响，在一定程度上，社会心理学就是研究人们的社会变迁心理。因此，社会心理学需要关注社会现实的变化。这一点既是社会心理学的特点，也是社会心理学研究的不足之处。

（一）已有研究的特点

随着时代的发展，社会认同的研究对象不再只着眼于社会洪流中的流动群体，心理学家们也逐渐开始探索其他社会群体的社会认同感。例如，大学生、教师、党员、公务员等，在社会认同理论的基础上对他们的身份认同、价值认同和地位认同进行分析。我国是统一的多民族国家，民族多样、文化多样，因此民族认同在社会认同中处于重要地位，民族认同的产生、发展、组成以及影响都成为了社会认同研究的主要对象。

（二）已有研究的不足

以往研究者对不同群体、不同方向的研究做过很多论述，但推动我国社会认同理论走向更高发展阶段的动力仍有不足，且研究模式重复，缺乏创新性。各种研究虽然丰富，但是分布较为零散，除了一些固有的理论之外，针对不同群体的社会认同相关研究缺乏成体系的、完整的梳理。

六 自贸港建设背景下海南社会认同研究

伴随海南自贸港建设，海南社会势必会发生一系列变迁，诸多社会心理与社会心态问题也亟待探究，如，社会情绪、获得感、生活与工作压力、焦虑、自我实现的愿望、社会认知、社会期待、社会情绪、社会意志、社会心理距离、社会适应等。社会心理建设是培养自尊自信、理性平和、积极向上社会心态的基本前提。海南正处在重大变革时期，民众社会心理的建设是确保海南高质量发展，社会和谐进步，提升获得感的重要一环。调查研究自贸港建设背景下海南民族的社会认同，能够更好地预防和化解误会或负面社会认知，推动社会和谐进步，构建全民积极心态，促进民众参与社会发展建设的积极性与主动心性，进而为社会发展提供良好的社会心理环境。

学术研究必须要回顾过去、立足当下、面向未来，依赖于社会发展现实，同时也必须要服务于社会发展。因此，本研究在海南岛自贸港建设背景下，在关于海南民族的社会认同的研究中，在历史向度下，要回顾海南岛以往的社会发展过程与社会心态史；在现实角度下，要以海南岛自贸港建设为研究背景，探究海南岛自贸港建设带来的社会变迁、心理变迁、文化变迁等；在未来视野中，本研究将会为海南岛自贸港建设能够拥有一个积极的社会心理环境提供理论支持，并探讨海南岛社会心理风险防控与服务体系，为海南岛的未来社会发展创造良好的社会心理环境。

具体而言，本研究将采用系统的心理学研究方法，通过社会认同问卷编制、问卷调查、统计分析等量化研究方式和访谈、田野调查等质性研究方式，对自贸港建设背景下海南民众的社会认同的构成要素、现状、影响因素与相应的调整策略进行研究。

第二节 海南社会认同的现状分析

在本部分内容中，将通过分析《自贸港建设背景下海南社会心态调查问卷》中社会认同维度的数据，呈现海南社会认同的现状与特点。

一 本问卷中社会认同维度的可靠性分析

社会认同维度是海南社会心态调查问卷 9 维度其中之一，问卷整体分为两个部分，第一部分是以性别、年龄、民族、职业等内容为主的人口学变量部分，第二部分由包括社会认同在内的 9 个维度组成，为李克特 5 级计分量表，被试根据各题项的描述，根据自己的实际情况，从 1—5 进行打分，得分越高，认同程度越强。社会认同纬度包含 5 个题项："生活在中国让我觉得很安心""我对国家和社会有浓厚的感情""海南自贸更是展示中国风范的靓丽名片""对破坏海南社会发展的人影感受到惩罚""我非常支持海南自贸港建设"。

（一）社会认同维度的信度分析

为确保本文数据的有效性和可靠性，对社会认同维度所有题项进行信效度分析，分析结果如下。

表 8 - 1　　　　　　　社会认同纬度信度分析

克隆巴赫 Alpha	项数
0.844	5

从上表 8 - 1 中可以看出，本研究所使用的《海南社会心态调查问卷》（社会认同维度）的信度系数为 0.844，信度优秀，符合心理测量学标准。

（二）社会认同维度的效度分析

为确保本文数据的准确性，对社会认同维度所有题项进行效度分析，分析结果如下。

表 8 - 2　　　　　　　社会认同纬度效度分析

KMO 取样适切性量数		0.837
巴特利特球形度检验	近似卡方	2861.980
	自由度	10
	显著性	0.000

本量表数据的 KMO 值为 0.837，同时球形度检验显著性为 0.00，说明该量表符合进行效度分析的基本要求。

分析得出，本问卷中的社会认同维度的信度与效度均达到了心理测量学的标准。

二 自贸港建设背景下海南民众社会认同的现状分析

自贸港建设背景下海南民众社会认同的现状分析，主要从社会认同的总体情况和各条目的具体情况进行。

（一）海南社会认同的总体情况

社会认同维度 5 个题项中各题项得分情况如下表 8-3 所示。

表 8-3　　　　　　社会认同总体情况（n=1457）

题项	最小值	最大值	平均值	标准差
社会认同维度整体情况	1.00	5.00	4.30	0.89
生活在中国让我觉得很安心。	1.00	5.00	4.40	0.85
我对国家和社会有浓厚的感情。	1.00	5.00	4.38	0.85
海南自贸港是展示中国风范的靓丽名片。	1.00	5.00	4.12	0.95
破坏海南社会发展的人应该受到惩罚。	1.00	5.00	4.28	0.92
我非常支持海南自贸港建设。	1.00	5.00	4.30	0.90

由表 8-3 可知，总体社会认同均值为 21.48±4.47，处于偏上水平。同时，社会认同纬度各题项得分均值高于 4，即大部分选择集中在较符合和非常符合，结合题项可表明参与问卷填写的海南人民整体社会认同水平较高。

（二）对各条目的分析

对本研究中社会认同的每一个题项进行单独分析，以呈现较为细致的情况。

1. 生活在中国让我觉得很安心

题项"E22 生活在中国让我觉得安心"中，调查对象在各选项中的选择情况如表 8-4 所示。

表 8-4　　　　　生活在中国让我觉得很安心（n=1457）

等级	人数	百分比（%）
不符合	16	1.10
不太符合	30	2.10
介于中间	168	11.50
比较符合	378	25.90
非常符合	865	59.40

表 8-4 显示了在题项"E22 生活在中国让我觉得安心"中调查对象在各选项中的选择，总体情况良好。选择不太符合的有 2.1%，选择不符合的有 1.10%，超过 80% 的人对"在中国生活令人安心"表示认同，其中 59.40% 人的非常认同这一观点。说明在生活安全感上，绝大多数海南民众都很认可中国社会的稳定和安全。

2. 我对国家和社会有浓厚的感情

题项 E23"我对国家和社会有浓厚的感情"中，调查对象在各选项中的选择情况如表 8-5 所示。

表 8-5　　　　　我对国家和社会有浓厚的感情（n=1457）

等级	人数	百分比（%）
不符合	14	1
不太符合	28	1.90
介于中间	181	12.40
比较符合	397	27.20
非常符合	837	57.40

表 8-5 显示了在题项 E23"我对国家和社会有浓厚的感情"中调查对象在各选项中的选择情况，总体情况良好。超过 80% 的人对国家和社会有浓厚的感情，其中 57.40% 的人非常认同这一点。有 12.40% 的人对该观点的认同持中立态度，有 1.90% 的人表示自己在对国家和社会有浓烈感情这方面不太符合，另 1% 的人选择了不符合，表明个人无浓厚感情。

3. 海南自贸港是展示中国风范的靓丽名片

题项 E24 "海南自贸港是展示中国风范的靓丽名片"中，调查对象在各选项中的选择情况如下表 8-6 所示。

表 8-6　　海南自贸港是展示中国风范的靓丽名片（n=1457）

等级	人数	百分比（%）
不符合	25	1.70
不太符合	50	3.40
介于中间	282	19.40
比较符合	463	31.80
非常符合	637	43.70

表 8-6 显示了在题项 E24 "海南自贸港是展示中国风范的靓丽名片"中调查对象在各选项中的选择情况，总体情况良好。有将近 80% 的人认为海南自贸港是展示中国风范的亮丽名片，其中 43.70% 的人对此观点非常认同。另有 19% 的人选择了介于中间，表明海南自贸港代表程度一般。还有 3.40% 和 1.70% 的人认为海南自贸港不太符合或完全不符合中国靓丽名片的资格。

4. 破坏海南社会发展的人应该受到惩罚

题项 E25 "破坏海南社会发展的人应该受到惩罚"中调查对象在各选项中的选择情况如表 8-7 所示。

表 8-7　　破坏海南社会发展的人应该受到惩罚（n=1457）

等级	人数	百分比（%）
不符合	20	1.40
不太符合	47	3.20
介于中间	204	14
比较符合	418	28.70
非常符合	768	52.70

表 8-7 显示了在题项 E25 "破坏海南社会发展的人应该受到惩罚"中

调查对象在各选项中的选择情况，总体情况良好。有将近 80% 的人认同破坏海南社会发展的人应该受到惩罚，其中 52.70% 的人对此观点非常认同。另有 14% 的人持中立态度，3.20% 的受访者不太支持惩罚破坏海南社会发展的人，仅有 1.40% 的人对惩罚破坏海南社会的人不认同。

5. 我非常支持海南自贸港建设

题项 E26 "非常支持海南自贸港建设"中，调查对象在各选项中的选择情况如表 8-8 所示。

表 8-8　　　　　　我非常支持海南自贸港建设 (n = 1457)

等级	人数	百分比（%）
不符合	18	1.20
不太符合	32	2.20
介于中间	231	15.90
比较符合	386	26.50
非常符合	790	54.20

表 9 显示了在题项 E26 "非常支持海南自贸港建设"中调查对象在各选项中的选择情况，总体情况良好。有将近 80% 的人支持海南自贸港的建设，其中 54.20% 的人非常支持海南自贸港的建设。另有 15.9% 的人持中立态度，2.20% 的受访者不太支持建设海南自贸港，另 1.20% 的人对海南自贸港建设表现出不支持的态度。

第三节　海南民众社会认同的影响因素分析

社会认同会受到诸多因素的影响，这些因素大致可以分为人口学因素、社会心理因素和其他因素，本部分也将通过相关分析呈现各种因素与社会认同的关系。

一　人口学因素对社会认同的影响

本研究将年龄、性别、民族、学历等可能对社会认同产生影响的人口学因素作为自变量,将社会认同维度及各个题项得分作为因变量,研究海南人群的社会认同在各个变量上的差异性。

(一)婚姻状况因素

表8-9显示了被试在社会认同维度各题项得分在婚姻状况上的差异情况,以此探究婚姻状况的不同对社会认同情况的差异性影响。

表8-9 被试社会认同维度及其题项得分在婚姻状况上的差异分析

婚姻状况	社会认同维度	E22	E23	E24	E25	E26
未婚(1)	4.22 ± 0.93	4.41 ± 0.85	4.41 ± 0.85	4.41 ± 0.85	4.41 ± 0.85	4.22 ± 0.93
已婚(2)	4.37 ± 0.87	4.41 ± 0.85	4.41 ± 0.85	4.41 ± 0.85	4.41 ± 0.85	4.37 ± 0.87
离异(3)	4.11 ± 1.04	4.31 ± 1.06	4.31 ± 1.06	4.31 ± 1.06	4.31 ± 1.06	4.11 ± 1.04
丧偶(4)	4 ± 0.89	4.33 ± 0.82	4.33 ± 0.82	4.33 ± 0.82	4.33 ± 0.82	4 ± 0.89
K—W检验	4.929	0.216	3.199	6.87	6.654	13.063
自由度	3	3	3	3	3	3
渐近显著性	0.177	0.975	0.362	0.118	0.084	0.005
两两对比(LSD)						2 > 1*

注:* 表示 $p < 0.05$。

由表8-9可知,由于数据不服从正态分布,故采用多样本秩和检验,即Krukal-WallisH检验。结果显示,不同婚姻状况在E26"我非常支持海南自贸港建设"这一题项中存在显著差异($H = 13.063$, $p = 0.005$),Bonferroni多重均数比较结果显示,未婚与已婚对E26"我非常支持海南自贸港建设"这一题项中有显著性差异($p = 0.001$),其他各组之间的社会认同情况无显著性差异。

社会认同会受到个体所处环境的稳定性的影响,个体所处生活环境越稳定,其社会认同就会越高,生活环境越不稳定,社会认同也就会受到消极影响。对于每一个社会成员而言,家庭是其社会支持的重要来源,也是其调整社会认同的重要场所。与家人生活在一起并且家庭氛围良好,个体就能从家庭中获得良好的心理支持,对自身发展和社会发展也会产生积极的期望,从而形成较高的社会认同。而由于未处于稳定、和谐的家庭关系中,例如离异、丧偶等,就会造成个体缺乏家庭支持,失去了最重要的社会支持，就会在一定程度上造成其缺乏一些重要的、积极的社会体验，例如家庭亲密感、自我价值感等，致使其形成相对较低的社会认同。

（二）民族因素

表8-10显示了被试在社会认同维度各题项得分在不同民族上的差异情况，以此探究民族身份的不同对社会认同情况的差异性影响。

表8-10　被试社会认同维度及其题项得分在不同民族上的差异分析

民族	社会认同维度	E22	E23	E24	E25	E26
汉族（1）	4.31±0.68	4.41±0.83	4.4±0.82	4.14±0.94	4.3±0.9	4.31±0.68
黎族（2）	4.31±0.77	4.48±0.85	4.36±0.93	4.15±1.04	4.23±1.02	4.31±0.77
苗族（3）	3.86±1.01	4±1.27	4.09±1.14	3.55±1.21	3.91±0.83	3.86±1.01
回族（4）	3.75±0.8	3.63±1.06	3.88±1.13	3.5±0.93	3.5±1.07	3.75±0.8
其他少数民族（5）	4.07±0.95	4±1.21	4±1.21	3.85±1.03	4.26±1.06	4.07±0.95
K-W检验	7.772	12.159	5.821	10.244	8.57	4.199
自由度	4	4	4	4	4	4
渐近显著性	0.1	0.016	0.213	0.037	0.073	0.38
两两对比（LSD）		4>1、2*		1、2>4*		

注：*表示$p<0.05$。

由于数据不服从正态分布，故采用多样本秩和检验，即Krukal-WallisH检验。结果显示，不同民族在E22"生活在中国让我觉得很安心"这一题项中存在显著差异（$H=12.159$，$p=0.016$）。

Bonferroni多重均数比较结果显示，汉族—黎族（$p=0.015$），回族—黎族（$p=0.007$），在E22这一题项中有显著性差异，其他各族之间的社会认同情况无显著性差异。同时，在E24中不同民族也存在显著差异（$H=10.244$，$p=0.037$），回族—汉族（$p=0.044$）回族—黎族（$p=0.032$）这两组在题项E24中差异性显著。

(三) 文化水平因素

表 8-11 显示了被试在社会认同维度各题项得分在不同学历上的差异情况，以此探究文化水平的不同对社会认同情况的差异性影响。

表 8-11　被试社会认同维度及其题项得分在不同学历上的差异分析

	社会认同维度	E22	E23	E24	E25	E26
小学以下 (1)	4.1 ± 1.26	4.19 ± 1.37	3.76 ± 1.3	3.52 ± 1.25	4.1 ± 1.3	4.1 ± 1.26
小学 (2)	4.22 ± 0.92	4.31 ± 1.05	4.35 ± 0.97	3.8 ± 1.21	4.04 ± 1.21	4.22 ± 0.92
初中 (3)	4.25 ± 0.97	4.38 ± 0.89	4.33 ± 0.88	4 ± 1.02	4.25 ± 0.96	4.25 ± 0.97
高中/中专 (4)	4.26 ± 0.92	4.47 ± 0.81	4.4 ± 0.84	4.13 ± 0.99	4.33 ± 0.93	4.26 ± 0.92
大学/大专 (5)	4.32 ± 0.88	4.42 ± 0.82	4.42 ± 0.82	4.18 ± 0.9	4.31 ± 0.87	4.32 ± 0.88
研究生 (6)	4.47 ± 0.69	4.2 ± 0.9	4.33 ± 0.81	4.17 ± 0.84	4.1 ± 0.93	4.47 ± 0.69
K-W 检验	11.241	9.374	8.41	14.078	7.687	3.618
自由度	5	5	5	5	5	5
渐近显著性	0.047	0.095	0.135	0.015	0.174	0.606
两两对比 (LSD)	5 > 3 *			4、5 > 1 *		

注：* 表示 $p < 0.05$。

由表 8-11 可知，多样本秩和检验结果得出不同的文化水平在社会认同维度上有着显著差异（$H = 11.241$，$p = 0.047$），在题项 E24 "海南自贸更是展示中国风范的靓丽名片" 中差异也较为显著。Bonferroni 多重均数比较结果显示，在社会认同维度中，初中 - 大学/大专（$p = 0.047$）差异显著。在 E24 中，小学以下的学历水平与高中/中专及大学/大专产生了较大差异。

(四) 职业稳定性因素

表 8-12 显示了被试在社会认同维度各题项得分在不同职业状况上的差异情况，以此探究职业稳定性的不同对社会认同情况的差异性影响。

表 8-12 被试社会认同维度及其题项得分在不同职业状态上的差异分析

	社会认同维度	E22	E23	E24	E25	E26
稳定（1）	4.3±0.7	4.4±0.85	4.4±0.83	4.11±0.97	4.27±0.93	4.33±0.89
离职（2）	4.05±0.91	4.02±1.17	4.07±0.97	3.86±1.17	4.16±1.06	4.14±0.96
离退休（3）	4.51±0.47	4.68±0.65	4.65±0.66	4.43±0.79	4.5±0.66	4.28±0.76
其他原因未上班（4）	4.27±0.73	4.41±0.83	4.31±0.9	4.12±0.91	4.27±0.91	4.24±0.95
K-W 检验	8.319	14.891	16.95	11.689	3.747	5.204
自由度	3	3	3	3	3	3
渐近显著性	0.04	0.002	0.001	0.009	0.29	0.157
两两对比（LSD）	3>2*	3>2*	1、3>2*	3>2*		

注：* 表示 p<0.05。

由表 8-12 可知，在社会认同维度的职业间差异 p 值为 0.04，存在显著差异。且不同工作状态在题项 E22 "生活在中国让我觉得很安心"、E23 "我对国家和社会有浓厚的感情"、E24 "海南自贸更是展示中国风范的靓丽名片"中差异十分显著。

采用多样本秩和检验，即 Krukal-WallisH 检验，结果显示，不同工作状态在认同维度（$H=8.319$，$p=0.04$）以及 E22 "生活在中国让我觉得很安心"（$H=14.891$，$p=0.002$）、E23 "我对国家和社会有浓厚的感情"（$H=16.95$，$p=0.001$）、E24 "海南自贸港是展示中国风范的靓丽名片"（$H=11.689$，$p=0.009$）这几个题项中均存在着显著的差异。

Bonferroni 多重均数比较结果显示，离职—离退休（$p=0.002$），稳定—离退休（$p=0.008$），在 E22 这一题项中有显著性差异，离职—离退休（$p=0.001$），其他原因未上班—离退休（$p=0.001$）在 E23 中也存在显著差异，在 E24 中，离职—离退休（$p=0.004$），其他原因未上班—离退休（$p=0.003$），稳定—离退休（$p=0.002$）差异性显著，在社会认同维度，离职—离退休（$p=0.007$）差异性显著。

职业的稳定性会对社会认同产生影响。个体拥有稳定的工作，也即拥有了稳定的收入来源。除了可以满足正常的日常开销外，还能体验生活的丰富多彩，个人心态就会良好，社会认同度就会高。离退休人员大部分为已经退休的老年人，每个月有稳定的养老金，该年龄段老人生活中没有太大的变动，个人休闲时间较多，可参与各种群体体活动，能获得良好的生活体验，社会认同度高。而离职人员没有工作，缺少收入来源，不仅不能体验美好的生活，甚至还会为各种需要资金的事情担忧，心理压力大，对社会认同低。

（五）职业因素

表8-13显示了被试在社会认同维度各题项得分在职业上的差异情况，以此探究职业的不同对社会认同情况的差异性影响。

表8-13 被试社会认同维度及其题项得分在不同职业上的差异分析

	社会认同维度	E22	E23	E24	E25	E26
农民（1）	4.22±0.74	4.4±0.88	4.3±0.92	3.93±1.08	4.21±1.06	4.27±0.99
工人（2）	4.25±0.73	4.37±0.92	4.29±0.91	4.03±1.03	4.29±1	4.25±0.92
事业单位/公务员/政府工作人员（3）	4.39±0.73	4.45±0.84	4.47±0.86	4.26±0.92	4.36±0.88	4.42±0.85
公司职员（4）	4.37±0.63	4.42±0.83	4.42±0.79	4.21±0.88	4.36±0.86	4.43±0.82
学生（5）	4.25±0.72	4.33±0.87	4.37±0.84	4.12±0.93	4.2±0.92	4.2±0.95
私营业主（6）	4.12±0.76	4.25±0.9	4.17±0.99	3.88±1.08	4.17±0.96	4.14±0.99
专业人士（教师/医生/律师等）（7）	4.38±0.58	4.52±0.73	4.5±0.7	4.18±0.89	4.28±0.87	4.42±0.75
自由职业（作家/摄影师等）（8）	4.29±0.78	4.45±0.9	4.36±0.97	4.04±1.09	4.31±0.94	4.27±1.03
其他（9）	4.27±0.71	4.39±0.89	4.35±0.8	4.15±0.86	4.29±0.88	4.15±0.92
克鲁斯卡尔-沃利斯K-W检验	20.908	10.441	15.158	17.829	8.439	23.914

续表

社会认同维度	E22	E23	E24	E25	E26
自由度	8	8	8	8	8	8
渐近显著性 p	0.007	0.235	0.056	0.023	0.392	0.002
两两对比（LSD）	5、6>4*			1、6>3*		9>3*

注：* 表示 p<0.05。

由表 8-13 可知，采用多样本秩和检验，即 Krukal-WallisH 检验，结果显示，不同职业在认同维度（H=20.908，p=0.007）以及 E24 "海南自贸港是展示中国风范的靓丽名片"（H=17.829，p=0.023）、E26 "我非常支持海南自贸港建设"（H=23.914，p=0.002）这几个题项中均存在着显著的差异

Bonferroni 多重均数比较结果显示，私营业主-事业单位/公务员/政府工作人员（p=0.001），农民-事业单位/公务员/政府工作人员（p=0.002）在 E24 "海南自贸港是展示中国风范的靓丽名片"这一题项中有显著性差异，其他-事业单位/公务员/政府工作人员（p=0.001）在 E26 "我非常支持海南自贸港建设"中也存在显著差异，在社会认同维度，私营业主-事业单位/公务员/政府工作人员（p=0.001），学生-事业单位/公务员/政府工作人员（p=0.002）差异性显著。

不同职业类型也会导致社会认同产生差异。事业单位/公务员/政府工作人员等有较稳定的工作环境，工作福利好，生活质量好。生活、工作满意度高，该群体社会认同程度较高。专业人员如教师/医生/律师等，拥有较高的社会认可，且在进行工作过程中较容易获得职业认同，获得满足感，因此，该群体社会认同也相对较高。

二 社会心理因素对社会认同的影响

为探究社会心态中与社会认同维度有较强关系的维度，对问卷整体进行皮尔逊相关分析，发现自贸港建设下海南人民社会心态中，社会认同维度与社会认知维度呈弱相关，与社会情绪、社会信任、社会群体获得感、

社会适应等维度呈中等相关，与社会价值、社会需要与动机、社会行为等维度呈强相关。

（一）社会需要与动机

分析社会需要与动机维度与社会认同维度的相关关系，p = 0.000，因此社会认同维度与社会需要与动机纬度呈显著相关关系。相关系数 r = 0.561，介于 0.4 - 0.6，两维度呈中等相关。说明社会认同维度分数越高，社会需要与动机维度的分数也愈高。

社会需要与动机是指以人的社会文化需要为基础，在社会生活环境中通过学习和经验而产生的动机。由于人是社会性的，人的生理需要以及满足这些需要的手段都受到人类生活的影响。而最著名的需要理论——马斯洛层次理论将驱使人类行为的动力这些基本需要构成了一个系统，分为生理、安全、归属于爱、尊重、自我实现五个层次。而社会认同的形成基础正是这些需要，例如安全需要是社会成员的基本需要，是其他高级需要的基础，只有在保证安全需要得到满足的前提下，社会成员才会有更多的精神需求。社会生活的安心感也是社会认同形成的基础，维持社会的稳定和安全才能够让社会成员形成积极的社会认同，激发社会成员的社会参与度与社会建设行为。

（二）社会价值

分析社会价值维度与社会认同维度的关系，结果表明，p = 0.000，因此社会认同维度与社会价值纬度呈显著相关关系。相关系数 r = 0.693，介于 0.6 - 0.8，两维度呈强相关，说明社会认同维度分数越高，社会价值纬度的分数也愈高。

社会价值与社会认同具有较为紧密的关系，在一定程度上，社会价值取向是社会认同的具体体现。社会价值取向是个体的社会决策的心理依据，而个体的社会决策的过程反映了个体的社会认同状态。Van Lange 提出社会互动中存在的六种人际取向：合作、平等、利他、个人、竞争和攻击，其中前三种取向为亲社会取向，个人与竞争为亲自我取向，攻击为反社会取向。合作取向力求双方收益的最大化；平等取向力求双方收益之间的平等性；利他取向力求他人收益的最大化；个人取向力求自我绝对收益的最大化；竞争取向力求自我相对收益的最大化；攻击取向力求他人收益的最小化。具有亲社会价值取向的社会成员在社会活动中通常也会表现出更多的亲社会行为，而亲社会为行为是社会认同的重要衡量依据。在本研究中，社会价值取向通过对社会成员的亲社会价值取向而获得。

（三）社会行为

分析社会行为维度与社会认同维度的关系，发现 p = 0.000，因此社会认同维度与社会行为纬度呈显著相关关系。相关系数 r = 0.641，介于 0.6—0.8，两维度呈强相关，说明社会认同维度分数越高，社会行为维度的分数也愈高。

群体中的社会个体成员因为互动而形成关系群体，并且因互动影响彼此间的社交行为。有界广义互惠理论表示，互惠机制是个体与他人维持稳定和亲密的关系，能激发利他行为，构建持久的社会关系。社会中，个体会因为个人认知、情感和行为产生亲社会互惠期望，激发利他行为以维持社会关系。一项以社会认同角度对大学生社交网络游戏中社会行为机制的研究表明，玩家在社交网络上的社会交互行为依然能通过社会认同影响其亲社会行为。社会认同程度越高，对群体的满意度就越高，其社会行为中亲社会行为越频繁，同样，个体的亲社会行为会获得他人的赞许鼓励，该个体的社会认同就会加强。

三 其他因素对社会认同的影响

研究表明，经济因素、教育因素、生计方式变迁因素等都会对社会成员的社会认同产生影响。

（一）经济因素

经济因素对社会认同有重要影响，个体拥有稳定的工作，即拥有了稳定的收入来源。除了可以满足正常的日常开销外，还能体验生活的丰富多彩，个人心态良好，社会认同度高。而离职人员没有工作，缺少收入来源，不仅不能体验美好生活甚至还会为各种需要资金的事情担忧，心理压力大，对社会认同低。

（二）受教育水平

人们借助教育行动传达文化资本，文化资本能造就文化认同与社会认同，并且学历越高的青年人更加容易从各种媒体渠道获取自贸港建设的信息、政策，与外界的交流也更多，能够更好地跟紧社会的发展脚步，对于各项信息有更加透彻的了解。

（三）生计方式变迁因素

由于社会变迁带来社会生产方式的变化，对劳动力提出新的要求，如果社会成员不能够及时学习新技能，那就不能够及时适应新的生产变化，这在物质层面会带来一定程度的收益减少，在心理层面则会导致一定程度的自我价值感和自我效能感的降低，从而降低社会认同水平。

第四节 海南民众社会认同的提升策略

根据上述分析可以看出，影响海南民众社会认同的因素存在多个方面，包括：人口学变量上的婚姻状况因素、民族因素、职业稳定因素、职业类型因素，社会心态中的社会价值、社会行为，以及社会动机和需要。这几个方面的因素不仅共同影响着海南民众的社会认同，还存在复杂的联系，形成彼此相互作用的局面。例如，学历水平较高的海南民众，不仅职业状态相对稳定，工资收入也相应较高，在物质水平上的满意度较高，从而有着较高的社会认同水平。

因此，要提高海南民众的社会认同，就不能简单地只从某一方面入手，而是要多管齐下，从不同方面对海南民众的社会认同的影响因素进行完善，多角度改善自贸港建设下海南民众对海南的社会认同。

影响自贸港建设背景下海南民众的社会认同的因素是多种多样的，根据上述有关社会认同的问卷分析结果及访谈报告，结合以往研究及海南自贸港建设已有措施，从国家政策、社会环境、媒体引导等外在层面以及个人自我提升这一内在层面出发，为海南省自贸港建设背景下居民社会认同能力提出建议。

一 宏观视角下社会整体层面的路径

正如社会认同会受到诸多社会因素的影响一样，要提升社会成员的社会认同，也需要从宏观的社会层面进行，这些宏观层面的路径主要包括完善社会政策、引导社会文化、引导社会舆论等。

（一）完善相应的社会政策

社会政策包含诸多方面的内容，就社会认同而言，提升路径包括实行惠及民生的政策、加强社会保障体系建设、深入落实各项社会政策等。

1. 实行惠及民生的政策

《海南自由贸易港建设总体方案》发布两年以来，在中央部委的大力支持和在全省上下的不懈努力下，围绕海南自贸港建设已有180多个政策文件陆续出台，初步形成了具有竞争力的政策和制度体系。在税收、人才、贸易、投资、金融、运输、产业、园区、优化营商环境、法律法规、保障措施等十余个方面都有相应的配套政策。

在民生方面，6月22日，在海南省"纾困解难人社助力"专题新闻发布会上，海南发布了惠企惠民的利好举措：为应对今年的经济形势，海南出台了落实国家有关政策的实施细则，预计释放政策红利近78亿元，并推行"缓减＋返还＋补贴＋调降"的人社组合模式；在"缓减"部分，海南省实行了企业基本养老保险、失业保险和工伤保险的分批缓缴。从餐饮业、零售业等5个特殊困难行业，进一步将实施范围扩展到农业、副食品加工业、纺织业等22个困难行业，受疫情影响生产经营出现暂时困难的所有中小微企业以及以单位方式参保的个体工商；在"返还"上，继续落实稳定就业岗位的普惠型失业保险。新的政策将重点放在中小微企业，加大对大公司的回款；在"补贴"上，给予"真金白银"的支持，如对公司的补助。给足"用工红包"，切实为企业减少雇佣成本。对招纳就业困难人员和高校毕业生的单位，按照每招聘1人一次性给予2000元的奖励；"调降"部分，对农民工的工资保障进行了优化。按行业、工种等不同的方式，调整人力成本的分配比例，并适当降低人力成本的分配。

各种惠民政策的实行使百姓减轻了经济负担，不用囿于资金的紧张，在生活中也得到了更多的便捷，生活更加体面，社会认同感也随之增强。

2. 加强社会保障体系建设

我国的社会保障体系建设的核心是要坚持以人民为中心的思想，构建有利于人民群众参与的制度安排。目前，我国居民对收入分配现状的认识主要是基于对其重新分配的评价。公众对社会保障功能的认识主要是对其评价的重要影响，而对其社会保障功能的满意度愈高，则更容易认同目前的社会分配制度。民众对政府政党与会保障功能的满意程度，也会对其收入分配的公平性产生积极的影响。在社保投资增长较快的地区，个人的公平感得到了较大程度的提高，而社保功能满意度的影响则更大。

中国的阶级和利益格局还将持续发生深刻的变化，因此，如何有效地保护社会成员的利益，实现社会价值的统一，是实现国家治理现代化、实现社会高质量发展的关键。作为各方利益的交汇点，社会福利体系既可以维持和提升公众的利益，又可以引导和形成公众对分配公正的价值观念。市场对资源配置的决定性作用和对公平、公正的社会价值共识的凝聚是两个不同的过程。关键是要建立一个完善的体制，把人民放在第一位，这样才能使改革和开放取得最大的共识。只有最基本的生活得到保障，群众才有信心去畅想更加美好的未来。

3. 深入落实各项制度

党和国家非常注重制度建设，不断地探索，不断地进行改革创新，从各个方面建立和健全，许多制度都已形成，看上去很好，但却没有落实到位，没有发挥出应有的效力，而在制度执行上，最大的问题就是执行得不好，要么说得多，行动上落实得少，或是执行走错了，制度执行缺乏刚性，当前的制度执行力已经成为制约中国特色社会主义制度优势的一个主要原因。

在贯彻党中央的决策部署过程中，要深入一线，深入调查问题，采取切实、行之有效的办法，提高党中央的决策和部署。要切实把增强本领作为工作的重中之重，让基层干部主动为人民服务，解决老百姓"怎么办事""找谁办事"的问题。基层党组织要有高度的政治责任感，敢于面对问题、统筹谋划，把群众的需要放在第一位，就能打通政策落实的基层"最后一公里"，不断加强基层党组织的战斗力，让党的政策真正落实到千家万家。

(二) 社会文化与心理路径

社会认同会受到社会文化的影响，因此，也需要发挥社会文化的作用，从而提升社会认同。

1. 注重海南本土文化发展

文化自信与文化认同也能造就社会认同，因此要注重海南本土文化发展。公仔戏是一种极具海南地方特色的艺术表演形式。它将文学美术，音乐，戏曲融为一体，在海南流传了四五百年，具有极高的审美娱乐价值，是传统艺术的瑰宝。黎族在海南的生活历史最为绵长，打柴舞是黎族最早的一种舞蹈形式。打柴舞，是黎族先民临终前的一种舞蹈，用于保护尸体，驱赶野兽，镇静心神，祭祀祖先。

农历三月三是海南黎族人祭奠勤劳勇敢的先辈，以示对爱情的渴望的日子。在海南黎族的各个地区，都要举行盛大而丰富的庆典，如赛歌会、篝火晚会、彩车比赛、花灯表演、民族传统体育比赛、男女青年对歌、民族歌舞表演、经贸等。黎家人与客人一同，吃着由桑叶、黄姜、三角枫取色的三色饭，芳香四溢的竹筒饭，品着浓郁酒香味道的鱼茶，畅饮着美味的山兰酒，欢乐地度过这有意义的一天。

海南的饮食极具特色，海南菜以选材新鲜、天然、奇特为最。海南菜的加工自然营养，以清淡新鲜、原汁原味为赢，就像美女敢素面朝天一样，海南菜多是原料取白烧灼。海南菜在原料和做法上都很有特色，最正宗的文昌鸡在潭牛镇，乳猪只在临皋，沙虫在儋州广村，温泉鹅在琼海，白莲鹅在澄迈。这些饮食的原材料和做法都是特殊的，没有任何含糊的余地。海鲜小吃在海南夜市文化中占有重要地位，夜市小吃已经成为海南人民重要的社交场所。他们一边吃着美味的食物，一边发泄白天积累的情绪。黎族的传统饮食习俗和小吃吸引着游客。特别是"珍珠椰船"，是琼海、文昌地区的传统小吃，还有文昌金山的煎堆、琼海的鸡屎藤、黎族的甜酒等，让人垂涎三尺的美味佳肴数不胜数。

不论是极具特色的海南民俗文化还是让人垂涎欲滴的美食，都可以依托商业的发展与旅游市场的运作进行推广。在推进自贸港建设背景下，可以以沉浸式表演的方式发扬民俗文化，而饮食文化则可以以旅游商品的形式得到推广与发扬。

2. 利用社区等平台促进社会心理融合

社区作为海南民众生活交流的主要平台，在社区中广泛开展心理服务保，保持居民心理健康是新时代基层社会治理的迫切需求。

将社会心理服务作为社区治理强基赋能的重要手段。一方面，通过社会心理服务解决社区治理的难点问题；另一方面，帮助社区工作者进行自我情绪舒缓调解。社会心理服务逐步融入社区治理框架中，提升了人民群众的获得感、幸福感和安全感，这对民众归属感与社会认同的提升也具有重要意义。做好社区社会心理服务，需要完善基础设施建设、建立健全人才队伍和丰富服务场景。除此之外，还可以在社区组织心理健康讲堂，请心理老师走进社区，结合社区居民心理进行有效疏导。

（三）媒体引导层面建议

新闻舆论与人民思想、工作生活紧密相连，良好的舆论引导可以保证社会舆论的健康发展，也是维护社会稳定发展、保障社会健康运转的关键。新闻时代下互联网呈现实时传播、碎片化场景、多向互动等特点，主要媒体应掌握如何在多元表达的舆论场域中引导公众情绪朝客观理性的方向发展。舆论引导以争取人心为最终价值取向，应给予充分的探讨空间，以便凝聚社会共识，而简单地使用"一刀切"式封堵、删帖等方式，反而给舆论留下了想象空间。加强对舆情事件命名机制的监管，对舆情事件的命名应掌握主动权。否则民众被过于"吸引眼球"的标题扰乱，易造成社会恐慌。建立起一套行之有效的社会情感推拿机制，对社会中的负面情绪进行及时的引导，对全社会的人进行心理疏导、心理按摩，以减轻社会的紧张。新媒体出现后，舆论格局发生重大变化，但新媒体传播也存在不少问题。例如，网络上的信息质量良莠不齐，还有一些流言和其他问题。主流媒体要充分发挥其新闻深度报道的作用，深入挖掘新闻背后的真实情况，既能有效遏制谣言传播，又能增强新闻媒介的权威，更好地引导舆论。

二 微观视角下社会成员层面的路径

除了宏观层面的社会政策之外，社会认同的提升还需要从微观视角，以社会成员为主，从社会成员的个体层面进行提升。

（一）提升个人综合素质

在文化水平方面，海南民众应该更加积极，更加努力地进行自我学习。教育是社会进步的基石，提高社会成员的整体受教育水平是加快海南建设的必然要求。重视基础教育，不断提高自己的能力，提升竞争力。除了自己的专业和工作领域，还应当学习有关海南岛自贸港建设的相关政策，了解自己所生活的地方都在发生着什么,从而做到积极配合。这不仅有益于加快自贸港的建设进程,也可以让民众从中受益。除了学习外,还可以参加各种教育培训活动,如安全防护活动、法律咨询活动、救护活动、心理解压活动等,从中学习到生活中会用到的使用技巧,提高生活安全感。

在思想观念方面,本地民众要努力去转变自己的思想,更加积极地看待自贸港建设下对外来人员的引进策略,友善对待外来旅游人员。相信随着时间的推移,自贸港人才引进措施的意义会显著体现,高人才的到来会是自贸港建设中不可缺少的一部分,自贸港的建设也是因为他们的到来,更富成效。因此,带着积极的心态去接纳他们,本地民众与外来人员携手共创美丽海南。

(二)积极融入海南自贸港建设

随着海南自贸港进程的加快,有一些民众逐渐发现自身无法跟上自贸港发展的脚步,在生活中也逐渐出现了一些与以往不同的差异。只有敢想,敢拼,敢干,积极融入自贸港建设,才不会被飞速发展的社会落在后头。

自贸港的优惠政策主要针对投资行业,难以惠及批发零售、住宿餐饮等行业。但从事该行业的群体内部也有一定的上升空间,攒足资金经验,捕捉良机自我提升当老板,建设自贸港,发展经济,需要这些群体深度融入进来。突破现有舒适区,跨入"海南蓝海",才是这些群体的长远发展之路。当前该阶段正是以上群体读书充电,提升技能,谋求多元发展的最佳时期,等国内外大批市场主体入驻海南,刚好可以现学现卖,进入更好的工作环境,获得更好的发展前景。

900多万的海南人中有近40%的农村人口,这是自贸港建设中难以忽视且不能忽视的庞大人口。农民是海南省规模最大的群体,也是对自贸港建设最无感的群体。首先,由于自贸港建设需要,一些农民的地被征收,可拆迁款却不多。在"生态保护红线"等政策下,无法用这些土地大搞经济建设。其次,从长期来看,"零关税"带来的进口农产品会对本地农户的农产品销售市场进行挤压。要把改革开放成果惠及百姓,不能只是看政府政策等基础措施,海南农民才是决定这项任务成败的关键。海南农民一方面要继续深耕农业,做精做优热带特色高效农业,提升综合生产能力;另一方面更要转变思路,提高知识技能,尽早融入城镇化进程,依托市场主体成规模入琼，从而找到一份稳定的工作。

总之，海南自贸港的建设是一个充满魅力和挑战的过程，在海南自贸港建设背景下的每一个海南人都有权利乘着这场东风追逐自己的梦想，让自己生活得更好。只有不断拼搏，不断为自己的新生活奋斗，就一定能乘风破浪达到理想的彼岸。

第九章　社会群体获得感研究

改革开放不断全面深化，我国经济社会快速发展，极大地推动了中国特色社会主义事业的伟大飞跃。2015年，习近平总书记在中央全面深化改革领导小组第十次会议上强调，"要科学统筹各项改革任务，推出一批能叫得响、立得住、群众认可的硬招实招……把改革方案的含金量充分展示出来，让人民群众有更多获得感"。自"获得感"提出以来，社会各界对其进行了多领域多视角的深入研究和探讨，"获得感"也成为反映人们期待发展公平正义与满足美好生活需要的社会诉求，成为与"幸福感"并述的心理体验。如果幸福感作为人类社会发展的终极价值目标与归宿，那么获得感则为人类积极体验的增强与国民幸福的全面实现提供了现实基础与可行性路径。

党中央决定支持海南全岛建设自由贸易试验区，支持海南逐步探索、稳步推进中国特色自贸港建设，分步骤、分阶段建立自贸港政策和制度体系，是改革开放的全面深化中一项重要的硬招实招，是提升人民获得感、幸福感的重要举措。党的十九大报告作出"中国特色社会主义进入新时代，我国社会主要矛盾已经转化为人民日益增长的美好生活需要和不平衡不充分的发展之间的矛盾"的重大创新性理论判断，并指出要"使人民获得感、幸福感、安全感更加充实、更有保障、更可持续"。获得感成为检验社会改革发展成果与社会治理成效，评价民众社会生活质量的又一重要标尺，也是检验自贸港建设成果的重要评价标准和标尺。

加快建设具有世界影响力的中国特色自贸港，以供给侧结构性改革为主线，建设自由贸易试验区和中国特色自贸港，着力打造成为中国全面深化改革开放试验区、国家生态文明试验区、国际旅游消费中心、国家重大战略服务保障区,让海南成为中国新时代全面深化改革开放的新标杆和靓丽名片,打造更高层次、更高水平的开放型经济,全面提升海南各社会群体的获得感。

本章以海南自贸港建设背景下各社会群体为研究对象,通过文献法、问卷调查和访谈法对自贸港建设背景下社会群体获得感的现状和影响因素进行系统地研究和分析。

第一节　获得感的概念、指标构建与研究现状

目前有关获得感的研究集中于社会学、心理学、教育学等领域,研究内容主要包含获得感的概念及内涵、获得感的价值定位、获得感与幸福感、安全感的内在逻辑关系、获得感的指标构建、各群体获得感的现状及影响因素、获得感的提升路径等内容。本节将对获得感目前的研究成果进行系统地梳理和分析,完善获得感的理论基础与实践方向,为探讨自贸港建设背景下社会群体获得感的现状、影响因素以及提升路径提供理论依据和实践参考。

一　获得感的概念和内涵

自获得感提出以来,学者们对获得感的概念开展了深入的探索和学理分析,多数学者基本遵循"客观获得"加"主观感受"的路径,认为获得感是一个由客观"获得"和主观心理"感受"组合而成的概念,并从多个视角展开了获得感的价值定位、获得感与幸福感、安全感的内在逻辑关系的讨论和思考,使获得感的概念和内涵更加清晰。

（一）获得感的概念

"获得感"作为一个本土化的概念,自2015年2月27日习近平总书记明确提出"让人民群众有更多获得感"以来,得到了社会各界以及学者们的广泛关注。社会各界一致认为获得感的提出与人民对美好生活的社会诉求紧密相关,是新时代新背景下人民的幸福指数。

众多学者首先对"获得感"的概念及其内涵进行了深入的探讨和学理分析。王继兵认为,"有'获得',才能有'获得感';但有'获得',并

不必然有'获得感';而有'获得感',往往能产生新的'获得'。"① 陈云松、张翼等人认为,"在一定时段内,群众从国家治理和社会治理过程中有效获得物质、健康或精神福利之后,进一步产生的主观心理福利增量。"② 吕小康、黄妍认为,"获得感是在当前中国全面深化改革的基本社会背景下,人民群众尤其是底层民众对改革发展带来的物质利益与基本权益的普惠性的一种主观体验。"③ 龚紫钰、徐延辉在分析获得感和幸福感区别时强调,"获得感更依赖实际获得,实际获得不仅包括获得的绝对数量,还包括与别人、与过去的自己进行比较的相对获得。"④ 孔德永认为,"获得感是人们获取某种利益后产生的一种心理上的满足感,它强调实实在在地得到。获得感包含物质上的获得和精神上的获得。获得未必有获得感,获得感在比较中才能准确把握,获得感是动态的。"⑤ 朱军帅认为,"获得感是一个复杂的概念,首先包括客观获得,有物质获得和精神获得,其次是积极的情绪体验,一种正向的主观感受,然后是未来认同,不仅是当下,更是未来,最后是投入努力。"⑥ 刘继青认为,"'获得感'是一种主体的实现欲求之后的主观感受和情感反应。它所表达的是人们的一种内在的精神状态,属于积极的心理状态。"⑦ 刘星在文献梳理的基础上提出,"获得感应该是全体人民群众对在我国全面深化改革进程中在经济上、政治上、文化上、社会生活上、生态环境上现在和将来预期获得的物质利益和精神利益的主观感受和满足程度。"⑧ 盛颉、李磊认为,"获得感不仅表现在物质生活水平提高和资源分配带来的客观获得,也表现在客观获得给人们带来的主观感受,是物质层面获益和精神层面感

---

① 王继兵:《学校教育:成全"人"的"获得感"》,《中小学管理》2015年第7期。
② 陈云松、张翼、贺光烨:《中国公众的获得感——指标构建、时空变迁和宏观机制》,《中国浦东干部学院学报》2020年第2期。
③ 吕小康、黄妍:《如何测量"获得感"?——以中国社会状况综合调查(CSS)数据为例》,《西北师大学报》(社会科学版)2018年第5期。
④ 龚紫钰、徐延辉:《农民工获得感的概念内涵、测量指标及理论思考》,《兰州学刊》2020年第2期。
⑤ 孔德永:《新时代农民获得感可持续路径研究》,《农业经济》2020年第5期。
⑥ 朱军帅:《大学生获得感量表编制及特征研究》,硕士学位论文,内蒙古师范大学,2020年。
⑦ 刘继青:《基于"获得感"思想的教育改革》,《教育发展研究》2017年第1期。
⑧ 刘星:《获得感的内涵与评价指标体系构建》,《老区建设》2019年第4期。

受的结合。"①

综合以上分析,尽管学者们对获得感的概念与内涵的认识没有完全统一,但达成了基本共识:"获得感"涵盖两个层面,分别是客观层面的"获得"与主观层面的"感",即获得感由客观获得与主观感受两个层面组合而成。其中,客观获得除包括物质利益、经济利益,还包括抽象的政治权利、公正公平等;主观感受则与收获感、满足感、成就感和幸福感相关联,又与主观幸福感存在针对性和实质性的区别。

本论著中"获得感"是指,随着自贸港建设的持续推进,人们在现在和将来预期获得的物质、精神等层面上的利益的主观感受和满足程度。结合本研究的背景及获得感的定义,本论著中社会群体获得感指的是共同处在海南自贸港建设背景下的所有人在物质、精神等层面上实实在在的获得而产生积极心理状态的主观体验。

(二)获得感的价值定位

陈云松、张翼等人认为,"获得感作为衡量社会治理有效度指标的提出,是习近平新时代中国特色社会主义思想的组成部分,体现了国家建设和社会治理价值理念的跃迁,也是公共政策领域和主观社会福利(Subjective Well-Being)领域的重大理论创新。"② 邢占军、牛千认为,"获得感是人民评估社会供给对民生需求满足程度的重要指标,更是供需视阈下共享发展的新标杆。"③ 王浦劬、季程远认为,"在新时代,获得感具有国家治理良政基准和善治标尺意义","是新时代中国特色社会主义事业根本属性的现实诠释"④。段忠贤、吴鹏认为,"'民生三感'是衡量民生建设质量的风向标,也是对人民群众期盼美好生活的切实回应。"⑤ 教育部部长陈宝生将"获得感"一词引入教育领域,认为"获得感是判断我们改革成功与

---

① 盛颉、李磊:《乡村振兴视域下农民获得感现状与提升路径研究》,《西昌学院学报》(社会科学版)2020年第3期。
② 陈云松、张翼、贺光烨:《中国公众的获得感——指标构建、时空变迁和宏观机制》,《中国浦东干部学院学报》2020年第2期。
③ 邢占军、牛千:《获得感:供需视阈下共享发展的新标杆》,《理论学刊》2017年第5期。
④ 王浦劬、季程远:《新时代国家治理的良政基准与善治标尺——人民获得感的意蕴和量度》,《中国行政管理》2018年第1期。
⑤ 段忠贤、吴鹏:《"民生三感"测评指标体系构建及检验》,《统计与决策》2021年第24期。

否的根本标准，衡量我们工作成效的根本标准，也是检验我们工作作风的根本标准。"① 吴一凡、穆惠涛认为，提升大学生获得感成为当代高校育人的重要价值追求，也是检验高校育人成果的"试金石。"②

获得感是改革开放的产物，是我国经济社会等各方面快速发展的结果，是中国共产党将人民利益放在首要地位的体现，也是社会公平正义价值取向的现实显示。获得感成为新时代新征程中衡量社会治理的重要指标，也是检验社会改革发展成果、评价人民社会生活质量的又一重要标尺。自贸港由人民共建，成果由人民共享，获得感理所应当成为检验自贸港建设成效的重要评价标准。

（三）获得感与幸福感、安全感的内在逻辑关系

在党的十九大报告中，习近平总书记代表党中央提出了更高的要求，要"使人民获得感、幸福感、安全感更加充实、更有保障、更可持续"。从 2015 年"获得感"第一次提出到十九大提出"获得感、幸福感、安全感"，不仅敏锐地把握了人民需要的新变化，而且全面回应了人民的新诉求，是对人们日益增长的美好生活需要的回应，也是对社会主要矛盾转化的回应，具有深刻而深远的意义。

"获得感、幸福感、安全感"共称为"民生三感"，"民生三感"不仅是中国特色社会主义民生思想的新发展，同样也是顺应时代发展所提出的民生建设新目标。对于三感之间的关系，目前学者们形成了较为一致的看法，即获得感、安全感、幸福感既相互独立又相互关联，是基础与表现的关系，获得感是安全感和幸福感的基础。薛念文调查表明，"人民的获得感、幸福感、安全感三者密切相关，获得感是幸福感和安全感的基础，幸福感和安全感是人民群众获得感满足后的表现；"③ 金伟、陶砥认为，"获得感是幸福感和安全感的基本来源，安全感是获得感和幸福感的重要保

---

① 陈宝生：《办好中国特色社会主义教育以优异成绩迎接党的十九大胜利召开——2017 年全国教育工作会议工作报告》，《中国高等教育》2017 年第 Z1 期。

② 吴一凡、穆惠涛：《从"存在感"到"获得感"：新时代高校育人理念的价值转向》，《吉林省教育学院学报》2020 年第 3 期。

③ 薛念文：《"获得感、幸福感、安全感"的重大现实意义》，《国家治理》2017 年第 47 期。

障，幸福感是获得感和安全感的最高表现。"① 苏渊媛认为，"增进获得感是提升幸福感与安全感、确保人民'三感'充实、持久、可持续的基础和前提"②。蒋长流、许玉久等认为"在居民'三感'体系中，获得感是基础，获得感的提高能够促进幸福感和安全感的提升。"③ 张青卫从人们现实生活需求方面考察了获得感、安全感、幸福感的内在逻辑关系，他指出，"安全感是个人美好生活更为基本的需要，获得感是个人美好生活逐层加深的关键因素，幸福感则是个人美好生活最高层次的价值追求"，而且"获得感与安全感的协同进步为幸福感的凝结创造了条件，人民在对幸福感充分感知中确证社会生活的美好。"④ 蒋长流、许玉久等人认为，"针对脱贫攻坚的研究中提出从'三感'的角度来反映当代居民的美好生活需要，有助于衡量当地脱贫攻坚的实际成效。"⑤ 龚紫钰、徐延辉认为，"获得感虽然与幸福感、满意度等衡量民众主观生活状况的西方概念有一定的相似性，但是其具备的接地气、务实等特征，使之更适合用于表述改革进程中我国居民的社会福祉。"⑥

党的十九大报告同时提出获得感、幸福感、安全感，是中国共产党将人民利益放在首要位置，决心保障群众基本生活，不断满足人民日益增长的美好生活需要，促进社会公平正义，形成有效的社会治理的体现。从"民生三感"上看，获得感、幸福感、安全感与我们的生活息息相关，是一个持续的、不断的过程，是从物质层面到精神层面的提升，也是从基本需求到高级需求的表现。

---

① 金伟、陶砥：《新时代民生建设的旨归：增强群众获得感、幸福感与安全感》，《湖北社会科学》2018 年第 5 期。
② 苏渊媛：《社会主要矛盾视角下汾阳市人民获得感、幸福感、安全感提升研究》，硕士学位论文，山西大学，2020 年。
③ 蒋长流、许玉久、董玮：《脱贫攻坚的成效考量与示范意义——基于居民获得感、幸福感和安全感的调查研究》，《社会科学文摘》2021 年第 8 期。
④ 张青卫：《获得感幸福感安全感的科学内涵与实践路径》，《中国高校社会科学》2021 年第 3 期。
⑤ 蒋长流、许玉久、董玮：《脱贫攻坚的成效考量与示范意义——基于居民获得感、幸福感和安全感的调查研究》，《社会科学文摘》2021 年第 8 期。
⑥ 龚紫钰、徐延辉：《农民工获得感的概念内涵、测量指标及理论思考》，《兰州学刊》2020 年第 2 期。

二 获得感的指标构建及理论模型

自"获得感"提出以来,获得感的测量指标也是学者们研究的主要内容。学者们从理论解析和实证研究两类路径对获得感测量指标进行了大量的思考和探索,按照不同标准建立了不同的获得感测量指标,并构建了不同的理论模型。

(一)获得感的指标建构

在获得感的测量指标构建方面,较多的研究者从理论思辨的角度构建了不同的获得感测量指标体系,文宏、刘志鹏提出了获得感概念解释框架,在这个框架里"将获得感分为经济获得感、政治获得感与民生获得感等3个二级指标以及7个三级指标"[①] 来综合衡量人民的获得感。王恬、谭远发等人沿用了经济获得感、政治获得感和民生获得感3个二级指标,"并不断进行修改与完善最终选取了12个三级指标,涉及社会经济地位、政治参与情况、社会保障项目参与数等"[②]。刘星通过对文献梳理的方法"整合和筛选各学者所提出的测量指标因子,最终提取出了经济获得感、文化获得感、政治获得感、社会获得感和生态文明获得感5个测量指标因子"[③]。崔友兴等在研究中小学教师教学获得时,"基于马斯洛需求层次理论,结合中小学教师生存与发展实际,可以将中小学教师教学获得感划分为教学物质获得感、教学安全获得感、教学情感获得感、教学尊重获得感和教学成就获得感"[④]。庞文认为"学生的教育获得感可从学习、心理、社会、身体和成长共5个维度的获得感加以认识。而学习维度的获得感处于首要的、核心的位置,学生的教育获得感与学校教育和其自身的学习有着直接而紧密的关联,教育教学影响到学生的学习状况和教育获得感及其每个维度"[⑤]。

---

① 文宏、刘志鹏:《人民获得感的时序比较——基于中国城乡社会治理数据的实证分析》,《社会科学》2018年第3期。

② 王恬、谭远发、付晓珊:《我国居民获得感的测量及其影响因素》,《财经科学》2018年第9期。

③ 刘星:《获得感的内涵与评价指标体系构建》,《老区建设》2019年第4期。

④ 吴宸琛、崔友兴:《中小学教师教学获得感的构成要素与生成逻辑》,《教学与管理》2022年第21期。

⑤ 庞文:《教育获得感的理论内涵、结构模型与生成机理》,《当代教育科学》2020年第8期。

除了从理论思辨的角度探析获得感，也有不少学者在实证研究的基础上构建了获得感的衡量指标。吕小康和黄妍在研究中"基于时间节点的纵向比较与基于参照群体的横向比较这一横一纵的获得感测量路径，并利用历年中国社会状况综合调查（CSS）数据提取有关纵向比较的题项将获得感分为个人发展感、社会安全感、社会公正感、政府工作满意度4个维度"[1]。谭旭运、张若玉等在研究中"选取了16个项目，包含教育、生活、法制等方面内容，对青年人获得感现状进行了分析"[2]。董洪杰、谭旭运等人在研究中"通过对获得感的自由联想最终确定中国人获得感的五因素理论结构，将获得感分为获得体验、获得环境、获得内容、获得途径和获得分享5个维度"[3]。黄立清、林竹等人在采用问卷调查方法研究高校辅导员的获得感时，将获得感分为"工作条件、待遇保障、干事平台和发展空间4个维度[4]，既包括了物质利益的需求，又包含了自我成长、自我价值的实现"，并编制了测量高校辅导员获得感的量表。朱军帅在研究中使用词频分析、社会网络分析等方法将大学生获得感确定为"学业获得感、人际情感获得感和个人成长获得感3个维度"[5]。周海涛、张墨涵等在研究中"针对民办高校大学生学习获得感编制问卷，包括认同程度、满足状况、参与机会、成就水平4维度"[6]。何小芹、曾韵熹等人在研究中"通过经济条件、家庭支持、人际关系、学校支持、教师关怀、发展机会6个维度编制了贫困大学生相对获得感问卷"[7]。

---

[1] 吕小康、黄妍：《如何测量"获得感"？——以中国社会状况综合调查（CSS）数据为例》，《西北师大学报》（社会科学版）2018年第5期。

[2] 谭旭运、张若玉、董洪杰、王俊秀：《青年人获得感现状及其影响因素》，《中国青年研究》2018年第10期。

[3] 董洪杰、谭旭运、豆雪姣、王俊秀：《中国人获得感的结构研究》，《心理学探新》2019年第5期。

[4] 黄立清、林竹、黄春霞、刘金虎：《高校辅导员获得感评价指标体系构建》，《中国健康心理学杂志》2019年第6期。

[5] 朱军帅：《大学生获得感量表编制及特征研究》，硕士学位论文，内蒙古师范大学，2020年。

[6] 周海涛、张墨涵、罗炜：《我国民办高校学生获得感的调查与分析》，《高等教育研究》2016年第9期。

[7] 何小芹、曾韵熹、叶一舵：《贫困大学生相对获得感的现状调查分析》，《锦州医科大学学报》（社会科学版）2017年第3期。

王浦劬与季程远将获得感与"相对剥夺感"进行了详细地比较分析后,将获得感区分为空间维度的"横向获得感"与时间维度的"纵向获得感"[1]。

尽管获得感测量指标因所选群体不同而有所差异,但这些测量指标呈现了共同的特点,即获得感的测量内容包含物质层面和精神层面,分别是物质上的获得、提高和精神上的积极满足。纵观目前的研究,采用较多、较普遍的是三维结构(经济获得感、政治获得感与民生获得感)和五维结构(经济获得感、文化获得感、政治获得感、社会获得感和生态文明获得感)。本论著对三维结构和五维结构进行了整合,从政治获得感、经济获得感、民生获得感、精神获得感四个维度及"横向获得感""纵向获得感"两个层面来测量自贸港建设中社会各群体的获得感现状以及影响因素。

(二)获得感的模型研究

对于获得感产生的内在生成机制,学者们从不同角度进行了深入地探索,并构建了不同的获得感的生成机制模型。彭文波、吴霞、谭小莉在研究中根据获得感的物理根源和心理根源提出了获得感的结构模型图,如图9-1所示,"物理根源包括政治、经济、社会、文化、环境,心理根源包括动机、情感、行为以及认知"[2]。

陈京军、刘红平等人的研究认为大学生的学习获得感主要包含资源拥有感、个人成长感、成就达成感三个要素,并从个体自身的期待、个人的努力、条件资源综合出发探讨了大学生学习获得感的生成机理,构建了大学生学习获得感生成机制理论模型图[3],如图9-2所示。该模型既揭示了学习获得感的动态发展,也刻画了其静态结构,还展现了影响和制约此生成过程的各条件性因素及其相互联系。

---

[1] 王浦劬、季程远:《新时代国家治理的良政基准与善治标尺——人民获得感的意蕴和量度》,《中国行政管理》2018年第1期。

[2] 彭文波、吴霞、谭小莉:《获得感:概念、机制与统计测量》,《重庆师范大学学报》(社会科学版)2020年第2期。

[3] 陈京军、刘红平、刘玉杰、王欢:《大学生学习获得感:内涵、价值及生成》,《当代教育理论与实践》2021年第1期。

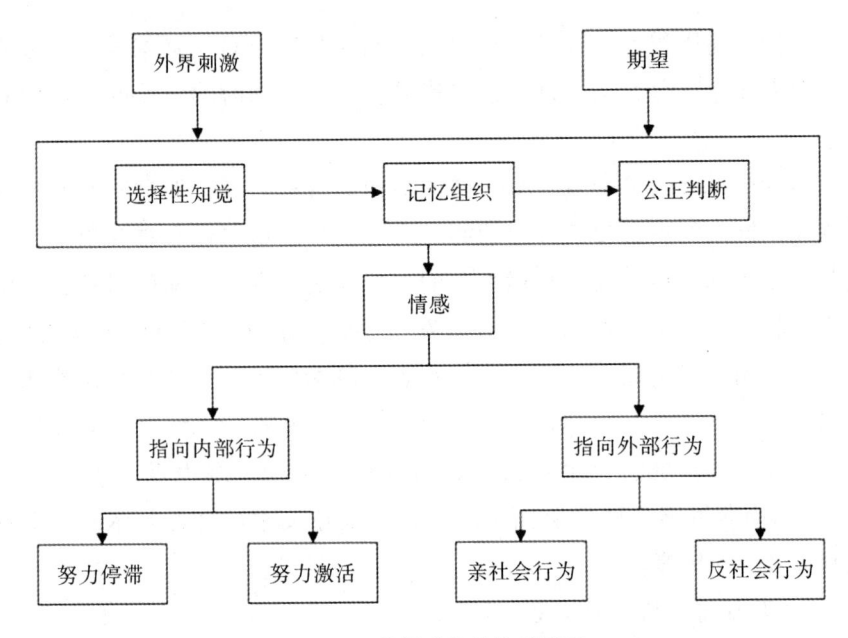

图 9-1 获得感的结构模型图

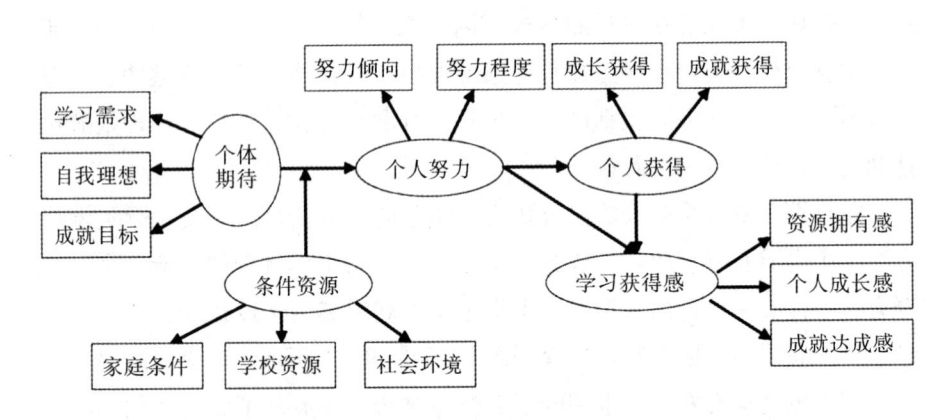

图 9-2 大学生学习获得感生成机制理论模型

胡慢华综合考虑教学目标、教师活动、学生活动、学生期望等因素，构建了思政课学生"获得感"模型（见图 9-3），"从学生视角展现了高职思政课堂给予学生的'获得感'，为建设高质量的思政课堂提供了思路"①。

---

① 胡慢华：《高职思政课学生"获得感"模型研究——基于扎根理论的质性研究》，《佳木斯职业学院学报》2020 年第 11 期。

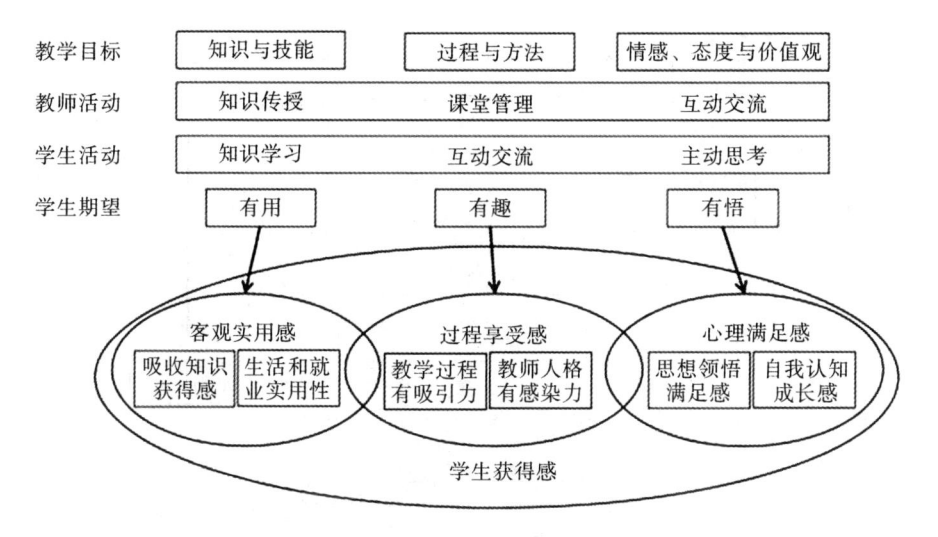

图 9-3　思政课学生"获得感"模型

李丹、张苗苗在对西南民族地区贫困人口研究中构建了"社会情境—家庭（个体）—行为"三要素互动模型①（见图9-4），在这个模型中，外部社会情境包括西南民族地区特有的地理环境、人文社会环境及精准扶贫政策，内生要素包括贫困户家庭及个体认知、价值观等，行为要素为贫困人口参与脱贫的行为。

李丹、杨璐等人基于对精准扶贫背景下西南民族地区贫困人口获得感的调查研究提出了"获得感的综合理论模型"②，如图9-5所示。这个模型展示了精准扶贫中，民族地区贫困人口经由系列扶贫政策、措施及实施过程的输入影响，并在民族地区特殊地理生态及特定民族文化习俗等因素的间接影响下，贫困个体基于不同参照系的比较，形成可感知物质、安全、公平、能力和尊严五个维度的获得感，构成了物质、心理与精神三个层面、"五维一体"的贫困人口获得感模型。

---

① 李丹、张苗苗：《西南民族地区贫困人口获得感从何而来？》，《财经问题研究》2018年第11期。
② 李丹、杨璐、何泽川：《精准扶贫背景下西南民族地区贫困人口获得感调查研究》，《四川大学学报》（哲学社会科学版）2018年第31期。

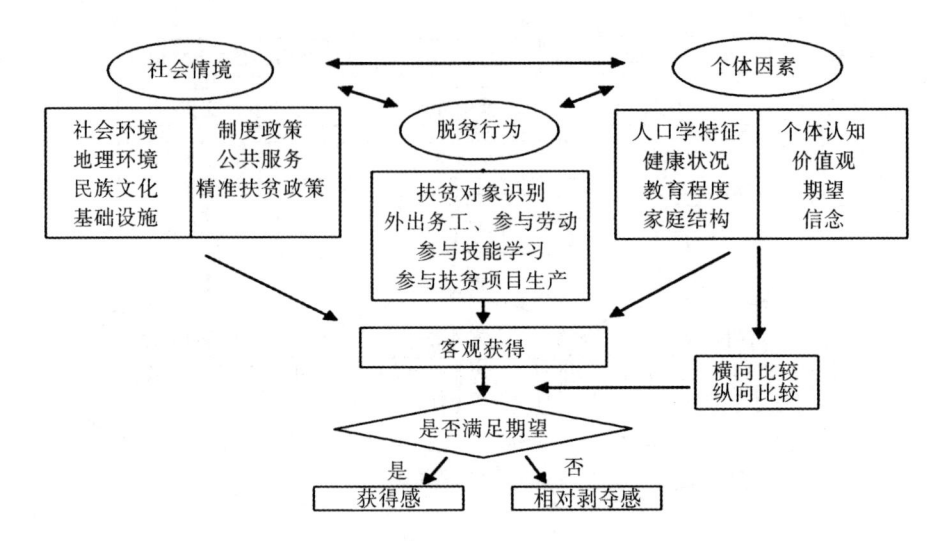

图 9-4 "社会情境—家庭（个体）—行为"三要素互动模型

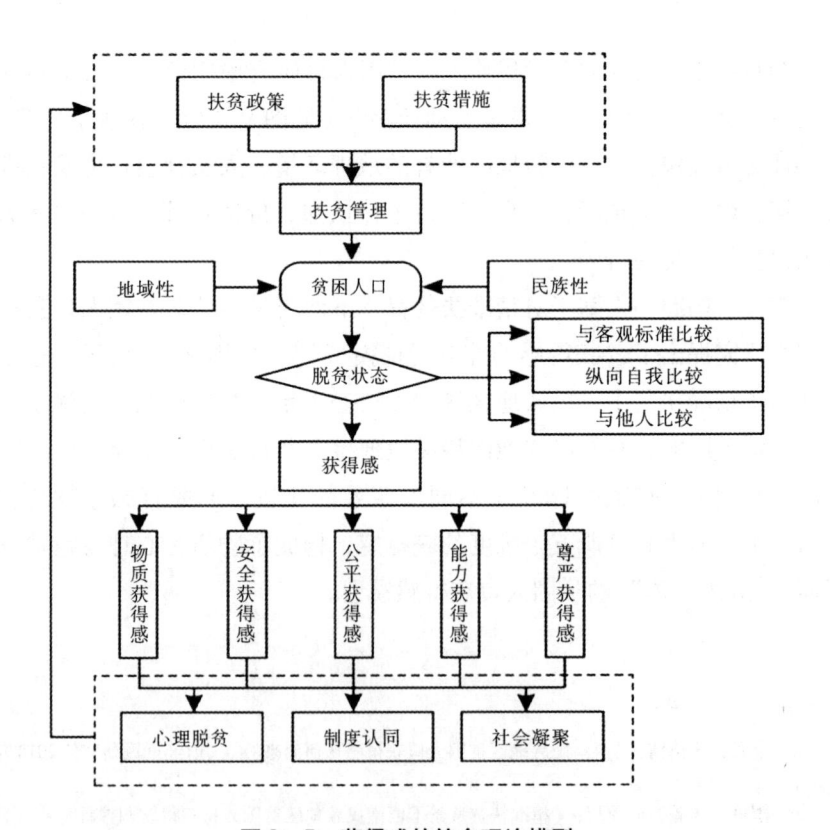

图 9-5 获得感的综合理论模型

以上研究中的获得感模型大多是基于大学生、西南民族地区贫困人口这些具体群体提出的，具有较强的针对性，能较好地揭示这两个群体获得感的内在生成机理，但对于其他群体是否适用有待进一步研究。而且在目前的研究中针对其他各社会群体的一般性理论模型相对比较欠缺，因此，需要继续开展获得感的内在生成机制的学理分析，构建获得感的上位理论模型，以更好地提升各群体的获得感。

三　获得感的研究方法

从已有的研究来看，采用较多的研究方法主要是语义分析法、文献法、测量法，还有少量研究采用了访谈法、比较研究法等研究方法。

（一）语义分析法

通过分析语言的要素、句法等揭示语句意义的研究方法。在概念的界定上采用语义分析法对习近平总书记系列讲话文本进行语义分析，如王继兵对"获得"与"感"进行拆分，通过思辨法进行语义分析，并采用文献法对已有研究进行系统梳理，最终对"获得感"的概念进行了明确的界定[1]。

（二）文献法

根据研究目的，通过相关文献获取研究资料，系统了解所研究的问题。学者们通过文献法对现有关于获得感的文献资料进行系统整理和分析。如张明霞通过对文献法对人民群众获得感进行了系统的文献梳理和分析[2]，对获得感的概念界定、指标建构、获得感的现状、获得感的影响因素与提升路径等研究内容进行了概括和总结，分析了现有研究存在的不足，为后续研究提供珍贵的参照。

（三）测量法

根据提前编制的问卷、量表给测量对象的获得感赋予数值化，获得数据，直观地对获得感进行研究。如谭旭运等采取问卷调查的方法对青年人

---

[1] 王继兵：《学校教育：成全"人"的"获得感"》，《中小学管理》2015年第7期。
[2] 张明霞：《人民群众获得感研究综述》，《西南石油大学学报》（社会科学版）2020年第2期。

获得感现状以及影响因素进行了深入分析①；吕小康等基于时间节点纵向比较与基于参照群体的横向比较这一横一纵的获得感测量路径，并利用历年中国社会状况综合调查（CSS）数据提取了有关纵向比较题项对获得感进行研究；②王恬等从经济获得感、政治获得感、民生获得感三个维度对人民获得感进行了实证分析等。

（四）访谈法

通过面对面进行口头交流的形式，调查者根据调查需要向访谈者提出相关问题，并根据回答收集访谈材料的方式，在访谈时不局限于提前列好的访谈提纲，也可根据访谈时的实际情况进行提问，能够很好地收集多方面的资料。如，常兴珍使用访谈法对大理大学在校大学生思政理论课获得感进行研究③。

（五）比较研究法

对两类研究对象进行考察，寻找异同。如，罗鸣春等以云南民族大学学生为研究对象，对汉族和各少数民族学生进行比较研究，结果发现云南民族大学少数民族大学生获得感总均分及获得感的环境方面显著高于汉族学生④；王浦劬、季程远从横向和纵向两个角度分析获得感，研究结果显示，"横向获得感与纵向获得感均呈现上升趋势，且纵向获得感 > 横向获得感"⑤。

总体来看，对于获得感的研究，研究方法呈现出多元化、综合化的趋势，采用单一研究方法的研究相对较少，部分研究综合采用了多种研究方法，将文献法、问卷调查、访谈法等方法有机结合，使研究更加丰富和可靠。如前文提到的董洪杰、谭旭运的研究综合采用了文献法、访谈法和问

---

① 谭旭运、张若玉、董洪杰、王俊秀：《青年人获得感现状及其影响因素》，《中国青年研究》2018年第10期。

② 吕小康、黄妍：《如何测量"获得感"？——以中国社会状况综合调查（CSS）数据为例》，《西北师大学报》（社会科学版）2018年第5期。

③ 常兴珍：《大学生思想政治理论课获得感研究——以大理大学为例》，硕士学位论文，大理大学，2022年。

④ 罗鸣春、邓雪玲、和仕杰、韦怡：《民族院校大学生的获得感现状与特点》，《民族高等教育研究》2021年第2期。

⑤ 王浦劬、季程远：《新时代国家治理的良政基准与善治标尺——人民获得感的意蕴和量度》，《中国行政管理》2018年第1期。

卷调查，罗鸣春的研究则是将问卷调查和比较研究法充分结合起来。本论著综合采用文献法、问卷调查法、访谈法、比较研究法等方法深入探讨社会群体的获得感现状以及影响因素。

四 获得感的研究现状

采用文献计量功能，分析我国近年来的获得感研究成果的年份变化、主题词共现、研究趋势，把握国内获得感的研究概览；采用文献法对有关人民群众、少数民族、大学生、教师、农民等群体获得感的研究进行梳理，揭示各群体的获得感现状。

（一）国内已有研究概览

在中国知网（CNKI）中，将"主题"设置为"获得感"作为检索条件，截至2022年7月8日，共检索出各类文章6880条，其中硕博学位论文共632篇。利用中国知网的文献计量功能，分析我国关于获得感的研究概览。

在万方数据库中，将"主题"设置为"获得感"，检索近10年（2012—2022年）核心期刊和CSSCI来源期刊共6919篇，硕博学位论文共105151篇。

经过梳理发现，针对获得感的研究成果主要集中在国内，国外的研究较少。国内学者将获得感与其他领域相结合展开研究，关注的领域集中在政治学、教育学、经济学、心理学、社会学、思政教育以及哲学等，可见获得感的研究涉及方方面面，但是与海南自贸港建设相结合对获得感的研究较少。

1. 发文数量的年份变化

发文数量的年份变化反映了某一主题的研究热度的变化，也在一定程度上反映了特定的社会时期对该主题的需求程度。统计有关"获得感"的研究成果的年份变化，结果见图9-6。

图9-6显示，在2015年前就有学者对获得感进行了研究，但研究成果较少，自2015年开始发文数量增多，2015年到2019年处于稳定增长阶段。到2020年发文数量稍有下降，2021年又处于上升阶段，说明这一时期我国社会对于"获得感"的探索需求较为强烈。

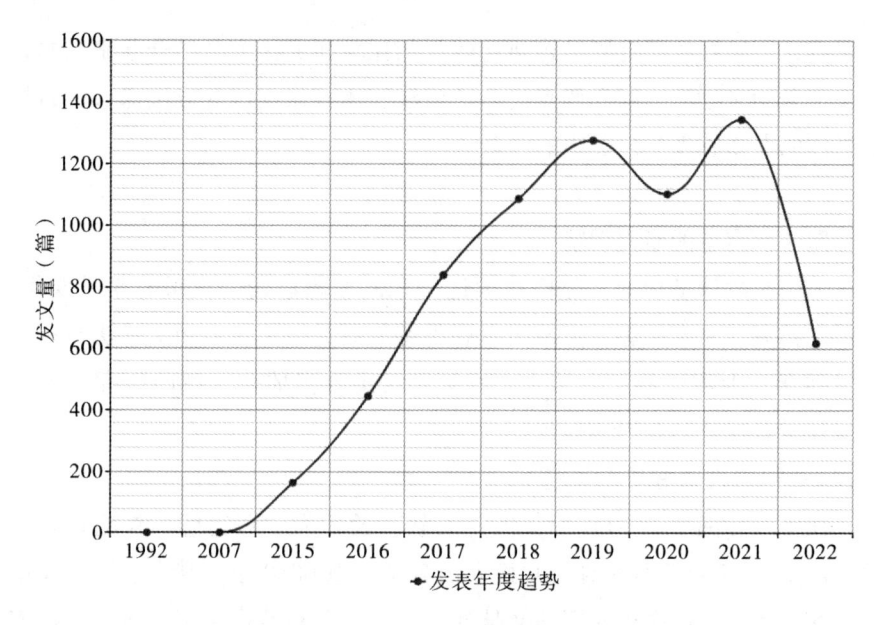

图9-6 关于"获得感"研究成果的年份变化

整体而言，一方面，在心理学学科范式下，关于"获得感"的研究成果总体数量不多，说明国内心理学界对"获得感"的关注度较低，造成这种现象的原因可能在于"获得感"这个概念本身的心理学色彩较低，而没有引起心理学界的关注，也有可能是由于心理学研究者将"获得感"分解为了更加具体的下位概念进行研究。这也提示我们在心理学学科范式下进行关于"获得感"的研究更需要注意其操作性定义和测量指标的建构。

2. 主题词共现

在所有关于"获得感"的研究成果中，统计这些成果中所涉及的主题词的共现情况，统计结果见图9-7。

从图9-7可知，涉及"获得感"的主题词涵盖了教育学、心理学、经济学、社会学等学科，这一方面印证了获得感是一个多学科研究的主题，另一方面也说明了获得感是一个内涵十分丰富的概念，从某一学科进行研究时，需要对其进行较为精确地定义。

3. 研究趋势

图9-8为截止到2022年7月对中国知网上检索到的有关"获得感"研究统计。由图9-8可知，近5年关于获得感的研究相对较多，尤其是

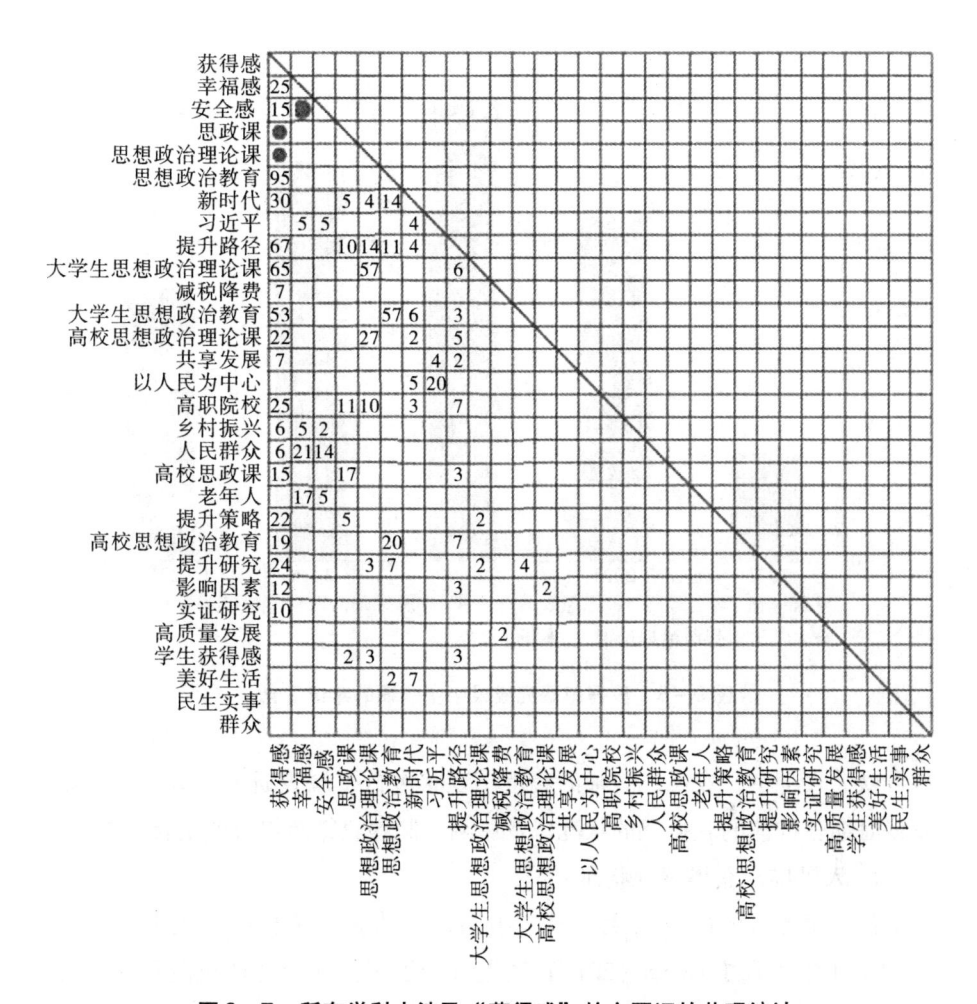

图 9-7 所有学科中涉及"获得感"的主题词的共现统计

2019年和2020年有关获得感的文献最多，2021年有所下降。另外，一部分"获得感"的研究与思政课、思想政治教育、提升路径相结合，说明了这三者也是目前学术界获得感研究中的重要内容。梳理文献发现，在众多的资料中缺乏海南自贸港背景下获得感的研究。因此从研究内容和研究对象来看，本研究对已有研究具有补充性和创新性，并且具有很强的理论意义和实践意义。

（二）社会群体的获得感现状研究

目前学者们主要采用问卷法、访谈法等研究方法对人民群众、少数民

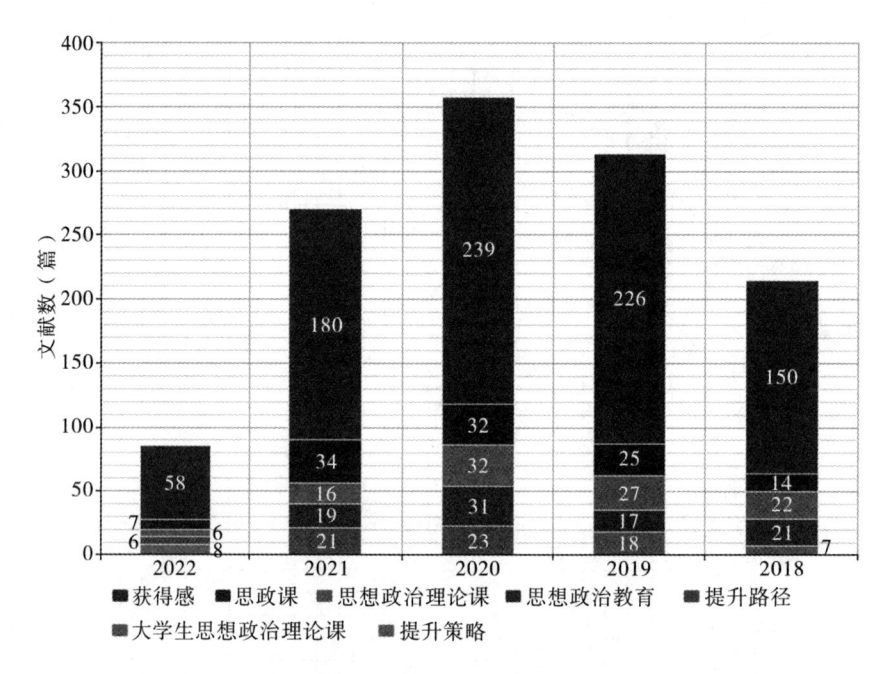

图9-8　获得感研究成果中主题词的年份变化

族群众、大学生、农民、教师的获得感现状进行了调查研究，揭示了高速发展时期各群体的获得感的状况以及影响、制约获得感提升的主要因素。

1. 人民群众获得感现状研究

吕小康等人的研究结果显示"中国社会的获得感整体呈现上升的趋势"①。王恬等基于CGSS（2013）数据分析了居民获得感的概况及影响因素，研究结果显示"我国居民获得感还有较大提升居民获得感还存在明显的地区，获得感因群体而异"②。谭旭运等人的研究结果显示，青年的"安全的生活环境""社会安定有序"获得感较高，"稳定的工作""公平""满意的收入"等获得感较低③。

---

① 吕小康、黄妍：《如何测量"获得感"？——以中国社会状况综合调查（CSS）数据为例》，《西北师大学报》（社会科学版）2018年第5期。
② 王恬、谭远发、付晓珊：《我国居民获得感的测量及其影响因素》，《财经科学》2018年第9期。
③ 谭旭运、张若玉、董洪杰、王俊秀：《青年人获得感现状及其影响因素》，《中国青年研究》2018年第10期。

2. 少数民族获得感现状研究

李丹等对西南民族地区以彝族、藏族的贫苦人口进行了抽样调查，发现"调研地区精准扶贫的成效比较显著，贫困人口有较高的获得感"[1]。冀慧珍对于少数民族人口流动的增长状况，"从经济、政治、文化、民生四个领域获得感判断少数民族获得感状况，少数民族流动人口城市融入度依然处在初级融合的水平，其获得感程度较低"[2]。罗鸣春、邓雪玲等以云南民族大学在校生为研究对象，对学校的汉族和各少数民族学生进行比较，研究发现"云南民族大学少数民族大学生获得感总均及获得感的环境方面显著高于汉族学生"[3]。杨春香对黔东南Z镇的调查发现，"民族地区精准脱贫人口客观'获得感'程度的总体水平是较高的，但是在五个一级指标上的水平则是参差不齐，表现为精准脱贫人口的'获得感'在'社会指标'上是最高的，而最低则是'经济指标'，处于中间位置的依次为文化指标'、'环境指标'、'政治指标'。"[4] 孙倩认为"农牧民在快速的四川藏区经济社会发展中获得了包括教育、医疗、养老、住房等方面直接物质利益，获得感在纵向比较中总体上是增强的。但横向比较于全国藏区、四川省乃至全国以及农牧民之间的收入差距，很大程度上损害了农牧民的获得感"[5]。

3. 大学生获得感现状研究

李南认为"绝大多数大学生的获得感主要来自物质获得；时过境迁，随着改革开放的深入和中国综合国力的大幅提升，新时代大学生的物质获得已基本得到满足，转而开始追求更高层级的精神获得"[6]。张强的研究发

---

[1] 李丹、张苗苗：《西南民族地区贫困人口获得感从何而来？》，《财经问题研究》2018年第11期。

[2] 冀慧珍：《获得感：少数民族流动人口城市融入的标尺》，《西南民族大学学报》（人文社会科学版）2021年第2期。

[3] 罗鸣春、邓雪玲、和仕杰、韦怡：《民族院校大学生的获得感现状与特点》，《民族高等教育研究》2021年第2期。

[4] 杨春香：《民族地区精准脱贫人口"获得感"研究》，硕士学位论文，贵州民族大学，2020年。

[5] 孙倩：《四川藏区农牧民获得感的现状及提升对策研究》，硕士学位论文，西南交通大学，2018年。

[6] 李南：《大学生网络虚拟空间精神获得感的意蕴与提升》，《湖北开放职业学院学报》2021年第16期。

现,"当代大学生获得感来源于实践活动和情感两个层面,实践活动层面包括大学生通过参与学校组织的实践活动、参与课堂教学活动、参与社会实践活动三方面;情感层面包括归属与爱的获得、尊重需要的满足感、自我实现需求的满足感三方面,其中自我实现需求的满足感是情感层面中最重要的一个因素。"[1] 周海涛、张墨涵等人关于民办高校学生获得感的研究发现,"我国民办高校学生获得感处于中等稍高水平。学习力、能力发展和情绪管理等因素能够影响学生的获得感,其中学习力对获得感的影响最大。"[2]

4. 农民及农民工获得感现状研究

目前对于农民以及农民工的研究较多集中在从理论层面对农民以及农民工获得感的内涵、测量指标、提升路径等方面进行探索,仅有少量调查研究关注农民及农民工现状。

苏岚岚、彭艳玲等人针对农民的创业能力与创业获得感之间的关系进行研究,结果表明"农民创业能力三个维度均对提升创业获得感产生积极影响,且创业绩效在创业能力影响创业获得感关系中具有部分中介效应"[3]。杨雨以需要层次理论为主要依据编制了问卷,对新时代农民获得感及其影响因素进行调查,结果显示:新时代农民的获得感"总体情况处于中等偏上水平,获得感各维度均分由高到低的排列依次是:归属与爱需要获得感、生理需要获得感、安全需要获得感、自我实现需要获得感、社会保障需要获得感、公平需要获得感。"[4] 何书仪、罗竟疑等人调查新生代农民工获得感发现,"新生代农民工获得感仍然以基本需求得到满足为主,但对高层次的需求有明显的提升。农民工内不同群体对获得感的感知受学历、年龄、混应状况等影响存在差异。在公共服务方面普遍获得感较低。"[5]

---

[1] 张强:《当代大学生获得感研究》,硕士学位论文,山西师范大学,2018年。
[2] 周海涛、张墨涵、罗炜:《我国民办高校学生获得感的调查与分析》,《高等教育研究》2016年第9期。
[3] 苏岚岚、彭艳玲、孔荣:《农民创业能力对创业获得感的影响研究——基于创业绩效中介效应与创业动机调节效应的分析》,《农业技术经济》2016年第12期。
[4] 杨雨:《新时代农民获得感现状及影响因素研究》,硕士学位论文,云南师范大学,2019年。
[5] 何书仪、罗竟疑、黄雨欣、龚嘉怡、王琼胜:《新生代农民工获得感现状与提升策略》,《山西农经》2022年第4期。

5. 教师获得感现状研究

刘娟认为,"基于社会比较理论,研究发现在物质获得感上,乡村小规模学校教师物质获得感不高;在精神获得感上,乡村小规模学校教师的精神获得感普遍偏低;在自身职业认同上,乡村小规模学校教师自身职业认同感有待提高。"[①] 张鹏程、沈永江研究发现,"小学教师工作投入正向预测小学教师职业幸福感,且小学教师获得感在其中发挥部分中介作用,当教师在工作中体会到真切的获得感就能使教师积极地投入到工作中,并从中产生职业幸福感"[②];韩芬在研究中"通过问卷分析发现小学教师总体的职业获得感较高,同时精神实现水平较高,这也是小学教师职业获得感水平偏高的主要原因"[③]。

6. 其他人群等获得感现状研究

颜舒悦认为"快递小哥自身的积极态度、敢于突破,快递企业保障员工权益、关注发展,政府与社会的政策关怀、人民群众对快递小哥的普遍认同等物质与精神上实实在在的得到能够助其实现更高水平的获得感"[④]。

(三)获得感的提升路径研究

在对获得感进行概念剖析、确定测量指标、构建理论模型、获得感现状等研究的基础上,也有学者从经济收入、生态环境、政策等不同角度对提升获得感的路径和有效策略进行了思考。

陈云松、张翼从政策角度"分析 2005—2015 十年经验提出增加老百姓收入是有效拉动获得感的重要途径,提高健康水平和社会安全保障对于提升获得感也具有重要的影响、简单粗放的 GDP 增长,不计代价和后果的市场化与城镇化,要么无助于提高群众的获得感,要么对于获得感存在负面影响"[⑤]。

盛颉、李磊认为"推进乡村产业振兴、优化乡村生态环境等可以提升

[①] 刘娟:《乡村小规模学校教师获得感研究》,硕士学位论文,东北师范大学,2018 年。
[②] 张鹏程、沈永江:《小学教师获得感的问卷编制与现状调查》,《现代基础教育研究》2022 年第 1 期。
[③] 韩芬:《小学教师职业获得感问卷编制与现状分析》,硕士学位论文,南通大学,2020 年。
[④] 颜舒悦:《快递小哥获得感现状与提升路径》,《合作经济与科技》2021 年第 9 期。
[⑤] 陈云松、张翼、贺光烨:《中国公众的获得感——指标构建、时空变迁和宏观机制》,《中国浦东干部学院学报》2020 年第 2 期。

农民获得感。"① 何书仪等人在关于新生代农民工获得感的研究中提出"'发展生产力'、'完善农民工住房保障政策'、'提升农民工社会保障和福利'、'解决新生代农民工后代教育问题'、'保障农民工应有权利的实现'、'加强新生代农民工职业技能培训'这6方面可以提高农民工的获得感"②。

李雪碧在对大学生思想政治理论课获得感进行详细分析的基础上,提出需要从"思政课本身的'供给侧'、学生的'需求侧'、评估体系的完善以及外部环境的影响"③四个方面来提升大学生思想政治理论课的获得感。

罗鸣春、邓雪玲等认为"加强民族团结心理培育,促进多元文化交流、提高生活满意度,增进主观幸福感、保存文化基因,强化民族身份认同,建构国家认同感可以提升民族院校大学生的获得感"④。

曹现强、李烁从获得感的具体表现角度借鉴国外经验做法,提出"推动包容性发展、改善民生、实现公民政治权利是提高公民'获得感'三个不同层面但又紧密相关的途径"⑤。

颜舒悦在针对快递小哥获得感的研究中,认为应该从"快递小哥、企业、政府与社会这三个层面为获得感实现,创造相应条件","以此凝结各方力量,兼顾物质与精神上实实在在的得到,为快递小哥创设出更舒适的生活环境,助其实现更高水平的获得感"⑥。

从上述研究我们可以知道,要提升获得感,不仅仅通过物质上实实在在的获得,还要有精神上的获得,只有将物质上的获得与精神上的获得相结合,才能切实拥有获得感,才能有效提升获得感。

---

① 盛颉、李磊:《乡村振兴视域下农民获得感现状与提升路径研究》,《西昌学院学报》(社会科学版)2020年第3期。
② 何书仪、罗竟疑、黄雨欣、龚嘉怡、王琼胜:《新生代农民工获得感现状与提升策略》,《山西农经》2022年第4期。
③ 李雪碧:《大学生思想政治理论课获得感现状及提升路径研究》,硕士学位论文,华中师范大学,2019年。
④ 罗鸣春、邓雪玲、和仕杰、韦怡:《民族院校大学生的获得感现状与特点》,《民族高等教育研究》2021年第2期。
⑤ 曹现强、李烁:《获得感的时代内涵与国外经验借鉴》,《人民论坛·学术前沿》2017年第2期。
⑥ 颜舒悦:《快递小哥获得感现状与提升路径》,《合作经济与科技》2021年第9期。

五 已有研究的不足

近年来,关于获得感的研究,无论是数量还是质量都有了显著的提升,取得了丰硕的研究成果。但目前的研究也存在研究对象相对狭窄、研究方法多元化和综合化欠缺、研究视角多样化缺乏等不足和问题。

(一) 研究对象

目前关于获得感的研究大多集中在大学生、城镇居民等群体,少量研究涉及了少数民族群体以及农民,为数不多的研究涉及社会大众的获得感研究,因此从整体上来看涉及的对象群体较为狭窄,没有涵盖不同地域的大多数群体,这就使得获得感研究的普遍意义受限。

(二) 研究方法

目前诸多研究采用测量法对获得感进行测量。但由于获得感的内涵结构不明,使得测量指标的选择大不相同。概括来看主要有社会调查项目的直接拟合和围绕研究对象的心理测评工具编制两类途径,没有形成统一且应用广泛的测量指标和测量工具,这对开展获得感的学术交流以及进行获得感的比较造成了很多不便。此外,在目前的研究中心,采用更多的是文献法和调查法,重视语义分析、文献溯源和实证的数据量化研究,但访谈法、田野法等可以获得真实的一手资料的研究方法相对使用较少。

(三) 研究视角和研究内容

随着我国社会的快速发展以及海南自贸港的建设,获得感的研究对象与内容也在不断更新,从时间角度来看,目前所做的研究大多为横向研究,即研究处于当下某一时刻或状态某群体获得感的一个状况。而纵向研究,可以从时间上对处于海南自贸港建设背景下的社会群体进行不断观察、测量,挖掘影响海南自贸港社会群体获得感的深层次原因,总结出具有普遍性的规律,对深化研究内容具有较高的价值。

六 自贸港建设背景下获得感研究

海南自贸港建设是全面深化改革开放的重要举措,也是党中央为人民谋福祉的重要表现。加快建设具有世界影响力的中国特色自贸港,把海南自贸港打造成展示中国风范的靓丽名片。海南自贸港建设借鉴国际自贸港发展经验，紧密结合海南实际和发展定位，蹄疾步稳推进中国特色自贸港建设，积极服务和融入新发展格局，建设开放包容、合作共赢的自贸港，打造更高层次、更高水平的开放型经济。

本研究将以海南自贸港建设背景下社会群体为研究对象，通过对生活在海南自贸港建设背景下不同人群进行调查、访谈，了解自贸港建设进程中社会群体获得感现状以及影响因素。从对象上来看，研究的对象不仅局限于某个单一群体，而是将研究对象拓展为共同处在海南自贸港建设背景下的所有人，包括农民、教师、公务员、公司职员、个体户等各类群体，具有较强的代表性。从方法上看，研究采用了测量法与访谈法两种方法，在对获得感进行测量的同时，通过访谈，重点收集每个个体客观获得和主观感受（包括对于获得感的认识、自身获得感的变化）以及影响获得感的重要因素、期望的获得感提高方法。从视角上看，研究以海南自贸港建设为前提，在梳理、总结文献的基础上，重点关注社会群体的经济获得感、政治获得感、社会获得感和精神获得感现状及影响因素。

第二节 海南社会群体获得感的现状分析

本节围绕社会群体获得感维度的信效度、总体情况及各条目的得分情况三方面的内容描述海南社会群体获得感的现状。

一 本维度信效度分析

社会群体获得感维度是海南社会心态问卷9个维度之一，包含6个条目：F27"近两年来，我的经济收入有了较为明显的增加"；F28"与周围其他人相比，我对自己的生活感到满意"；F29"在居委会/村委会选举时，我能按照自己的意愿投票"；F30"我觉得当今这个社会是公平的"；F31"我家附近就医、教育、娱乐等都很方便"；F32"我感觉自己生活得很体面、很有尊严"。其中F27主要反映经济获得感，F29和F30主要反映政治获得感，F28和F31主要反映民生获得感，F32主要反映精神获得感，参见本论著第二章图2-2《自贸港建设背景下海南社会心态量表编制》。

（一）社会群体获得感维度的信度

采用 SPSS 对社会群体获得感维度进行信度分析，结果见表 9-1。

表 9-1　　社会群体获得感维度的可靠性检验

克隆巴赫 Alpha	基于标准化项的克隆巴赫 Alpha	项数
0.826	0.83	6

由表 9-1 可见，本研究所使用的《海南社会心态调查问卷》中社会群体获得感维度的信度为 0.826，信度较高，符合心理学测量学标准。

（二）社会群体获得感维度的效度

对社会群体获得感维度采用 KMO 和巴特利特球形度检验进行效度分析，结果见表 9-2。

表 9-2　　社会群体获得感维度的效度检验

KMO 取样适切性量数		0.841
巴特利特球形度检验	近似卡方	3002.743
KMO 和巴特利特检验	自由度	15
	显著性	<0.001

由表 9-2 可知，本研究所使用的《海南社会心态调查问卷》中社会群体获得感维度的效度指标 KMO 系数为 0.841，同时球形度检验显著性小于 0.001，表明该维度具备较好的效度，能较好地反映社会各群体获得感的状况。

二　海南社会群体获得感总体情况

采用 SPSS 对社会群体获得感维度总分以及 6 个条目的得分进行统计，结果如表 9-3 所示。

表9-3　　　　　　社会群体获得感总体情况（n=1457）

	最小值	最大值	平均值	标准差
群体获得感	1	5	3.53	0.81
F27	1	5	3.04	1.23
F28	1	5	3.60	1.05
F29	1	5	3.63	1.14
F30	1	5	3.54	1.09
F31	1	5	3.67	1.1
F32	1	5	3.68	1.02

社会群体获得感维度统计中值为3，由表9-3可知，群体获得感维度均值为3.53±0.81，处于偏上水平；F27均值为3.04±1.23，F28均值为3.60±1.05，F29均值为3.63±1.14，F30均值为3.54±1.09，F31均值为3.67±1.10，F32均值为3.68±1.02，6个条目的均值都高于理论中值，表明自贸港建设中社会各群体的经济获得感、政治获得感、民生获得感、精神获得感均处于中上水平，同时也表明自贸港建设中各社会群体获得感还有很大可提升的空间。

三　对各条目的分析

为详细了解海南省人民参与自贸港建设的社会群体获得感情况，本研究对调查对象在社会群体获得感6个条目上的选项分布进行了统计，统计结果见表9-4。

表9-4　　　　　　各题项的选项分布比例（n=1457）

	不符合	不太符合	介于中间	较符合	非常符合
F27	203（13.9%）	254（17.4%）	501（34.3%）	287（19.6%）	212（14.5%）
F28	65（4.4%）	122（8.3%）	459（31.5%）	495（33.9%）	316（21.6%）
F29	88（6%）	117（8%）	433（29.7%）	422（28.9%）	397（27.2%）
F30	78（5.3%）	144（9.8%）	465（31.9%）	461（31.6%）	309（21.2%）
F31	67（4.5%）	135（9.2%）	395（27.1%）	472（32.3%）	388（26.6%）
F32	47（3.2%）	107（7.3%）	460（31.5%）	496（34%）	347（23.8%）

由表9-4可知，从各题项总体分布看，在每个条目上被试多数选择了"介于中间""较符合"和"非常符合"三个选项上，这表明整体获得感较高。34.1%的调查对象表示经济收入得到了较为明显的增加，34.3%的人介于中间，31.3%的人表示经济收入没有明显的增加；55.5%的研究对象对自己的生活感到比较满意，12.7%的人认为自己与周围人相比，对自己的生活感到不满意，31.5%的人介于中间；56.1%的调查对象认为在居委会/村委会选举时，能按照自己的意愿投票，有14%的人选择了不符合或不太符合；52.8%的调查对象觉得当今这个社会是公平的，31.9%认为当今社会还算是公平的，15.1%选择了不符合或不太符合；58.9%的调查对象认为自己家附近就医、教育、娱乐等都比较方便，有27.1%的人认为一般，13.7%认为自己家附近就医、教育、娱乐等并不是很方便；57.8%的调查对象认为自己生活得很体面、很有尊严，31.5%的人认为自己的生活相对来说还是体面、有尊严的，仍有10.5%的调查对象选择了不符合或不太符合。

因此，从总体上来看，海南各社会群体在海南自贸港建设的进程中大多都有不同程度的获得感，经济获得感、政治获得感、民生获得感和精神获得感有了一定程度的提高。在自贸港建设中，海南各社会群体共建共享，积极在各岗位上为自贸港建设做出贡献，同时也共享自贸港建设带来的红利和福祉。

第三节 社会群体获得感的影响因素分析

获得感是一种复杂的心理现象，性别、年龄、文化程度等人口学变量对社会群体获得感存在着不同程度的影响；已有研究也表明社会比较、社会支持、社会资本等社会心理因素也不同形式地影响着获得感。本节结合调查数据以及第一手访谈资料，对社会群体获得感的影响因素进行详细地分析和讨论。

一 人口学因素对社会群体获得感的影响

本研究将性别、文化水平、工作稳定性、职业类型等可能对社会群体获得感产生影响的人口学因素作为自变量,将社会群体获得感维度及各个题项得分作为因变量,来探讨自贸港建设中人口学变量对社会群体获得感的影响。

(一)性别因素

为了探讨社会群体获得感是否存在性别差异,本研究对男性和女性的获得感得分进行了 t 检验,检验结果见表 9-5。

表 9-5　社会群体获得感及其题项得分在性别上的差异分析（M±SD)

	男	女	t	p
社会群体获得感	3.56±0.83	3.50±0.79	1.39	0.164
F27	3.11±1.28	2.99±1.20	2.02	0.048*
F28	3.57±1.09	3.62±1.03	-0.75	0.451
F29	3.62±1.17	3.64±1.12	-0.46	0.643
F30	3.62±1.13	3.48±1.07	2.35	0.019*
F31	3.74±1.12	3.63±1.09	1.92	0.055
F32	3.71±1.08	3.66±0.98	0.92	0.357

注:*表示 $p<0.05$。

由表 9-5 可知,男性获得感均值为 3.56±0.83,女性的获得感均值为 3.50±0.79,男性社会群体获得感略高于女性群体,但未呈现显著差异（p=0.164>0.05）,仅在条目 F27（p=0.048<0.05）和 F30（p=0.019<0.05）上存在显著差异,男性得分显著高于女性得分,表明不同性别对于经济收入和社会公平的看法和态度不一,男性对于这两个方面显得更加满意,相比较而言,女性在自贸港建设中感受到的经济收入增长和社会公平相对低一些。

海南自贸港,只是知道有这个东西存在,但对它并不了解,也没有兴趣了解它,近年来我的月收入并没有随着海南自贸港的建设开发而有所提升,而且收入比较低,家里还有两个孩子要养,生活压力也是比较大的。不过支持海南自贸港的建设的,如果可以的话,也愿意

为海南自贸港的建设做点事。(药店员工,三亚市,2022年5月)

(二) 文化水平因素

为了探讨社会群体获得感与文化水平因素的关系,在文化因素变量上本研究采用单因素方差分析来探究获得感在不同文化水平上的差异,分析结果见表9-6。

表9-6 社会群体获得感维度及其题项得分在文化水平上的差异分析 (M±SD)

	社会群体获得感	F27	F28	F29	F30	F31	F32
小学以下	2.99±0.80	2.3±1.16	2.91±1.34	3.05±1.50	2.71±1.35	3.52±1.21	3.38±1.12
小学	3.41±0.94	2.8±1.35	3.63±1.24	3.57±1.27	3.59±1.22	3.39±1.35	3.45±1.32
初中	3.54±0.83	3.18±1.19	3.50±1.12	3.67±1.18	3.68±1.08	3.63±1.22	3.56±1.13
高中/中专	3.59±0.82	3.00±1.27	3.73±1.12	3.56±1.12	3.66±1.08	3.79±1.13	3.83±1.05
大学/大专	3.55±0.80	3.09±1.21	3.61±1.01	3.70±1.12	3.51±1.06	3.70±1.04	3.70±0.95
研究生	3.26±0.69	2.63±1.17	3.47±0.83	3.39±1.02	3.27±0.97	3.32±1.05	3.47±0.92
F	4.67	4.48	3.35	2.81	5.10	3.46	3.47
p	<0.001***	<0.001***	0.005**	0.016*	<0.001***	0.004**	0.004**
LSD	4>1, 6	3>1, 6	4>1, 3, 6	5>1, 6	3>1, 5, 6	4>2, 6	4>2, 3, 6

注:* 表示 p<0.05,** 表示 p<0.01,*** 表示 p<0.001。

由表9-6可知,社会群体获得感维度及各条目在文化水平上均呈现不同程度的差异。社会群体获得感维度总分在文化水平上呈现极其显著的差异($p<0.001$),经过LSD事后检验发现,高中/中专群体在获得感维度总分上最高且显著高于小学以下和研究生人群。在F27上,初中人群要显著高于小学以下、研究生人群;在F28上,高中/中专要显著高于小学以下、初中和研究生人群;在F29上,大学/大专人群要显著高于小学以下和研究生人群;在F30上,初中人群要显著高于小学以下、大学/大专和研究生人群;在F31上,高中/中专人群要显著高于小学和研究生人群;在F32上,高中/中专人群要显著高于小学、初中和研究生人群。为了更直观地呈现获得感在文化水平因素的差异水平,绘制了文化水平因素的均值图,

见图9-9。

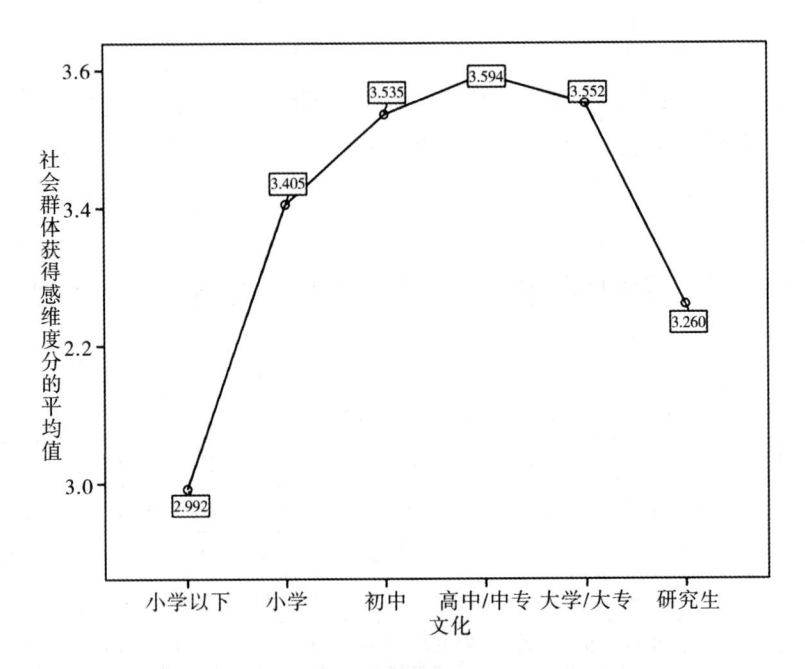

图9-9 社会群体获得感在文化因素上的均值图

由图9-9可知,在文化因素的均值图上,获得感与文化程度呈现出倒U形趋势,文化程度在高中/中专以下时,获得感呈现出随文化程度提高而上升的趋势,小学以下的群体获得感最低,文化程度在高中/中专水平的群体获得感得分最高,文化程度在大学/大专、研究生的群体在获得感上呈现下降的趋势。社会群体获得感及各条目均在文化水平上呈现显著差异,这表明在自贸港建设过程中要全面提升各群体的获得感,提升海南社会各群体的受教育程度是关键因素,各群体的受教育程度至少应提升至高中/中专水平。

(三)工作稳定性因素

为了探讨社会群体获得感与工作稳定性的关系,本研究在工作因素变量上采用单因素方差分析方法来分析获得感在不同工作稳定性上的差异,分析结果见表9-7。

表9-7 社会群体获得感维度及其题项得分在工作稳定性上的差异分析（M±SD）

	社会群体获得感	F27	F28	F29	F30	F31	F32
稳定	3.55±0.81	3.15±1.20	3.60±1.03	3.64±1.16	3.57±1.08	3.68±1.08	3.66±1.00
离职	3.31±0.76	2.91±1.07	3.34±1.14	3.39±1.08	3.21±1.11	3.55±1.07	3.48±1.05
退休	3.64±0.67	2.23±1.46	4.09±0.93	3.40±1.00	3.74±0.99	4.15±1.10	4.22±0.94
其他原因未上班	3.46±0.83	2.94±1.19	3.51±1.09	3.69±1.11	3.43±1.13	3.55±1.13	3.61±1.05
F	2.77	16.88	8.20	2.31	3.81	7.15	9.50
p	0.040*	<0.001***	<0.001***	0.075	0.010*	<0.001***	<0.001***
LSD	3>2	1>3,4	3>1,2,4		3>2,4	3>1,2,4	3>1,2,4

注：*表示 p<0.05，***表示 p<0.001。

由表9-7所示，工作稳定的人群的获得感为3.55±0.81、离职人群的获得感为3.31±0.76、离退休人群的获得感为3.64±0.67、其他原因未上班的人群获得感为3.46±0.83。获得感维度在工作状态这个变量上呈现显著差异性（p<0.05），且在 F27（p<0.001）、F28（p<0.001）、F30（p<0.05）、F31（p<0.001）和 F32（p<0.001）5个条目上也呈现显著差异性。LSD 事后检验发现，退休群体在获得感维度上最高且显著高于离职人群。在 F27 上，工作稳定的人群要显著高于退休和其他原因未上班人群；在 F28 上，退休人群要显著高于其他三类人群；在 F30 上，退休人群要显著高于离职和其他原因未上班的人群；在 F31 上，退休人群要显著高于其他三类人群；在 F32 上，退休人群要显著高于其他三类人群。为了更直观地呈现获得感在工作稳定性因素的差异水平，绘制了工作稳定性因素的均值图，见图9-10。

由图9-10可知，退休群体获得感得分最高，其次是工作稳定的群体，离职群体的获得感最低。因此，工作稳定性在一定程度上可能会影响收入，离职、其他原因未上班人群可能缺少稳定的收入。因此在自贸港建设过程中要全面提升各群体的获得感，需要全面提升海南社会各群体的工作稳定性，让各群体拥有稳定的工作和收入。

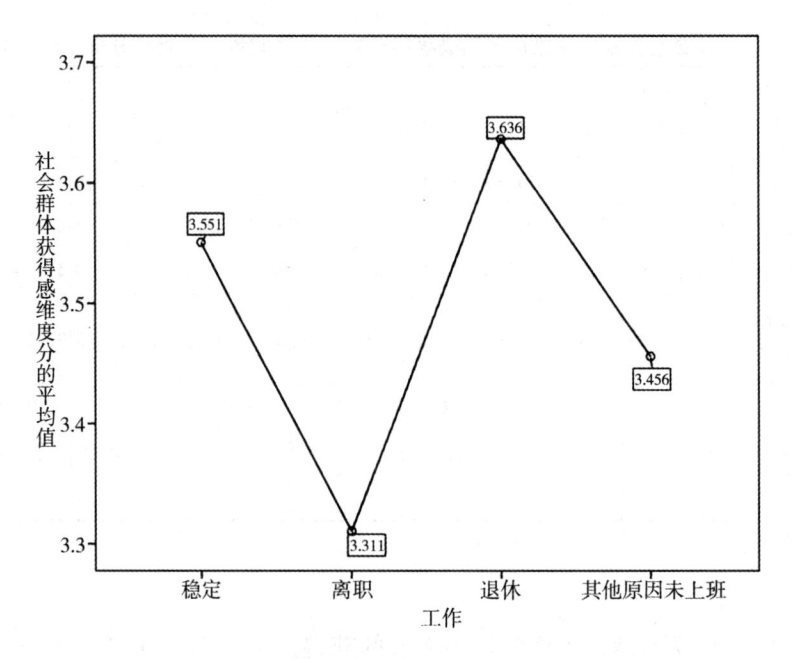

图9-10 被试社会群体获得感维度工作稳定性因素上的均值图

（四）职业因素

为了探讨社会群体获得感与职业因素的关系，本研究在职业因素变量上采用单因素方差分析方法来分析获得感在不同职业上的差异，分析结果见表9-8。

表9-8 被试社会群体获得感维度及其题项得分在职业上的差异分析（M±SD）

	社会群体获得感	F27	F28	F29	F30	F31	F32
农民	3.43±0.87	2.85±1.27	3.49±1.21	3.66±1.26	3.59±1.19	3.50±1.27	3.46±1.26
工人	3.53±0.80	3.10±1.32	3.53±1.13	3.60±1.19	3.55±1.06	3.72±1.15	3.69±1.02
事业单位/公务员/政府工作人员	3.69±0.84	3.23±1.28	3.71±1.02	3.84±1.10	3.74±1.06	3.80±1.06	3.79±0.94
公司职员	3.52±0.79	3.18±1.22	3.56±1.07	3.60±1.16	3.48±1.09	3.68±1.06	3.62±1.00
学生	3.48±0.81	2.94±1.21	3.61±1.05	3.67±1.09	3.35±1.11	3.57±1.06	3.75±0.97

续表

	社会群体获得感	F27	F28	F29	F30	F31	F32
私营业主	3.37±0.81	3.01±0.96	3.47±1.00	3.26±1.15	3.47±1.16	3.46±1.12	3.57±1.04
专业人士	3.57±0.75	3.00±1.26	3.74±0.89	3.55±1.15	3.57±1.00	3.76±1.02	3.80±0.90
自由职业	3.72±0.82	3.33±1.14	3.71±1.15	3.87±0.98	3.64±1.24	4.06±1.08	3.69±1.03
其他	3.44±0.81	2.77±1.19	3.51±1.05	3.59±1.07	3.48±1.01	3.65±1.14	3.62±1.04
F	2.74	3.23	1.48	3.00	2.18	2.68	2.05
p	0.005**	<0.001***	0.158	0.002**	0.026*	0.006**	0.038*
LSD	8>1, 6, 9	8>1, 5, 9		8>6	3>4, 5, 6, 9	8>1, 4, 5, 6, 9	7>1

注：* 表示 $p<0.05$，** 表示 $p<0.01$，*** 表示 $p<0.001$。

由表9-8可知，职业为农民的人群的获得感为 3.43 ± 0.87，职业为工人的人群的获得感为 3.53 ± 0.80，职业为政府工作人员的人群的获得感为 3.69 ± 0.84，职业为公司职员的人群的获得感为 3.52 ± 0.79，职业为学生的人群的获得感为 3.48 ± 0.81，职业为私营业主的人群的获得感为 3.37 ± 0.81，职业为专业人士的人群的获得感为 3.57 ± 0.75，职业为自由职业的人群的获得感为 3.72 ± 0.82，其他人群的获得感为 3.44 ± 0.81。单因素方差分析结果发现，F27在职业上呈现出极其显著的差异（$p<0.001$），社会群体获得感维度、F29、F31在职业上呈现出明显的显著差异（$p<0.01$），F30、F32在职业上都呈现显著差异（$p<0.05$）。

经LSD事后检验发现，在社会群体获得感总维度上，自由职业人群获得感水平最高且显著高于农民、私营业主和其他人群；在F27上，自由职业人群显著高于农民、学生和其他人群；在F29上，自由职业人群显著高于私营业主人群；在F30上，事业单位/公务员/政府工作人员显著高于公司职员、学生、私营业主和其他人群；在F31上，自由职业人群显著高于农民、公司职员、学生、私营业主和其他人群。为了更直观地呈现获得感在职业因素的差异水平，绘制了职业因素的均值图，见图9-11。

由图9-11可知，在职业因素的均值图上，自由职业的群体获得感得分最高，事业单位/公务员/政府工作人员的获得感仅次于自由职业群体，

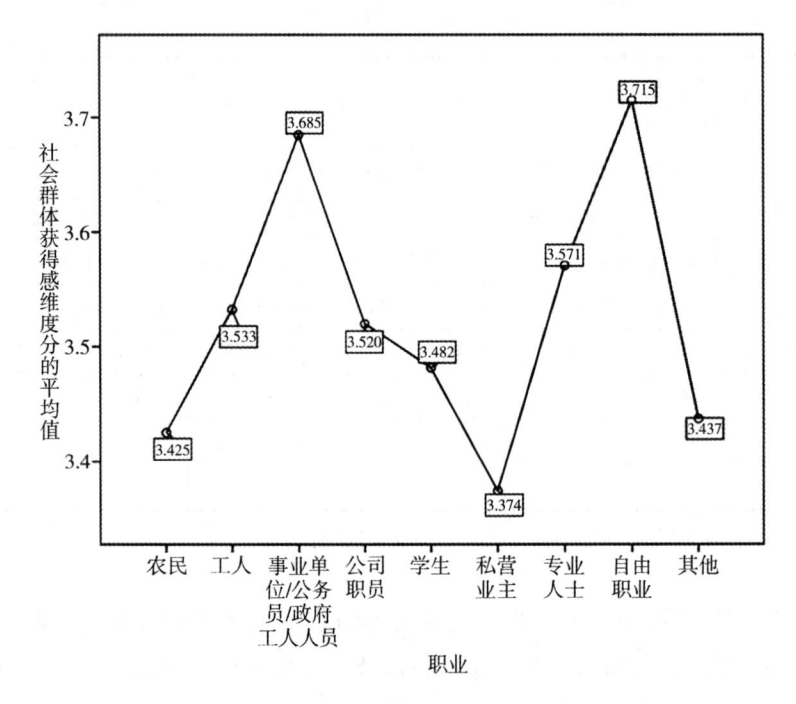

288 | 自贸港背景下的海南社会心态研究

图 9-11 社会群体获得感在职业因素上的均值图

公司职员、学生、私营业主群体在获得感上呈现下降的趋势，私营业主的群体获得感最低。因此，相对稳定的职业可能会增加人们的获得感。在自贸港建设过程中要全面提升各群体的获得感，需要全面提升海南社会各群体的职业的稳定性。

（五）收入因素

目前已有的研究中，经济收入是影响获得感的重要因素。为了探讨本研究中社会群体获得感与经济收入的关系，采用单因素方差分析来分析获得感在不同月收入水平上的差异，分析结果见表 9-9。

表 9-9　社会群体获得感在月收入上的差异分析（M±SD）

	社会群体获得感	F27	F28	F29	F30	F31	F32
2000 元以下	3.41±0.85	2.82±1.23	3.47±1.11	3.67±1.13	3.35±1.12	3.52±1.12	3.62±1.09
2000—4000 元	3.52±0.83	3.08±1.19	3.52±1.09	3.66±1.19	3.56±1.09	3.70±1.10	3.62±1.05

续表

社会群体获得感	F27	F28	F29	F30	F31	F32
4000—6000 元	3.60±0.77	3.13±1.23	3.70±0.98	3.66±1.12	3.58±1.07	3.79±1.05	3.72±0.95
6000—10000 元	3.56±0.75	3.06±1.23	3.69±0.95	3.57±1.04	3.62±1.09	3.61±1.12	3.78±0.94
10000 元以上	3.58±0.84	3.13±1.32	3.80±1.10	3.46±1.25	3.62±1.09	3.67±1.10	3.77±1.06
F	2.54	3.20	3.89	0.88	2.98	2.83	1.47
P	0.038*	0.013*	0.004**	0.473	0.018*	0.023*	0.210
LSD	3>1	5>1	5>1, 2		1<4, 5	3>1	

注：* 表示 p<0.05，** 表示 p<0.01。

由表 9-9 所示，月收入 2000 元以下的人群的获得感为 3.41±0.85，月收入 2000—4000 元的人群的获得感为 3.52±0.83，月收入 4000—6000 的人群的获得感为 3.60±0.77，月收入 6000—10000 元的人群的获得感为 3.56±0.75，月收入为 10000 元以上的人群的获得感为 3.58±0.84。获得感维度总分在月收入上呈现显著差异（p=0.038<0.05），条目 F27 "近两年来，我的经济收入有了较为明显的增加"（p=0.013<0.05），条目 F28 "与周围其他人相比，我对自己的生活感到满意"（p=0.004<0.01），条目 F30 "我觉得当今这个社会是公平"（p=0.018<0.05）和条目 F31 "我家附近就医、教育、娱乐等都很方便"（p=0.023<0.05）在月收入上均呈现显著差异。

经 LSD 事后检验，在获得感维度总分上，月收入 4000—6000 元的群体获得感显著高于月收入 2000 以下的群体；在 F28 "与周围其他人相比，我对自己的生活感到满意"题目上，收入 4000—6000 元人群显著高收入于 2000 元以下、2000—4000 元人群，收入 6000—10000 元人群显著高于收入 2000 元以下，收入 10000 元以上人群显著高于收入 2000 元以下和 2000—4000 元人群。总体来看，收入高的人群相对于收入低的人群对自己的生活感到满意。为了更直观地呈现获得感在月收入的差异水平，绘制了职业因素的均值图，见图 9-12。

由图 9-12 可知，在月收入的均值图上，月收入在 4000—6000 元的群

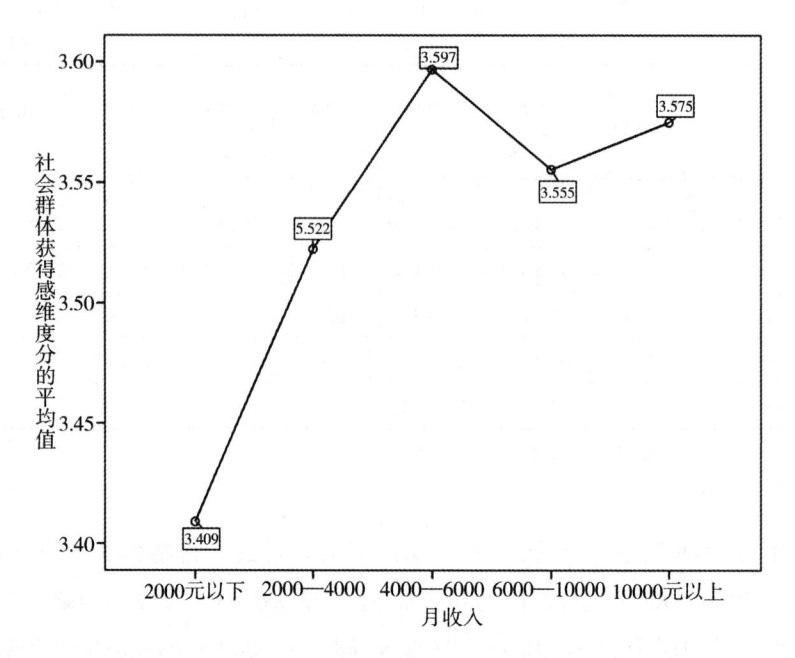

图9-12　社会群体获得感在月收入因素上的均值图

体获得感最高，月收入2000元以下的群体获得感最低。从均值图的趋势来看，月收入在4000—6000元以下时，获得感随着月收入的增加呈现线性提高的趋势，而当月收入超过6000元时，获得感并没有呈现上升的趋势，而出现了波动下降的趋势。因此在自贸港建设过程中提高大部分群体的经济收入依然是提高获得感的重要途径和方法。

二　社会心理因素对社会群体获得感的影响

通过数据分析发现，社会群体获得感在性别、文化水平、工作稳定性、职业类型这些人口学变量上呈现了不同程度的显著差异。为了进一步为探究社会群体获得感与社会心态中其他维度的相关关系，对问卷整体进行皮尔逊相关分析，结果发现社会群体获得感维度与社会信任、社会适应、社会行为三个维度呈强相关。

（一）社会心态问卷中其他维度与社会群体获得感

社会信任维度与社会群体获得感维度之间皮尔逊相关性为0.705，呈现显著正相关，即社会信任得分越高，社会群体获得感维度得分越高。个体在自贸港建设中民生问题和需求能得到满足，社会更加和谐安定时，个体对社会的信任度较高，海南社会群体能感受到的获得也就越高。

社会适应维度与社会群体获得感维度之间的皮尔逊相关系数为0.695，呈现显著相关，社会适应与获得感之间密切相关，即社会适应得分越高，社会群体获得感维度得分越高。赵子林、覃彦婷认为"获得感是受教育者的一种主观感受，表现为社会适应需求与个体发展需求"[1]。在自贸港建设过程中，个体能积极主动了解自贸港的政策，能较好地适应自贸港建设带来的生活、工作的变化，就越有可能积极参加各种政治活动、文化活动等，也就越有可能产生较高的获得感。

社会行为维度与社会群体获得感维度之间皮尔逊相关系数为0.556，呈现显著相关，即社会行为得分越高，社会群体获得感维度得分越高。当个体认为海南自贸港建设让自己充满干劲，做好本职工作能促进海南自贸港建设，为他人考虑帮助他人可以促进大家共同发展等社会行为程度较高时，个体的获得感也较高。

（二）其他社会心理因素对社会群体获得感的影响

除了社会适应、社会信任、社会行为对获得感的生成产生重要影响意外，已有大量研究表明，社会比较、社会支持、社会资本、社会公平等社会心理因素也通过不同方式作用于获得感，对获得感产生重要影响。

1. 社会比较与获得感

社会比较由美国心理学家亚当斯提出，指的是通过自我与他人比较以获取有关自我重要信息的过程，当个体需要进行自我认知，但又缺乏判断的客观标准时，往往会通过比较来认识自己。叶一舵、何小芹等研究发现，"提升贫困大学生的相对获得感除了引导贫困大学生进行理性的社会比较、加强为贫困大学生提供经济帮扶和发展机会外还需着重关注文科专业贫困大学生群体。"[2] 张鹏程、沈永江认为，"获得感是在即时的社会交

---

[1] 赵子林、覃彦婷：《大学生思政课获得感的提升路径探论》，《苏州科技大学学报》（社会科学版）2022年第2期。

[2] 叶一舵、何小芹、付贺贺：《基于社会比较的贫困大学生相对获得感提升路径探讨》，《教育现代化》2018年第19期。

换与社会比较中产生的,具有明显的即时性、情境性特点。"①

主观社会阶层是个体进行社会比较的产物,研究发现,主观社会阶层在很大程度上影响着获得感。孙远太认为,"在对城市居民获得感的研究中发现,在控制性别和年龄造成的影响后,社会地位显著影响了个体的获得感,即城市居民的主观经济、主观阶层地位越高,其获得感越高。"② 朱英格、董妍等认为,"个体通过与他人的比较来形成对于自身所处社会阶层的主观认知,所以主观社会阶层越高,体验到的相对剥夺感就会越低,获得感也就随之获得提高。"③

2. 社会支持与获得感

社会支持指来自个人之外的各种支持的总称。社会支持主要来源于身边亲人、朋友、同事、同学等关系相对亲密的人群。社会支持是一个系统的心理活动,涉及行为、认知、情绪、精神等方面。刘晓、黄希庭认为,"社会支持作为一种支持性资源或支持性行为,对维持一般的良好情绪体验具有重要意义。"④ 当个体感受到强社会支持时,内心得到满足,心理上拥有更多的获得感。李明宇认为,"领悟社会支持水平的提高能够提升个体所持的心理资本,进一步提升个体的积极获得感。"⑤ 唐有财、符平认为,"从社会支持角度来分析获得感时,影响农民工获得感多寡和强弱的最直接因素是当他们在城市工作和生活中遇到困难时得到的及时和有效的帮助。"⑥ 张雪研究发现,"社会支持与获得感在情感忽视对利他行为的影响路径中存在链式中介效应,通过这个研究结果可知,减少情感忽视,加强社会支持,这样既可提升公众获得感,又可促进利他行为的产生。"⑦ 杨

---

① 张鹏程、沈永江:《小学教师获得感的问卷编制与现状调查》,《现代基础教育研究》2022年第1期。

② 孙远太:《城市居民社会地位对其获得感的影响分析——基于6省市的调查》,《调研世界》2015年第9期。

③ 朱英格、董妍、张登浩:《主观社会阶层与我国居民的获得感:社会排斥和社会支持的多重中介作用》,《中国临床心理学杂志》2022年第1期。

④ 刘晓、黄希庭:《社会支持及其对心理健康的作用机制》,《心理研究》2010年第1期。

⑤ 李明宇:《劳动密集型企业员工领悟社会支持对获得感的影响及干预研究》,硕士学位论文,重庆师范大学,2021年。

⑥ 唐有财、符平:《获得感、政治信任与农民工的权益表达倾向》,《社会科学》2017年第11期。

⑦ 张雪:《公众获得感的初步研究》,硕士学位论文,重庆大学,2019年。

雨研究新时代农民获得感发现"政府公信力、社会关系网络、社会比较、经济效益、社会保障奉献这五个因素能够影响农民的获得感"①。

3. 社会资本与获得感

社会资本根据人们在社会结构中所处的位置给他们带来相应的资源，同时社会资本还对个体其他获得产生影响。现有研究发现社会资本对个体的获得感有显著影响。钱思帆研究社区社会资本与获得感的有效性、回应性、普惠性等方面，得出"社会资本与获得感之间存在显著的关联性。"② 刘香认为"农户与村里的邻居、朋友、亲戚交往形成的社会网络、对村干部、村委会、亲戚的信任程度以及对村中集体活动的参与程度，都正向影响着农户的获得感，对个人和家庭的收入，对感受到的社会和谐氛围、公平公正发展、尊严感和成就感更强烈。"③ 申云、贾晋提出"社会资本对居民幸福感的提升具有积极的正面影响，同时能够减缓收入差距对居民幸福感的不利影响，而这种积极效果主要发生在农村地区。"④ 我们可以认为社会资本能够促进居民获得感的提升。

4. 社会公平与获得感

社会公平指每个个体将自己的付出与得到进行比较而产生的一种公平感。当个体在评价自己的时候总会不由自主地与他人或者过去的自己相比较。在与过去比较时总会觉得现在的生活要比以前好很多，而在与他人比较的时候就会产生两种想法，一种是与优秀的人相比，可能会存在一些不足之处，产生嫉妒和不公平的心理，然后，为了寻找一种平衡感，与那些条件不如自己的人相比，从而来获得优越感，来证明自己。吕小康、孙思扬认为，"个体发展和社会公平对获得感的提升作用呈现正'U型'分布，即个体越强烈地感受到高获得感、或越强烈地感受到低获得感，发展或公

---

① 杨雨：《新时代农民获得感现状及影响因素研究》，硕士学位论文，云南师范大学，2019年。
② 钱思帆：《社区社会资本对公共服务获得感的影响研究》，硕士学位论文，西南交通大学，2021年。
③ 刘香：《社会资本、农民创业与农民获得感》，硕士学位论文，广西民族大学，2022年。
④ 申云、贾晋：《收入差距、社会资本与幸福感的经验研究》，《公共管理学报》2016年第3期。

平对获得感的正向预测作用就越明显。"① 殷越认为，"公平感对获得感影响幸福感具有显著的调节作用。如果公平感高，幸福感会随着获得感的增加而增加。"② 黄艳敏、张文娟等的研究发现"公平认知框架对于获得感的生成存在诱导效应"③。

此外，学者们从不同的研究群体出发，探讨了居住需求、养老需求、创业能力、能力、情绪管理等多种因素对于获得感的影响。商梦雅、李江的研究"从农村宅基地制度出发，发现居住需求、养老需求、社会资本及经济资本积累的需求方面对农民获得感有影响"④。邵雅利认为"居住环境、心理状态、社会保障、医疗卫生等与百姓生活直接利益有关的方面都是影响公众'获得感'的重要因素"⑤。同时，蔡思斯的研究表明"随着社会的不断发展，不断地提升主观获得感能够有利于提升人们的阶级认同。"⑥ 苏岚岚、彭艳玲等人针对农民的创业能力与创业获得感之间的关系进行研究，结果表明"农民创业能力三个维度均对提升创业获得感产生积极影响，且创业绩效在创业能力影响创业获得感关系中具有部分中介效应"⑦。王道勇认为"获得感作为一种社会现象，不仅受到外部的改革客观形势的影响，还受到社会心理主观因素的影响，在影响改革获得感高低的因素方面表示改革性质、改革效应和改革收益评价等三个因素的影响尤为显著"⑧。周海涛、张墨涵等人关于民办高校学生获得感的研究发现"学习力、能力发展和情绪管理等因素能够影响学生的获得感，其中学习力对获

---

① 吕小康、孙思扬：《获得感的生成机制：个人发展与社会公平的双路径》，《西北师大学报》（社会科学版）2021 年第 4 期。
② 殷越：《获得感与幸福感的关系研究》，硕士学位论文，华南理工大学，2019 年。
③ 黄艳敏、张文娟、赵娟霞：《实际获得、公平认知与居民获得感》，《现代经济探讨》2017 年第 11 期。
④ 商梦雅、李江：《农村宅基地制度对农户主观获得感、幸福感、安全感的影响》，《西北农林科技大学学报》（社会科学版）2022 年第 4 期。
⑤ 邵雅利：《习近平"人民获得感思想"的深刻意蕴与实践路径》，《理论导刊》2017 年第 9 期。
⑥ 蔡思斯：《社会经济地位、主观获得感与阶层认同——基于全国六省市调查数据的实证分析》，《中共福建省委党校学报》2018 年第 3 期。
⑦ 苏岚岚、彭艳玲、孔荣：《农民创业能力对创业获得感的影响研究——基于创业绩效中介效应与创业动机调节效应的分析》，《农业技术经济》2016 年第 12 期。
⑧ 王道勇：《论全面深化改革时期的获得感问题》，《教学与研究》2017 年第 4 期。

得感的影响最大"①。李南研究发现"绝大多数大学生的获得感主要来自物质获得；时过境迁，随着改革开放的深入和中国综合国力的大幅提升，新时代大学生的物质获得已基本得到满足，转而开始追求更高层级的精神获得"②。

三 外在因素对获得感的影响

本课题研究成员在深入海南各群体开展问卷调查和访谈室，在调研过程中发现环境、生活成本等因素对获得感也产生了重要影响。

（一）环境因素

近些年，国家和政府高度重视生态环境保护，打造生态宜居的居住环境成为共同的夙愿。习近平总书记提出"绿水青山就是金山银山"。2021年，白沙黎族自治县被生态环境部命名为"绿水青山就是金山银山实践创新基地"。白沙曾经被列为海南省唯一的深度贫困县。多年来，随着白沙对自然环境的不断重视和保护，生态环境质量始终保持在国内前列，相应的生态产品供给能力不断增加，"两山"转化渠道逐步畅通，生态红利持续释放，为海南建设国家生态文明试验区作出了积极贡献，探索出了"两山"转化的白沙样本，深度贫困县顺利脱贫，人民也在这个过程中获得了实实在在的红利，获得感得到了大幅度提升。

（二）生活成本因素

在走访调查中发现，生活成本高是调查对象普遍反映的一个问题，他们认为物价每年都在涨，大部分工资需要用于保障基本生活得支出，生活成本相对同级别城市要高很多，导致部分调查对象认为自贸港未能给自己带来更大的经济收益，这在很大程度上是对获得感的侵蚀。

> 对海口的物价不太满意，因为海口物价贵，工资低，使大家都很困扰，希望能够多多改善关于物价类的问题。（毕业生A1，23岁，海

---

① 周海涛、张墨涵、罗炜：《我国民办高校学生获得感的调查与分析》，《高等教育研究》2016年第9期。

② 李南：《大学生网络虚拟空间精神获得感的意蕴与提升》，《湖北开放职业学院学报》2021年第16期。

口市，2022年5月）

工资相比前几年没有太大的改变，但是物价却在迅速飞涨。（农民与工人们A2，三亚市，2022年5月）

自贸港的建设并未给其带来更大的经济收益，反而带来了更高的物价。当初宣布要搞自贸港，本来很高兴，以为会有很大的改变，但是那么多年过去了，并没有看到什么的变化，感觉和以前没什么区别。（居民A3，三亚市，2022年5月）

（三）民生问题因素

海南独立建省的历史不过三十多年，在这三十多年里海南的社会、经济、文化、生态等各方面发展都取得了让世界瞩目的变化。海南以独特的气候、优美的环境、精彩的传统文化等吸引了世界各地人的脚步。但是相比较于其他省，海南省起步较晚，在涉及基础民生问题上，如医疗、教育等，还有很大的提升空间，才能更好地满足新时代人民的需求。海南各群体也看到了党中央、政府对民生问题的重视和投入，很多人表示关注到海南已经和其他省份的优质教育、医疗资源合作建立了很多高质量学校和医院，同时他们也表示对海南省在解决这些民生问题上充满了信心，也相信生活会越来越好。

第四节 社会群体获得感提升路径

不断提升人民群众的获得感、幸福感、安全感，对于凝聚起实现"两个一百年"奋斗目标，实现中华民族伟大复兴中国梦的磅礴力量具有十分重要的意义。习近平总书记在视察吉林期间，提出"保障和改善民生是推动发展的根本目的"，当人民日常生活得到保障，民生得到改善，才能不断增强人民的获得感、幸福感、安全感。民生连民心，民心系国运，让民生答卷写满获得感。自贸港建设是改革开放的重要举措，终极目标是为了实现全体人民共同富裕，提升人民获得感是检验自贸港建设成效的重要标尺。

提升获得感，不仅仅通过物质上实实在在的获得，还要有精神上的获得，只有将物质上的获得与精神上的获得相结合，我们才能拥有获得感，才能对获得感有一个提升。本节基于对社会各群体获得感现状以及影响因素的分析，从政治、经济、民生、精神文化四个方面探讨自贸港建设中全面提升人民的获得感的有效路径和策略。

一 坚持党的领导，深入贯彻党的政策方针

人民群众的需要是党制定路线方针政策的风向标，群众有所呼，党就有所应。做到凡事有交代，件件有着落，事事有回音，让人民群众有十足的安全感。人民群众的需要不是一成不变的，而是随着经济社会发展日益增长的，这决定了增强人民群众获得感、幸福感、安全感的工作没有终点，只有连续不断的新起点。连续不断的新起点不仅为党提供了提升人民获得感的路径，还使人民群众实实在在地体会到有所获得。习近平总书记指出："我们是全心全意为人民服务的党，追求老百姓的幸福。路很长，我们肩负的责任很重，这方面不能有一劳永逸、可以歇歇脚的思想。唯有坚定不移、坚忍不拔、坚持不懈，才能无愧于时代、不负人民。"

因此，在自贸港建设过程中，必须始终坚持中国共产党的领导，提高政治站位，各级政府部门、单位必须深入贯彻、落实自贸港建设的各项政策，让各项政策都落到实处，切实为人民谋福利，提升人民群众的满意度和获得感。

二 夯实经济基础，提高人民经济收入

自提出自贸港建设以来，海南政府不断优化营商环境，与企业签约，知名央企、外企纷纷落户海南，提供更多的工作岗位。创业方面不仅可享受进出口税收政策优惠、多项金融政策的创新优势。降低了注册门槛，后续还有优惠扶持政策，这为广大群众进行创业提供了有利的条件。

众所周知，随着社会不断发展，经济消费水平也随之提高，在城市里居民虽然不担心吃穿问题，但是他们在工作收入方面存在不稳定的因素，而对于农民来说，他们的种地成本高、不赚钱、甚至赔钱等；除此，通过对农民的访谈发现，政府征地后相应的偿款较少，且农民一直保持着耕种作为收入的来源，在征地后断了收入来源，对生活自然也存在着一定的影

响。很多年轻人选择外出打工，但在外生活成本高，工作相对不稳定，收入也不高。

因此，在自贸港建设进程中，必须继续夯实经济基础，采用多元的方式促进高质量就业、开发特色产业等方式提高社会各群体的经济收入，首先保障他们实实在在的物质获得。如充分发挥自贸港的政策优势和资源优势，借鉴我国发达地区农村的做法大力吸引资金推动现代热带特色农业的规模化、产业化发展，既可以充分利用土地资源，又可以大幅提升农民的获得感；农副产品可以采用互联网＋的方式扩大销售途径，使农民获得更多的收益，并且农副产品在互联网上销售的同时，可以与其他产业互相结合，打造互联网＋模式。

三 补齐民生短板，改善生活品质

自贸港建设以来，推出了一系列重大民生举措，不断补齐医疗、教育等民生短板，是自贸港建设的题中之义。不断引进优质医疗资源，与省外优质医院、医学院和学校开展合作；在生活上，提出一系列的政策，减轻人民群众生活压力，在生活条件改善的同时，提高心理自尊感；在环境上，秉持着"绿水青山就是金山银山"的理念，保护好海南良好的自然环境，走以绿色为底色的高质量发展之路；教育方面不断与省外优质教育资源合作，大量名校签约、落地、招生，实现合作共赢，提升海南省教育水平，不断为海南省自贸港建设输送人才，助力自贸港更好地建设。

社会保障体系建设关乎每个人，只有拥有完善的社会保障体系才能保障人民群众的生活，尤其是农村，经济发展没有城市迅速，农村的社会保障制度建设不完善，农民在教育、医疗、就业、养老等基础问题上缺乏保障，直接影响到农民获得感的提升。国家应当加快建设农村社会保障体系，形成严密而有效的网络，设法多渠道、多形式筹措农民生活保障资金，进行社会保障资金的积累储备，保障获得感的提升。这些问题的解决需要国家和各级政府的政策支持，在制度建设和政策落实上，均衡城乡发展。

四 注重精神建设，弘扬传统文化

自贸港建设除了关注物质方面外，还需要关注广大人民群众的内心精神文化。精神文化分为精神和文化两方面，精神上更多强调的是内在的积极心理体验。精神层面的认知和价值取向也会影响获得感，文化建设带来的精神满足同样会提升获得感，内在主观因素对获得感的影响不容忽视。在重视经济发展，稳定社会保障的同时，国家和政府亦应重视对人民的精神建设。此外，各级政府还要格外关注人民的身心健康问题，关注人民精神生活的质量；文化上不仅对外来文化接受和学习，更多的是对传统文化的保留和传承。如海南本土的黎族文化，让新一代年轻人更好地学习并传承传统文化，如歌谣、语言、音乐和舞蹈等。传承不仅仅是为了使民族传统文化不会失传，同样也增强了民族自豪感，做到文化自信。海南"雷公马"突然爆火，成为新时代岛民内心认同的精神图腾，背后反映的是一种共性精神的深度挖掘，也是对自贸港建设和海岛发展的群体期许，希望与海南岛一起成长。

第十章　社会适应研究

《海南自由贸易港建设总体方案》发布以来，一大批核心及配套政策密集出台，落地见效，有力推动了海南自贸港建设顺利开局，蓬勃展开。自贸港建设以《关于支持海南全面深化改革开放的指导意见》作为顶层设计，税收、人才、贸易、投资、金融、运输、产业、园区政策等作为配套政策，旨在优化营商环境，完善法律法规，保障利于自贸港建设的系列措施。建设自贸港，顺应经济全球化发展新趋势，会带来经济的高速增长，加快推进我国改革开放全面深化。自贸港建设带来了巨大的社会变化，社会心态也更加复杂，因此人们必须适应社会环境的变化，调整自己的行为、心态来适应自贸港建设的快速发展。适应和发展作为个体生命历程的基本任务和核心问题，影响着个体的终生发展和幸福，个体又影响着整个社会的发展。因此，探索和了解海南自贸港建设进程中社会大众的社会适应情况，了解个体社会化的程度，有助于促进良好社会适应、培育积极社会心态，为尽快尽好地建设自贸港提供支撑。

第一节　社会适应的概念、模型与研究现状

学者们从不同的学科视角对社会适应进行了大量的理论和实证研究。研究内容主要包括社会适应的概念与理论模型、研究方法、研究现状、影响因素等方面。本节将对社会适应目前的研究成果进行系统梳理和分析，总结已有研究的特点及不足之处。

一 社会适应的概念与模型

随着社会的不断变化，我国对社会适应的研究不断深入，以黄希庭、陈建文、郑日昌、张春兴、朱智贤、邹泓等人为代表的学者们从不同的角度对社会适应问题进行了深入的探索和研究，为社会适应理论完善做出了重要贡献。梳理已有的文献资料发现，已有的社会适应研究多以年龄因素作为研究的标准，但在不同阶段研究的侧重点不同，早期研究侧重于不同年龄段的社会适应，后期则将父母教养方式等因素与社会适应相结合。根据已有研究，以下主要从社会适应的概念研究、理论研究、测量方式、影响因素等方面对社会适应进行系统梳理。

（一）社会适应的概念

梳理文献发现，社会适应是一个多维度的概念，不同的学者从不同的角度进行了研究。美国心理学家道尔（Doll）是最早给社会适应这个概念下具体定义的人，他将社会适应定义为："人类有机会按照自己的年龄特点，履行自己的社会义务，承担社会责任的机能"[①]。美国智力协会不断完善了社会适应的定义，并于2002年提出"社会适应是个体在处理个人事务和社会责任等方面时做出符合他们的年龄、智力和社会需求的行为"[②]。近几年，Samadi和Sohrabi认为社会适应是指妥协、联系、面对和与环境和他人合作的能力[③]。

国内对于社会适应的定义具有一定的相似性，学者们倾向于将社会适应进行多维度的定义。黄希庭和陈建文认为社会适应的本质是人们在长期的社会适应过程中形成的人格特质，从而使个体对社会压力的感受和理解产生影响，决定个体采取什么样的应对措施来适应社会。[④] 林崇德、杨治

---

① Doll, "The Essentials of an Inclusive Concept of Mental Deficiency", 转引自殷颖文、毛曦、顾友梅《社会适应问题研究综述》，《湘南学院学报》2017年第3期。

② Jlm A. and Lrb B., "Conceptual and methodological considerations in a developmental approach to the study of positive adaptation", *Journal of Applied Developmental Psychology*, Vol. 23, Issue 2, March-April 2002.

③ M. Samadi and N. Sohrabi, "Mediating Role of the Social Problem Solving for Family Process, Family Content, and Adjustment", *Procedia-Social and Behavioral Sciences*, Vol. 217, Feb 2016.

④ 陈建文、黄希庭：《中学生社会适应性的理论构建及量表编制》，《心理科学》2004年第1期。

良、黄希庭主编的《心理学大辞典》中将社会适应定义为："当社会环境发生变化时，个体的观念行为方式随之而改变，使之适应所处的社会环境的过程"①。张春兴在《张氏心理学词典》中提出，"社会适应是个体对各种社会生活方式和社会行为的学习或调整，力求达到社会所要求的标准和规范，从而更好地与社会环境形成一种和谐的关系。"②邹泓等人在研究中提出，"社会适应是指个人与社会环境的交互作用中，通过顺应环境、调节自我或改变环境，最终以达到与社会环境保持和谐、平衡的动态关系，是个体在社会生活中的心理、社会协调状态的综合反映。"③

总的来说，对于社会适应的概念，国内外学者们尚未达成统一的认识，社会适应的方式、理论途径以及适应的对象上都存在一定的分歧。但可以从这些定义中提取出"外部环境变化"和"个体内部适应"两个共同的核心概念。国内外学者不管以何种方式定义社会适应，实质上都是在寻求能使二者之间达到和谐、均衡的方法，他们都强调社会适应能力的高低影响着个体的终身发展和幸福，良好的社会适应能力可以帮助人们在面对社会环境改变时，做出良好适应性改变。

（二）社会适应的模型

随着社会适应概念的不断完善，研究者们从不同角度出发对社会适应进行了讨论，并构建了社会适应的不同理论模型。

1. 领域—功能理论模型

邹泓等人在评估中学生的社会适应状况研究时提出了"领域—功能"理论模型来，在这个模型里，中学生社会适应的指标包含内容领域和功能状态。内容领域主要指的是"青少年社会性发展的关键任务——人际关系、规范行为、自我认识、学业成就等基本适应领域"④；功能状态分为积极适应和消极适应两种，并通过问卷调查研究对理论模型进行了验证，形成了具有自我肯定、自我烦扰、亲社会倾向、社会疏离、行事效

---

① 林崇德、杨治良、黄希庭：《心理学大辞典》，上海教育出版社2003年版，第1068页。
② 张春兴：《张氏心理学辞典》，上海辞书出版社1992年版，第690页。
③ 邹泓、刘艳、张文娟、蒋索、周晖、余益兵：《青少年社会适应的保护性与危险性因素的评估》，《心理发展与教育》2015年第1期。
④ 邹泓、余益兵、周晖、刘艳：《中学生社会适应状况评估的理论模型建构与验证》，《北京师范大学学报》（社会科学版）2012年第1期。

率、违规行为、积极应对和消极退缩等 8 个因子，共计 50 个项目的问卷。领域—功能理论模型为深入开展青少年社会适应状况评估提供了一种理论视角，同时也为评估其他群体的社会适应提供了一种可选择的模式。

2. 整合资源模型

整合资源模型中的核心观点是我们可以把心理资源看作利用资源达到适应健康和幸福等终极状态的心理动力过程。具体地说，整合资源模式包含三个方面：一是对心理资源的更广泛地观测，而非对特定的资源进行研究；二是在面临压力挑战时，将资源转化为保持个人健康与快乐的重要运作机制；三是要想增进和维护个体的健康快乐，就必须有一个坚实的精神基础[1]。许多学者都对整合资源模型提出了自己的看法，Lazarus 和 Folkman 在压力的交互作用模型中，以资源作为中心定义了应激的含义，并提出了个人在感知到环境刺激时会消耗自己的资源。个体的资源不能满足对环境的需求时，个体产生压力。个体对于自己能否应付应激的能力的评价，会影响个人的反应和适应效果[2]。所以，在这种模式下，一些资源在特定情况下是行之有效的，但在其他情况下却是没有效果的，甚至是有害的。Hobfoll 的资源守恒阐述了另一种重要的资源整合理论，在经济上将个体的资源作为一个动态的结构，一个不断变化的社会交换环境。任何对个体有用的事物，都会成为个体的一种资源，是个体调整和处理压力的一种有效手段[3]。

3. 社会适应的人格模型

社会适应行为的人格模型是基于这样的观点：人格是个体适应行为的内部基础。国外的许多人格心理学家以及国内的黄希庭等人皆认为人格的形成与社会适应关系密切，甚至用人格适应来指代社会适应[4]。国外代表

---

[1] Hobfoll S. E., "Social and Psychological Resources and Adaptation", *Review of General Psychology*, Vol. 6, No. 4, Dec 2002.

[2] R. Lazarus and Folkman, *Stress, appraisal and the coping: Failed in the United States*, New York: Inc. 11 West 42nd Street, Springer publishing company, 1984, p. 52.

[3] Hobfoll, S. E., "Conservation of resources. A new attempt at conceptualizing stress", *Am Psychol*, Vol. 44, No. 3, Mar 1989, p. 513.

[4] 陈建文、黄希庭:《中学生社会适应性的理论构建及量表编制》,《心理科学》2004 年第 1 期。

人物是 Costa 和 McCrae、G. Allport，他们对人格的理解存在差异，但是都认为人格是个体适应行为的依据。Costa 和 McCrae 提出人格特质的"五因素模型"（FFM），也称"大五人格理论"。大五人格理论是人格心理学上的一项重大突破，系统分析了人格适应功能。他们认为构成大五人格的五种特质分别是外向性、神经质、宜人性、责任感和开放性，这五种特质是影响人们的思想、情感和行为的基础，同时也是人们适应社会的基本动力和内在的核心要素。这些因素决定了个人所面对的适应性问题，以及个人在应对适应性问题时所采用的应对策略[1]。北京大学心理学系王登峰、崔红等人对中国人人格结构进行了探讨，相对于西方的"大五"人格结构，由中国词汇分类中得出的"大七"人格结构无疑更加符合中国人的实际情况，更加接近中国人人格的真实状态。此外，G. Allport 认为人格是指"个体内在的心理物理系统中的动力组织，决定了人对环境适应的独特性"，并在 1961 年提出"人格是个人内在的心理和生理系统的一种动态组织，它决定着个人的行为和思维方式"[2]。

许多理论都认为社会适应与人格理论关系紧密，人格的形成既是自身长期社会适应的结果，又影响着个体适应社会的行为，但是同时，理解个体的社会适应行为，只从人格理论方面是不够的，还要考虑认知、情境、情感等因素的影响。

4. 社会适应的智力（认知）模型

社会适应智力模型发展较为成熟和完善，强调智力（认知）在个体适应中的作用，认为社会适应本质上是社会智力，是个体运用自己已有的知识、经验、能力来调试自我心理、适应环境。桑代克[3]最先提出社会智力概念，后经由斯滕伯格[4]等人推动，这一概念得以掀起热潮。皮亚杰认为

---

[1] Mccrae, Robert R., and Paul T. Costa J. R., "Personality Trait Structure as A Human Universal", *American Psychologist*, Vol. 52, No. 5, May 1997, pp. 509 – 516.

[2] 赫根汉:《人格心理学导论》，转引自陈建文《人格与社会适应》，安徽教育出版社 2009 年版，第 115 页。

[3] Thorndike, and L. E., "A constant error in psychological ratings", *Journal of Applied Psychology*, Vol. 28, Mar 1920.

[4] Clarke A. M., ternberg R. J., "Beyond IQ: a triarchic theory of human intelligence", *British Journal of Educational Studies*, Vol. 34, No. 2, Jun 1986.

智力乃是一种最高形式的适应①，最早建立了社会适应智力理论模式，用图示、同化、顺应、平衡阐述社会适应的内在机制，最先遗传得来的图示经过同化顺应平衡逐步改变和丰富，并构建出新的图示，但是皮亚杰的理论忽略了人格、动机、自我意识等因素的作用②。尽管社会智力是还没有被一致认可的定义，但是经刘在花、许燕的梳理，认为社会智力主要有三个层面的定义：一是基于行为表现的定义，社会智力反映个体社会能力的有效性和适用性；二是基于社会认知的定义，从社会资讯的视角来阐释其含义，并将其视为对社会资讯的解读；三是对"社会认知"与"行为表现"的统一界定，改善了以往偏重"认识"或"行动"倾向的观念，将两者有机地联系在一起③。

Crick 和 Dodge 提出了"儿童社会适应的信息加工模型"，认为社会适应是个体在特定的社会情境中，通过一个包含生物能力、过去经验和记忆力的资料库来接受新的社会信息或资讯，分为线索编码、线索解释和表征、目标澄清、反应产生、反应决定、反应执行六个阶段。信息加工过程中的每一个阶段都与数据库发生作用，与数据库相互影响，循环往复，见图 10 - 1④。

社会智力是一种能够正确认识自己、认识他人、与其他个体和谐共处的能力。社会适应性行为是人类智力活动中的一个重要组成部分，属于社会智力的范畴。社会认知、内隐智力加工是社会适应性行为的重要组成部分，它们决定了个体社会适应行为的水平，这些理论为开展社会适应的研究提供了重要依据。

5. 社会适应的自我调节模型

自我调节模型多从适应不良问题的角度来研究社会适应问题，将社会适应行为当作自我应激，强调自我的结构在应对社会环境中的作用。郑

---

① 高觉敷主编：《西方心理学的新发展》，人民教育出版社 1987 年版，第 111 页。
② 车丽萍：《试论智力发展与同化、顺应的关系——皮亚杰基本理论的启示》，《内蒙古师范大学学报》（哲学社会科学版）1997 年第 2 期。
③ 刘在花、许燕：《社会智力研究的理论评述》，《上海教育科研》2005 年第 4 期。
④ By Crick, Nicki R., Dodge, Kenneth A., "A review and reformulation of social information-processing mechanisms in children's social adjustment"，转引自寇彧、马艳《儿童社会适应的社会信息加工模型及其特殊应用》，《心理与行为研究》，2004 年第 1 期。

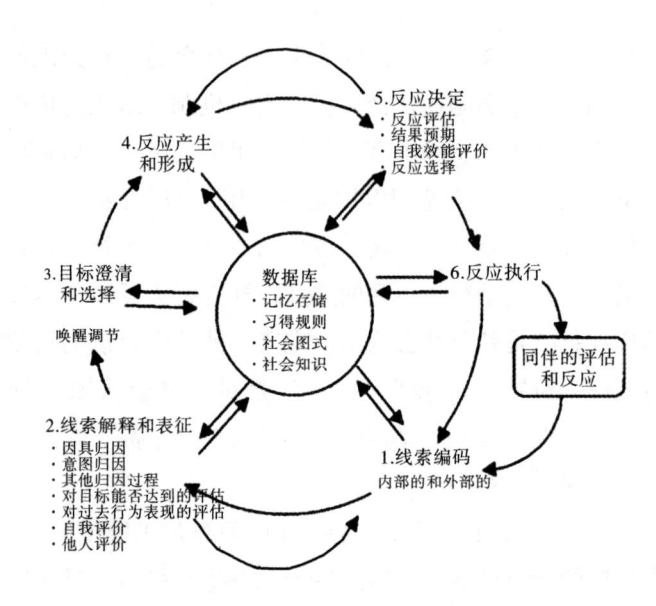

图 10-1　儿童社会适应的信息加工模型

雪、聂衍刚等学者指出，自我心理学者对自我心理与社会适应性的关系，着重于个人的主观能动性，而忽视了其他个性因素，如环境等。[①] Lazanus 是第一个系统研究如何应对压力的人，并逐渐将他对压力和应对的研究扩展到情绪和适应性问题。Lazanus 认为，应对是一个人评估需求超过他的资源时，为控制内部或外部需求而做出的持续认知或行为努力。[②]

该理论从解决适应不良问题的角度出发探讨社会适应问题，强调自我调节和问题解决在社会适应中起到的作用，自我被视为一种适应性功能，强调个人的自主性和代理权，但是忽略了人格其他因素以及情境等方面的作用。

二　社会适应的研究工具

国内外关于社会适应的测量方式普遍采用问卷调查的形式，加以访

[①]　聂衍刚、郑雪、万华等：《社会适应行为的结构与理论模型》，《华南师范大学学报》（社会科学版）2006 年第 6 期。

[②]　Lazarus, Richard S., *Coping Theory and Research: Past, Present, and Future*, Us: Lawrence Erlbaum Associates, 1993.

谈、资料整理辅佐，国外由于其研究对象的选择，以智力测验为前身，针对智力障碍、孤独症患者等弱势群体编制了问卷，较为广泛地被各国学者采用。国内学者针对不同年龄的研究对象设计了不同的调查问卷，开展了广泛的社会适应研究。

（一）国外测量工具

综观已有研究发现，国外广泛使用的社会适应测量工具是《文兰社会适应量表》和《AAMR 适应行为量表》。《文兰社会适应量表》是 Sparrow 等人在文兰社会成熟量表的基础上编制的，由调查表、扩展表和课堂评定表三套量表组成，分别用于评估一般适应能力、更广泛具体的适应行为和儿童在课堂中的适应行为。调查表、扩展表和课堂评定表通过沟通、日常生活技能、社会化和运动技能四个领域的表现来评估适应行为[①]。此外，不良适应行为也被纳入问卷及延伸表中，相关资料由家长、老师或照顾者提供，由测量人员进行评分，项目按 0、1、2 计分。《文兰社会适应量表》可以测量包含个体从出生到成年的阶段，在智力障碍者、孤独症患者以及其他特殊人群的诊断评估和干预训练中得到广泛应用，经多国语言翻译，具有跨文化的适用性。

另一个常用的量表是美国的智力落后协会编制的《AAMR 适应行为量表》，同样是在文兰社会成熟量表后开发，适用于 3—21 岁的个体，该量表分为一般适应能力、不良适应行为两大部分 21 个主题，共 95 个项目[②]。这一量表从个人的独立性和发展角度对适应性行为进行了评估，与儿童发育的常模进行对比，判断发育是正常、迟缓或是极度迟缓。

（二）国内测量工具

国内学者根据不同的年龄阶段采用了不同的测量方式，主要以问卷法为主。针对青少年的适应性测量工具比较有代表性的是陈会昌和聂衍刚编制的两个问卷。陈会昌等在 1985 年首先编写了《青少年心理适应性调查

---

① Klin A., Saulnier C. A., Sparrow S. S., et al, "Social and Communication Abilities and Disabilities in Higher Functioning Individuals With Autism Spectrum Disorders: The Vineland and the Ados", 转引自张梁、郭文斌、王庭照《文兰适应行为量表的发展及应用》，《现代特殊教育》2017 年第 22 期。

② Stinnett, T. A., D. R. Fuqua, and W. T. Coombs, "Construct Validity of the AAMR Adaptive Behavior Scale-School", *School psychology review*, Vol. 28, issue. 1, Dec 2019.

表》，该调查表适用于9—21岁的青少年，包含五个因素：亲社会行为、居家、生活自我管理、情绪监控和社会交往。① 聂衍刚于2005年编制了《青少年社会适应量表》，该量表包含良好适应行为分量表和适应不良行为分量表②。针对儿童适应性的测量工具比较有代表性的是姚树桥和袭耀先以及王永丽、林崇德等人编制的量表。姚树桥和袭耀先在1994年首先针对儿童编制了《儿童适应行为评定量表》，包含独立功能、认知功能以及社会自制三个因子，共59个项目，分8个分量表，量表有城乡两个版本，而且分别制订了我国城乡区域性常模，适用于3—12岁的正常儿童的适应行为发展程度和特点，并可作为筛查、诊断和教育培训的辅助手段③。2005年，王永丽、林崇德、俞国良编写了适合小学生的《儿童社会适应量表》④。随着对社会适应研究的不断深入，在我国人口老龄化问题加剧的背景下，陈勃等人通过编制问卷，研究老年人社会适应情况，为社会适应研究的不断发展提供理论支持⑤。

三 社会适应研究现状

通过CNKI中国知网、万方数据库、读秀、维普中文科技期刊数据库等中外数据库，分别对"社会适应""社会适应能力""心理社会适应"以及"社会支持"进行关键词和主题检索，截至2022年7月14日，共检索近十年（2012—2021）"社会适应"主题下包括核心及CSSCI来源期刊906篇、硕博学位论文1045篇；"社会适应性"主题下10年内核心及CSSCI文章118篇、硕博文章624篇；"社会心理适应"主题下10年核心及CSSCI论文624种。以"心理社会适应"为主题和关键词，检索共近十年（2012—2021）核心期刊和CSSCI来源期刊共81篇，硕博学位论文共23

---

① 陈会昌、胆增寿、陈建绩：《青少年心理适应性量表（APAS）的编制及其初步常模》，《心理发展与教育》1995年第3期。

② 聂衍刚：《青少年社会适应行为及影响因素的研究》，博士学位论文，华南师范大学，2005年。

③ 姚树桥、龚耀先、全国协作组：《儿童适应行为评定量表全国常模的制定》，《中国临床心理学杂志》1993年第2期。

④ 王永丽、林崇德、俞国良：《儿童社会生活适应量表的编制与应用》，《心理发展与教育》2005年第1期。

⑤ 陈勃：《人口老龄化背景下城市老年人的社会适应问题研究》，《社会科学》2008年第6期。

篇；以"社会支持"为主题和关键词，检索近十年（2012—2021）核心期刊和 CSSCI 来源期刊共 2719 篇，硕博学位论文共 5188 篇；

经过梳理发现，国内外社会适应的研究成果较为丰富，对于各省的社会适应关注较低，通常以不同年龄作为划分依据。国内外学者的相同之处在于关注的领域集中在教育学、心理学、社会学等学科，可见社会适应的研究涉及多个方面。

（一）发文数量的年份变化

在中国知网（CNKI）中，将主题设置为"社会适应"作为检索条件，利用中国知网的文献计量功能，分析我国关于社会适应的研究概览。发文数量的年份变化反映了某一主题的研究热度的变化，也在一定程度上反映了特定的社会时期对该主题的需求程度。统计有关"社会适应"的研究成果的年份变化，结果见图 10-2。

图 10-2　关于"社会适应"研究成果的年份变化

由图 10-2 可知，我国学界关于"社会适应"的研究成果，1993 年到 1994 年发文数量迅速提高，1995 年到 1999 年发文数量逐步减少，2000 年到 2012 年持续上升，且 2004 年至 2012 年的 9 年间增长率较高，说明这一时期我国社会正在对于"社会适应"的探索需求较为强烈。2012年至2019年期间，发表的文章数目无显著变化，而从2019年下半年开始，关于"社会适应"的发文数量呈现缓慢下降的趋势。

在心理学学科范式下对"社会适应"进行发文量年份统计发现，关于"社会适应"的研究成果总体数量较多，表明国内心理学界对"社会适应"的关注度较高，造成这种现象的原因可能在于"社会适应"这个概念本身的心理学色彩较高，而引起心理学界的关注，也有可能是由于心理学研究者将"社会适应"分解为了更加具体的下位概念进行研究，例如社会适应行为、理论等。这也提示我们在心理学学科范式下进行关于"社会适应"的研究更需要注意其操作性定义和测量指标的建构。

（二）主题词共现

在所有关于"社会适应"的研究成果中，统计这些成果中所涉及的主题词的共现情况，统计结果见图10-3。

由图10-3可知，涉及社会适应的主题词涵盖了教育学、心理学、经济学、社会学等学科，这一方面印证了社会适应是一个多学科研究的主题，另一方面也说明了社会适应是一个内涵十分丰富的概念，对一个特定的主题进行研究，需对其进行更准确的界定。

社会适应取向、心理健康、中介作用、流动儿童、社会适应性、社会支持是心理学范式下社会适应研究的主要主题词，说明心理学对于社会适应的研究主要基于社会心理学的视角，结合心理因素，同时对社会适应的定义也更倾向于社会人际与个体随着环境改变。不难发现，在上述关键词中，有6个关键词与社会的适应有关，说明社会适应的研究主题仍然是有关社会的因素，包括社会支持、社会适应能力、学校适应、心理社会适应等。同时，心理因素相关的社会支持占比也很高，心理因素中占比最重的是心理健康方面，包含学生心理健康、心理弹性、心理健康状况等，可见社会适应研究人员对心理健康的重视。

（三）研究趋势

在所有关于"社会适应"的研究成果中，统计这些成果中所涉及的主题词的年份变化，结果见图10-4。

由图10-4可知，在关于社会适应的心理学研究中，社会适应、中介

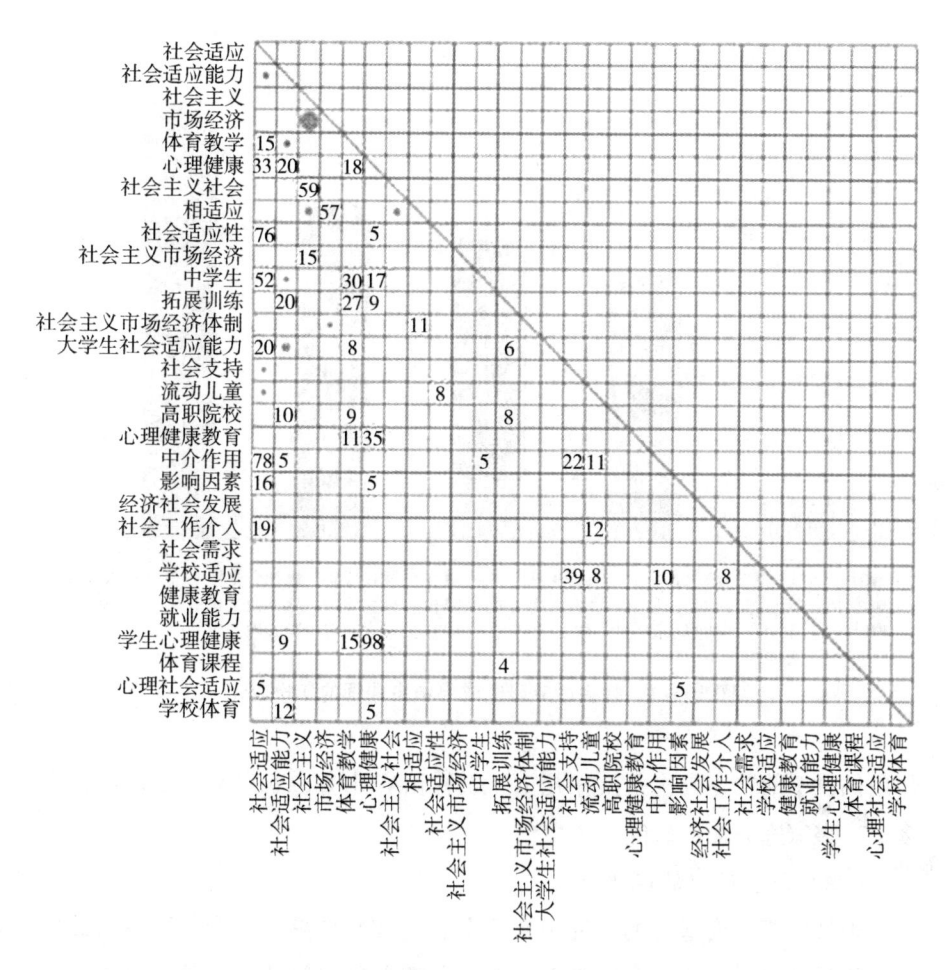

图 10-3 所有学科中涉及"社会适应"的主题词的共现统计

作用、心流动儿童、心理健康在不同年份中出现频率较高，说明这些主题词所代表的研究内容是此类研究中较为稳定的主题，同时也说明了这几者是社会适应的心理学研究中较为重要的内容。整体来看，有关研究随着年份增长而减少，2018—2020 年社会适应研究成果主题词中，社会适应、中介作用、流动儿童的占比均为前三，说明这三个主题词是社会适应研究中很重要的研究方向，其余还有一些主题词分别出现在不同年份，2018 年位列第四、第五的分是核心自我评价和社会文化适应，2019 年是心理健康和社会适应能力，2020 年是社会适应性和家庭功能。2021 年社会适应和中介

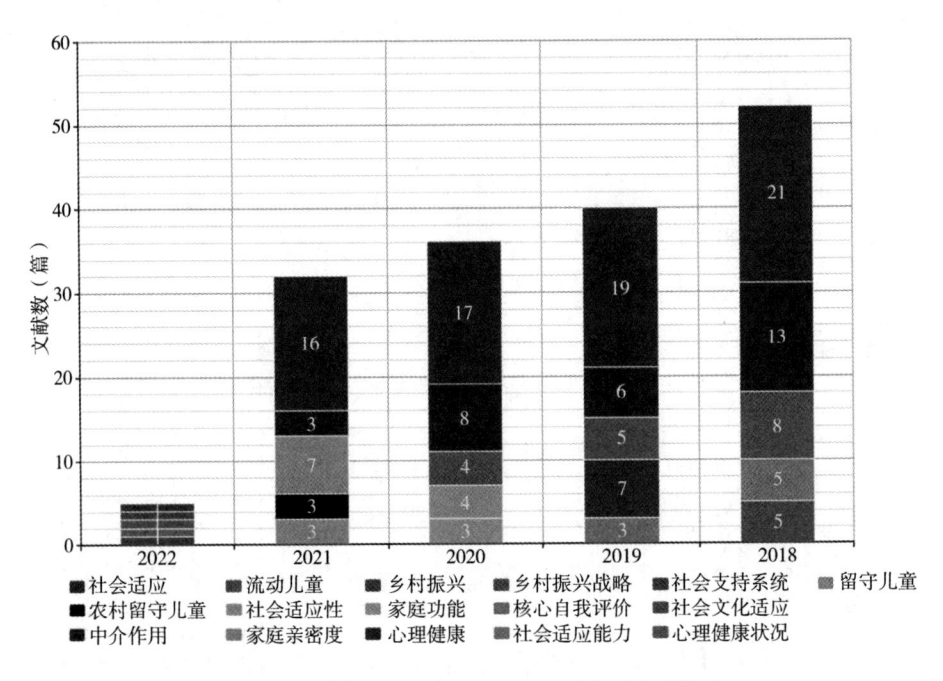

图 10-4 社会适应研究成果中主题词的年份变化

作用仍位于前二，其次是留守儿童、农村留守儿童、家庭亲密度，可见增多了有多家庭方面的研究。

（四）社会适应的现状研究

国外对于社会适应的研究由来已久，且比较成熟。"适应"一词最早在生物学意义上被提出，后来逐步进入心理学研究领域，从研究对象上来说，国外有关社会适应的研究对象以移民、退伍军人、残疾人等弱势群体为主。例如，Mishina，O. A. 在 2021 年的研究中，探究移民到俄罗斯的家人和孩子的社会适应困难。实证分析方面，西方国家常将社会认同、学校适应、角色适应等与社会适应联系在一起[①]。

国内 20 世纪 80 年代中期逐步开展社会适应的研究，呈现多维度分层次的特点。研究对象主要包括大学生、儿童以及一些特殊群体，比如，留

---

① Mishina, O. A., "Actual Problems of Social Adaptation, Education and Formation of Migrant Children in School General Education Institutions of the Republic of Mordovia", *Historical Search*, Vol. 2, No. 2, March. 2021.

守儿童、自闭症儿童等。刘艳、陈建文在 2020 年研究了大学生自尊与社会适应的关系，结果发现大学生自尊对社会适应的直接和间接效应均显著①。黄辉、陈捷和王岐富 2021 年的研究社会支持对留守儿童社会适应的影响以及自尊的中介作用，显示社会支持与社会适应呈显著正相关②。赵凯莉在 2018 年的研究中基于生态系统理论，构建了有调节的中介模型，强调了亲子依恋对社会适应中学校适应的作用③。

文化适应是社会适应的一种特殊形式，海南自贸港建设以来，各种优惠政策的实施，吸引着越来越多的省外人士与外籍人士前来旅游、购物、定居、就业。多元文化背景下必将呈现文化交流、文化碰撞甚至是文化冲突。黄艳钦、张智伟对海南本地黎族人的文化适应现状进行了调查分析，研究结果表明"黎族文化适应方式主要以同化型为主"④，对其他文化保持开放式的接纳态度。邓彩艳⑤等人在综合阐述了自贸港背景下黎族居民的文化适应现状以及面临的新考验、新挑战的基础上，提出了在自贸港建设进程中提升黎族居民文化适应的提升五条路径。田北海、马艳茹 2021 年研究城乡变迁中回流农民可能面临的文化适应问题，指出回流农民是回流地的"外来者"，而他们的城市化和现代化的经历又使他们成为乡村振兴的中坚力量，文化再适应水平是回流农民是否融入回流地的重要指标，回流文化再适应是受情境、动力、资源综合作用的结果⑥。赖红玲以赴美中国留学生为研究对象，研究跨文化适应策略对社会学习适应的影响，得出隔离是赴美中国留学生使用的首要策略，其次是融合及同化，即大部分人不主动接受客居地文化。但是中国留美学生对美国文化的接受程度又与学习

---

① 刘艳、陈建文：《大学生自尊与社会适应的关系：积极核心图式与同伴依恋的链式中介效应分析》，《心理发展与教育》2020 年第 6 期。
② 黄辉、陈捷、王岐富：《农村留守儿童社会支持与社会适应的关系：自尊的中介作用》，《中国健康心理学杂志》2022 年第 5 期。
③ 赵凯莉：《亲子依恋与青少年学校适应：中介效应与调节效应》，硕士学位论文，宁波大学，2018 年。
④ 黄艳钦、张智伟：《海南黎族居民的文化适应研究》，《产业创新研究》2019 年第 12 期。
⑤ 邓彩艳、邓玮桢、陈海丽、林曼云：《海南自贸港建设下黎族居民文化适应路径分析》，《就业与保障》2021 年第 16 期。
⑥ 田北海、马艳茹：《文化距离、地域认同、社会资本与回流农民的文化再适应》，《华中农业大学学报》（社会科学版）2021 年第 5 期。

适应呈正相关，与社会适应呈负相关①。

从已有研究现状来看，国内外社会适应研究在选择研究对象时侧重点有所不同，国外多研究特殊人群，国内研究更加集中研究大学生群体的社会适应。在研究内容上，国外关于弱势群体的研究集中于学校适应、人际交往、同伴适应等方面，形成了较为完备的研究体系；国内关于大学生群体的研究颇具成效，从测量方式、影响因素等方面进行了深入研究。

四　社会适应的影响因素研究

社会适应（social adaptation）是一个复杂的、综合性的心理现象。社会适应受许多方面的影响，既受到年龄、性别、文化程度等人口学变量的影响，同时，人格特征、认知方式、归因方式等内部因素和家庭因素、社会支持等外部因素也是影响社会适应的重要因素。

（一）人口学变量因素

人口统计学变量是目前实证研究中常用的，尽管目前社会适应的相关实证研究不算丰富，但仍然取得了一定成果。不同的性别、年龄、学历可能会导致社会适应能力的差异，研究者通过对这些影响社会适应因素的研究，从中寻找促进提升社会适应的方法。

1. 性别因素

由于社会适应本身的繁杂、不统一性，有关社会适应的性别差异尚未形成一致性的结论。一方面，研究者认为，性别在社会适应与其他因素的关系研究中起调控作用，例如，研究父母的自我效能感与智障儿童社会适应双向作用，认为智障儿童性别起调节作用，儿童为女性时作用更明显，原因可能是父母对不同性别儿童的社会期望不同，女性智力障碍儿童更容易达到父母的期许，从而使父母获得较高水平的自我效能感②。另一方面，社会适应研究的一个常见研究是有关双性化者的研究，双性化是贝姆（Sandra Bem）于20世纪70年代提出的概念，意为人都应该具有男性化和

---

① 赖红玲：《文化适应策略对社会心理和学习适应的影响》，《兰州交通大学学报》2021年第1期。
② 孙圣涛、崔新、黄平：《父母自我效能感与智力障碍儿童社会适应能力的双向影响：性别的调节作用》，《教育生物学杂志》2022年第1期。

女性化的品质，既坚强、勇敢、独立，又温柔敏感，他认为双性化的人会具有更好的心理社会适应水平①。但是国内研究呈现出差异，例如，崔红和王登峰使用了男女角色形容词评价量表，对18—65岁的受试者进行了调查，发现具有双性化特征的被试心理社会适应程度比性别角色刻板的个体要低，尤以男性为最②。相反，陈晶晶等人在2020年的研究中探讨大学生性别角色类型对其社会适应状况的影响，结果发现双性化者社会适应能力最优，女性化者最差，同时指出大学生群体中双性化者类别最多，这可能是因为随着时代发展和社会变化，人们的思想观念和社会的需求发生了变化，不难看出，性别角色对社会适应的影响显著③。

2. 年龄因素

现有研究主要将年龄划分为大学、儿童、青少年以及一些新中国成立后晚年归国华侨的社会适应研究。其中以大学生的社会适应问题研究最多，包括大学生社会适应的含义、维度、影响因素、提高策略等问题。根据朱智贤教授的定义，傅茂笋等人将学生的社会适应分为6个维度：学业和生活适应、对学校和专业的满意度、对集体生活的适应、自尊、学习和考试负担、人际适应④。儿童和青少年常被放在留守儿童或城市流动性的背景下研究社会适应，例如，王薇薇等人研究儿童青少年社会适应的发展特点与影响因素及其促进，提出课本和校园环境应增加社会适应的内容，关注和改善父母的教养方式势在必行，力求达到自身与社会环境保持平衡的状态⑤。新中国成立以后，很多华侨回国定居，海南是我国第三大侨乡、海上丝绸之路的枢纽城市，海南侨民资源十分丰富。岳朋雪指出，鉴于海外侨胞与我们的文化背景等差异，为了更好地发挥侨胞在"一带一路"和海南的"国际旅游岛"建设中所起的重要作用，应针对侨胞的不同文化需

---

① Bem S. L., "Sex role adaptability: One consequence of psychological androgyny", *Journal of Personality and Social Psychology*, Vol. 31, No. 4, Apr 1975.
② 崔红、王登峰：《性别角色类型与心理社会适应的关系研究》，《中国临床心理学杂志》2005年第4期。
③ 陈晶晶、靳文秀、赵朔：《大学生性别角色类型对社会适应的影响研究》，《才智》2020年第3期。
④ 傅茂笋、寇增强：《大学生适应量表的初步编制》，《中国心理卫生杂志》2004年第9期。
⑤ 王薇薇、刘文、王依宁：《儿童青少年社会适应的发展特点与影响因素及其促进》，《学前教育研究》2021年第12期。

求,从通婚、教育、语言生活、居住形态、心理认同等方面进行论述,以避免侨胞被边缘化,进一步提高国家的文化认同和文化自信①。

(二) 内部因素

已有研究表明,社会适应除了受到年龄、性别、文化程度等影响外,人格特征、认知方式、归因方式等内部因素对社会适应同样具有重要影响。

1. 人格特质

许多研究表明,人格特质与社会适应之间存在一定的关系。人格是一个人的能力、情感、价值观等行为方式的有机整合,赋予了个体适应环境的独特模式。Slobodskaya对944名俄罗斯青年的研究中发现,人格特质可以预测社会适应的11%—25%的变异②。赵鑫、史娜等人在此基础上,于2014年采用中文版大五人格量表,对甘肃兰州市100名大学生进行了研究,发现严谨性、外向性、开放性与社会适应不良之间呈现负相关,神经质与社会适应不良之间呈现显著正相关,宜人性与社会适应不良之间相关不显著③。

2. 认知方式

皮亚杰从个体认知发展的角度研究了社会适应的认知机制,认为适应是人智力的本质,适应的机制就是个体因环境变化而不断改变自身认知来达到内部认知与外部环境变化保持平衡的过程,包括顺应和同化两种机制④。国内学者贾晓波在此基础上指出仅从发生认识论角度出发的解释,同化和顺应并不能说明所有全部问题,所以他结合了认知心理学和社会心理学的相关理论,提出心理适应的内部机制,将认知调节分为外部评估和内部评估两个部分,研究结果表明:主体的理解力、判断力、自我评估能

---

① 岳朋雪:《新中国成立后海南归国难侨社会文化适应研究》,《海南热带海洋学院学报》2017年第4期。

② Slobodskaya H. R., "The associations among the Big Five, Behavioural Inhibition and Behavioural Approach systems and child and adolescent adjustment in Russia", *Personality & Individual Differences*, Vol. 3, Issue. 4, Sep 2007.

③ 赵鑫、史娜、张雅丽、陈玲、周仁来:《人格特质对社会适应不良的影响:情绪调节效能感的中介作用》,《中国特殊教育》2014年第8期。

④ 皮亚杰:《发生认识论原理》,商务印书馆1997年版,第7页。

力都会直接影响到认知调控的作用①。

3. 归因方式

归因,即原因的归属,人们用归因的方式来解释自己和他人的行为,大家对失败和成功有不同的归因倾向,多把成功归因于自身实力、努力等内在因素,而把失败归因于任务难度、运气等外在因素,归因取向的差异会导致不同的预期和情绪反应,从而影响个体的心理及行为。胡慧、叶敏在大学生社会适应与归因方式、羞怯感的关系研究中指出,外部归因方式与社会适应存在不同程度的负相关,社会使用与羞怯呈显著负相关,生活、学习适应与外部归因呈显著负相关,环境适应于内部归因呈显著相关,原因可能是社会适应能力强的人,羞怯感低,不容易将某些失败归因于自身内部因素②。

(三) 外部因素

已有研究表明,家庭因素、社会支持等外部因素在不同程度上影响着个体的社会适应状况。

1. 家庭因素

家庭在人的一生中占有很大的比重,影响贯穿一生,在个体身心成长和社会适应中起着重要作用。家庭环境、家庭教养模式是家庭环境的重要组成部分。家庭具有社会化功能,但是由于家庭中的父母总是积极地对待孩子,孩子往往很依赖父母,这时社会化的责任将更多由学校等机构承担。家庭也有情感和陪伴功能,家庭往往是一个人的情感支撑③。浦昆华、李辉等人采用分层随机取样,探讨青少年社会适应性状况以及家庭功能、父母教养方式、父母夫妻关系对社会适应性的预测,结果证明家庭功能对青少年社会适应性的预测力最大④。

---

① 贾晓波:《心理适应的本质与机制》,《天津师范大学学报》(社会科学版) 2001 年第 1 期。

② 胡慧、叶敏:《大学生社会适应与归因方式、羞怯感的关系研究》,《北京教育学院学报》(自然科学版) 2013 年第 4 期。

③ 陈冰赛:《初中生社会支持、防御方式与其社会适应的关系研究》,硕士学位论文,新乡医学院,2014 年。

④ 浦昆华、李辉、白新杰、孙云瑞:《家庭功能、父母教养方式及夫妻关系对青少年社会适应性的预测》,《现代生物医学进展》2012 年第 21 期。

2. 社会支持

社会支持和社会适应紧密相连，帮助个体进入良好的社会适应状态和身心健康。李文道、邹泓等人 2003 年采用问卷法对 328 名初中生的社会支持和学校适应状况进行研究，结果发现母亲是初中生最常见的支持来源，高社会支持的学生适应状况显著高于低支持水平学生的适应状况，教师支持、同学支持对适应呈现积极作用，对消极的学生适应起到了缓冲性的效果[1]。

五 已有研究的特点和不足

通过对社会适应已有的相关研究进行梳理，初步呈现了社会适应研究的概况。国外关于社会适应的研究比国内研究起步早，研究对象多为特殊群体。很多研究者指出，我国社会适应研究虽然已取得一定成就，但仍存在一些问题和不足，需要继续深入探讨。

（一）已有研究的特点和不足

从国内现有的社会适应研究整体来看，目前的研究中还存在定义未完全统一，研究工具及方式较为单一，研究对象不够全面，研究不够深入以及国外一些量表本土化应用滞后等问题。

1. 定义不统一

当前国内外尚缺乏关于社会适应的统一定义，这使得不同研究的评价标准存在差异，不利于社会适应的整体研究。尽管从我国研究社会适应问题开始，对关于社会适应的基本概念和构成因素，已有很多学者进行了探讨，但是仍然没有形成统一规范的定义，后续研究者在选择定义作为自己的研究基础时，更多选择知名学者所定义的或者自己认可的定义，导致了维度划分的重叠，以至于当前对社会适应的具体要素评价混乱，需要对其进行更深层次的分析。因此，要进行合理的社会适应性结构划分，还需要进行更深层次的探讨。

---

[1] 李文道、邹泓、赵霞：《初中生的社会支持与学校适应的关系》，《心理发展与教育》2003 年第 3 期。

2. 研究对象涉及范围狭窄

研究群体大部分是大学生，对于特殊群体和个体的其他阶段研究不够深入。研究层面也多为消极的方面，对于积极方面的社会支持关注不多。社会适应作为一种综合的、复杂的社会心理现象，目前研究从多层次的角度研究不同年龄层的社会适应行为，其中大学生作为即将进行社会活动的群体，由于其庞大数量以及环境的跳跃程度而成为我国进行社会适应研究最多的群体，但是伴随社会的不断整合变化，某些群体的角色相似，年龄相近，导致个人或团体的活动范围是相同的，这就需要社会适应纵向和横向研究交叉结合。

3. 测量方式较为单一

现有社会适应的研究虽然结合了文献整理、访谈法等方法，但主要研究方法为测量法。测量方式还处于问卷编制的阶段，测量方式比较单一，没有进行更深层次的研究。标准量表能够为实证研究的社会适应提供强有力的工具，但是目前国内缺乏可推广的有效量表，造成了评价指标的差异，降低了研究的有效性。由于不同学者对社会适应内涵的理解不同，每个编制者都依据自己研究的需要选择问卷条目，造成了这些社会适应量表的局限性。

4. 社会适应的神经生理机制研究较少

随着科学的发展，人们认识到心理是神经系统的功能，特别是脑的功能，而社会适应作为一种心理行为方式，有关神经生理机制的研究比较少，而洞悉相关的神经生理机制，有助于良好社会适应行为的建立，有待进一步研究。

六 自贸港建设背景下海南社会适应研究

随着海南国际旅游岛的推进，尤其是海南自贸港建设以来，海南岛的社会面貌发生了巨大变化，各民族、各种族之间频繁地进行文化交流和融合，新的社会适应方式和文化意义不断被创造，致使他们在经济交往、社会交往和价值观念等方面进行了一系列的调整。但是，在不间断的社会变迁中，学者们过多地关注于决策的制度、结构等与现实的联系，而忽略和淡化了社会群体中个人的思想、行为方式、心理状态等因素。社会心态反映人们对当前政治、经济、社会、文化等各个方面的情绪、态度、愿望、需求等，从某种意义上说就是社情民意。在海南自贸港建设的背景下，各民族、各人群、各社会阶层的良好社会心态和良好社会适应，不仅是维持海南社会稳定的思想基础，也是海南经济发展进步的强大精神动力和塑造良好社会政治环境的必要条件。

第二节 社会适应的现状分析

本节通过对社会适应维度的信效度检验、总体情况分析及影响因素分析，对海南社会群体社会适应现状进行整体描述和剖析。

一 社会适应维度信效度分析

社会适应是《海南社会心态调查问卷》中的一个维度，包括 5 个条目：G33 "我能适应自贸港建设带来的经济发展和社会变化"，G34 "当工作或生活发生变动时，我能快速融入周围的环境"，G35 "我乐于同参加自贸港建设的各个国家和地区的人交往"，G36 "我与生活在海南的人都能友好相处"，G37 "我喜欢参加社区组织的各种文化活动"。

（一）社会适应的信度

使用 SPSS 26.0 检验社会适应的可靠性，结果见表 10-1。

表 10-1　　　　　　社会适应维度的可靠性统计

克隆巴赫 Alpha	基于标准化项的克隆巴赫 Alpha	项数
0.838	0.84	5

由表 10-1 可知，本研究编制的《社会心态调查问卷》中社会适应维度的信度为 0.838，基于标准化项的效度为 0.840，整体信度较高，符合心理测量学标准。

（二）社会适应的效度

使用 SPSS 26.0 对社会适应维度进行 KMO 和巴特利特检验，以此检验社会适应维度的效度，结果见表 10-2。

表 10-2　　　　　　　　　KMO 和巴特利特检验

KMO 取样适切性量数		0.838
巴特利特球形度检验	近似卡方	2742.155
	自由度	10
	显著性	<0.001

由表 10-2 可知，本研究编制的《社会心态调查问卷》中社会适应的效度为 0.838，巴特利特球形检验显著性为 $p<0.001$，表明测量结果与要考察的内容吻合度较高。

二　社会适应整体情况分析

社会适应是社会心态的分维度之一，研究社会适应的总体情况对社会心态的研究具有重要意义。采用 SPSS 26.0 对社会适应维度总分以及 6 个条目的得分进行统计，统计结果见表 10-3。

表 10-3　　　　　　　社会适应总体情况（n=1457）

	最大值	最小值	平均值	标准差
社会适应	5	1	3.79	0.78
G33	5	1	3.71	1.00
G34	5	1	3.71	0.98
G35	5	1	3.80	0.99
G36	5	1	4.06	0.91
G37	5	1	3.66	1.10

由表 10-3 可知，研究对象社会适应均值为 3.79±0.78，处于偏上水平；条目 G33"适应自贸港建设带来的经济发展和社会变化"均值为 3.71±1.00；条目 G34"当工作或生活发生变动时，我能快速融入周围的环境"得分均值为 3.71±0.98；条目 G35"我乐于同参加自贸港建设的各个国家和地区的人交往"，均值为 3.80±0.99；条目 G36"我与生活在海南的人都能友好相处"均值为 4.06±0.91；条目 G37"我喜欢参加社区组织的各种文化活动"均值为 3.66±1.10，各条目得分排序为 G36＞G35＞

G33 = G34 > G37。

三 社会适应维度各条目的得分情况

为详细了解海南省各群体在自贸港建设过程在社会适应情况,对调查对象在社会适应5个条目上的选项分布做了详细统计,统计结果见表10-4。

表10-4　　　　　各题项的选项分布比例（n=1457）

	不符合	不太符合	介于中间	较符合	非常符合
G33	46（3.2%）	92（6.3%）	455（30.5%）	532（36.5%）	342（23.5%）
G34	39（2.7%）	101（6.9%）	441（30.3%）	540（37.1%）	336（23.1%）
G35	40（2.7%）	76（5.2%）	415（28.5%）	528（36.2%）	398（27.3%）
G36	23（1.6%）	43（3.0%）	300（20.6%）	553（38.0%）	538（36.9%）
G37	62（4.3%）	133（9.1%）	439（30.1%）	434（29.8%）	389（26.7%）

由表10-4可知,海南自贸港背景下群体社会适应维度各条目中,除条目G36外,其余条目选择介于中间和较符合两个选项的人数较多,选择不符合及不太符合的人数较少,整体情况良好。突出的是G36"我与生活在海南的人都能友好相处",选择较符合和非常符合的占比最高,表明自贸港背景下国内外社会大众社会适应现状较好。而在G37"我喜欢参加社区组织的各种文化活动"条目中,选介于中间的略多于选较符合的人数,结合实地调研其原因,现有社团文化活动存在陈旧、呆板、滞后性等特点,损失了以年轻人为主的宣传对象,不利于宣传自贸港及促进社会适应。

实地调研中发现,调研对象普遍认为海南自贸港本身是积极的,希望海南自贸港会让海南越来越好,但是有人认为先前国际旅游岛建设造成的三亚物价飞涨,薪资与物价不匹配的情况会再次出现在海南自贸港发展中。个别村农民认为政府征地给的补偿款不充裕,让他们从勤勤恳恳的农民变成了无业游民,修路将农民种地的水渠填盖掉后未给农民解决后续问题,使农民的种地成本越来越高,海南自贸港的好处没有落实到农村中的原住居民,极大影响了他们的生活方式,由此引发的不满情绪扩展到了海南自贸港本身。

结合实地调研和数据分析，海南自贸港背景下群体社会适应总体上呈现中等偏上水平，适应状态较好。大多数人肯定了海南自贸港本身对海南社会发展的支持；许多人认为对于参与自贸港建设的国内外社会大众来说，既是机遇也是挑战；同时许多人认为目前海南自贸港建设对于生活的实际影响不大，农民更是如此，但也同意海南自贸港背景下提升群体社会适应能力应牢牢结合海南自贸港发展。

第三节 社会适应的影响因素分析

社会适应受到个人、环境等多种因素的影响，性别、年龄、受教育程度、月收入等人口学变量对社会适应存在着不同程度的影响。本节结合调查数据以及第一手访谈资料，对社会适应的影响因素进行详细地分析和讨论。

一 人口学因素对社会适应的影响

本研究将年龄、职业、月收入等可能对社会适应产生影响的人口学因素作为自变量，将社会维度及各题项得分作为因变量，研究海南人群的社会适应在人口学变量上的差异。统计分析发现，社会适应在性别、婚姻等因素上均未呈现显著差异，因此下文不再详述。

（一）受教育程度

为了探讨群体社会适应与个人受教育程度间的关系，在受教育程度变量上，本研究采用单因素方差探究社会适应在不同受教育程度上的差异，结果见表10-5。

表10-5　社会适应在受教育程度方面的差异分析（M±SD）

	G33	G34	G35	G36	G37	社会适应
小学以下	2.95±1.02	2.90±1.18	3.10±1.34	3.90±1.00	3.19±1.21	3.21±0.82
小学	3.22±1.39	3.08±1.26	3.20±1.22	3.84±0.97	3.47±1.37	3.36±0.91
初中	3.68±1.03	3.47±1.01	3.62±1.06	3.98±1.08	3.49±1.16	3.65±0.77
高中/中专	3.70±1.02	3.74±1.05	3.73±1.04	4.05±0.93	3.71±1.12	3.79±0.76

续表

	G33	G34	G35	G36	G37	社会适应
大学/大专	3.77±0.97	3.82±0.92	3.90±0.93	4.11±0.87	3.73±1.06	3.87±0.78
研究生	3.72±0.71	3.70±0.76	4.01±0.70	3.96±0.77	3.38±0.92	3.75±0.58
F	5.409	11.630	10.129	1.692	4.265	8.429
p	<0.001***	<0.001***	<0.001***	0.133	0.001**	<0.001***
LSD	5, 6>1	5>1	6>1, 2		4, 5>1	5>1

注：** 表示 $p<0.01$，*** 表示 $p<0.001$。

由表 10-5 可知，社会适应在受教育程度因素上存在极其显著的差异（$p<0.001$）。具体来说，条目 G33、G34、G35、G37 在文化方面均有显著差异。LSD 事后检验发现，G33 条目上，大学/大专及研究生学历得分显著高于小学以下群体，G34 条目上，大学/大专得分显著高于小学以下群体，G35 条目上，研究生得分显著高于小学及小学以下群体，G37 条目上，高中/中专及大学/大专显著得分高于小学以下群体。为了更直观地呈现社会适应在受教育程度因素上的差异水平，绘制了受教育程度因素的均值图，见图 10-5。

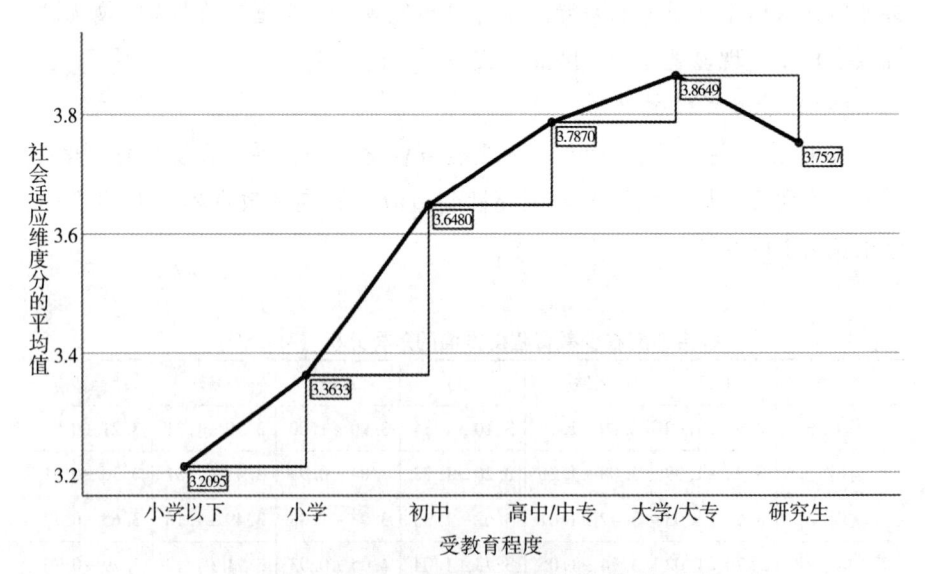

图 10-5 社会适应在受教育程度上的得分均值图

由图 10-6 可知，在受教育程度因素的均值图上，社会适应与受教育程度大致上呈现出阶梯式趋势，小学以下至大学/大专学历间，社会适应得分持续上涨，而研究生群体的社会适应得分略低于高中/中专。分析本次调查研究对象，结合海南建设自贸港"三区一中心"战略，原因可能为大学/大专毕业群体及高中/中专毕业群体，有效支撑旅海南的旅游业、现代服务业、建设技能海南，构建适应海南产业发展的现代职业，形成了具有海南特点的职业体系。这些群体在政策引领和海南特色背景下，同时拥有在学校学到的知识，容易在社会中定位自己的角色，从而产生了较为良好的社会适应。而研究生本身的期望较高，实际上可能面临着"岗位少、薪资低"的窘境，与一线城市的研究生相比，在海南的研究生机会少、与期望的薪资不符，心态失衡，一定程度上影响了社会适应的得分。因此，自贸港建设过程中社会适应能力的提升，提高海南社会各群体的受教育程度就具有了迫切性，同时适当提升人才薪资待遇。

（二）职业因素

为了探讨群体社会适应与职业因素的关系，在工作变量上，本研究采用单因素方差来探究社会适应在不同职业上的差异，结果见表 10-6。

表 10-6　　　　社会适应在职业方面的差异分析（M±SD）

	G33	G34	G35	G36	G37	社会适应
农民	3.54±1.12	3.27±1.09	3.46±1.14	3.92±1.04	3.56±1.17	3.55±0.73
工人	3.57±1.01	3.62±1.13	3.53±1.14	4.01±1.05	3.76±1.17	3.70±0.83
事业单位/公务员/政府工作人员	3.93±0.92	3.98±0.86	4.00±0.88	4.13±0.90	3.86±1.00	3.98±0.77
公司职员	3.75±0.92	3.81±0.88	3.81±0.95	4.05±0.82	3.60±1.09	3.80±0.71
学生	3.71±0.94	3.62±1.03	3.81±0.99	4.00±0.90	3.54±1.12	3.74±0.83
私营业主	3.66±0.99	3.62±1.03	3.60±0.98	3.95±0.94	3.49±1.18	3.67±0.83
专业人士（教师/医生/律师等）	3.70±0.96	3.87±0.81	4.02±0.82	4.20±0.80	3.70±1.04	3.67±0.83
自由职业（作家/摄影师等）	3.82±1.00	3.73±1.10	3.93±1.05	4.04±0.98	3.65±1.02	3.90±0.68

续表

	G33	G34	G35	G36	G37	社会适应
其他	3.55±1.09	3.61±1.00	3.77±1.00	4.08±0.93	3.66±1.10	3.83±0.78
F	2.921	7.751	6.329	1.548	2.024	4.887
p	0.003**	<0.001***	<0.001***	0.136	0.041*	<0.001***
LSD	3>1, 2	3>1	7, 3>1		3>6	3, 7>1

注：* 表示 p<0.05，** 表示 p<0.01，*** 表示 p<0.001。

由表10-6可知，社会适应在职业因素上存在显著差异（p<0.001），表现为事业单位/公务员/政府工作人员得分最高，农民社会适应得分最低。具体来看，G33、G34、G35、G37条目在职业因素上存在显著差异。LSD事后检验发现，G33条目上事业单位/公务员/政府工作人员得分显著高于农民及工人，G34条目上事业单位/公务员/政府工作人员得分显著高于农民，G35条目中专业人士（教师/医生/律师等）及事业单位/公务员/政府工作人员得分显著高于农民，G37条目上事业单位/公务员/政府工作人员得分显著高于私营业主。为了更直观呈现社会适应在职业因素上的差异水平，绘制了职业因素的均值图，见图10-6。

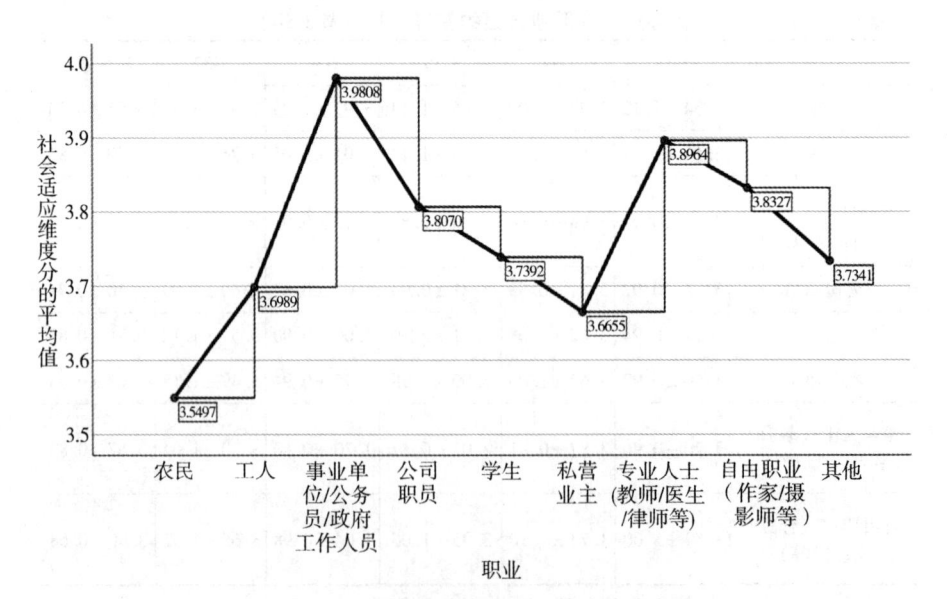

图10-6 社会适应在职业上的均值分布图

由图 10-6 可知，在职业因素的均值图上，社会适应与职业呈现山峰趋势，事业单位/公务员/政府工作人员社会适应得分最高，农民社会适应得分最低。实地调研中发现事业单位或者公务员社会适应能力较强，对海南自贸港评价较高；而一村落里的农民和个别普通居民则社会适应得分较低，对海南自贸港持及肯定又怀疑的态度，肯定海南自贸港政策本身，又怀疑自己能否受益。对于农民来说，更关注土地问题，而一些政策落实不到位、补偿不充分等在改变了他们生活环境的同时并没有让他们觉得满意，相反，企事业单位的职工选择更多，更能接受新的变化。因此，自贸港建设过程中要完善监管措施、落实政策部署，使每个参与自贸港建设的群体获益，避免应补偿不到位等造成对自贸港本身的负面情绪。

（三）月收入因素

为了探讨群体社会适应与月收入的关系，在月收入变量上，本研究采用单因素方差探究社会适应在月收入上的差异，结果见表 10-7。

表 10-7　社会适应在月收入方面的差异分析（M±SD）

	G33	G34	G35	G36	G37	社会适应
2000 元以下	3.66±0.98	3.49±1.08	3.69±1.06	4.02±0.88	3.56±1.12	3.68±0.81
2000—4000 元	3.69±1.01	3.64±1.02	3.70±1.01	4.02±0.95	3.64±1.08	3.74±0.79
4000—6000 元	3.73±1.00	3.82±0.89	3.88±0.92	4.05±0.92	3.75±1.06	3.85±0.73
6000—10000 元	3.76±0.96	3.91±0.88	3.96±0.92	4.13±0.87	3.62±1.19	3.88±0.75
10000 元以上	3.77±1.06	3.88±0.91	3.98±0.96	3.98±0.96	3.77±1.00	3.92±0.80
F	0.500	8.858	5.173	1.383	1.699	3.908
p	0.736	<0.001***	<0.001***	0.238	0.148	0.004**
LSD		4，5>1	5>1			5>1

注：** 表示 $p<0.01$，*** 表示 $p<0.001$。

由表 10-7 可知，月收入不同的研究对象在社会适应得分上存在显著差异（$p=0.004<0.01$）。具体来看，G34、G35 条目在月收入因素上存在极其显著的差异。LSD 事后检验发现，G34 条目上月收入 6000—10000 元及 10000 元以上的群体社会适应得分显著高于 2000 元以下的，G35 条目上月收入 10000 元以上的得分显著高于 2000 元以下的。为了更直观地呈现社会

适应在月收入因素上的差异水平,绘制了月收入因素的均值图,见图10-7。

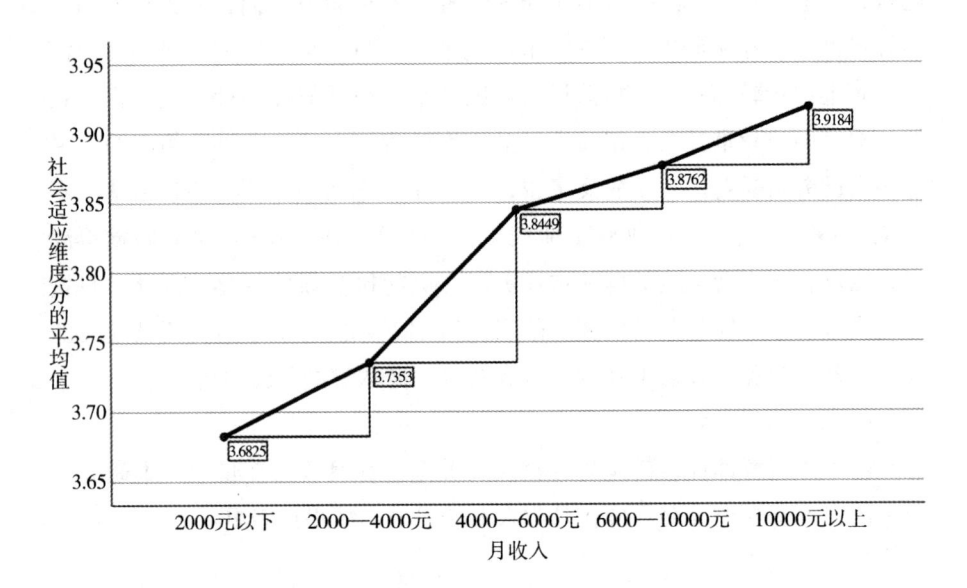

图10-7 社会适应在月收入因素上的均值图

由图10-7可知,在月收入因素的均值图上,社会适应与月收入呈现出阶梯式上升趋势。查阅数据,2022年上半年,海南居民人均可支配收入16230元,同比增长3.6%,城镇居民和农民人均可支配收入均有所上涨。但是把视角从较为亮眼的数据转到现实中看,城镇农村贫富差异显著,城镇居民不同职业间也存在差异。同时,由于人才引进、免税等措施,给当地居民生活带来了挑战,吸引外来人才的同时,不可避免与本地人存在资源竞争关系;企事业单位或在私企工作的职业,在感到竞争压力的同时,相比农民获得了更多机会,而农民们收入多数为2000—4000之间,随着政策的颁布,物价上涨,给生活带来了不便。

海南的贫富差距是全世界贫富差距日渐扩大的一个缩影,贫富差距会影响经济的效率和稳定,导致更多地不平等。皮凯蒂认为贫富差距在一定程度上是政策选择的结果,人类拥有扭转这一负面循环的力量,因此,需要政府出台措施来缩小贫富差距。

二 社会心理因素对社会适应的影响

通过数据分析发现,受教育程度、职业因素、收入因素这些人口学变量不同程度上影响了社会各群体的社会适应情况。为了进一步探究社会适应维度与社会心态中其他维度的相关关系,本研究对问卷整体进行皮尔逊相关分析,结果发现社会适应维度与社会行为、社会价值、社会群体获得感三个维度呈显著相关。

（一）社会行为

分析社会适应维度与社会行为维度的相关关系可知,社会适应与社会行为的皮尔逊相关系数为 0.720, $p<0.001$,因此两个维度具有较强的相关性,且呈现显著正相关,即社会行为维度得分越高,社会适应得分越高。基于以往研究,社会适应能力体现在对环境变化的应变,是认知、情感及行为的有机结合,积极的行为有助于社会适应能力的提升,与调研结果一致。从问卷具体题项分析,"I46 为他人考虑、帮助他人有利于大家共同发展"与"G36 我与生活在海南的人都能友好相处"内容上呈现较为一致的倾向,即都能与他人和谐相处。

海南自贸港建设中注重人的全民发展,优先激发群众的积极性、主动性和创造性,希望海南自贸港建设过程中的社会大众能够抓住机遇、实干兴邦,让海南成为一个靓丽的名片,展现中国风范,展现中国风采,展现中国形象。在此背景下,自贸港建设过程中的社会大众能否进行良好社会适应直接关系到自贸港建设的成就,已有实证研究证明,社会行为可以预测社会适应,个体表现出更多积极的社会行为,可以促进个体的社会适应。

（二）社会价值

分析社会适应维度与社会价值维度的相关关系可知,社会适应与社会价值的皮尔逊相关系数为 0.714, $p<0.001$,表明社会适应与社会价值具有较强的相关性,且呈现显著正相关,即社会价值维度得分越高,社会适应得分越高。探究社会适应相关问题时,价值常常作为中介变量,题项"H39 我觉得海南社会的发展离不开大家的共同努力"与"G35 我乐于同参加自贸港建设的各个国家和地区的人交往"具有相同的价值导向,因

此，两个维度在结果上呈现显著正相关。

社会心态的核心内容是社会价值观，社会适应和行为都受到社会价值观的影响。比如，"绿水青山就是金山银山"的理念在海南践行近4年，上至政府下至居民在政策引导下不断地深化思想认识，落实"人不负青山，青山定不负人"的发展价值观，率先推进生态文明制度的改革，为全省的生态文明建设做出表率。当前，海南省符合绿色低碳环保要求的十二个重点产业成为经济增长的主要支撑力量。《中国社会心态10年》指出，社会价值观念的一个特点是民众的权利意识增强，具体体现在维权。本次调研中，关于海南自贸港建设过程中的社会大众维权主要体现在农民对于征地的补偿、村官选举，与外来人福利的对比方面。总的来说，共享的社会价值形成后，需要每个社会成员遵守核心价值，守护社会的道德体系，达成社会共识，促进社会进步。

（三）社会群体获得感

分析社会适应维度与社会群体获得感维度的相关关系可知，社会适应与社会群体获得感的皮尔逊相关系数为0.695，$p < 0.001$，表明社会适应与社会群体获得感具有较强的相关性，且呈现显著正相关，即个人社会群体获得感维度得分越高，社会适应得分越高。获得感作为民众的重要需求，来源广泛，包括基本民生"金钱、工作、房子"，也包括精神上的"成就、荣誉"，而上述关键词又可作为衡量社会适应能力的重要指标。具体来看，"F31我家附近就医、教育、娱乐等都很方便"与"F32我感觉自己生活得很体面、很有尊严"得分越高表明获得感越高，社会适应得分也很可观。

多年来，社会心态研究一直把获得感、幸福感等作为核心研究内容，关注不同阶层民众的获得感情况。习近平主席指出，海南要在自贸港建设中始终贯彻以人为本的发展理念，不断满足人民对美好生活的需求，确保全体人民在共同发展中有更多的获得感。海南自贸港封关运作压力测试与提高居民获得感，是民生的前提与基础，民生是发展的目的与归宿。

（四）其他因素

除以上社会心理因素对社会适应的影响外，结合以往研究及此次调研，在海南自贸港建设的大背景下，探讨其他因素对于社会适应的影响。

1. 社会支持

《中国社会心态 10 年——当前社会心态特点》一书中指出，社会支持是衡量社会心态的重要指标，社会支持又影响着社会适应。结合此次调研及以往研究，可以得出居民社会支持主要来源于亲人、朋友、同事、同学，亲人在其中占主导地位。而此次调研中发现，来自社区组织、政府部门、党政机关有关的社会支持满意度参差不齐，在社区部门方面居民满意度较高，突出体现在"网格员"方面，双方形成了良好的合作模式。有些村则出现了例如"选的干部无故被换、政府发的补助疑被贪污"情况。另一方面关于政府征地补偿问题，农民们认为自己的地被征，补偿却不充足，总之，社区及政府在居民群体中的评价褒贬不一；海南自贸港相关政策吸引了许多人才落户，这些外来人的社会支持一部分来源于海南当地人，而一些本地人认为许多外地人的到来使得生活竞争压力变大，人才引进的措施利于外地人，从而影响对外来人的态度。如何平衡本地人与外地人间的矛盾，促进良好社会支持，进而促进社会适应，最终促进海南贸港的建设，是我们思考的方向。

2. 人格特质

海南 2021 年统计常住人口 1020.46 万，由于自贸港的"自由人移动自由"政策，自贸区范围内出入境和就业需要具有较高自由度，可预见的是，海南自贸港建设过程中及建成后，人口流动和劳动力流动将拥有很大的自由性和国际性。人民是改革的主题，自贸港建设中一切为了人民、一切依靠人民，广大人民群众是推动改革的强大力量。结合以往研究及本次调研，从人格特质方面探讨其对自贸港背景下社会适应的影响。人格作为个体能力、情绪、价值观的整合，给予个体适应环境的模式，对个体适应生活产生重要影响，对社会适应起预测作用。塑造健康的人格，有助于人格的完善，进而有助于个体的社会适应。由于人格的形成和发展受遗传影响外，也受文化、教育、家庭及亲身经验的影响，青年作为未来社会的中流砥柱，青春期是人格形成和发展的关键时期，因此，要从学校家庭和社会的不同层面着手，合力培养健康的人格。

3. 归因方式

习近平主席在庆祝海南建省办经济特区 30 周年大会上的讲话中提到：

海南广大人民干部群众也要抓住机遇、再接再厉，坚持"四个自信"，发挥自身优势，大胆推陈出新。而在自贸港建设过程中，不可能一帆风顺，政策的制定、发布、执行涉及众多人员及不同领域，在政策发布背景下，不同的归因方式也影响着人们的社会适应。人们用归因的方式来解释自己和他人的行为，大家对失败和成功有不同的归因倾向，研究发现归因对个体社会适应能力产生影响，往往将成功更多地归因于实力、努力等内部原因，失败更多地归因于任务难度、运气等外部原因，不同的归因倾向会造成不同的期望和情感反应，从而影响个体的心理及行为[①]。

4. 文化适应

随着海南自贸港建设持续推进，海南全省旅游文体产业市场潜力得到空前释放。海南拥有丰富的文化资源，例如，各少数民族文化、侨民文化、海洋文化等，目前海南国家级非物质文化遗产代表性项目82项，市级及以上代表性项目300余项。习近平总主席在庆祝海南建省办经济特区30周年大会上的讲话中提到：海南要坚持以人民为中心的发展思想，不断满足人民日益增长的美好生活需要，从教育、文化等方面深入发展，让改革发展成果更多更公平惠及人民。国内外来岛人员进入海南，他们拥有国内外不同的文化，需要经历"再社会化"的过程，重新适应生活习惯、人际交往、日常环境等，影响他们对海南的社会适应。

第四节 社会适应提升路径分析

布朗芬布伦纳提出了生态系统理论，认为个体发展嵌套于环境系统中，这些系统交互作用于个体发展，影响着发展的许多重要方面。他将环境系统看作"俄罗斯套娃"，人处于核心的位置，四个子环境系统依次向外，分别为微观系统、中间系统、外层系统和宏观系统。处于最里层的微观系统是指个体活动的直接环境；中间系统是指微系统间的联系或相互关系；外层系统是指个体并未直接参与但对其发展产生影响的环境；宏观系统不是一个可被具象化的环境，而是由文化、核心价值观、法规等因素构

---

① 李雪榴、许闯：《归因方式研究综述》，《青年与社会》2012年第3期。

成。生态理论系统还包含时间维度，强调个体发展随着时间变化是动态的。根据上述社会适应调查问卷、访谈的结果，结合以往研究和海南自贸港建设已有措施，从生态系统理论出发，为海南省自贸港建设背景下个体社会适应能力的提升提出建议。

一　微系统：加强家庭、学校、社区支持

在生态系统理论里，处于最里层的微观系统是指个体活动的直接环境，家庭、学校、社区是个体生活解除最密切的环境。

（一）实施良好的家庭教养方式

家庭作为影响个体发展终身的因素，对个体社会适应有良好的预测效果，创造良好的家庭环境，实施良好的家庭教养方式，有助于个体社会适应能力发展。本研究显示，家庭中只有夫妻二人居住的情况下，对海南自贸港变化的适应最佳，相比其他家庭结构，只有夫妻二人的家庭拥有简单纯粹的生活方式，少了与父母孩子的相处，有更多的精力面对工作，适应能力相应提升。而其他家庭结构，在海南自贸港背景下，需要为自己和家人创造更好的物质条件和精神财富，承担着较大责任和压力，社会应给予家庭教育相关的指导，提升其社会适应能力。

（二）创造优质教育资源

尽管海南建省办经济特区初期就有"十万人才过海峡"的壮举，但海南面临的另一个问题仍是人才"留不住"。对此，习近平总书记提出最好的解决办法是创造良好体制机制。要支持海南大学创建世界一流学科，鼓励国内知名高校和研究机构在海南设立分支机构，鼓励海南引进境外优质教育资源，举办高水平中外合作办学机构和项目，支持海南开展国际人才管理改革试点，实行更加积极、更加开放、更加有效的人才政策，创新人才培养支持机制。

（三）加强居民社区宣传服务

社区服务为老年人、移居群体、候鸟群体等社会适应能力较弱的群体提供了提升社会适应能力的渠道，例如定期组织社会适应能力训练，由社区人员带领，实地体验公交、银行、到饭店点餐取餐等生活必备知识技能，避免这些群体与海南社会的脱节。定期开展有关海南自贸港的宣传，采用更新颖更现代化的宣传方式，巩固对老年群体的吸引力，争取更多的年轻群体。

同时社区可以为促进居民心理健康做出贡献。心理健康是美好生活的前提。社会适应与心理健康息息相关，社会适应的终极目的既是通过各种措施寻找到使外部环境变化和个体内在达到平衡的状态，因此在面对可能发生的困境时，采取心理防御措施，有助于个体调整到良好的社会适应状态。促进民众心理健康、提升百姓幸福感一直是党和国家关注的重点与努力的方向，党的十九大报告从社会治理的角度提出"加强社会心理服务体系建设，培育自尊自信、理性平和、积极向上的社会心态"，期望通过心理健康教育、心理咨询和心理辅导等手段，优化民众心理健康状况，个体需要积极参与和寻找心理服务体系中帮助个人提升心理健康的知识，才能迈向健康、幸福的社会。

二 中系统：建立家庭—学校联系

家庭和学校应保持高效沟通，互相反馈，共同为子女创造良好的环境和适当的社会化训练。以鼓励为主，激发子女受教育阶段社会化的潜力，发挥个体主动性、积极性。结合以往有关社会适应研究可知，社会适应是动态的、不断变化的，即社会适应能力是可以培养的，对于个体而言，面对当前海南改革的不断深入，促进其积极主动地了解自贸港相关政策、参与自贸港建设，保持与当前社会的良好接触，不回避现实，创造条件使自己处于相对主动的环境而不是被动地等待被选择，是优选方案。

三 外系统：加强媒体引导，保证健康的舆论价值取向

不同群体对海南自贸港的关注点不同，旅客更关注免税政策，以便于购买和提升游玩体验；资本和人才关注落户政策和关税政策，便于经商和选择宜居城市；当地人的需求在于对自己目前生活的帮助，比如教育、医疗、工资等。海南自贸港是关乎每一位参与自贸港建设人员的政策，针对不同的受众群体，媒体作为大多数人获取信息的一手来源，应结合海南目前的新形势新任务，打造新时代统一战线的新媒体阵容，与官方建立战略合作机制、建立信息互通机制，紧扣热点、把握重点，同时避免自媒体在

未取得资质前提下发布新闻信息,以法律手段打击造谣自媒体乱象,保证健康、正确的舆论价值取向。

随着互联网的普及,在发挥广播、电视和报刊等传统媒体作用的同时,短视频已经成为人们获取信息的主要来源,在海南省自贸港进程中,媒体有责任和义务通过优质内容的生产和传播,引导积极美好的生活方式;为人们提供分享和传播美好生活个人体验的平台,创造更美好的生活氛围和社会环境,落实党中央不断提高人民对美好生活需求的重要举措。

四　宏系统:国家保障政策落实到位、平衡收入与物价

研读《海南自由贸港建设总体方案》,基于借鉴国际经验、体现中国特色、符合海南定位、突出改革创新、坚持底线思维五个基本原则,总方针分为制度、分步骤分阶段安排、组织实施三大方面,对加强党的全面领导、健全实施机制、稳步推进政策落地制定了细致的要求,同时结合调查访谈,认为当前自贸港建设的一大问题是政策的"落实"。

《海南自由贸港建设总体方案》里,有关自贸港的建设过程中,零关税、低税率、强法治等颁布一系列措施成功吸引了许多资本和人才入驻海南,为海南注入了新的经济活力,与此同时,这也一定程度上改变了海南当地人与被引进居民的生活方式。访谈中,突出的问题是一个村子里农民普遍愤慨政府征地使他们从农民变成了无所事事,生活得不到保障的无业游民。细问下得知,政府给予了一定补偿,但存在补偿不到位及可能有村委会私吞政府拨款的问题。总结来说,政府在这个过程中存在保障不到位、监管不到位等现象,直接导致这一村落的农民对海南自贸港和政府的反感,不利于海南自贸港的建设。因此,国家应该进一步健全完善对自贸港建设过程中被涉及群体的保障制度,促进居民良好社会心态的形成。

海南物价畸高,收入与物价不符,是人才留不住的一个重要因素。国家统计局海南调查总队曾于 2018 年发布了《建省 30 年来海南物价变迁及启示》,认为海南市场价格的波动与经济政策的调整和市场开放程度有关,也受宏观经济的影响,涉及层面繁多。自贸港建设中需要各个部门齐抓共管,各行业协调共进,推动海南经济高质量发展、优化调整产业结构。但是此次调研中发现，当地的居民外出求学，再回到家乡发现实际薪资与期望相差甚远，对比当地人才引进的措施而颇有微词。访谈中一位刚从外地学校毕业回到三亚的女生提到，本来想留在家乡，但是三亚对口专业岗位少、工资低，对比同等学力其他城市工资高于三亚，物价却低于三亚，挣扎过后还是选择到外地工作。因此，寻找收入与物价间的平衡，有助于社会适应及海南自贸港发展。

第十一章 社会价值研究

自贸港建设背景下的海南吸引了很多投资公司并且进行人才引进,在这种社会环境的影响下,人们要适应社会环境的变化,不可避免的是社会心态的复杂多变,社会价值取向也会受到影响。本研究旨在进一步了解和掌握海南自贸港建设以来海南人社会心态和社会价值取向情况,引导社会价值,培育积极健康社会心态,为尽快尽好地建设自贸港提供支持。

总的来说,本研究的主要意义在于基于海南省自贸港建设的背景下,研究社会价值问题,对现有的社会价值理论有丰富和启发意义,力求深入了解和揭示海南省自贸港建设的现状和由此产生的人们的社会价值问题,针对解决问题提出具体建议,对加快海南省自贸港建设、引导人们良好的社会价值取向,提升人们生活的幸福感和社会的建设做出贡献。

第一节 社会价值的研究述评

社会价值研究是社会学、心理学,尤其是社会心理学的重要研究主题,学术界也对社会价值进行了深入研究。关于社会价值研究的述评,主要从社会价值的概念、理论与过程、研究方法、研究现状和影响因素几个方面进行,并总结当前社会价值研究的特点与不足。

一 社会价值的概念与理论

任何一个学术研究的主题都有其概念与理论,关于社会价值的研究也不例外。目前国外心理学者认为,"社会价值取向是个体对事件重要性和价值的判断,是一种相对稳定的人格倾向,它与个体以往社会交往经验存在直接联系。"① 国内多名心理学相关学者对社会价值的含义形成了比较统一的认识,"社会价值取向指个体在相依情境中对自己收益和他人收益分配的特定偏好,描述了决策者在相依决策情境中对他人利益关注程度的个体差异性。"②③④⑤⑥

(一) 社会价值的概念

"社会价值亦被称为动机取向 (Motivational orientation)、社会动机 (Social motivation)、社会价值取向 (Social value orientation), 是指个体对于自己和他人结果分配的特定偏好。"⑦ 它是个体一种具有相对稳定性的人格倾向,是社会科学研究中讨论最多、关注度最高的个体差异变量之一。

从理论和实际上来讲,个人的偏好决定了各人不同的社会价值取向分类偏好。尽管众多学者从自己的研究方向和需要对社会价值取向进行了分类,但国内外大多数学者都接受了多伊奇的分类:人们有三种不同的动机取向——合作、竞争和个人主义,而且这些动机取向可能会在同一情境中以各自不同的方式影响个体,从而导致不同走向的行为产生。多伊奇用合作取向、竞争取向和个人取向这三种类别对社会价值取向进行分类。在此种分类中,个人取向的人追求绝对自我利益的最大化,合作取向的人追求群体利益的最大化,竞争取向的人追求相对于他人的利益最大化。由于竞争性取向和个人主义取向都以某种程度上的自我利益最大化为目标,一些

---

① Li, J., Zhu, L.-Q., Gummerum, M. and Sun, Y.-L., "The development of social value orientation across different contexts", *International Journal of Psychology*, Vol. 48, No. 4, May 2012, pp. 1 – 12.

② 刘长江、郝芳:《不对称社会困境中社会价值取向对合作的影响》,《心理学报》2011 年第 4 期。

③ 王沛、汲惠丽:《社会价值取向与反馈对动态社会两难决策的影响:以水资源两难决策为例》,《心理与行为研究》2009 年第 7 期。

④ 吴宝沛、寇彧:《西方社会价值取向的研究历程与发展趋势》,《心理科学进展》2008 年第 16 期。

⑤ 谢晓非、余媛媛、陈曦、陈晓萍:《合作与竞争人格倾向测量》,《心理学报》2006 年第 38 期。

⑥ 朱玥、马剑虹:《不同社会价值导向个体博弈行为与社会预期的关系》,《心理科学》2009 年第 32 期。

⑦ Van Lange P. A. M., Otten W., De Bruin E. M. N. and Joireman J. A., "Development of Prosocial, Individualistic, and Competitive Orientations: Theory and Preliminary Evidence", *Journal of Personality and Social Psychology*, Vol. 73, No. 4, Oct 1997, pp. 733 – 746.

研究者将它们合并称为亲自我取向。这进一步将社会价值取向更简单地划分为亲社会取向和亲自我取向两种类别，拥有相应取向的人分别被称为亲社会者和亲自我者。

（二）社会价值的理论

关于社会价值的理论主要包括相互依赖理论、平等性假说、双维模型和整合模型，不同的理论都从不同侧面对社会价值取向进行了分析。

1. 相互依赖理论

社会价值取向存在个体差异，这个简单却基础的想法是由 Kelley 和 Thibaut 的相互依赖理论首次提出的。根据这一思想，人们在人际交往中与各种环境、目标和对象互动时的内在动机、所求目的均有不同，而这种个体间的差异有助于理解和解释相互依赖背景下的行为关系。当面对某一特定情境时，若个体彼此的情境需求和最终目标不同抑或是每个人都有一个独特的目标时，他们思考的角度、对情况的看法和认识水平往往也存在较大差异。特别是当面临某种情况时，人们可以采用一些策略，将客观事实上的具体情况的最优异结束局面作为自身的主观效用情况，然后根据主观效用情况的目标对现实中的选择作出与之相应或趋向于其的决定。

因此，在相互依赖理论中，一个人的社会价值取向由两个因素决定：他们自己可得的利益和他人获取的利益。社会价值取向通常是以个人倾向来定义的，而这种倾向在环境改变的过程中通常表现出一定的稳定性，即个体在不同情境中对自己的利益和他人的收益进行分配评估时会表现出普遍一致的偏好。1968 年，梅西克和麦克林托克的相关研究数据及结论证实了本观点[1]。

2. 平等性假说

在相互依赖理论和社会价值取向相关研究的基础上，Van Lange 对传统转换模型进行探讨和分析，认为社会价值取向是由自我收益、他人收益以及双方收益之间的平等性（Equality in Outcomes）决定的。[2]

---

[1] Messick, D. M., and McClintock, C. G., "Motivational bases of choice in experimental games", *Journal of Experimental Social Psychology*, Vol. 4, No. 1, Jan 1968, pp. 1 – 25.

[2] Van Lange, P. A. M., "The pursuit of joint outcomes and equality in outcomes: An integrative model of social value orientation", *Journal of Personality and Social Psychology*, Vol. 77, No. 2, Aug1999, pp. 337 – 349.

根据 Van Lange 的观点，在社会互动中可以区分出六种不同的人际关系取向：合作、平等、利他、个人、竞争和攻击性。[1] 其中前三种取向是亲社会的，而个人和竞争归属于亲自我倾向，攻击性则是反社会的表现。具体而言，个人取向倾向于自我绝对收益的最大化，竞争取向倾向于个体本身相对收益的最大化，而攻击性取向则倾向于他人收益的最小化。相比之下，利他主义取向倾向于他人收益的最大化，合作取向倾向于双方收益的最大化，而平等取向者倾向于两者收益之间的平等性。有研究表明，亲社会取向者整体上寻求双方的共同利益最大化，收益分配结果是让每个人感到满意的，同时相较于其他社会价值取向者他们在分配比例及结果上力求尽可能的平等。

3. 双维模型

早期的双维模型和后期的整合模型大致代表了社会价值取向的理论模型的发展。[2]

对自我收益和他人收益的分配偏好是双维模型中确立社会价值取向的两个决定性因素。个体在不同情境中表现出的相对稳定的两种因素分配比例就是他的社会价值取向，人们在分配比例上的差异决定了其社会价值取向的差异。亲社会取向者又被称为合作者，因为他们在对利益进行分配时追求的是双方收益的最大化，而非个人收益的最大化。在社会选择困境中，由亲社会取向者倡导双方共同进行的合作行为是达到上述目的的最佳途径。研究人员对这一理论给予了很大的关注，因为它在一定程度上可以解释为什么亲社会的人有这样的行为方式。

本模型的不足之处在于它并没有将双方收益之间的平等性作为价值取向变量，也无法说明亲社会取向者的非合作行为：虽然他们在场景中经常选择合作行为并将其作为第一选择，但若是多次合作行为带来的是收益的逐次减少，他们同样会和亲自我取向者一样追求己身利

---

[1] Van Lange, P. A. M., De Cremer, D., van Dijk, E. and van Vugt, M. In A. W. Kruglanski & E. T. Higgins Eds, *Self-Interest and beyond: Basic principles of social interaction.*, Social psychology, handbook of basic principles, New York: Guilford, Jun 2007, pp. 540–561.

[2] 吴宝沛、寇彧：《西方社会价值取向的研究历程与发展趋势》，《心理科学进展》2008年第6期。

益的最大化①。

4. 整合模型

针对上述双维模型的不足之处，范-兰格提出了社会价值取向的整合模型②。他将先前的双因素模型扩展为三因素模型，并引申加入了"平等"的概念，即个体的社会价值取向是其对自我收益和他人收益的分配偏好以及分配结果平等性三因素的综合考虑，本模型得到了相关研究结果的大力支持。

从整合模型的角度进行分析，亲社会取向者将他人的、群体的利益置于自己的利益之上，并寻求两个群体之间收益分配的公平和平等；个人主义取向者趋向于绝对的个人利益，对他人的利益不屑一顾，不在其考虑范围内，他们只担心自己的利益是否达到最大化；竞争取向者的目标是使他们的相对自我利益最大化，希望尽自己最大努力尽可能地得到最多的利益和好处。亲自我取向者即竞争者和个人主义者的相似之处在于，他们都想使自己的个人利益最大化，不过前者会考虑到集体的感受，在可取范围内争取己身最大比例的利益；而个人主义者在全局所有可得利益中争取最大程度的收益，不考虑他人得失情况。

二 社会价值的研究方法

到目前为止，国内外社会价值取向的相关研究已经积累了丰富夯实的理论基础和多种简单有效的测量方法，可以准确地判定出个体的社会价值取向，即在不同情境中相对稳定的对自我收益和他人收益的分配偏好。目前国内外研究者经常使用的社会价值的研究方法方式可主要概括为：三优势测量、环形测验和滑块测验③。他们的理论假设统一为社会价值取向是个体相对稳定的人格倾向，是一种利益分配偏好且适用于多个普遍情境，因此人们在每个社会价值取向问题中的选择是可以预测的。

---

① Kelley H. H. and Stahelski A. J., "Social interaction basis of cooperators' and competitors' beliefs about others", *Journal of Personality and Social Psychology*, Vol. 16, No. 1, Sep 1970, pp. 66 – 91.

② Van Lange P. A. M., "The pursuit of joint outcomes and equality in outcomes: An integrative model of social value orientation", *Journal of Personality and Social Psychology*, Vol. 77, No. 2, Aug 1999, pp. 237 – 349.

③ 张振、张帆、黄亮、袁博、王益文：《决策中社会价值取向的理论与测评方法》，《心理科学进展》2014 年第 1 期。

（一）三优势测量（The Triple-Dominance Scale）

三优势量表由 Van Lange 编制，对个体进行分类，该量表由 9 个问题组成，每个问题有 3 个选择，涉及三种不同的点分布，分别对应着亲社会取向、个人主义取向和竞争取向的支持。三优势测量中 SVO 的功能含义是指测试者在 9 道题目中选择同一社会价值取向的次数，只要决定的数量多于 6 个，该分类就是测试者的社会价值取向。若测试者的社会价值取向三种类型选择次数均少于 6 个，则本次测试无效。这个量表的优点是不费力气，简单易懂，缺点是它不支持发掘分析该社会价值取向者的动机类型、数量和前后顺序。

（二）环形测验（The Ring Measure）

利勃朗于 1984 年提出了环形测验方法。环形测验的规则是要求测试者设想自己在与另一个虚拟个体共同确定一个分配选择，其分配选择由平面内特定圆上的 N 个等分点组成，同一分配选择所属的两种不同的分配选项具体呈现为平面圆上每对相邻的点，对个体来说点数越多越好。目前环形测验的等分点数值个数 N 有 24 和 16 两种。测试者完成 N 个分配决策后自我收益总数和他人收益总数在平面圆上的夹角即两总数 arctan 值大于 0.6 即可得出测试者的社会价值取向，其中可以根据夹角值大小的所属范围判断对应的社会价值取向类型，同时总数值越高代表着测试者对该取向的倾向度越大。这种测验方法的优点是几何的表现形式易于理解、适应范围大，缺点是圆内等分点无法区分测验者的数量。

（三）滑块测验（The Slider Measure）

滑块测验为墨菲等人于 2011 年提出并投入使用，是目前最为先进、功能相较于前两种测验方法更为强大的评估个体社会价值取向的方法。其功能含义同环形测验一样，也是在测试者多次进行项目选择后所得动机矢量的角度即为其社会价值取向判定。可通过现实中的纸笔评测抑或是网络在线评测两种形式进行分配选择。滑块测验共有 15 个题目，可分类为 6 个初级题目和 9 个次级题目，题目具体内容为在有限资金下对己方利益和对方利益进行不同分配额度的选择。本测验的优点为简单高效、可区分个体取向价值动机[1]、

---

[1] 张振、张帆、原胜、郭丰波、王益文：《社会价值取向滑块测验中文版的测量学分析》，《心理与行为研究》2015 年第 13 期。

能够计算出个体社会价值取向的先后顺序，缺点为滑块测验在构建时只考虑了四种常见社会价值取向类型，不支持研究特殊 SVO 类型的测试者使用。

三　社会价值的研究现状

在中国知网中，将"主题"设置为"社会价值"作为检索条件，截至 2022 年 4 月 24 日，共检索出各类文章 18483 条，利用中国知网的文献计量功能，分析我国关于社会价值的研究概览。

经过梳理发现，国内外有关社会价值的研究成果较为丰富，我国学界关于"社会价值"的研究涉及诸多学科，其中以教育学、经济学、政治学、哲学、新文学与传播学的研究成果居多，这说明"社会价值"是一个跨学科研究主题，需要从不同学科视角进行研究。

（一）发文数量的年份变化

发文数量的年份变化反映了某一主题的研究热度的变化，也在一定程度上反映了特定的社会时期对该主题的需求程度。统计有关"社会价值"的研究成果的年份变化，结果如图 11-1 所示。

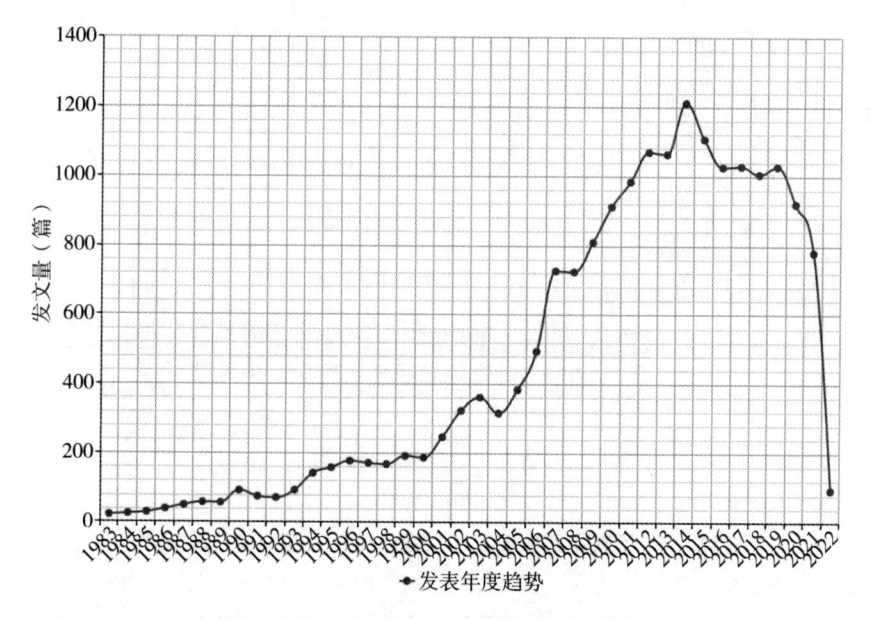

图 11-1　"社会价值"研究成果的年份变化

图 11-1 显示，我国学界关于"社会价值"的研究成果在 2004 年之前一直处于缓慢增长时期，从 2004 年至 2014 年的 11 年间，发文数量逐年上升，且增长率较高，说明这一时期我国社会正在对于"社会价值"的探索需求较为强烈。而从 2014 年至今，关于"社会价值"的发文数量呈现缓慢下降的趋势。

（二）主题词共现

在所有关于"社会价值"的研究成果中统计涉及的主题词的共现情况，结果如图 11-2 所示。

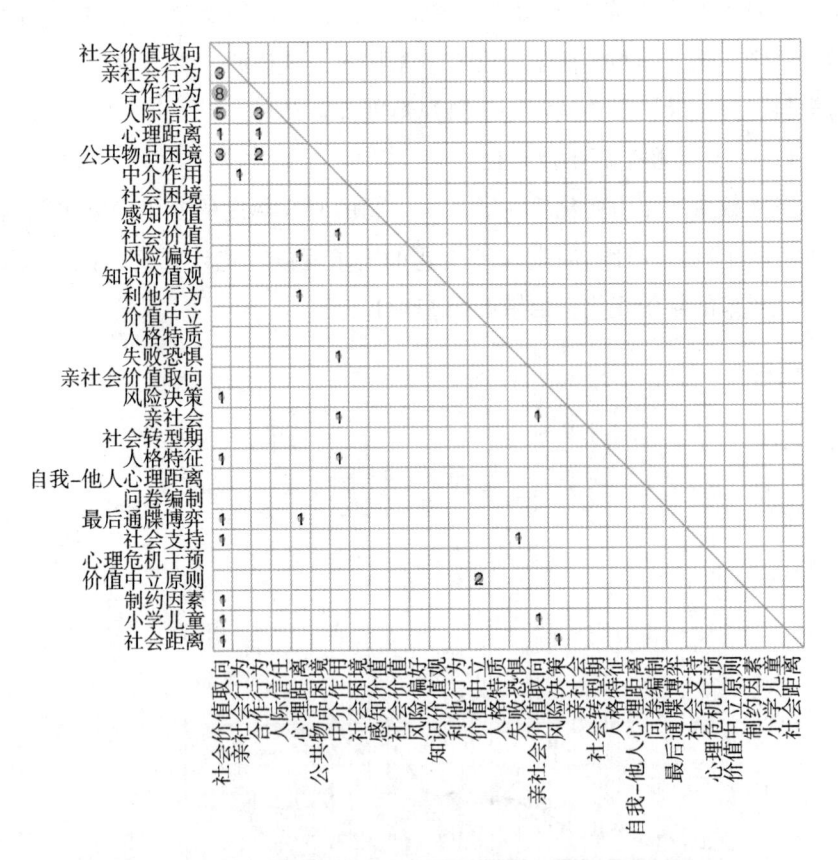

图 11-2 所有学科中涉及"社会价值"主题词的共现统计

从图 11-2 可知，社会价值取向、亲社会行为、合作行为、人际信任、心理距离、公共物品困境是心理学范式下社会价值研究的主要主题词，说明心理学对于社会价值的研究主要基于社会心理学的视角，同时对社会价值的定义也更倾向于社会互动与社会信任。

(三) 研究趋势

近些年来，以"社会价值"为主题的年份变化如图11-3所示。

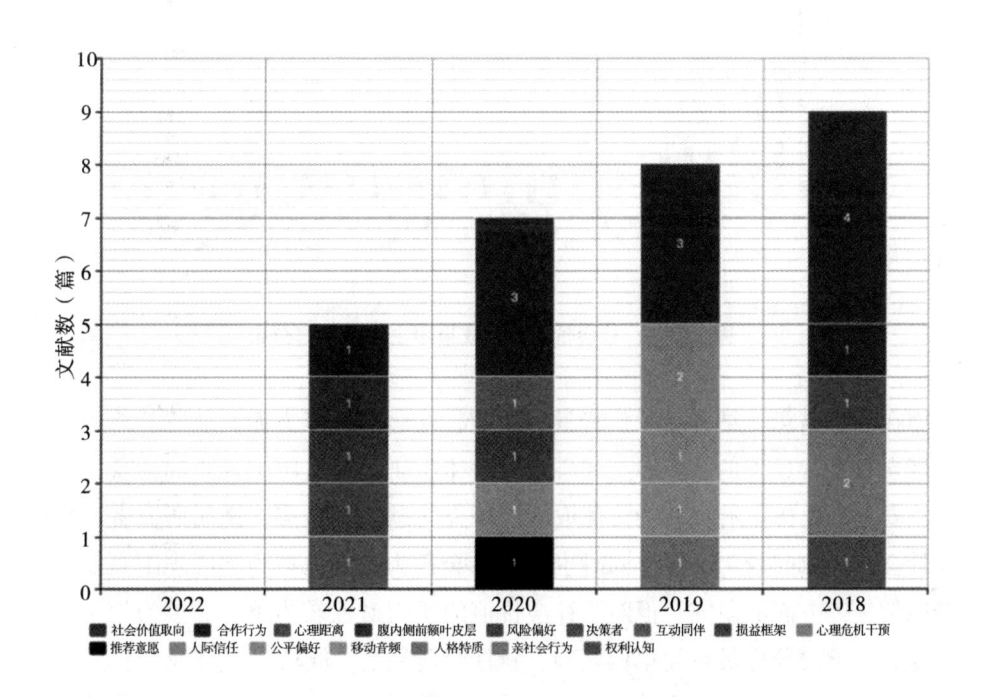

图11-3 社会价值研究成果中主题词的年份变化

从图11-3可知，在关于社会价值的心理学研究中，社会价值取向、合作行为以及心理距离三者在不同年份中均有所出现，说明这些主题词所代表的研究内容是此类研究中较为稳定的主题，同时也说明了这三者是社会价值的心理学研究中较为重要的内容。

以上图表为截至2022年5月，对在中国知网上检索到的有关社会价值研究的文献梳理。从图11-3的柱状图可以看出，2018—2020年有关社会价值取向的研究相对较多，2018年、2021年有关合作行为的文献相对较多，但总体上两个方面的相关研究成果都不算多。另外，部分研究成果集

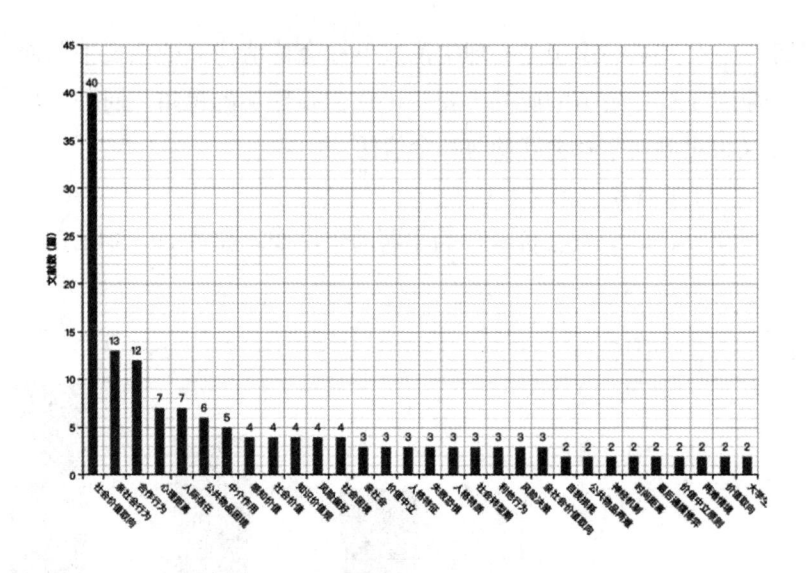

图 11-4　社会价值研究成果中主题词频率分布

中在心态培育、结合新时代背景、疫情、社会治理等方面，缺乏对海南地区自贸港背景下的社会心态和心理服务体系研究。从图 11-4 的柱状图可以看出，总体上有关社会价值取向的研究文献数量较多，说明研究者对于社会价值取向较为关注。同时也有亲社会行为、合作行为、心理距离及人际信任等方面的研究。但对于社会价值的研究对象较为单一，多为学生群体，缺乏对公务员事业单位人群、新社会阶层、"候鸟"群体及个体从业者的社会心态研究。有关社会心态监测的研究成果较少，缺乏对海南地区自贸港背景下的社会心态和心理服务体系研究。因此本研究从研究内容和研究对象来看，是对已有研究的补充和创新，并且有一定的理论意义和实践意义。

在中国知网中，将主题设置为"社会价值"作为检索条件，截至 2022 年 5 月 6 日，共检索出各类文章 18511 条，利用中国知网的文献计量功能，其次要主题分布如图 11-5 所示。

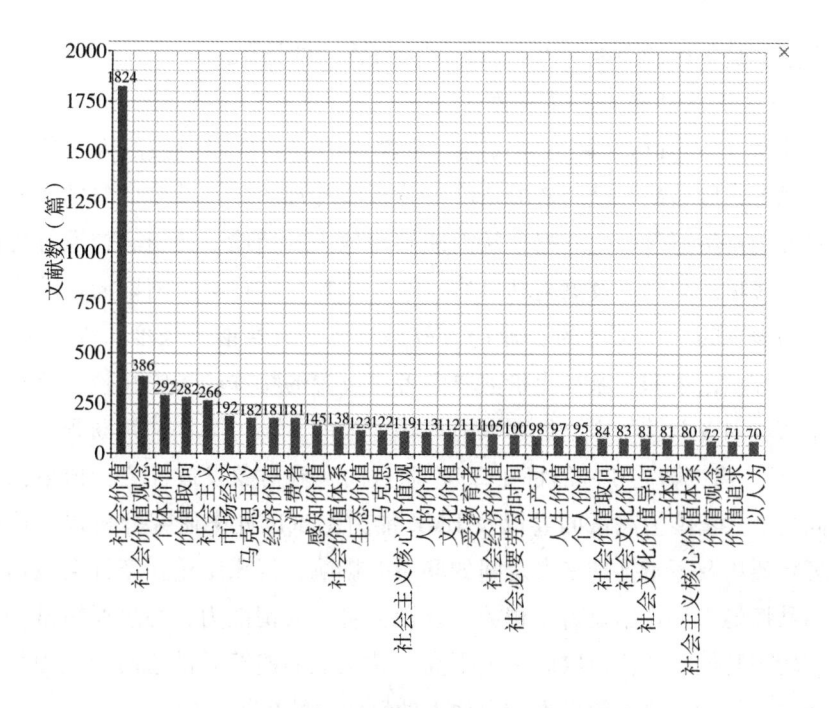

图 11-5　社会价值研究成果中次要主题词分布

图 11-5 显示，社会价值、社会价值观念、个体价值、价值取向、社会主义等是心理学范式下社会价值研究的次要主题词的主要分布所在，说明心理学对于社会价值的研究主要基于社会心理学的视角，同时对社会价值的定义也更倾向于社会性和价值取向。

目前我国学界关于社会价值取向现状的研究表明，我国社会成员的社会价值取向主要为合作取向，多表现出亲社会行为。具体而言，不同经济水平下的社会成员都能力所能及地做出亲社会行为，受教育水平越高的社会成员更加倾向于采取亲社会的价值取向，而在情感温暖与支持型的家庭教养方式之下成长的个体也更容易形成合作的社会价值取向并表现出更多的亲社会行为。

四　社会价值的影响因素

社会成员的社会价值取向会受到诸多因素的影响，社会价值取向不仅仅是一种为社会成员带来诸多改变的自变量，同时社会价值取向也是一种因变量，是各种社会现实因素和心理因素作用的结果。

（一）社会价值与共情能力

共情（Empathy）能力亦可称为移情能力。共情能力强的人一般善于换位思考，能够站在经历者的角度上分析看待理解正在发生的事情，容易与对方的情绪感受产生共鸣，从而能够对他人的情绪、处境、遭遇等感同身受。多项研究理论及测验结果均表明，影响个体社会价值取向以及亲社会行为表现的一个关键的心理特质就是个体的共情能力强度。Prooijen 的多项研究结论表明，亲社会价值取向者在设置的特殊场景中相较于其他社会价值取向者能够更广泛更深入地从每个人的立场上去评估判断程序的公平性[①②]。德克勒克和博加特在 2008 通过向实验对象发放社会价值取向测量问卷、共情能力测试问卷以及 RME 能力测试以此来研究分析以上两种心理特质以及逻辑推理三者之间的联系与影响，得出结论：亲社会价值取向与共情能力呈现出显著正相关。亲社会者的共情能力、心理逻辑推理能力相较于其他社会价值取向水平更高，甚至他们能够凭借这两种能力从眼神接触、行为举止中辨别推测出他人的情绪、精神状态[③]。

（二）社会价值与社会认知因素

萨特勒和克尔 1991 年的相关研究得出结论，具有不同社会价值取向的人对权利—道德的影响抑或同一相互依存的情况的构建是不同的。[④] 换句话说，个体的社会价值取向以及其社会认知共同影响、决定了他的社会决策和社会行为。

具体而言，对于同一境况的社会问题，亲自我取向者多将其视为权利

---

① van Prooijen, J.-M., De Cremer, D., van Beest, I., Ståhl, T., van Dijke, M. and van Lange, P. A. M., "The Egocentric Nature of Procedural Justice: Social Value Orientation as Moderator of Reactions to Decision-Making Procedures", *Journal of Experimental Social Psychology*, Vol. 44, No. 5, Sep 2008, pp. 1303 – 1315.

② van Prooijen, J.-M., Ståhl, T., Eek, D. and van Lange, P. A. M., "Injustice for All or Just for Me? Social Value Orientation Predicts Responses to Own Versus Other's Procedures", *Personality and Social Psychology Bulletin*, Vol. 38, No. 10, Oct 2012, pp. 1247 – 1258.

③ Declerck, C. H. and Bogaert, S., "Social value Orientation: Related to Empathy and The Ability to read the mind in the eyes", *The Journal of Social Psychology*, Vol. 148, No. 6, Dec 2008, pp. 711 – 726.

④ Sattler, D. N. and Kerr, N. L., "Might versus morality explored: Motivational and Cognitive Bases for Social", *Journal of Personality and Social Psychology*, Vol. 60, May 1991, pp. 756 – 765.

的强弱对抗，以动力性的强弱维度作为社会认知基础。而亲社会取向者的认知标准是伦理道德的高低，甚至将该社会问题看作是道德困境，并更多地从善与恶的角度来评判。到了 2010 年，克莱夫和德勒的研究成果将社会价值取向与社会认知相关领域的发展更进一步[①]。他们在以不道歉作为参照的同时，观察研究不同社会价值取向者对在谈判场景中有过过激敌对行为的谈判伙伴的道歉行为的认知理解和接下来进一步合作关系的影响。结果显示，亲自我取向者多数将道歉解释为软弱，认为自己是目前形势上强劲的一方，从而决定与其竞争；而亲社会取向者将道歉视为谈判伙伴礼貌道德的表现，会摒弃掉先前的过激行为，选择合作关系。这些研究发现共同表明，个体的社会价值是可以影响其社会认知的，两者又共同影响着个体的社会行为。

（三）社会价值与亲社会行为因素

亲社会行为，有时也被称为利社会行为，是一类满足社会期望的同时为行为的接受者提供好处但对行为的提供者并无明显好处且行为者本人自愿提供的行为，其表现形式可大致概括为利他行为和助人行为，具体表现为信任、志愿者、合作、利他行为等。亲社会行为是当代社会心理学的热门研究问题，也是重点的研究对象，社会价值与亲社会行为的相关关系研究在国内外多名研究者的努力下取得了傲人的成果。

据相关数据和文献报告，亲社会取向者在现实社会中相当于其他社会价值取向者参与更多的捐献活动和志愿者报名[②③]；在虚拟货币投资情境中，亲社会取向者倾向于高水平的资金投入，愿意给予对方高水平的资金收入。若对方合作行为的频次上涨，他们将交付信任并在接下来继续进行

[①] van Kleef, G. A. and De Dreu, C. K. W., "Longer-Term Consequences of Anger Expression in Negotiation: Retaliation or Spillover?", *Journal of Experimental Social Psychology*, Vol. 46, No. 5, Sep 2010, pp. 753 - 760.

[②] van Lange, P. A. M., Bekkers, R., Schuyt, T. N. M. and van Vugt, M., "From games to giving: Social value orientation predicts donations to noble causes", *Basic and Applied Social Psychology*, Vol. 29, No. 4, Nov 2007, pp. 375 - 384.

[③] van Lange, P. A. M., Schippers, M. and Balliet, D., "Who volunteers in psychology experiments? An empirical review of prosocial motivation in volunteering", *Personality and Individual Differences*, Vol. 51, No. 3, Aug 2011, pp. 279 - 284.

合作①②;在资源稀缺并要求进行分配的情况下,亲社会取向者多从双赢的角度出发,从而选择亲社会倾向的合作行为③④。与之相比,亲自我取向者从个人角度考虑选择己方拥有大量资源。在某些情况下,部分亲社会行为是由亲自我取向者提供的,但他们的动机多数是具有功利主义和目标性的。在谈判中,若对方出现不耐、不满等消极情绪时,亲自我取向者为消除谈判对方的不良情绪给予谈判走向和己方形势的消极影响,他们愿意做出利益让步以及合作倾向⑤。总的来说,多例研究结论表明亲社会取向者相较于亲自我取向者会表现出更多的亲社会行为,且他们的行为选择受外界环境条件影响不大。

(四)社会价值与内隐态度

据以往研究结论,亲自我取向者的社会认知倾向于争取己方利益最大化就是自身具有强大实力和权利的体现,与他人寻求合作是弱势者的选择。在一项社会价值取向与内隐态度的研究结果中,亲社会取向者在归因对方对自己行为上表现出的利己倾向和合作表现的内隐态度上并无明显差异;亲自我取向者多将对方的利己倾向归因于其自身的强大实力,而不是内部因素,例如人格。但又有类似主题的研究结论发现,亲自我取向者将对方的利己倾向活动视为外部因素导致。两种研究结论相悖,在此情况下存在某种可能性,那就是基于亲自我取向者认知中所有个体均在行为上表现出利己倾向,则利己行为是受环境抑或情境的影响,其中去除了社会价值取向的因素。根据以往的研究结果,亲自我取向者比亲社会取向者更容易预见他

---

① Kanagaretnam, K., Mestelman, S., Nainar, K. and Shehata, M., "The impact of social value orientation and risk attitudes on trust and reciprocity", *Journal of Economic Psychology*, Vol. 30, No. 3, Jun 2009, pp. 368 – 380.

② van den Bos, W., van Dijk, E., Westenberg, M., Rombouts, S. A. R. B. and Crone, E. A., "What motivates repayment? Neural correlates of reciprocity in the Trust Game", *Social Cognitive & Affective Neuroscience*, Vol. 4, No. 3, Sep 2009, pp. 294 – 304.

③ 王沛、陈莉:《惩罚和社会价值取向对公共物品两难中人际信任与合作行为的影响》,《心理学报》2011 年第 43 期。

④ Brucks, W. M. and van Lange, P. A. M., "When prosocials act like proselfs in a commons dilemma", *Personality and Social Psychology Bulletin*, Vol. 33, No. 5, May 2007, pp. 750 – 758.

⑤ van Kleef, G. A. and van Lange, P. A. M., "What other's disappointment may do to selfish people, emotion and social value orientation in a negotiation context", *Personality and Social Psychology Bulletin*, Vol. 34, No. 8, Jun 2008, pp. 1084 – 1095.

人的利己主义行为。此外，这一发现表明，亲自我的人更多地与利己主义行为联系在一起，他们认为利己主义行为是理智的、更有利的选择。

有研究表明，亲自我取向者的个人内隐态度更为积极乐观，同时与亲社会取向者一致，并未忽视社会因素的作用。他们相信努力是有用的，并将成功多归究于自己的努力，认为行动就是努力，认可行动力的积极作用。当感知到他人的善意或是积极目标时，亲自我的人也会参与到集体的合作行为中去。亲自我取向者并不完全是自利或者一味地追求己方利益的最大化，在内隐态度上他们与亲社会取向者一样，对社会行为持积极态度，但相较之下亲自我的人更加相信个体的努力[1]。

（五）社会价值与公平决策

在社会价值与公平决策的相关影响中，考虑主动与被动即个体自主发起决策与群体内成员发起决策两种情况，根据已有研究结论得出，在同一情境中亲社会取向者做出公平决策的可能性远高于亲自我取向者。性别因素与其有一定的相关性，同一社会价值取向的女性个体更容易做出公平决策；信息对称性在情境中也起到了调节作用，个体或成员在信息对称的情况下比不对称更容易促进被试研究对象做出公平决策。同时，社会价值取向大大影响了男性的公平决策，而信息对称性则大大影响了女性的公平决策。在决策期间，个体对不公平的容忍度受其社会价值取向的影响很大，亲社会取向者相较于其他社会价值取向者更加不能容忍接受不公平行为。当涉及以自我利益为动机的不公平行为时，研究对象均倾向于接受结果，亲社会的人并不比亲自我的人负有更强的罪恶感[2]。当不公平行为的动机不是自我利益时，研究对象都选择拒绝决策，同时导致了更强烈的消极情绪产生，如愤怒。

五 已有研究的特点与不足

国内外关于社会价值的研究取得了诸多成果，但正如社会心理学一

---

[1] 吴燕、田学红：《社会价值取向与个体的内隐态度》，《杭州师范大学学报》（社会科学版）2013年第35期。

[2] 洪慧芳、寇彧、伍俊辉：《大学生在社会困境中的公平决策：社会价值取向的影响》，《心理发展与教育》2012年第28期。

样，社会价值的研究也具有明显的社会现实性。但在研究对象、研究方法上依然存在一定的不足。

（一）研究的特点

20 世纪 80 年代中期国内逐步开展社会价值的研究，呈现多维度分层次的特点。研究对象主要集中于大学生、儿童、中学生以及一些特殊群体，比如留守儿童、自闭症儿童等。相比而言，国外对于社会价值的研究由来已久，且比较成熟。

总体而言，关于社会价值的研究是我国学界近些年来的一个热点问题。在社会价值取向的定义上，学界普遍认为社会价值取向是一种相对稳定、连续性的社会选择偏好，具体而言，是指个体对自己和他人分配结果的社会偏好。关于社会价值的研究所采用的测量方式多为测验法，测量方式较为单一。在研究对象上，国内研究以学生群体居多。

（二）研究的不足

首先，从研究对象上看，国内研究的群体大部分是大学生，对于特殊群体和个体的其他阶段研究不够深入。在研究所关注的视角上，多为消极的方面，例如两难选择、惩罚、社会困境等，对于积极方面的社会支持关注不多。同时在我国集体主义文化中，合作与共赢是整个国家、社会和民众所强调的，个体会选择按照社会认可的方式行事，并较多地选择亲社会选项，测验结果容易受到社会赞许性的影响。

其次，从研究方法上看，国内关于社会价值的研究所采用的测量方式多移植使用国外研究工具，同时现有的测量方法大多只能获得命名水平的分类结果，弱化了 SVO 的多样性与个体差异性，并且容易限制思维与理论的发展，不利于 SVO 的理论建构与研究发展。

最后，我国目前仍然处于日新月异的社会变迁之中，社会变迁会带来社会成员价值观的变化，价值观的变化具体体现为社会价值取向的变化。因此，从我国现阶段的社会发展实际情况出发，应加强社会变迁背景下社会成员的社会价值取向研究。

第二节　社会价值的现状分析

自贸港建设背景下海南社会价值调查问卷：来源于海南社会心态调查

问卷,调查个体在海南自贸港建设背景下的社会价值取向。问卷共 5 个项目,分别是:H38"我觉得每个人都能为国家的发展贡献自己的力量";H39"我觉得海南社会的发展离不开大家的共同努力";H40"在海南自贸港的建设过程中,我能贡献自己的力量";H41"我觉得海南社会正在朝着更加美好的方向发展";H42"海南自贸港建设将使我们更加诚信、友善"。

一 本问卷中社会价值取向维度的可靠性分析

问卷的可靠性分析主要包括信度分析和效度分析,对于本问卷中的社会价值取向维度的可靠性也将从以上两个方面进行分析。

(一)信度分析

关于《海南社会心态调查问卷》社会价值维度 5 道题项的信度分析,其克隆巴赫系数结果如下:

表 11-1 可靠性统计

克隆巴赫 Alpha	项数
0.869	5

从表 11-1 中可以看出,本研究所使用的《海南社会心态调查问卷》社会价值部分题项的信度系数为 0.869,符合心理测量学标准。

(二)效度分析

关于《海南社会心态调查问卷》社会价值维度 5 道题项的效度分析,其结果如下:

表 11-2 KMO 和巴特利特检验

KMO 取样适切性量数		0.862
巴特利特球形度检验	近似卡方	3455.895
	自由度	10
	显著性	0.000

从表11-2可以看出，本研究所使用的《海南社会心态调查问卷》中社会需求和动机模块的效度指标KMO系数值为0.862，同时球形度检验显著性为0.00，说明该量表符合进行效度分析的基本要求。

二 自贸港建设背景下海南民众社会价值的现状分析

通过海南社会心态调查问卷中的数据，结合实地调研来分析海南民众社会价值的现状，首先从总体情况进行分析，其后对每个条目进行单独分析。

（一）海南社会价值的总体情况

基于1457份有效回收问卷的数据，总体社会价值维度均值为4.135 ± 0.7403，处于偏上水平；国家发展价值均值为4.11 ± 0.907，海南发展价值均值为4.29 ± 0.852，海南自贸港建设价值均值为3.93 ± 1.027，海南未来期许价值均值为4.23 ± 0.865，海南自贸港未来期许价值均值为4.11 ± 0.906，各条目为海南发展价值 > 海南未来期许价值 > 总体社会价值维度 > 国家发展价值 > 海南自贸港未来期许价值 > 海南自贸港建设价值。

可看出社会心态问卷中社会认同纬度各题项得分多数高于4或接近于4，即大部分选择集中在较符合和非常符合。结合题项可表明，参与问卷填写的海南人民整体社会价值水平较高。相比之下，海南人民对正在发展中的海南社会的自身价值抱积极、乐观的态度，对于自身在海南自贸港建设中的价值不太赞同，但对海南自贸港未来的美好发展是有信心的。

（二）各题项各选项的比例分布

分析社会价值取向的每一个题目，以呈现海南社会成员的总体社会价值状态。

1. 我觉得每个人都能为国家的发展贡献自己的力量

关于自贸港建设背景下海南民众对于"我觉得每个人都能为国家的发展贡献自己的力量"相关社会价值的认可程度分布，其统计结果如下：

表11-3　我觉得每个人都能为国家的发展贡献自己的力量（n=1457）

		频率	百分比（%）	有效百分比（%）	累积百分比（%）
有效	不符合	16	1.1	1.1	1.1
	不太符合	53	3.6	3.6	4.7
	介于中间	271	18.6	18.6	23.3
	比较符合	527	36.2	36.2	59.5
	非常符合	590	40.5	40.5	100.0
	总计	1457	100.0	100.0	

从表11-3可知，调查对象在国家发展方面的社会价值总体情况是良好的，有40.5%的调查对象表示非常赞同每个人都能为国家的发展贡献自己的力量，有36.2%的调查对象表示比较赞同为国家的发展贡献自己的力量，还有23.3%的调查对象表示不确定能否会贡献自己的力量，只有4.7%的调查对象表示不觉得每个人都能为国家的发展贡献自己的力量。

2. 我觉得海南社会的发展离不开大家的共同努力

关于自贸港建设背景下海南民众对于"我觉得海南社会的发展离不开大家的共同努力"相关社会价值的认可程度分布，其统计结果如下：

表11-4　我觉得海南社会的发展离不开大家的共同努力（n=1457）

		频率	百分比（%）	有效百分比（%）	累积百分比（%）
有效	不符合	10	0.7	0.7	0.7
	不太符合	34	2.3	2.3	3.0
	介于中间	217	14.9	14.9	17.9
	比较符合	460	31.6	31.6	49.5
	非常符合	736	50.5	50.5	100.0
	总计	1457	100.0	100.0	—

由表11-4可知，有97%的海南人民认同"海南社会的发展离不开大家的共同努力"的观点。其中有50.5%的调查对象表示非常赞同，有31.6%的调查对象表示比较赞同，14.9%的调查对象表示介于中间，仅有3%的调查对象表示不太赞同或不赞同。

3. 在海南自贸港的建设过程中，我能贡献自己的力量

关于自贸港建设背景下海南民众对于"在海南自贸港的建设过程中，我能贡献自己的力量"相关社会价值的认可程度分布，其统计结果如下：

表 11-5　在海南自贸港的建设过程中，我能贡献自己的力量（n=1457）

		频率	百分比（%）	有效百分比（%）	累积百分比（%）
有效	不符合	48	3.3	3.3	3.3
	不太符合	68	4.7	4.7	8.0
	介于中间	329	22.6	22.6	30.5
	比较符合	503	34.5	34.5	65.1
	非常符合	509	34.9	34.9	100.0
	总计	1457	100.0	100.0	

对于在海南自贸港建设过程中的社会价值调查，有34.9%的调查对象表示能在其中贡献自己的力量，有34.5%的调查对象表示比较能在其中贡献自己的力量。调查过程中发现绝大部分调查对象对海南自贸港的建设持支持态度，对自贸港建成的未来有很强的憧憬，并希望自己能为其贡献自己的一分力量。

还有22.6%的调查对象表示不太确定自己能在海南自贸港建设过程中贡献自己的力量，另外有8%的调查对象表示不能够在海南自贸港建设过程中贡献自己的力量。通过访谈可知，他们之所以不确定或者否定贡献力量的原因，是他们认为以自身农民的身份不太可能参与到自贸港建设当中，甚至认为政府也不可能会想到他们这个群体，自贸港政策在短时间内也不会对农民群体带来什么利益。同时还有很多不了解海南自贸港建设的人，认为目前的生活并没有因为海南自贸港的建设获得明显的改变。

4. 我觉得海南社会正在朝着更加美好的方向发展

关于自贸港建设背景下海南民众对于"我觉得海南社会正在朝着更加美好的方向发展"相关社会价值的认可程度分布，其统计结果如下：

表 11-6　我觉得海南社会正在朝着更加美好的方向发展（n=1457）

		频率	百分比（%）	有效百分比（%）	累积百分比（%）
有效	不符合	17	1.2	1.2	1.2
	不太符合	25	1.7	1.7	2.9
	介于中间	238	16.3	16.3	19.2
	比较符合	499	34.2	34.2	53.5
	非常符合	678	46.5	46.5	100.0
	总计	1457	100.0	100.0	

由表 11-6 可知，46.5% 的调查对象觉得海南社会正在朝着更加美好的方向发展，有 34.2% 的调查对象比较赞同这个观点，还有 16.3% 的调查对象表示介于中间，分别有 1.7% 和 1.2% 的调查对象表示不太赞同或不赞同海南社会正在朝着更加美好的方向发展。

5. 海南自贸港建设将使我们更加诚信、友善

关于自贸港建设背景下海南民众对于"海南自贸港建设将使我们更加诚信、友善"相关社会价值的认可程度分布，其统计结果如下：

表 11-7　海南自贸港建设将使我们更加诚信、友善（n=1457）

		频率	百分比（%）	有效百分比（%）	累积百分比（%）
有效	不符合	19	1.3	1.3	1.3
	不太符合	40	2.7	2.7	4.0
	介于中间	294	20.2	20.2	24.2
	比较符合	516	35.4	35.4	59.6
	非常符合	588	40.4	40.4	100.0
	总计	1457	100.0	100.0	

据统计，有 75.8% 的调查对象认为海南自贸港建设将使我们更加诚信、友善，有 20.2% 的调查对象持中间态度，还有 4% 的调查对象表示不太赞同或不赞同海南自贸港建设将使我们更加诚信、友善。

这说明绝大多数海南人民认为海南自贸港的建设将为民生民心带来积极的力量，会使人们的心态更加正面向上，认为社会价值将会在自贸港建

设过程中进一步提升。

第三节 社会价值的影响因素

社会价值的影响因素主要包括人口学因素、社会文化因素以及社会成员所处的微观人际环境。人口学因素主要包括年龄、婚姻、工作等，社会文化因素包括社会适应、社会认同以及社会行为，其他因素主要包括亲子关系、社会认知和社会困境。

一 人口学因素对社会价值的影响

本研究将年龄、性别、婚姻状况、民族、子女、文化、家庭、工作、职业、月收入等9个可能对社会信任产生影响的人口学因素作为自变量，将社会信任维度及各个题项得分作为因变量，取婚姻状况、文化、月收入三个与社会价值维度相关性最高的人口学因素为代表，以研究海南人群的社会信任在各个变量上的差异性。

（一）婚姻状况因素

基于1457份有效回收问卷的数据，研究分析隶属于人口学因素中的婚姻状况因素对自贸港建设背景下海南民众的社会价值心态的影响。未婚、已婚、离异、丧偶4种不同的婚姻状况对《海南社会心态调查问卷》社会价值维度以及5道题项的差异分析结果如表11-8所示。

表11-8 被试社会价值维度及其题项得分在婚姻状况上的差异分析

	社会价值维度	H38 我觉得每个人都能为国家的发展贡献自己的力量	H39 我觉得海南社会的发展离不开大家的共同努力	H40 在海南自贸港的建设过程中，我能贡献自己的力量	H41 我觉得海南社会正在朝着更加美好的方向发展	H42 海南自贸港建设将使我们更加诚信、友善
未婚（1）	4.080±0.7832	4.07±0.948	4.21±0.894	3.85±1.094	4.19±0.921	4.07±0.919
已婚（2）	4.174±0.7185	4.13±0.880	4.34±0.823	3.99±0.982	4.26±0.829	4.14±0.895
离异（3）	4.086±0.7705	4.14±0.912	4.23±0.877	3.86±1.004	4.26±0.817	3.94±1.027
丧偶（4）	4.067±0.6772	4.33±0.816	4.33±0.816	3.33±1.211	4.00±0.894	4.33±0.816

续表

社会价值维度	H38 我觉得每个人都能为国家的发展贡献自己的力量	H39 我觉得海南社会的发展离不开大家的共同努力	H40 在海南自贸港的建设过程中，我能贡献自己的力量	H41 我觉得海南社会正在朝着更加美好的方向发展	H42 海南自贸港建设将使我们更加诚信、友善
F	1.890	0.576	2.581	2.982	1.050	1.103
p	0.129	0.631	0.052	0.030*	0.369	0.347
LSD	2＞4			2＞4*		

注：*表示 $p<0.05$。

由表 11-8 可知，未婚海南人群的社会价值 4.080±0.7832，已婚海南人群的社会价值为 4.174±0.7115，离异海南人群的社会价值为 4.086±0.7705，丧偶海南人群的社会价值为 4.067±0.6772。社会价值维度在婚姻状况上未呈现显著差异性（$p=0.129>0.01$），不同婚姻状况的调查对象的社会价值并未有明显差异。

"H40 在海南自贸港的建设过程中，我能贡献自己的力量"题项在婚姻状况上呈现出显著差异性（$p=0.030<0.05$），说明不同婚姻状况会影响一个人对于海南自贸港建设中自我社会价值的判断。数据表明丧偶人群的社会价值感明显低于其他婚姻状况的人群。经 LSD 事后检验，社会价值维度中，已婚海南人群显著性高于未婚和已婚海南人群。良好的婚姻家庭为人们提供了可以抵御外部社会风险的凭借，提高了人们的社会价值水平；而离婚、丧偶等家庭不幸成为人们生活的痛苦经历，使其社会价值水平下降。

（二）受教育水平因素

基于 1457 份有效回收问卷的数据，研究分析隶属于人口学因素中的受教育水平因素对自贸港建设背景下海南民众的社会价值心态的影响。小学以下、小学、初中、高中/中专、大专/大学、研究生 6 种不同的学历水平对《海南社会心态调查问卷》社会价值维度以及 5 道题项的差异分析结果如表 11-9 所示。

表11-9 被试社会价值维度及其题项得分在受教育水平上的差异分析

	社会价值维度	H38 我觉得每个人都能为国家的发展贡献自己的力量	H39 我觉得海南社会的发展离不开大家的共同努力	H40 在海南自贸港的建设过程中，我能贡献自己的力量	H41 我觉得海南社会正在朝着更加美好的方向发展	H42 海南自贸港建设将使我们更加诚信、友善
小学以下（1）	3.829±0.7410	3.90±0.995	4.19±1.078	3.38±1.161	4.10±0.944	3.57±1.028
小学（2）	3.865±0.7899	3.71±1.190	4.16±0.943	3.53±1.209	4.02±1.010	3.90±1.046
初中（3）	4.073±0.7293	4.09±0.979	4.23±0.956	3.83±1.047	4.21±0.893	4.00±0.902
高中/中专（4）	4.138±0.7297	4.13±0.955	4.29±0.860	3.79±1.140	4.29±0.884	4.19±0.946
大专/大学（5）	4.176±0.7477	4.16±0.856	4.32±0.824	4.03±0.970	4.24±0.853	4.14±0.888
研究生（6）	4.112±0.6630	4.00±0.794	4.27±0.724	4.05±0.826	4.20±0.745	4.03±0.786
F	2.845	2.851	0.667	5.840	0.990	3.337
p	0.015*	0.014*	0.648	0.000**	0.423	0.005**
LSD	5>1*	5>2*		6>1**		5>1**

注：* 表示 $p<0.05$，** 表示 $p<0.01$。

由表11-9可知，海南小学以下人群的社会价值为3.829±0.7410，海南小学生人群的社会价值为3.865±0.7899，海南初中生人群的社会价值为4.073±0.7293，海南高中生/大专生人群的社会价值为4.138±0.7297，海南研究生人群的社会价值为4.176±0.7477，研究生的社会价值为4.112±0.6630。社会价值维度在文化水平上呈现差异性（$p=0.015<0.05$），所有题项中小学及小学以下学历的调查对象的社会价值水平明显低于其他学历人群。

数据表明，除研究生以外，海南人群的社会价值水平随着学历的增高而增加。但研究生的社会价值水平较高，与之相比，小学及小学以下学历的调查对象的社会价值水平明显低于其他学历人群。学历更高的人群更加容易从各种媒体渠道获取自贸港建设的信息、政策，与外界的交流也更多，能够更好地跟紧社会的发展脚步。同时较高的受教育程度提高了人们的认知分析能力和风险控制能力，进而提高了其社会价值水平。随着社会成员受教育水平的提高，其更能够将自己的生活与社会环境相联系起来，同时也能够更加明显地意识到个体与社会发展之间的相互关系。从而在社会发展过程中更能够体验到自身价值，以及强调社会成员的价值取向对社会发展的影响。例如，具有大学学历的被试在"每个人都能对国家发展做出自己的贡献"这一题项上，其平均得分比高中以及高中以下学历的被试高。这就说明，受教育水平的提高有助于个体意识到自身在社会发展中的价值，提升其社会价值感。

（三）经济因素

基于1457份有效回收问卷的数据，研究分析隶属于人口学因素中的经济因素对自贸港建设背景下海南民众的社会价值心态的影响。2000元以下、2000—4000元、4000—6000元、6000—10000元、10000元以上5种不同的月收入水平对《海南社会心态调查问卷》社会价值维度以及5道题项的差异分析结果如11-10所示。

表11-10　被试社会价值维度及其题项得分在经济上的差异分析

	社会价值维度	H38 我觉得每个人都能为国家的发展贡献自己的力量	H39 我觉得海南社会的发展离不开大家的共同努力	H40 在海南自贸港的建设过程中，我能贡献自己的力量	H41 我觉得海南社会正在朝着更加美好的方向发展	H42 海南自贸港建设将使我们更加诚信、友善
2000元以下（1）	4.049 ± 0.7692	3.99 ± 0.971	4.23 ± 0.878	3.83 ± 0.999	4.17 ± 0.895	4.03 ± 0.929
2000—4000元（2）	4.156 ± 0.7325	4.13 ± 0.915	4.29 ± 0.854	3.94 ± 0.986	4.25 ± 0.861	4.16 ± 0.849
4000—6000元（3）	4.130 ± 0.7293	4.14 ± 0.859	4.26 ± 0.859	3.96 ± 1.047	4.24 ± 0.848	4.06 ± 0.941
6000—10000元（4）	4.201 ± 0.7220	4.16 ± 0.884	4.37 ± 0.822	4.01 ± 1.092	4.29 ± 0.875	4.17 ± 0.921

续表

社会价值维度	H38 我觉得每个人都能为国家的发展贡献自己的力量	H39 我觉得海南社会的发展离不开大家的共同努力	H40 在海南自贸港的建设过程中，我能贡献自己的力量	H41 我觉得海南社会正在朝着更加美好的方向发展	H42 海南自贸港建设将使我们更加诚信、友善
10000元以上（5）	4.184±0.7536	4.21±0.876	4.39±0.795	3.95±1.059	4.20±0.837	4.16±0.905
F	1.706	1.928	1.286	1.264	0.816	1.663
p	0.146	0.103	0.273	0.282	0.515	0.156
LSD	4>1					

根据表 11-10 所示，月收入 2000 元以下的海南人群的社会价值为 4.049±0.7692，月收入 2000—4000 元的海南人群的社会价值为 4.156±0.7325，月收入 4000—6000 的海南人群的社会价值为 4.130±0.7293，月收入 6000—10000 元的海南人群的社会价值为 4.201±0.7220，月收入为 10000 元以上的海南人群的社会价值为 4.184±0.7536。社会价值维度在月收入上未呈现显著差异性（$p=0.146>0.01$），不同月收入水平的调查对象的社会价值并未呈现明显差异。

月收入 2000 元及以下的海南人群的社会价值虽水平较高，但在所有题项中均低于其他人群。而月收入 2000—6000 元的人群的社会价值感普遍高于其他人群。

二 社会文化因素对社会价值的影响

社会价值与社会认同、社会适应、社会行为、社会信任等内容，一同构成了社会心态。通过对海南社会心态问卷的 9 个维度进行相关检验（如图 3-12 所示），结果显示：社会认同、社会适应与社会行为与社会价值较为相关，相互影响。

（一）社会认同

根据 1457 份有效回收问卷的数据整理分析发现，自贸港建设背景下海南民众社会心态调查结果显示，九维度中的社会价值与社会认同的维度得分具有较高的相关性，社会价值和社会认同的皮尔逊相关性为0.709，说明社会价值和社会认同关系紧密。

数据分析发现，海南民众的社会价值取向与社会认同呈现出强烈的正相关关系，说明亲社会价值取向程度越高，社会成员的社会认同也就越高。同样的，个体的社会认同越高、对自己目前所在群体的归属感越强，就越容易促使其对该群体做出亲社会行为。而亲社会行为通常会获得群体成员的赞许、认可，有助于个体获得群体认同感，并使个体在这样的过程中获得较高的自身价值感，同时也使得社会成员对社会发展产生良好的期待。

（二）社会适应

根据1457份有效回收问卷的数据整理分析发现，自贸港建设背景下海南民众社会心态调查结果显示，九维度中的社会价值与社会适应的维度得分具有较高的相关性，其皮尔逊相关性为0.714，说明社会价值和社会适应为中度相关。

在社会心理学中，社会适应被称为社会适应行为或社会适应能力，也被通称为适应性行为。尽管学界对社会适应没有普遍接受的定义，但以下观点却得到大多数学者的认同。社会适应，首先表现为行为适应，是一个人对环境变化的反应。个人和群体通过一个被称为社会适应的过程来调整自己的行为以适应他们所处的社会环境。社会适应也是人们在与社会环境的互动中表现出来的一种相对稳定的心理状态，这也是一个动态的发展过程，可表现为特定适应策略的各种自主适应过程，如顺从、自控、服从和同化，构成了个体对外部环境的适应。社会适应的核心是人格适应。很多心理学家都认识到，社会适应同样是一种人格适应，在个体面临应激、压力或困境时，其内在的人格特质就要进行相应的评估，调动已有的心理资源和策略进行危机的处理，使人格或心理保持一种平衡状态。

数据分析发现，海南民众的社会价值取向与社会适应呈现出强烈的正相关关系，就说明个体的社会价值取向越偏向于亲社会价值取向，则社会成员的社会适应程度也就越高。个体人生历程中的社会适应和社会价值取向相辅相成，亲社会的社会价值取决定了个体与自己所属的群体的互动方式，互动方式的不同就会导致不同的社会适应水平。同时，社会成员的社会适应水平并非仅仅是一种个体主动适应群体的过程，还是一种群体以及群体成员对某个个体的认可和接纳。个体主动适应并寻求加入群体，同时也获得了群体的认可和接纳，个体才会完成群体身份认同的建构，才会形成较为稳定的社会适应状态。

在这样一个过程中，一个具有亲社会价值取向的个体通过主动或被动的亲群体、亲社会行为，才能获得群体的接纳，进而形成个体自身与群体成员的相互适应的状态。获得了群体身份之后，个体对群体生活的社会适应状态也会影响其社会价值取向，如果个体能够保持对群体生活较高程度的适应状态，个体也会更多地采用亲群体的方式与群体成员进行互动，而如果个体对群体生活不能建立良好的适应状态，个体就不太容易通过亲群体的方式进行社会互动，进而造成个体在群体中形成非亲群体的社会价值取向。个体偏好的群体生活环境，决定了个体在群体生活中的社会适应方式，调节了个体社会适应过程中的心理结构。良好的社会适应水平使个体在其偏好的群体生活环境中如鱼得水，达到一种相对稳定平和的心理状态，从而愈发坚持其社会价值取向。在这样的交互作用下，当个体遭遇危机或压力时，社会适应对社会价值产生影响，个体的人格积极地调动生活社交环境中各种社会支持的资源，使危机或压力得到较大程度地处理与应对。

（三）社会行为

根据1457份有效回收问卷的数据整理分析发现，自贸港建设背景下海南民众社会心态调查结果显示，九维度中的社会价值与社会行为的维度得分具有较高的相关性，其皮尔逊相关性为0.855，说明社会价值和社会认同为高度相关。

社会行为是社会成员在社会价值取向的基础上所进行的社会互动，因此，社会价值取向是社会行为的心理基础，社会价值取向的基本形态决定了个体社会行为的基本取向。在宽泛意义上，社会行为可以分为亲社会行为和反社会行为，亲社会行为指人们在社会交往中所表现出的谦让、帮助、合作、分享，甚至为了他人利益而做出自我牺牲的一切有助于社会和谐的行为及趋向，包括帮助、合作、分享、安慰等；反社会行为也称侵犯行为，是指有意伤害他人或破坏公共财物且不为社会规范所许可的行为，包括违法、犯罪行为和并不触犯法律但违反社会公德的行为。

在本研究中，个体的社会价值取向主要通过衡量其亲社会价值取向获得，个体的社会行为也主要通过测量其亲社会行为体现出来。同时，数据分析结果显示，亲社会价值取向与亲社会行为之间存在显著的正相关，两者是一种相互促进的关系。

三 其他因素对社会价值的影响

社会成员的社会价值取向还会受到诸如家庭关系、社会认知以及一些现实的社会困境因素的影响。

（一）亲子关系

有研究表明：青少年亲子关系与亲社会价值取向、亲社会行为呈现显著正相关。良好的亲子关系能够促进青少年对他人的理解和倾听，也能在自己与他人观点出现分歧时，认真倾听，求同存异，而不是以冲动暴力去解决。此外，良好的亲子关系有助于促进青少年与父母间的沟通。青少年可以认真听取父母的正确教导，提高明辨是非的能力，内化并践行乐于助人的美好品德，在和父母的交流中形成良好的性格与品德。积极的亲子关系有助于亲社会性的发展，通过良好的性格与内化的品德增加个体的亲社会行为，而消极、冷漠和对抗性的亲子关系则促进儿童攻击性和破坏性行为。

（二）社会认知

对于同一相互依赖情境，不同社会价值取向个体的表征或知觉方式是否存在差异。萨特勒和克尔（1991）研究发现，不同社会价值取向个体对同一相依情境的建构是不同的，即权利—道德效应。也就是说，亲社会者更多地从评价性的善恶维度建构相依情境，将相依情境视为伦理问题；而亲自我者则较多地从动力性的强弱维度建构相依情境，将相依情境视为权利问题。Van Kleef 和 De Dreu 进一步拓展了权利—道德效应，他们以谈判情境为背景，设置了谈判同伴为之前愤怒行为致歉与不致歉两种条件，试图检验致歉对未来合作行为的影响。研究结果显示，亲社会者更多地将致歉行为理解为人际敏感性信号，从道德性方面来解读致歉行为，选择原谅对方，并继续合作；而亲自我者则更多地将致歉行为理解为软弱，从权利角度解读致歉行为，进而选择竞争。总的来说，这些研究都表明社会价值取向能够影响个体对相依情境的建构、理解与解释①。

（三）社会困境

社会价值取向的研究起源于决策研究中的社会困境（Social Dilemmas），社会困境强调了在相依情境中个人利益与集体利益之间的基本冲突，社会价值取向是个体在社会困境中行为表现差异的一个个体差异量。到目前为止，社会价值取向已经在多主体谈判、亲环境行为、群体合作行为等领域得到了广泛研究，并且证明社会价值取向是个体在社会困境中行为表现的一个重要影响因素。在管理领域中，与亲自我取向者相比，亲社会取向者被证实更能够创造相互合作的组织气氛，也更能够顾及其他人的利益，因此，他们也更能够得到团体中的其他人的认同，最终，他们的决策也更成功②。

第四节　自贸港建设背景下海南民众社会价值的提升策略

在上述分析的基础上，为了提升或调整社会成员的社会价值，既需要从宏观层面上提升海南民众整体的受教育水平和质量，也需要从微观层面上提升海南民众在自贸港建设中的社会价值感。除此之外，社会价值感还会受到社会经济状况的影响。因此，亦需从提升社会经济水平的角度提升海南民众的社会价值感。

一　提升社会成员的整体受教育水平

由上述研究成果及问卷数据可得出，社会成员的整体社会价值水平随着学历的增高而增加，即社会价值与受教育水平呈正相关。在小学阶段的年级变量上，六年级之前学生的亲社会取向随年级上升而增加，且具有研究生学历的群体社会价值水平明显高于小学及小学以下学历的社会群体的社会价值水平。因此，提高社会成员的整体受教育水平可有效提升自贸港建设背景下海南民众社会价值。

---

① 张振、张帆、黄亮、袁博、王益文：《决策中社会价值取向的理论与测评方法》，《心理科学进展》2014年第22期。

② 刘毅、李文琼：《社会价值取向及其测量方法》，《山西经济管理干部学院学报》2008年第1期。

教育是民族复兴和社会进步的基础，是提高国民素质、促进人的全面发展的基本途径。在现代社会，人才是一个国家的核心竞争力，教育是一个民族的基本能力。在人类社会深刻变革的过程中，教育越来越成为主流，发挥着重要作用。教育在经济社会发展中发挥着先导性和全局性的作用。在现代社会，知识越来越重要，越来越多地体现在综合国力和国际竞争中。要进一步形成优先发展教育的共识，把教育放在首位。教育是国家发展的基石，是国家价值观的建设，是国家富强、人民幸福、民族未来的重要保障。受教育水平的提高，有利于个人自我价值以及社会价值的提升和实现。

科教兴国，为我国现代化建设开辟了一条以人为本的发展道路。对于建设现代化国家、建设教育强国、提升社会成员的整体受教育水平，农村、偏远地区与低收入群体的教育是不可或缺的一部分。除去国家层面上对于进一步提升社会成员的整体受教育水平施行的措施，还要降低教育成本，让人民支持教育；合理配置教育资源，让社会子女共享高质量教育；通过各项措施，提升教育质量，让社会焕生机，让人民树立高水平的社会价值。

二 提高自贸港建设中低收入群体的经济收入水平

多个研究结果及客观数据表明，客观层面上划分的经济收入水平与社会成员的社会价值水平不相关。由本次问卷数据可看出，月收入2000元及以下的海南人群的社会价值虽水平较高，但其社会价值维度得分在所有题项中均低于其他较高收入的人群。因此，提高自贸港建设中低收入群体的经济收入水平是改善民生、提升民众社会价值的有效策略。

提升国民平均收入水平以及生活质量的有效方法之一是提高低收入群体的经济收入、扩大其收入来源，将该群体真实地收纳入中等收入群体中。我国中等收入群体人数虽然已超过4亿人，占全国居民人数的30%，但该群体的固定薪酬占总体收入的绝大部分。当经济形势下滑或退休后收入下降，抑或是家人医疗、家庭住房、子女教育等支出增多时，最初较高收入水平的成员极有可能离开中等收入群体而加入低收入群体。因此，通过各种稳定和发展中等收入群体的方式，可以持续和成功地提高整个国家的收入水平。

提高人民生活质量，不断满足人民对美好生活的新期待，其根本前提是提高国民群众的经济收入水平。随着当代经济社会的高速发展和与世界舞台的接轨，人民群众对美好生活的向往越来越强烈，各种人民需求从数量满足向品质追求转变，由中国制造向中国创造进发，从需求型、单一化消费向个性化、多样化消费转变。此时关键是要大幅度提高人民的收入水平，以迅速满足人们对更便捷的社会服务、更优质的商品提供、更舒适的生活条件、更高水平的医疗卫生服务、更丰富的精神文化生活，以及更好的获得感的需求。

提高自贸港建设中低收入群体的经济收入水平是改善民生、提升民众社会价值的有效策略。从经济角度来说，提高低收入群体的经济收入水平，可以刺激消费、增加社会流动资金、促进社会公平等；从生活角度来看，经济收入水平的提高有利于改善公民生活质量。居民收入的提高意味着可支配收入的增加，也就是说人们有更多的钱可花了，直接结果是人们的生活水平提高，然后就拉动了内需，促进了经济增长。另一方面，居民生活水平提高对于社会治安稳定也是有很大作用的，百姓生活富足，安居乐业，社会才能长治久安。

三 提升海南民众在海南自贸港建设中自我价值感

当一个人认识到并评估客观层面上的自我对社会生活环境中以及主观认知中的自我具有积极向上有利影响时，就会产生自我价值感，这是一种对自我的肯定性情感体验。自我价值感有多种心理学要素，自我价值的判断和体验是其核心基础，在自我的情感态度和评价中均有体现。一个人在学习、工作和参与各种社会活动中的信心和效能，都受到自我价值感的影响，同时个体的自我价值感与其心理健康息息相关。每个人都有一定的自我价值感和社会价值，这两者是密不可分的。人们的自我价值建立在其社会价值的基础上，以社会价值的实现为实现前提和关键因素。坚持这两者的和谐统一是马克思主义价值观的基本要义标准。[①] 自贸港建设背景下海

---

① 林源：《关于实现个人的自我价值与社会价值的若干思考》，《扬州大学学报》（人文社会科学版）2001年第2期。

南民众高水平的自我价值感能有效促进其社会价值的提升。

社会的活力离不开人自身的活力。所谓社会发展的活力，一般是指一个民族或国家经济、政治和思想等活力的总和。所谓人的活力，是指在一定社会中投入到实践中去的一种能动力量。众所周知，具有生命力的人是社会的载体，在社会舞台上扮演各种角色，因此社会活力追根溯源是作为实践主体人的活力，是人的价值的实现，这里既含有人的社会价值，又含有自我价值。

仅从自我价值角度观察人的活力，其主要表现：一是活动性。人的基本需要首先是衣、食、住、行等物质要求，这是人们生存和活动的物质前提。在此基础上，人们还有许多精神上的需要，如人应得到的权利、人格受到尊敬等，所以人的基本需要是激励人们去活动、奋斗和实践的第一推动力。二是自主性。社会是个大系统，各要求必然受到整体的制约，但要素之间又有相区别的特殊性，形成缤彩丰富和变化无穷的景象，整体中有互补，多样中溢活力，使社会运行轨迹有序，不断前进。由此，社会的发展，需要双脚站立、自由活动、独立自主，成为实践活动主宰的个体。三是创造性。人在实践中，利益的热情，主体的活动性才能充分表现出来，这个活动过程也必然体现出创造性。创造性是人为实现自己本质而产生，是人们活动的关键所在。因此，为了实现自己创造性的自我价值，就要尽力发挥个性活力的作用。"你若喜爱自己的价值，你就得给世界创造价值。"使自我价值转化为社会价值，使个人活力转化为社会活力。

海南民众在海南自贸港建设中自我价值感的实现与否直接影响着他们心理健康水平和日常精气神，同时决定着海南人民能否有效地完成工作，能否充分有效地发挥他们的潜力。增强海南民众的自我价值感，协助他们完善自我，使他们能够进一步发掘潜能，提高自尊水平，实现自我价值，对于提高其劳动标准和劳动水平具有非常重要的实际意义，更能进一步提升自贸港建设背景下海南民众的社会价值水平。[①]

提高人们的文化素质和自我意识。一个人对自己的总体认知，即自我

---

① 姜芬奇：《浅谈高校基层行政管理人员的自我价值感及其提升》，《江西农业大学学报》（社会科学版）2007年第4期。

认知，包括对心理自我、道德自我、家庭自我、社会自我的多维认知和评价，以及自我认同感、自我满足感和自我行动。文化素质高的人有更高的自我认知水平，有更高的自我价值和自我价值满意度，有能力全面客观地认识和判断自己。在现实生活和工作中，他们能够积极面对自己的弱点和不足，在避开弱点的同时，能够将自己的优势发挥到极致，充分表达自己的理想。此外，文化素质低的人经常认为自己的技能水平不够，缺乏客观判断自己的能力，缺乏自信，自我意识水平低，这些都对他们的工作兴奋点和潜能发挥产生负面影响。因此，提高每个人的自我认同感，教会他们欣赏自己，对于加强海南人的自我价值感至关重要。

合理规划职业生涯。为实现自我而进行规划的人可以在人生的每个阶段确定相应的生活目标，并通过选择与自身情况相适应的恰当职业来培养个体更高的自我价值感。部分海南民众觉得自己日常所从事的工作枯燥乏味或繁琐而没技术含量，仅仅是为了养家糊口，没有发挥潜能的余地，没有半点价值和意义，更是找不到符合自己职业生涯发展阶段应实现的阶段性目标，或者是在现实境遇中自己先前规划设计的目标并没有实现，同时发现自己前半生虚度年华、一无所获，进而在内心对自己下各种消极的定义，断定自己是个人世间的失败者。

因此，处于自贸港建设中，海南民众除了关注海南省的发展目标和指导方针外，还应根据自己的实际情况和工作义务进行调整。优化自身的职业规划策略，让自己清楚地知道在每个阶段该做什么，达到什么目标，并及时检验自己在每个阶段的职责完成情况，实现自我发展和自我完善，增加自我价值感。

第十二章　社会行为研究

中共中央、国务院于 2020 年 6 月发布《海南自由贸易港建设总体方案》，这是党中央着眼于国际国内发展大局，为推动中国特色社会主义创新发展作出的一个重大战略决策，要求海南到 2025 年前实现全岛封关运作，"一线"放开、"二线"管住，初步建立以贸易自由和投资自由为重点的自贸港政策制度体系。加快建设具有世界影响力的中国特色自贸港，把海南自贸港打造成展示中国风范的靓丽名片。潮起海之南，扬帆自贸港。在推进海南自贸港的伟大征程中，始终坚持建设以人民为中心的自贸港，因此人民的社会行为对海南自贸港建设牵一发而动全身。从社会行为的角度对海南本土居民、海南农民群体、医生、律师、企业高管、公务员或企事业单位群体、"候鸟"群体、个体经营者进行调查研究，从而了解在自贸港建设下人们的社会行为发生着怎样的变化，并从社会行为的角度为自贸港建设下海南社会心态提出建议。本章通过文献梳理、问卷调查、访谈法的方式系统研究海南自贸港建设中人民社会行为的基本状况、影响因素等内容，在此基础上，思考海南自贸港建设中各群体社会行为的调控策略。

第一节　社会行为的概念、理论与研究现状

目前有关社会行为的研究集中于心理学、教育学、社会学等领域，研究内容主要包含社会行为的概念、社会行为的相关理论、社会行为的研究方法、社会行为的研究现状、社会行为的影响因素等内容。本节将对社会行为目前的研究成果进行系统地梳理和分析，完善社会行为的理论基础与

实践方向，为探讨自贸港建设背景下社会行为的现状、影响因素以及提升路径提供理论依据和实践参考。

一 社会行为的概念

随着社会的不断发展与进步，人们的行为也发生着各种各样的变化，截然不同的行为会对个人乃至社会产生不同的影响，因此社会行为问题得到了很多学者的关注。我国对"社会行为"的研究比较深入的学者有俞国良、林崇德、寇彧、周宗奎、李丹、余建华等人，他们从社会心理学的角度对社会行为相关内容进行深度剖析。

社会行为一直是社会心理学研究的重要领域，具有较长的研究历史。美国著名的社会心理学家 F. 奥尔波特认为社会心理学是研究社会意识与社会行为的科学。众多学者从社会行为的不同方面进行了研究，研究涉及较多领域。但对于社会行为并没有形成统一的界定和标准。我国著名的社会学家孙文本在《社会学原理》给出了一个最具代表性的解释，孙文本认为，"简单地说，就是人与人之间在做某一件事情的时候所表现出的种种行为，也就是两人或两人以上发生的交互行为与共同行为。社会行为的研究是以社会生活现象为载体，社会行为的综合就是社会生活的现实体现。"[①]《社会学词典》中认为，"即指在社会生活中人和其他人所从事的所有和社会相关的活动，这种活动是由于一定的社会刺激而产生的，也可以说个体的某些活动是由于其他个体的活动结果而产生的，这种活动是一种交互行为，其核心是主体具有意志特点的人。"[②] 雷伯还在《心理学大字典》上阐释过社会行为，雷伯认为，"他将社会行为界定为一个人一切带有社会因素的行为。换言之，如果一个人的行为是受其他人的生存、态度或行为所左右，或一个人的行为对其他人的生存、态度或行为产生影响，则这种行为都可称为社会行为。"[③] 国内学者周晓红把社会行为看作是居住在一定生活条件中、拥有独特文化、人格结构完备的个体对各种简单明了、错综复杂的社会刺激的一种反应，社会刺激就是指社会客体对个体的

---

① 田晓霞：《社会行为的多向度分析》，硕士学位论文，山西大学，2009年。
② 王康：《社会学词典》，山东人民出版社1988年版，第102页。
③ 李丹：《人际互动与社会行为发展》，浙江教育出版社2008年版，第21页。

一种直接或间接的影响。

通过对以上有关社会行为概念界定的梳理发现，国内大多数学者认为社会行为就是由于一个人的某种行为或某种社会刺激对另一个人所做出的行为。国内学者对社会行为的概念给予定义时会更侧重于从其他人或者其他事物的角度进行研究。

二 社会行为的流派和理论

行为是心理学、社会学研究中的重要内容，众多理论学派都对社会行为开展了系统地研究，最具代表意义的有实证主义学派、结构功能学派等，交往互动理论、符号互动理论和社会交换理论等对社会行为进行了理论阐释。

（一）社会行为研究的主要流派

在社会行为研究中，西方学者做出了突出贡献，形成许多学派，其中以实证主义流派、结构功能主义流派为代表。

1. 实证主义流派

实证主义流派的代表人物马克斯·韦伯对社会行为的研究以个体主义方法论为理论基础，对社会学做出解释，是首位提出社会行为理论的学者，并被誉为理解社会学的创始人。运用"理想类型"的分析方法，韦伯将人类社会行为划分为四类：（1）目的理性的行为，韦伯认为，"就是它可以是人理性确定后所做的、为达到一定目的而做。这种行为依赖于一定的预期，并以此预期为条件或手段来达到行为者理性思考的目的，这种行为可以看作是人们为了追求更多的利益而做出的社会行为；"[1]（2）价值理性行为，这种行为表现为一种无目的，是由某种行为价值的信念所决定；（3）情感性行为，这种行为是由个人情绪情感所支配的，是一种非理性的行为类型；（4）传统性行为，"顾名思义就是根据传统而做出的相应行为，这些行为并没有明文规定必须要这样做，但是做的人多了，更多的人就会形成这种潜意识。"[2] 韦伯主要从人的社会行为的类型和特点进行研究，但

---

[1] ［德］马克斯·韦伯：《经济与社会》（上卷），林荣远译，商务印书馆1998年版，第56页。
[2] 王明文：《目的理性行为、形式合理性和形式法治——马克斯·韦伯法律思想解读》，《前沿》2011年第19期。

是缺少从社会行为发生的条件进行分析，因此帕森斯在韦伯的实证主义流派的基础上总结出结构功能主义流派。

2. 结构功能主义流派

结构功能主义的创始人塔尔科特·帕森斯在韦伯等人的理论基础上，又对社会行动进行研究，认为一个社会只有满足了四个基本需求，才能发挥其功能，换言之，才能够维持其秩序和稳定，其中这四个基本需求分别是：目标的获得、对环境的适应、将社会不同部分整合为一个整体以及对越轨行为的控制。可以将帕森斯的理论总结概括为三个方面：第一，社会行动论，社会行动的最基本特征是具有意志性和目标导向，也就是说，社会行动是行动者朝向目标的动作。帕森斯认为，"任何一个社会行动都需要具有五个要素：行动者，即作为行动主体的个人；行动目标，行动者希望达到的预期状态；条件，在环境状态中行动者无法控制和改变的客观要素；手段，在环境状态中行动者可以控制和利用来促成目标实现的工具性要素；规范取向，即行动者目标与手段的选择受到社会规范的影响，合乎规范的选择就称为规范取向。"① 第二，模式变量理论，在行动者与其他行动者进行互动的过程中，模式变量能够提供可以抉择的五对范畴，分别是普遍性与特殊性、扩散性与专一性、情感性与中立性、先赋性与自获性、私利性与公益性。第三，均衡论，在一般情况下，社会系统总是处于一个稳定的状态。帕森斯理论也为当代社会学的各个流派打下了理论基础，但他的理论不能够解释一些社会问题，因此受到各方面的怀疑。

（二）社会行为研究的相关理论

国外的许多社会学家、心理学家对于人类的行为有众多的探究，在社会行为方面，其理论体系的发展较为完善，其中以哈贝马斯的交往互动理论、乔治·赫伯特·米德创立符号互动理论、乔治·霍曼斯创始的社会交换理论为代表。

1. 交往互动理论

哈贝马斯作为交往行动理论的创始人，认为交往行动的本质是达到主体相互理解的行动，其中包含一种语言模式，理解行为即语言行为，理解

---

① 杨方：《论帕森斯的结构功能主义》，《经济与社会发展》2010年第10期。

过程即语言过程，在交往互动理论中，行动和过程同语言不是一种外在的行为关系。哈贝马斯对社会行为的分析是根据行为者与世界所发生的关系来划分的，并将社会行为分为四个类型，分别是目的论行为、规约行为、拟剧行为、交往行为。此理论过分强调了人类行为的主观能动性，从而忽视了客观世界中人类行为会受到其他因素的影响。哈贝马斯的交往互动理论认为交往主体之间的关系是互动的相互关系，交往的主体是未受干扰的主体，交往行动的媒介是语言，交往行动的核心要素是理解。

2. 符号互动理论

符号互动理论由乔治·赫伯特·米德创立，符号互动理论体系的建构由布鲁默完成。符号互动理论以心灵、自我和社会作为研究对象，揭示了符号是三者之间形成、变化以及相互作用的工具。贯穿于米德整个符号互动理论的方法体系是社会行为主义，米德认为，"思维和意识是在行动中产生的，但人们并不是作为单独的生物机体进行行动的，而是相互联系和相互依赖的。该理论的核心观点认为社会现象与社会行为只有通过人际间的互动和影响才能够得到解释。"[①] 符号互动理论主要强调互动，而符号作为互动的媒介，我们可以通过符号进行互动，得到发展，进而社会也就随之发展。米德能够从人类心理方面对社会现实问题进行关注，对社会行为的分析就更加全面。

3. 社会交换理论

乔治·霍曼斯作为社会交换理论的创始人，他联结经济学和心理学的概念，认为社会行为至少是在两人之间发生的，能够有利益产生的一种行为。但交换只能是社会行为其中的一方面，不能够作为解释社会行为的全部理论依据。肖璐的见解是，"社会交换理论对社会交往中的报酬和代价进行分析，进而提出那些能够给予我们提供最多报酬的人就是对我们吸引力最大的人。社会交换理论认为，社会的微观结构起源于个体期待社会报酬而发生的交换。"[②] 乔治·霍曼斯在社会交换理论中区分两种社会报酬，

---

① ［美］乔治·赫伯特·米德：《心灵、自我和社会》，霍桂桓译，译林出版社 2012 年版，第 317 页。
② 肖璐：《新农村建设背景下高校毕业生农村就业行为研究》，博士学位论文，江苏大学，2013 年。

包括内在性报酬和外在性报酬，其中内在性报酬是指社会交往关系中本身所取得的报酬，外在性报酬是指在社会交往关系之外取得的报酬。代价是社会交往引起的消极后果，在社会交换理论中区分了两种代价，一种是社会交往或人际关系需要付出很大代价，另一种代价是指会妨碍我们进行其他报酬更大的活动。社会交换理论认为，一个人对他与另一个人的交往或友谊所得到的报酬和所付出的代价是心中有数的。

三 社会行为的研究方法

梳理已有文献发现，国内外对于社会行为的研究多集中在亲社会行为或利他行为以及反社会行为、侵犯行为或攻击行为等主题上，主要采用了实验法、测量法和观察法等研究方法。

（一）实验法

实验法是心理学家们研究攻击行为、利他行为等社会行为的常用方法之一。心理学发展历史上有很多研究社会行为的经典实验，如班杜拉研究攻击行为时进行的波波玩偶实验，社会心理学家拉塔奈和达利研究利他行为时进行的"房间充烟"实验等。国内也有不少学者采用实验法来研究社会行为，李海燕、卢根等如采用教学实验法进行集体类体育游戏对高年级小学生亲社会行为的培养研究[1]。解娅南运用实验法探究情景表演对中班幼儿亲社会行为的影响[2]。李华通过实验法探究亲社会视频游戏对3—6岁幼儿亲社会行为影响[3]。

（二）测量法

测量法是心理学研究中常用的方法之一，很多学者在开展社会行为的研究时采用测量法选取标准化的量表，对不同群体进行社会行为状况以及影响因素的调查研究和深入分析。翟慎娟在研究中采用由Masten，Morison与Pellegrini（1985）编制的"班级戏剧"（修订版）（The Revised Class

---

[1] 李海燕、卢根、张文丽：《集体类体育游戏对高年级小学生亲社会行为的培养研究》，《青少年体育》2022年第4期。

[2] 解娅南：《情景表演对中班幼儿亲社会行为的实验研究》，硕士学位论文，天津师范大学，2022年。

[3] 李华：《亲社会视频游戏对3—6岁幼儿亲社会行为影响的实验研究》，硕士学位论文，西南大学，2021年。

Play）测验的中文版对儿童的社会行为进行了深入的研究。修订版班级戏剧在国内被广泛用来测量儿童社会行为，"包括的项目可以区分出具有不同社会行为特征的儿童，比如亲社会行为、攻击行为、社会退缩等"[1]。黎湘通过测量法探讨了父母的正念养育水平与儿童亲社会行为的关系及相关机制，研究结果表明，"父母正念养育水平与儿童亲社会行为呈正相关、与共情呈正相关；共情在正念养育对儿童亲社会行为的影响中起部分中介作用。"[2] 范士龙、王桂芬[3]采用邓赐平修订 Walden 所编写的问卷《幼儿社会行为教师评定问卷》对父亲参与教养对幼儿社会行为的影响进行了深入的探索和研究。

庞丽娟指出，"同伴提名法也是近年来使用较为广泛的一种方法"[4]，具体方法是让与研究对象一同生活、工作、学习的同伴进行提名，每个人提出自己最喜欢的或最厌恶的两个或两个以上的人名。

对于青少年的亲社会行为测量，寇彧、洪慧芳、谭晨、李磊对 Carlo 编制的《亲社会行为倾向量表（PTM）》进行了 4 次修订，修订的 PTM 由 6 个分量表构成，信度和效度都较高，"适用于中国的青少年样本"[5]。雷晓玲、赵冬梅等人在探究青少年家庭功能与亲社会行为的关系中，采用测量法研究家庭功能如何通过同伴接纳的中介作用影响亲社会行为，同时探讨了留守状况在该中介模型中所起的调节作用[6]。李凤芝也采用了寇彧等人修订的《亲社会行为倾向量表（PTM）》对大学生的亲社会行为进行了调查，并对大学生人格特质与亲社会行为进行了相关性分析[7]。

---

[1] 翟慎娟：《友谊、社会行为对儿童归因、情绪反应及应对方式的影响》，硕士学位论文，鲁东大学，2012 年。

[2] 黎湘：《正念养育与儿童亲社会行为的关系——共情的中介作用》，硕士学位论文，广西师范大学，2022 年。

[3] 范士龙、王桂芬：《父亲参与教养对幼儿社会行为的影响研究》，《吉林师范大学学报》（人文社会科学版）2019 年第 1 期。

[4] 庞丽娟：《同伴提名法与幼儿同伴交往研究》，《教育科学研究》1991 年第 2 期。

[5] 寇彧、洪慧芳、谭晨、李磊：《青少年亲社会倾向量表的修订》，《心理发展与教育》2007 年第 1 期。

[6] 雷晓玲、赵冬梅、杨文娇、田晓红：《青少年家庭功能与亲社会行为的关系：一个有调节的中介模型》，《心理发展与教育》2022 年第 6 期。

[7] 李凤芝：《大学生人格特质与亲社会行为的相关研究》，《校园心理》2022 年第 3 期。

(三) 观察法

在自然条件下，对表现心理现象的外部活动进行有系统、有计划的观察，从中发现心理现象产生和发展的规律。牟雪、陈东梅以幼儿园大班幼儿为研究对象，通过观察法、访谈法探讨大班幼儿的分享行为的现状[1]。牛颖颖采用观察法对幼儿园角色游戏中两个大班共 31 名幼儿亲社会行为进行自然观察，从合作行为、分享行为、助人行为、安慰行为这四个维度分析了角色游戏中幼儿亲社会行为现状[2]。孙安若在问卷法的基础上，借助自然观察法和访谈法对不同年龄幼儿表现的社会行为现状和原因进行了分析[3]。

四 社会行为的研究现状

通过国内已有研究概览，包括发文数量的年份变化、主题词共现、研究趋势以及研究现状，对社会行为的研究现状进行论述。

（一）国内已有研究概览

通过 CNKI 中国知网、清华同方期刊全文数据库、维普中文期刊数据库等中外数据库，分别对"社会行为""亲社会行为""集体行为""攻击行为""利他行为""侵犯行为"进行关键词和主题检索，查阅国内外期刊和硕博学位论文等相关资料。其中，以"社会行为"为关键词，检索近十年（2012—2021）学术期刊共 5010 篇，硕博学位论文共 3410 篇，会议论文共 372 篇；以"亲社会行为"为关键词，检索近十年（2012—2021）学术期刊共 4659 篇，硕博学位论文共 540 篇，会议论文共 197 篇；以"集体行为"为关键词，检索近十年（2012—2021）学术期刊共 7814 篇，硕博学位论文共 216 篇，会议论文共 95 篇；以"攻击行为"为关键词，检索近十年（2012—2021）学术期刊共 10251 篇，硕博学位论文共 1504 篇，会议论文共 330 篇；以"利他行为"为关键词，检索近十年（2012—

---

[1] 牟雪、陈东梅：《大班幼儿分享行为现状与教师指导策略》，《陕西学前师范学院学报》2018 年第 7 期。
[2] 牛颖颖：《角色游戏中幼儿亲社会行为现状研究》，硕士学位论文，江苏大学，2022 年。
[3] 孙安若：《混龄教育中幼儿社会行为的发展——基于混龄班与同龄班的比较研究》，硕士学位论文，江苏师范大学，2017 年。

2021) 学术期刊共 1217 篇,硕博学位论文共 640 篇,会议论文共 71 篇;以"侵犯行为"为关键词,检索近十年(2012—2021)学术期刊共 1461 篇,硕博学位论文共 532 篇,会议论文共 148 篇。

经过对现有文献整理发现,国内外对于社会行为的研究到目前为止还没有一个完全独立的学科界定。近几年来国内学者的研究更多的是以婴幼儿、中小学生为研究对象的亲社会行为相关内容,而国外学者则更多的是从生物学、医学的角度对动物的社会行为进行相关分析,由此可见,社会行为是一个涉及多学科,多研究视角的主题。

1. 发文数量的年份变化

发文数量的年份变化反映了社会行为这一主题的研究热度的变化,也在一定程度上反映了特定的社会时期对该主题的需求程度。统计有关"社会行为"的研究成果的年份变化,结果见图 12-1。

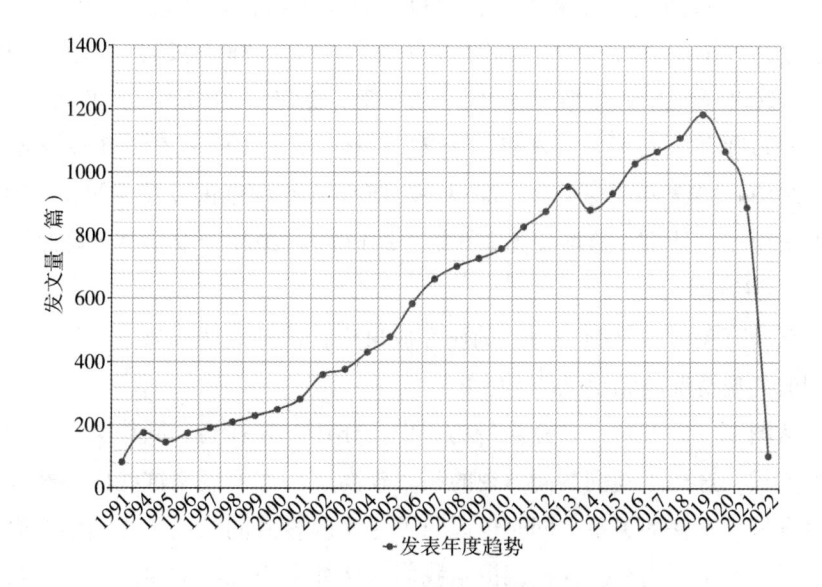

图 12-1 关于"社会行为"研究成果的年份变化

图 12-1 显示,我国学界关于"社会行为"的研究成果在 1991 年至 1994 年的 4 年间突增,1994 年的总发文数量达到了 176 篇,随后的一年又呈现下降趋势,在 1995 年至 2005 年的 11 年间,发文数量逐年上升,2005

年至 2006 年突增，2006 年至 2013 年的增长趋势有所减缓，在 2013 年时发文数量达到了 954 篇，2013 年至 2014 年的发文量又呈下降趋势，2014 年至 2019 年呈现上升趋势，且增长率较高，2019 年的总发文数量达到了 1187 篇，但 2019 年至今关于"社会行为"的发文数量呈现缓慢下降的趋势。

在心理学学科范式下，关于"社会行为"的研究成果总体数量较少，说明国内心理学界对"社会行为"的关注度相对较低，造成这种现象的原因可能在于"社会行为"这个概念本身可以从多学科、多视角进行研究，从而引起心理学界的关注，但更多的是心理学的研究者将"社会行为"分解为了更加具体的下位概念进行研究，例如，亲社会行为、集体行为、从众心理、侵犯行为、退缩行为等。这也提示我们在心理学学科范式下进行关于"社会行为"的研究更需要注意其操作性定义和测量指标的建构。从心理学学科范式下"社会行为"研究成果的年份变化可以看出，1990—1999 年发文数量变化趋势不大，1990—2002 年增长幅度较大，2002 年发文数量达到了 49 篇，2002—2003 年又有所下降，2003—2005 年增长趋势较大，2005 年总发文数量达到了 91 篇，2005—2010 年总变化较小，2010—2011 年增长明显，2011 年达到了 144 篇，2011—2012 年变化不明显，2012—2013 年明显下降，2013—2015 年有小幅度的变化，2015—2017 年增长明显，从 129 篇增长到 230 篇，2017 年—2021 年又呈现下降趋势。

2. 主题词共现

在所有关于"社会行为"的研究成果中，统计这些成果中所涉及的主题词的共现情况，结果见图 12-2。

从图 12-2 可知，亲社会行为、中介作用、亲社会、同伴关系、父母教养方式，这些主题词共同出现的频率较高，一方面说明这些内容相互之间具有较为紧密的关系，同时也说明了这些内容共同构成了心理学视野中社会行为的主要内容。这也就提示我们，从社会心理学的角度对社会行为进行研究时，也要对社会成员的亲社会行为、同伴关系及父母教养方式等多方面进行考察。

同时，对心理学范式下社会行为研究成果中的主题词频率进行统计发现，亲社会行为、犯罪行为、偏差行为、越轨行为、同伴关系是心理学范式下社会行为研究的主要主题词，说明心理学对于社会行为的研究主要基

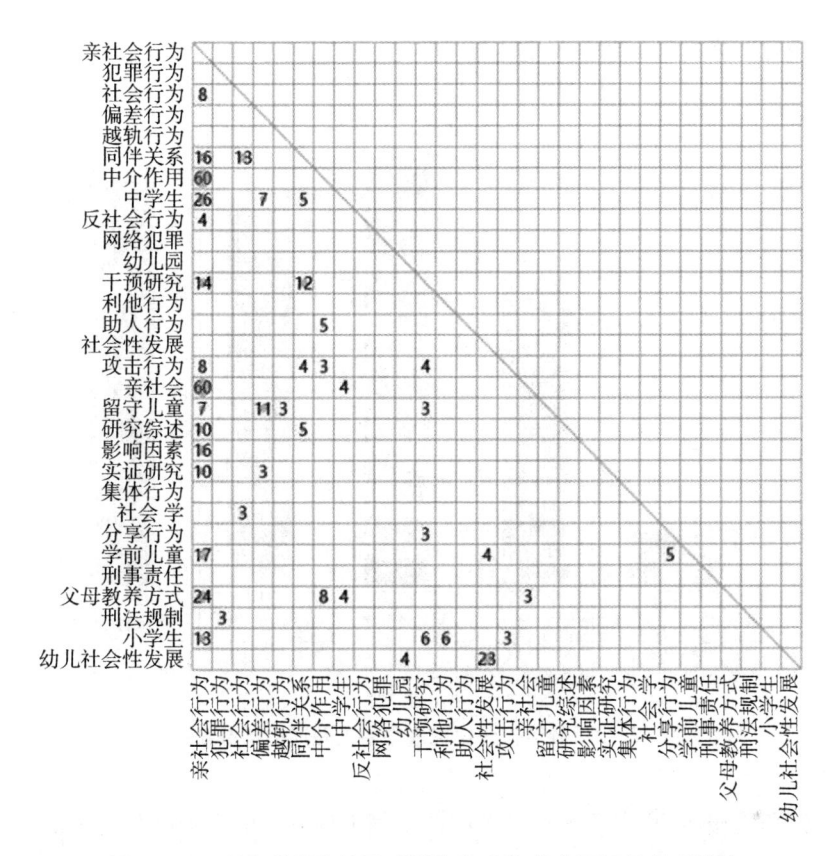

图 12-2 所有学科中涉及"社会行为"的主题词的共现统计

于社会心理学的视角，心理学界对于社会行为的研究主要集中在亲社会行为的发展与培养以及反社会行为的限制等方面。金盛华认为，"亲社会行为是泛指一切符合社会期望而对他人、群体或社会有益的行为，包括出于自我利益考虑的助人行为和不期望得到任何回报的利他行为。"[①] 因此从帮助他人、与他人合作、谦让他人等角度对亲社会行为的研究居多。侵犯行为广义上是指有意图地伤害或危害他人的行为。因此从意图、效果、情绪等方面对侵犯行为进行的研究较多。

3. 研究趋势

在所有关于"社会行为"的研究成果中，统计这些成果中所涉及的主

---

① 金盛华：《社会心理学》，高等教育出版社 2008 年版，第 299 页。

题词年份变化情况，结果见图 12-3。

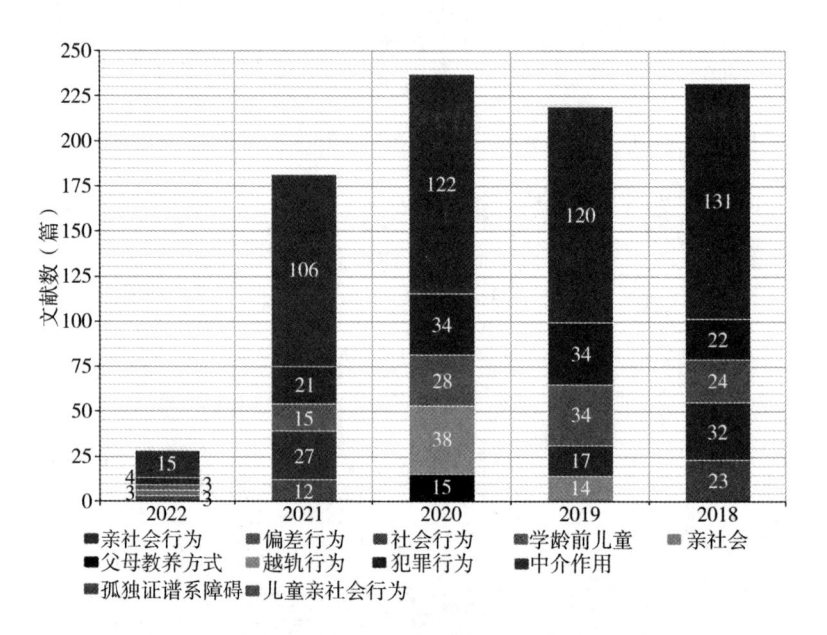

图 12-3 社会行为研究成果中主题词的年份变化

该图为截至 2022 年 5 月，对中国知网上检索到的有关社会行为研究的文献进行梳理。从图 12-3 的柱状图中可以看出，2018 年、2019 年、2020 年、2021 年有关亲社会行为的文献相对较多，其中 2018 年有关社会行为的总文献数量为 232 篇，其中亲社会行为 131 篇，2019 年有关社会行为的总文献数量为 225 篇，其中亲社会行为 124 篇，2020 年有关社会行为的总文献数量为 270 篇，其中亲社会行为 140 篇，2021 年有关社会行为的总文献数量为 237 篇，其中亲社会行为 133 篇；2019 年、2020 年有关犯罪行为的文献相对较多，其中 2019 年以犯罪行为为主题的文献数量共计 34 篇，2020 年以犯罪行为为主题的文献数量共计 34 篇；虽然在以社会行为为主题的有关亲社会行为的文献数量占据多数，但总体上亲社会行为和犯罪行为的相关研究成果都不差累黍。从社会行为研究成果中主题词频率分布中可以发现，总体上有关亲社会行为的研究文献数量较多，说明研究者对于亲社会行为较为关注。同时也有针对幼儿园群体、小学生群体、父母教养方式等方面的研究。但是专门针对社会行为的研究文献数量相对较少，对于亲社会行为的研究对象较为单一，缺乏以新社会阶层、海南"候鸟"群体及个体从业者、公务员或企事业单位工作人员为研究对象有关社会行为的研究。

（二）社会行为的现状研究

梳理已有文献发现，国外近期的研究主要从生物学和医学的角度对动物的社会行为进行研究，国内早期对于亲社会行为的研究大部分是在儿童和青少年群体中展开的，而对于某一地区某一特定群体进行社会行为的研究调查数量较少。针对这一问题，我国在20世纪90年代中期逐步开始对社会行为进行相关研究，并且研究广度也逐步扩大，呈现多学科多视角的特点，而不局限于心理学的角度。研究对象主要有学龄前儿童、中小学生、大学生等。杨思毅、吴奇杏"通过角色游戏来探究培养幼儿的亲社会行为"[1]；林双佳、胡珊"尝试从不同的父母教养方式来探究中学生的亲社会行为"[2]；扈芷晴、孙艳君、秦邦辉、何源"从医学生的角度探讨医学生共情与亲社会行为之间的关系"[3]。还有一些从新颖的角度对社会行为的研究，例如，郭静媛"从网络环境下对青少年的亲社会行为进行研究"[4]；秦敏、梁溯"通过在线产品创新社区用户识别机制与用户贡献对社会行为进行研究"[5]；刘一民"对运动员社会行为的研究"[6] 等。

近年来关于社会行为的相关研究所取得的研究成果颇具价值，但我国有关社会行为的相关研究仍较缺乏，还未引起各学者足够的重视。从总体上来看，有关于社会行为的研究，我们应该从跨学科的角度来探究不同环境下的各种社会行为；研究对象上，国内外学者的侧重点则各不相同，国

---

[1] 杨思毅、吴奇杏：《在角色游戏中培养幼儿亲社会行为的策略》，《基础教育研究》2022年第5期。

[2] 林双佳、胡珊：《父母教养方式与中学生亲社会行为：道德推脱的中介作用》，《教育观察》2022年第12期。

[3] 扈芷晴、孙艳君、秦邦辉、何源：《江苏省医学生共情与亲社会行为之间的关系》，《医学与社会》2022年第6期。

[4] 郭静媛：《青少年网络亲社会行为研究述评》，《青少年学刊》2017年第6期。

[5] 秦敏、梁溯：《在线产品创新社区用户识别机制与用户贡献行为研究：基于亲社会行为理论视角》，《南开管理评论》2017年第3期。

[6] 刘一民：《运动员社会行为研究概论》，《武汉体育学院学报》2006年第3期。

外学者更多的研究的是动物，而国内学者则是从不同年龄阶段的人群进行探究。

五 社会行为的影响因素分析

所谓社会行为，是指居住于一定社会条件，拥有独特文化，人格结构完整的个体对于社会刺激所做出的一种反应。人既是社会行为主体，又是物质承担者。人们的物质资料生产方式，以及在某种物质资料生产方式中的经济地位等社会生活条件，能直接和间接地塑造、影响和规范着人们的行为。因此，社会行为并不是一种纯粹的个人活动，而是受到个人以外的许多主观因素，包括需要、动机、环境的影响和制约。这些因素都会从不同方面对人们的社会行为产生影响。

（一）人口统计学变量影响社会行为

人口统计学变量与人类社会行为关系密切，不同性别、年龄可能会导致不同社会行为发生。万明钢、李奈的研究表明，"在性别方面，一般情况下，男性更具有侵犯性，但是这不是说明女性比男性更友好、更不愿意做出对他人有害的行为或者对他人进行袭击。激素分泌水平造成的生理差异也能够解释性别在侵犯方式、侵犯强度等方面的差异。"[1] 同时，已有研究将研究对象年龄划分为学龄前儿童、中小学生、大学生、老年人等，其中学龄前儿童、中小学生发生的行为更多的是亲社会行为，随着年龄的不断增长，所接触到的人或事也越来越多，每个人都会做出一些与众不同的行为。林爽、刘文、王薇薇、张雪认为，"心理成熟对青春期型反社会行为具有减缓和削弱作用。"[2] 谢志萍对初中生的社会行为发展状况方面探究"个体社会行为在哪些方面、多大程度上受到自我概念的影响。"[3] 也有研究从人的自我概念的发展与社会行为发展的关系进行探究。

---

[1] 万明钢、李奈：《侵犯性行为与性别差异的跨文化研究》，《西北师大学报》（社会科学版）1997年第4期。

[2] 林爽、刘文、王薇薇、张雪：《成熟对青春期型反社会行为的影响》，《心理科学进展》2021年第6期。

[3] 谢志萍：《初中生自我概念与社会行为发展特点及关系的研究》，硕士学位论文，山西大学，2004年。

（二）主观因素对社会行为的影响

需要是人的一切行为的根本动力，社会行为产生的根本原因就是人的需要。个人的需要是多方面、多层次的，因此由个人的需要产生的社会行为也是多方面、多层次的。常尚新、王一任认为，"需要层次理论中最具有代表性、影响力较为深远的是马斯洛的需要层次理论。"① 马斯洛认为，"人的行为动机基于至少5个层次的基本需要：生理需要、安全需要、爱的需要、尊重的需要、自我实现的需要。"② 在现代社会中，人们生理上的安全需要已经得到了很好的满足，而心理上的安全需要还需要得到进一步的满足。张翠娟、白凯"分析了个体面子需要与旅游者不当行为之间的关系"③。

"动机是由一种目标或对象引导、激发和维持个体活动的内在心理过程或内部动力。"④ 动机是推动社会行为的直接原因，行为的结果反过来可以让动机增强、减弱或消失。动机对社会行为起到支配作用，马惠霞、宋英杰、刘瑞凝、朱雅丽、杨琼、郝胤庭"通过采用改进的'小人'任务实验范式考察了情绪的动机维度如何影响趋避行为"⑤。徐皓铭、韩会君结合动机气氛的概念"探究青少年运动中的亲社会行为与反社会行为的影响因素"⑥。

环境对人类心理和行为发展作用的强调是从行为主义开始的，其中家庭是人们接受环境影响的主要场所。王芳芳认为，"个体的社会认知、社会情感、社会行为都是在幼儿时期形成的，而这个关键时期的人类所处的最主要的环境就是家庭。"⑦ 家庭中父母文化程度的高低，对孩子的行为产生潜移默化的作用。在陆德宝、关喆的研究显示，"低文化程度的父母，

---

① 常尚新、王一任：《从马斯洛需要层次理论分析"红包大战"的行为动机》，《现代营销》2017年第3期。
② 彭聃龄：《普通心理学》，北京师范大学出版社2012年版，第371—373页。
③ 张翠娟、白凯：《面子需要对旅游者不当行为的影响研究》，《旅游学刊》2015年第12期。
④ 彭聃龄：《普通心理学》（修订版），北京师范大学出版社2004年版，第314—315页。
⑤ 马惠霞、宋英杰、刘瑞凝、朱雅丽、杨琼、郝胤庭：《情绪的动机维度对趋避行为的影响》，《心理科学》2016年第5期。
⑥ 徐皓铭、韩会君：《动机气氛与同伴接纳：青少年运动中亲社会行为和反社会行为的影响因素及中介模型构建》，第十二届全国体育科学大会，日照，第246页。
⑦ 王芳芳：《家庭环境对幼儿亲社会行为的影响研究》，硕士学位论文，江苏大学，2020年。

当遇到不顺心的事后在家中发脾气,这样孩子在遇到困难时就会出现焦虑、有不良情绪等行为,而高文化程度的父母总是有意无意地把自己作为孩子的榜样,教会孩子什么应该做和怎样做。"①

六 已有研究的特点和不足

通过对社会行为已有的相关研究进行梳理,已初步呈现了社会行为研究的概况。社会行为研究虽然取得了一定的成果,但仍存在一些问题和不足,需要继续深入探讨。

(一)已有研究的特点

从研究对象上看,国内外有关社会行为的研究对象的选取并不相同,国外更多的是从生物学和医学的角度对动物的社会行为进行探究,而国内的学者则是从心理学和社会学的角度对人类的社会行为进行研究,又将人类这一个大群体根据年龄分为不同的研究群体,可以分为学龄前儿童、中小学生、大学生(还可以根据不同专业进行划分)、工作人员、退休人员,从不同的角度针对不同群体的社会行为进行研究。

从研究方法上看,由于国外是基于生物学和医学的角度进行研究,因而采用的研究方法更多的是实验法和观察法,而国内学者对于人类的社会行为则是通过文献法、测量法对研究对象进行调查研究。

从研究视角和研究内容上看,随着社会的不断发展,可以联结不同学科、不同领域对不同群体进行社会行为的调查研究,这样可能会得到新的研究结果,并为社会行为的研究做出贡献。

(二)已有研究的不足

以"社会行为"为主题的研究调查较少,而更多的是研究青少年儿童的亲社会行为,或从生物学角度对动物的社会行为进行研究。在心理学关于社会行为的研究中可以加入其他的学科的研究以供提出更完善的结论,如社会学和生物学等。已有研究中对反社会行为进行的研究也很少,可能是由于对反社会行为研究存在很多局限性,或者是研究得到的结果很难合理地揭示人类反社会行为的特征。

---

① 陆德宝、关喆:《家庭因素对学生行为问题的影响》,《中国校医》1996年第5期。

海南自贸港的建设是一项前所未有的伟大创举，对于海南而言，这一举动史无前例，机遇千载难逢。从社会行为的角度对海南本土居民，海南农民群体、医生、律师、企业高管、公务员或企事业单位群体、"候鸟"群体、个体经营者等不同社会群体进行调查研究，运用问卷调查法，访谈法等方法，从心理学、社会学等多视角进行研究。

第二节　社会行为的现状分析

本节围绕社会行为维度的信效度、总体情况及各条目的得分情况三方面的内容描述社会行为的现状。

一　社会行为维度的信效度分析

社会行为维度是海南社会心态问卷9个维度之一，共有6个条目：I43"海南自贸港建设让我感觉很有干劲"，I44"做好自己的本职工作对海南自贸港的建设是很有意义的"，I45"大家都遵守统一的社会规则才能维持海南社会的稳定"，I46"为他人考虑、帮助他人有利于大家共同发展"，I47"我很关注自贸港建设各项政策的落实情况"，I48"我会积极融入海南自贸港建设中来"。

（一）社会行为维度的信度

信度是指一个测验的可靠程度，在对社会行为维度数据分析之前进行可靠性统计检验，检验结果见表12-1。

表12-1　社会行为的可靠性统计

克隆巴赫 Alpha	基于标准化项的克隆巴赫 Alpha	项数
0.881	0.884	6

由表12-1可知，本研究所使用的《海南社会心态调查问卷》中社会行为模块的信度为0.881，整体信度较高，符合心理学测量学标准。

（二）社会行为维度的效度

效度是指测量工具或手段能够准确测出所需要测量的事物的程度，在对社会行为维度数据分析前进行 KMO 和巴特利特检验，检验结果见表 12-2。

表 12-2　　　　　　　　　KMO 和巴特利特检验

KMO 取样适切性量数		0.872
巴特利特球形度检验	近似卡方	4464.660
	自由度	15
	显著性	<0.001

从表 12-2 可以看出，本研究所使用的《海南社会心态调查问卷》中社会行为模块的效度指标 KMO 系数为 0.872，同时球形度检验显著性为 $p<0.001$，说明该量表符合进行效度分析的基本要求。

二　自贸港建设背景下社会行为总体情况

社会行为维度的总体得分情况能反映自贸港建设大众的社会行为倾向。采用 SPSS 26.0 对社会行为维度以及 6 个条目的最小值、最大值、平均值以及标准差进行统计，统计结果见表 12-3。

表 12-3　　　　　　　社会行为总体情况 （n=1457）

	最小值	最大值	平均值	标准差
社会行为	1.00	5.00	4.06	0.751
I43	1.00	5.00	3.83	1.029
I44	1.00	5.00	4.14	0.882
I45	1.00	5.00	4.26	0.883
I46	1.00	5.00	4.25	0.853
I47	1.00	5.00	3.84	1.081
I48	1.00	5.00	4.08	0.944

对社会行为各条目进行计算，统计中值为 3（最小值、最大值之和÷2）；由表 3 可知，社会行为均值为 4.06±0.751，处于偏上水平；I43 题项的均值为 3.83±1.029，I44 题项的均值为 4.14±0.882，I45 题项的均值为 4.26±0.883，I46 题项的均值为 4.25±0.853，I47 题项的均值为 3.84±

1.081，I48 题项的为 4.08±0.994，各条目均分为：I45＞I46＞I48＞I44＞I47＞I43。6 个条目的均值都高于理论中值，表明自贸港建设中社会各群体的社会行为得分均处于中上水平，同时也表明自贸港建设中各社会群体在社会行为方面还有很大的提升空间。

三 社会行为维度各条目的得分情况

为了详细了解海南自贸港建设背景下大众的社会行为倾向，对该维度的 6 个条目的详细情况进行了统计，统计结果见表 12-4。

表 12-4　　　　社会行为各题项选项分布情况（n=1457）

	不符合	不太符合	介于中间	较符合	非常符合
I43	42（2.88%）	84（5.77%）	413（28.35%）	460（31.57%）	458（31.43%）
I44	15（1.03%）	39（2.68%）	274（18.80%）	534（36.65%）	595（40.84%）
I45	17（1.17%）	36（2.47%）	218（14.96%）	468（32.12%）	718（49.28%）
I46	13（0.89%）	33（2.26%）	216（14.82%）	509（34.94%）	686（47.09%）
I47	46（3.16%）	118（8.10%）	360（24.71%）	439（30.13%）	494（33.90%）
I48	24（1.65%）	47（3.23%）	312（21.41%）	484（33.22%）	590（40.49%）

由表 12-4 可知，在整体上社会大众在自贸港建设中的社会行为都是比较积极的，在每个条目上，选择"较符合"和"非常符合"的人数都在 60% 以上，除 I43 题项外，各题项选项较符合与非常符合两个选项之和均超过 70%，在 I46 这个条目上占到了 82%。《海南自贸港总体方案》发布后，很多新的工作岗位产生，各方人才通过竞岗进入新的工作岗位，实现"从零到一"的转变，"在自贸港建设中要有'一天当三天干的干劲'"，这是来自一位党员的自述，说明在自贸港建设的背景下，人们比以往更会干劲十足。从调查结果可以看出，无论是做什么工作的，收入高或低，绝大多数都认为大家都遵守统一的社会规则，这样才能维持海南社会稳定。在维护自身权利的同时，必须遵守相关的规则，遵守国家的相关规定。

第三节　社会行为的影响因素分析

社会行为受到个人、环境等多种因素的影响，本节结合调查数据和访谈资料详细分析人口学因素（包括年龄因素、受教育程度因素、职业因素、收入因素）、社会心理因素（包括社会价值、社会适应、社会认同）及其他因素对社会行为的影响。

一　人口学因素对社会行为的影响

本研究将年龄、受教育程度、职业等可能对社会行为产生影响的人口学因素作为自变量，将社会行为维度及各个题项得分作为因变量，研究海南人群的社会行为在各个变量上的差异性。通过统计分析发现，社会行为维度总分以及各条目上虽略有差别，但在性别因素上均未呈现显著差异（$p>0.05$），在年龄、受教育程度、职业、月收入等其他人口学变量上呈现了不同程度的显著差异。

（一）年龄因素

本次调研结合实际情况，将被试年龄划分为24岁及以下、25—34岁、35—44岁、45—54岁等六大类，社会行为在年龄因素上的差异分析结果见表12-5。

表12-5　社会行为维度及其题项得分在年龄方面的差异分析（$M \pm SD$）

	社会行为	I43	I44	I45	I46	I47	I48
24岁及以下	3.97±0.79	3.79±1.01	4.03±0.92	4.12±0.94	4.15±0.91	3.67±1.12	4.05±0.96
25—34岁	4.10±0.79	3.89±1.03	4.14±0.92	4.27±0.93	4.30±0.87	3.90±1.08	4.14±0.96
35—44岁	4.09±0.72	3.88±0.98	4.13±0.86	4.27±0.85	4.24±0.84	3.94±1.01	4.09±0.91
45—54岁	4.18±0.67	4.02±0.87	4.25±0.81	4.34±0.80	4.30±0.78	3.95±0.99	4.21±0.80
55—64岁	4.04±0.66	3.59±1.13	4.29±0.75	4.43±0.69	4.36±0.75	3.66±1.18	3.93±0.96
65岁及以上	3.75±0.76	2.80±1.41	4.21±0.95	4.39±0.95	4.36±0.84	3.43±1.37	3.30±1.13
F	4.008	12.212	2.205	2.805	1.774	4.798	7.882

续表

	社会行为	I43	I44	I45	I46	I47	I48
p	0.001**	<0.001***	0.051	0.016*	0.115	<0.001***	<0.001***
LSD	4>1, 6	4>1, 5, 6		5>1		4>1, 5, 6	4>1, 5, 6

注：* 表示 p<0.05，** 表示 p<0.01，*** 表示 p<0.001。

由表 12-5 可以看出，社会行为维度（p<0.01）、I43 题项（p<0.001）、I45 题项（p<0.05）、I47 题项（p<0.001）、I48 题项（p<0.001）在年龄这个变量上呈现出显著差异，表明不同年龄段的群体的社会行为及 I43、I45、I47、I48 题项存在着显著差异，其中差异最显著的是 I43、I47、I48 题项。

经过进一步的 LSD 事后检验发现，在社会行为维度，45—54 岁的群体社会行为得分显著大于 24 岁及以下与 65 岁及以上的群体，由于 24 岁及以下的群体还未工作或刚刚开始工作，65 岁及以上的群体已经不再工作了，因此社会行为得分较低。在 I43 题项中，45—54 岁的群体得分显著大于 24 岁及以下、55—64 岁、65 岁及以上的群体，由于 55—64 岁、65 岁及以上的群体已不再是工作中的主力军，因此自贸港的建设不会让该群体有很大的干劲；在 I45 题项中，55—64 岁的群体得分显著大于 24 岁及以下的群体，由于 24 岁及以下的群体刚刚进入工作岗位或者还未进入工作岗位，因此他们对于遵守统一的社会规则才能维持海南社会的稳定得分并不高；在 I47 和 I48 题项中，45—54 岁的群体社会行为得分显著大于 24 岁及以下、55—64 岁、65 岁及以上的群体，由于 55 岁及以上的群体即将或已经进入离退休状态，因此该群体积极融入海南自贸港建设中来的得分较低。为了更直观地呈现社会行为在年龄因素的差异水平，绘制了年龄因素的均值图，见图 12-4。

由图 12-4 可知，在年龄因素均值图上，年龄在 45—54 岁的群体社会行为得分最高，65 岁以上的群体社会行为得分最低。整体而言，被调查对象的年龄在 25—64 岁之间，其社会行为均值都高于 24 岁以下和 65 岁以上，说明中年社会成员的社会行为显著高于青少年和老人；出现这一现象的原因是 24 岁及以下的调查对象大多数处于上学状态，而 65 岁以上调查

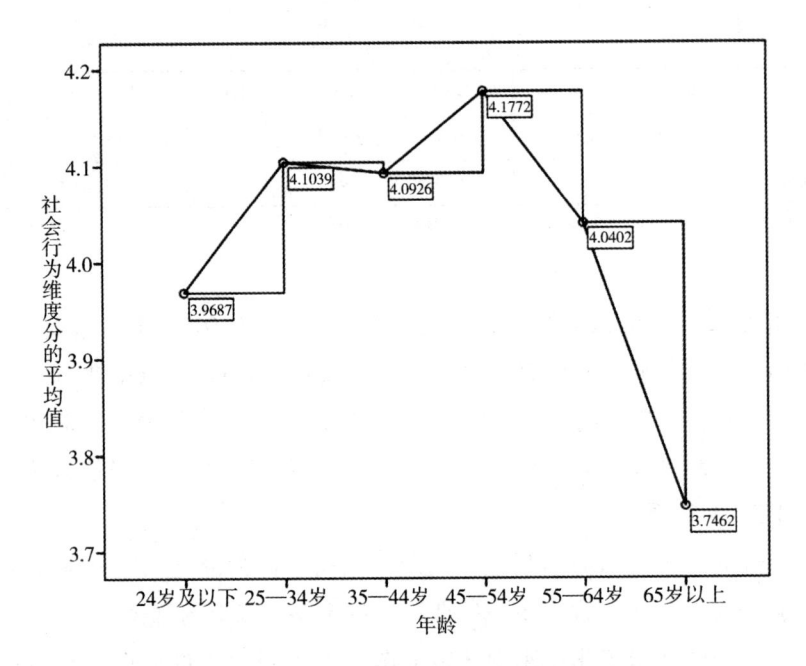

图 12-4 社会行为维度分年龄因素的平均值图

对象已经进入离退休状态，都不是工作的主力军，因此他们的社会行为均值显著低于中年人。在访谈过程中，可以发现65岁人群基本上文化程度都较低，加之他们生活在农村，平时很少出远门，对于网络上的消息也几乎不关注，因此他们对于海南自贸港的建设了解可以说是凤毛麟角，甚至还有老人从未听说过海南自贸港建设，因此他们的社会行为得分较低。

很多海南居民不了解海南自贸港的建设，他们也较少关注自贸港建设各项政策的落实情况。随着海南自贸港建设的不断发展，对年轻人来说发展好，机会多，平台好，扶持力度大。尽管近两年受到新冠疫情的影响，但由于国家给予海南很多政策的支持，让人民拥有了很多的机会。在企业所得税、个人所得税方面也制定了中国大陆最优惠的税收方案，这是一个非常有吸引力的政策，低税率环境，会让海南成为国际创业港，这也为年轻人开创事业提供了广阔的舞台。随着这些政策的出台、落实，人们会对自贸港的建设有更多的了解，也会促使人们觉得比以往更有干劲。

（二）受教育程度因素

本次调研结合实际情况，将被试受教育程度划分为小学以下、小学、初中、高中/大专、大学/大专、研究生六大类，社会行为在受教育程度因素上的差异分析结果见表12-6。

表12-6　社会行为维度及其题项得分在受教育程度方面的差异（M±SD）

	社会行为	I43	I44	I45	I46	I47	I48
小学以下	3.78±0.67	3.38±1.02	3.76±0.94	4.10±0.77	4.38±0.74	3.24±1.30	3.81±1.08
小学	3.81±0.89	3.47±1.17	3.98±1.09	4.06±1.09	4.25±0.99	3.43±1.38	3.69±1.19
初中	3.95±0.73	3.72±1.06	4.00±0.93	4.19±0.96	4.18±0.92	3.67±1.16	3.94±1.02
高中/中专	4.06±0.74	3.81±1.07	4.23±0.89	4.33±0.85	4.23±0.87	3.78±1.14	4.01±1.03
大学/大专	4.11±0.76	3.91±1.01	4.16±0.86	4.28±0.87	4.27±0.84	3.92±1.02	4.16±0.88
研究生	4.09±0.62	3.73±0.86	4.17±0.75	4.17±0.83	4.32±0.72	3.99±0.81	4.13±0.78
F	3.456	3.697	2.711	1.507	0.674	5.193	4.35
p	0.004**	0.002**	0.019*	0.184	0.664	<0.001***	0.001**
LSD	5>1,2,3	5>1,2,3	4>1,3			6>1,2,3	5>2,3,4

注：*表示p<0.05，**表示p<0.01，***表示p<0.001。

由表12-6可知，社会行为维度（p<0.01）、I43题项（p<0.01）、I44题项（p<0.05）、I47题项（p<0.001）、I48题项（p<0.01）在受教育程度因素方面呈现出显著差异，表明不同受教育程度的群体在社会行为及I43、I44、I47、I48题项呈现显著差异，其中差异最明显的是I47题项。

经过LSD事后检验发现，在社会行为维度和I43题项中，大学/大专的群体社会行为得分显著大于小学以下、小学、初中的群体，随着受教育水平的提高，这种差异呈现出不断累积的趋势。在I44题项中，高中/中专的群体得分显著大于小学以下和初中群体的得分。在I47题项中，研究生群体的得分显著大于小学以下、小学和初中群体的得分。在I48题项中，大学/大专的群体的得分显著大于小学、初中、高中/中专的群体。为了更直观地呈现社会行为在受教育程度因素的差异水平，绘制了受教育程度因素的均值图，见图12-5。

由图12-5可以看出，在受教育程度的均值图中，高中/中专、大学/大专、研究生的社会行为得分明显高于小学以下、小学和初中人群的社会行为得分，其中受教育程度在大学/大专水平的社会行为得分最高，小学

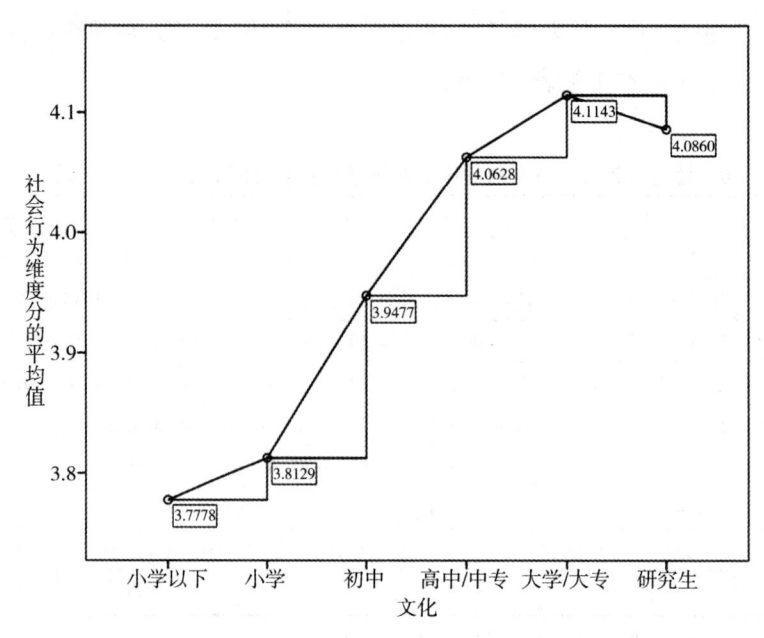

图 12-5　社会行为维度分受教育程度因素的平均值图

以下的群体社会行为得分最低。可以看出，一个人从小到大学习社会行为模式，随着文化水平的不断提高，人们的社会行为得分也呈现上升趋势。随着受教育程度的提高，人们对于事情的看法也会有所不同，因此行为也会受到影响。整体而言，随着社会成员受教育水平的提高，其社会行为均值也呈现出显著提高的趋势，说明提高社会成员的受教育水平能对其社会行为产生显著的积极作用；随着受教育水平的提高，社会成员对自贸港建设各项政策的出台、落实情况的关注程度也随之提高。

（三）职业因素

本次调研结合实际情况，将被试职业划分为农民、工人、事业单位、自由职位等九大类，社会行为在职业因素上的差异分析结果见表 12-7。

表 12-7　社会行为维度及其题项得分在职业上的差异分析（M±SD）

	社会行为	I43	I44	I45	I46	I47	I48
农民	3.94±0.79	3.65±1.21	4.07±0.90	4.02±0.96	4.22±0.92	3.64±1.24	3.86±1.07
工人	3.99±0.79	3.84±0.99	4.11±1.04	4.13±1.10	4.17±0.89	3.77±1.22	3.94±1.05

续表

	社会行为	I43	I44	I45	I46	I47	I48
事业单位/公务员/政府工作人员	4.25±0.74	4.13±0.96	4.31±0.81	4.37±0.80	4.34±0.81	4.09±0.97	4.29±0.86
公司职员	4.12±0.70	3.93±0.92	4.14±0.89	4.31±0.78	4.26±0.81	3.89±1.01	4.19±0.86
学生	3.95±0.83	3.74±1.05	4.00±0.94	4.09±0.97	4.16±0.91	3.67±1.11	4.02±0.98
私营业主	4.02±0.80	3.79±1.02	4.04±0.92	4.21±0.97	4.26±0.91	3.83±1.13	3.97±1.02
专业人士（教师/医生/律师等）	4.15±0.63	3.80±1.03	4.26±0.73	4.33±0.78	4.39±0.71	3.95±0.93	4.16±0.79
自由职业（作家/摄影师等）	4.05±0.71	3.96±0.90	4.04±0.90	4.20±0.91	4.27±0.83	3.73±1.03	4.10±0.95
其他	3.96±0.74	3.56±1.03	4.07±0.87	4.33±0.81	4.14±0.91	3.74±1.12	3.94±0.99
F	4.158	5.262	2.843	2.322	1.782	3.67	3.986
p	<0.001***	<0.001***	0.004**	0.018*	0.076	<0.001***	<0.001***
LSD	3>1, 2, 5, 6, 9	3>1, 2, 4, 5, 6, 7, 9	3>1, 4, 5, 6, 8, 9	3>2, 5		3>1, 2, 4, 5, 6, 8, 9	3>1, 2, 5, 6, 9

注：* 表示 p<0.05，** 表示 p<0.01，*** 表示 p<0.001。

从表 12-7 可以看出，社会行为维度（$p<0.001$）、I43 题项（$p<0.001$）、I44 题项（$p<0.01$）、I45 题项（$p<0.05$）、I47 题项（$p<0.001$）、I48 题项（$p<0.001$）在职业因素上呈现出显著差异，表明不同职业的群体在社会行为上存在着明显的差异，其中差异最为显著的是社会行为总体、I43 题项、I47 题项和 I48 题项。

经 LSD 事后检验发现，在社会行为维度、I48 题项上，事业单位/公务员/政府工作人员的得分显著高于农民、工人、学生、私营业主及其他群体的得分，不同职业会对社会行为产生不同的影响，由于职业不同，每天接触到的人和事物大相径庭，因此每个人的行为也会出现差异。在 I43 题项中，事业单位/公务员/政府工作人员的得分显著高于农民、工人、公司职员、学生、私营业主及专业人士（教师/医生/律师等）及其他群体的得分，在 I44 题项中，事业单位/公务员/政府工作人员的得分显著高于农民、公司职员、学生、自由职业（作家/摄影师等）群体的得分，在 I45 题项中，事业单位/公务员/政府工作人员的得分显著高于工人、学生群体的得分，在 I47 题项中，事业单位/公务员/政府工作人员的得分显著高于农民、工人、公司职员、学生、私营业主、自由职业（作家/摄影师等）及其他群体的得分。为了更直观地呈现社会行为在职业因素的差异水平，绘制了职业因素的均值图，见图 12-6。

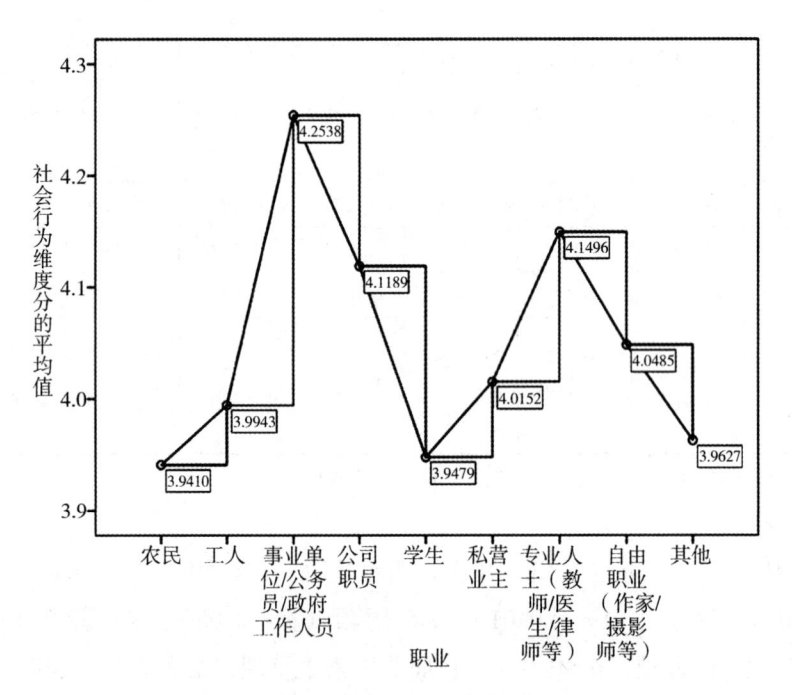

图 12-6 社会行为维度分在职业因素的平均值图

由图 12-6 可知，在职业因素的均值图上，事业单位/公务员/政府工作人员的群体在社会行为的得分最高，农民群体的社会行为得分最低。整体而言，事业单位/公务员/政府工作人员、公司职员、专业人士（教师/

医生/律师等）人群的社会行为均值显著高于农民、学生、其他职业人群；农民日常工作都在农田里，学生都在学校里，对于外界的接触较少，从而对海南自贸港建设的关注度没有事业单位/公务员/政府工作人员、公司职员、专业人士（教师/医生/律师等）人群的关注度高，因此农民和学生不能及时关注到海南自贸港建设各项政策的落实情况。而对于事业单位/公务员/政府工作人员来说，他们会对当下政府新颁布的政策更加了解，同时这类人群的工作相对于其他种类人群的工作更加稳定，因此他们社会行为得分会高于其他群体。而农民、学生、私营业主等人群日常工作环境并不像事业单位/公务员/政府工作人员这样固定，他们的社会行为会不断地发生变化，很多人并不清楚海南自贸港建设的种种政策，以及海南建设自贸港具体做出了哪些事情，因此他们在"海南建设自贸港中很有干劲""做好自己的本职工作对海南自贸港的建设是很有意义的""我很关注自贸港建设各项政策的落实情况""我会积极融入海南自贸港建设中来"诸如此类的问题中得分并不是很高。

（四）收入因素

本次调研结合实际情况，将月工资划分 2000 元以下、2000—4000 元、4000—6000 元、6000—10000 元、10000 元以上共 5 类，社会行为在收入因素上的差异分析结果见表 12-8。

表 12-8　社会行为维度及其题项得分在收入方面的差异（M±SD）

	社会行为	I43	I44	I45	I46	I47	I48
2000 元以下	3.95±0.80	3.68±1.07	3.98±0.97	4.16±0.91	4.19±0.87	3.69±1.14	3.99±1.03
2000—4000 元	4.06±0.72	3.91±0.95	4.13±0.87	4.27±0.87	4.22±0.85	3.81±1.06	4.05±0.91
4000—6000 元	4.11±0.73	3.84±1.06	4.19±0.84	4.28±0.86	4.29±0.84	3.93±1.02	4.15±0.91
6000—10000 元	4.13±0.73	3.87±1.01	4.26±0.81	4.31±0.93	4.29±0.88	3.90±1.11	4.14±0.92
10000 元以上	4.13±0.78	3.85±1.11	4.21±0.91	4.36±0.79	4.39±0.81	3.93±1.08	4.06±0.99
F	2.849	2.376	4.081	1.525	1.408	2.746	1.511
p	0.023*	0.050*	0.003**	0.192	0.229	0.027*	0.197
LSD	4, 5>1	2>1	4>1			3>1	

注：* 表示 $p<0.05$，** 表示 $p<0.01$。

从表 12-8 可以看出，社会行为维度（p<0.05）、I43 题项（p<0.05）、I44 题项（p<0.01）、I47 题项（p<0.05）在收入方面呈现出显著差异，表明不同收入的群体在社会行为方面存在着显著的差异，其中差异最明显的是 I44 题项。

经过 LSD 事后检验发现，在社会行为总体上，收入在 6000—10000 元和 10000 元以上的群体显著大于收入在 2000 元以下的群体，随着收入水平的提高，这种差异呈现出不断累积的趋势。在 I43 题项中，收入在 2000—4000 元的群体得分显著高于收入在 2000 元以下的群体，在 I44 题项上，收入在 6000—10000 元的群体得分显著高于收入在 2000 元以下的群体，在 I47 题项中，收入在 4000—6000 元的群体得分显著高于收入在 2000 元以下的群体。为了更直观地呈现社会行为在收入因素的差异水平，绘制了收入因素的均值图，见图 12-7。

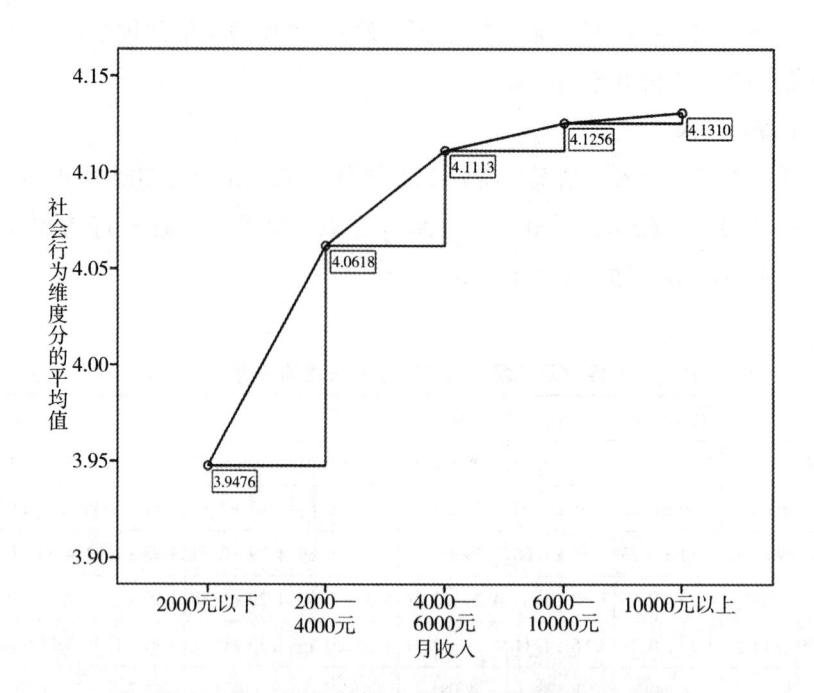

图 12-7 社会行为维度分在收入因素的平均值图

由图 12-7 可知，在收入因素的均值图上，随着收入的不断增加，社会行为得分也呈上升趋势。其中，收入在10000元以上的群体社会行为得分最高，2000元以下的群体社会行为得分最低。整体而言，随着社会成员收入的提高，其社会行为均值也呈现出显著提高的趋势，说明提高社会成员的收入水平能对其社会行为产生显著的促进作用；低收入人群由于收入低，工作积极性比收入高的社会成员要低，对于自贸港建设各项政策的落实情况关注度也较低。

工资较前些年并没有什么大幅度的变化，但物价却是飞速上涨，总体给我们带来一种物价贵工资低的困扰。（一位农民，三亚市槟榔村，2022年5月27日）

从访谈得到的结果可以看出，海南自贸港的建设并没有给低收入人群带来提升工资或是降低物价这些便民政策，反而物价不断在上涨，导致低收入人群原本收入就少，现在反而开销更大了，因此这类人群在海南自贸港建设的大背景下并未体现出更有干劲，也不会像中高收入群体那样密切关注着海南自贸港建设各项政策的落实情况。而中高收入群体的人们由于经济方面并未体现出很紧张的状态，于是他们就会在工作的同时密切关注着海南自贸港的各项政策，也会认为海南自贸港的建设对于他们自身是由很大帮助的，他们就会觉得更有干劲，为了一个大目标而去不懈奋斗。

二 社会心理因素对社会行为的影响

为探究社会心态中与社会行为维度有较强关系的维度，对问卷整体进行皮尔逊相关分析，发现自贸港建设下海南人民社会心态中，社会行为维度与社会认知维度呈弱相关，与社会情绪、社会信任、社会群体社会行为等维度呈中等相关，与社会价值、社会适应、社会认同维度呈强相关。

（一）社会价值

社会价值维度与社会行为维度之间皮尔逊相关系数 $r = 0.855$，$p < 0.001$，呈显著强相关关系，社会价值维度的分数越高，社会行为维度分也越高。

社会价值是指一个人通过自己的某种活动，满足社会或他人物质和精神的需要，与为他人考虑、帮助他人、有利于共同发展这一社会行为非常相似。社会价值维度中的"认为海南社会的发展离不开大家的共同努力"，这就需要每个人都积极融入海南自贸港建设中来；社会价值维度中"在海南自贸港建设过程中，能贡献自己的力量"，这就需要个人做出有利于海南自贸港建设发展的行为；由于大家都遵守统一的社会规则促使人民感受到海南自贸港的建设使我们更加诚信、友善。在海南自贸港建设的进程中，社会价值得分越高，社会行为的得分也就越高。

（二）社会适应

社会适应维度与社会行为维度之间皮尔逊相关系数 $r = 0.720$，$p < 0.001$，呈显著强相关关系，表明社会适应维度的分数越高，社会行为维度分也越高。

由于海南自贸港的建设会促使海南的社会、经济发生较大变化，为了适应自贸港建设，海南群众必然需要做出相应的社会行为。个人为了能更好地与环境产生和谐的关系而产生的行为称之为社会适应，而在取得社会适应的同时就会产生一系列社会行为，为了适应自贸港建设带来的经济发展和社会变化，海南人民群众可能会及时关注自贸港建设的各项政策，对自贸港建设充满期待并愿意积极参与自贸港建设。

（三）社会认同

社会认同维度与社会行为维度之间皮尔逊相关系数 $r = 0.657$，$p < 0.001$，社会呈显著强相关关系，社会认同维度的分数越高，社会行为维度分也越高。

社会认同维度中的"破坏海南社会发展的人应该受到惩罚"与社会行为维度中"大家都遵守统一的社会规则才能维持海南社会的稳定"有相关之处，社会认同维度中"非常支持海南自贸港建设"与社会行为维度中"积极融入到海南自贸港建设中来"有相关之处，支持海南自贸港的建设，行胜于言，只有做出切实有效有利于自贸港建设的社会行为才能提升社会认同感。社会认同程度越高，其满意度就越高，促使社会行为中的亲社会行为越频繁，个人的亲社会行为受到他人的赞扬，其社会认同感就会提升。

（四）其他因素

除上述人口学变量对于社会行为的影响分析以外，本研究还结合了实地访谈中的情况来探讨各群体的社会行为。

1. 民生问题因素

> 政府说要划地，让我们搬到其他地方去住，但未给我们解决住房问题和补偿问题。（一位男性，三亚市槟榔村，2022年5月26日）

> 海南农村的群众文化水平较低，更多的时间只知道做农活，很少有人去了解这些，希望政府多在农村宣传海南自贸港的建设。（小卖部老板娘，三亚市区，2022年6月25日）

这些都是海南农村的群众对于海南自贸港建设的看法。虽然从总体调研数据来看，调查对象总体的社会行为得分较高，但对于农村居民来说，他们对于海南自贸港的建设了解并不深入，未能在自贸港建设的过程中体会到发生了什么样的变化，因此多数农村居民的社会行为较以前来说并没有发什么变化。

自贸港的很多政策是面向外来人口的，为了促进各个方面的发展，不断吸引人才落户海南，这类人群就是在海南自贸港建设的大背景下来到海南的，因此他们对海南自贸港的建设了解的更多，其社会行为也会考虑为海南自贸港的建设贡献出一份自己的力量，在工作中也会觉得很有干劲，在对自贸港建设有利的方面也会互相帮助，也会及时了解自贸港建设各项政策的落实情况。

2. 社会环境因素

在有关人类行为的研究中，生命本身是最基本的概念。由于遗传因素的作用，人类能够以不同的方式适应环境并灵活地利用各种有利因素，但人类行为也有可能受到基因突变的影响。人类行为受到社会环境的影响，其心理学意义是指人类行为受到心理过程与人格心理两方面因素的影响。一方面，人类受到认知、情绪和情感、意志三个过程的影响；另一方面，人类行为还受到人格心理的影响。社会化过程应该是人类接受社会文化，成为一个合格的社会成员的过程，或者说，社会化过程就是人类行为的塑造过程。

第四节　社会行为的调控策略

新中国成立以来特别是改革开放以来，伴随综合国力的增强，我国社会发生了翻天覆地的变化。当前我国社会发展面临一系列新任务、新挑战。正如习近平总书记指出的，"我国社会结构正在发生深刻变化，互联网深刻改变人类交往方式，社会观念、社会心理、社会行为发生深刻变化。"根据上述社会行为现状及影响因素的分析，下文将从四个方面对社会行为的提升提供一些方法支持，包括：完善并落实各项政策、拓展多元化宣传途径、加强社会心理服务体系建设和强化亲社会行为。

一　完善并落实各项政策

各级政府要带着感情、带着热情、带着激情真抓实干，全力推动党中央关于海南自贸港建设的各项决策部署和政策措施尽早落地见效，努力提高政府公信力、建设信用政府。以人为本、执政为民，情为民所系，权为民所用，利为民所谋，是建设信用政府的思想基础。政府的一切工作，都要以维护好、实现好、发展好人民群众的根本利益为出发点和落脚点。领导干部要脚踏实地，有诺必践，讲究信用，依靠求真务实的作风，在群众面前树立起良好的诚信形象。政府要全面履行职能，不断满足人民群众日益增长的物质需求与公共服务需求，政府应对在自贸港建设中对各行各业的每一项政策都逐一落实，还需对各类人群所关注的政策完善、落实并及时向人民群众宣传，对于岛外的游客实行免税政策，对于岛内的居民完善并落实教育、医疗等与生活密切相关的各项政策。各级政府要坚持依法行政，推进行政决策的科学化、民主化。在自贸港建设中，服务型政府的主要职能是：宏观调控、市场监督、社会管理、公共服务。社会性公共服务是服务型政府的主要体现，主要是指完善的社会福利体系和健全的社会保障制度，包括教育、医疗、卫生、环境保护、公共事业和社会保障等。政府职能的转变，有利于提升人民群众办事的便利性，保障各项政策切实可行的给人民带来福利。政府，是人民的政府。各级政府要把人民群众的期望作为工作目标，切实解决好人民群众最关心、最直接、最现实的利益问题，努力把好事办实、实事办好，让人民群众共享发展中的成果。完善并落实各项政策，提高政府的公信力，促进人民在自贸港建设中积极作为，为自贸港建设贡献出自己的一分力量。

二　拓展多元化宣传途径

随着社会的不断发展，了解时事的方式越来越多样化，从之前的报纸到电视，又从电视到网络，我们了解时事的手段更加迅速、便捷，但还有一部分生活在偏远农村的人们并未普及网络的使用，由于文化程度低，读书、看报更是难以实现，由此，可以通过村委会、社区等途径，运用集中群众统一宣讲、在工作宣传栏内张贴海报及微视频等方式，及时宣传当下的工作、政策等，宣传内容要贴近群众，增强吸引力，有利于基层群众紧跟时代的步伐，及时了解当下社会的发展及进程。

同时，要拓展载体渠道、增强宣传实效。随着新媒体的出现与发展，微信公众号、朋友圈、贴吧、知乎等成为群众快捷了解事物的传播工具。顺应新时代发展，学会互联网思维，善于利用新媒体，通过移动和社交平台进行宣传海南自贸港建设的相关内容，呼吁群众积极关注并转发，争取让更多的群众及时关注。在各类软件中通过新闻推荐、视频网络推荐等方式及时推广，做好网络宣传。在各类公益广告中加入自贸港建设中的典型人物宣传，为人民群众树立榜样。

三　加强社会心理服务体系建设

党的十九大报告中指出，"中国特色社会主义进入新时代，我国社会主要矛盾已经转化为人民日益增长的美好生活需要和不平衡不充分的发展之间的矛盾"，强调"加强社会心理服务体系建设，培养自尊自信、理性和平、积极向上的社会心态"。"美好生活需要"是由物质需要和心理需要共同组成，满足人民日益增长的美好生活需要，就要提升心理健康服务水平，心理健康是健康的重要组成成分。加强心理健康服务，应积极开展心理健康科学知识的宣传，提升人民心理健康需要提高各个社会群体对心理健康重要性的认知，提高对心理健康服务的认知，接受心理健康服务。只有加强社会心理服务体系建设，积极引导和改善个人、群体和社会的情感和行为，才能培育自尊自信、理性平和、积极向上的社会心态。

第一，建立"务实化"的服务平台，此服务平台能够契合社区居民的社会心理服务需求，切实增强实效性。各地社区可以构建社会心理服务室，增加社会心理援助宣讲活动，为社区居民解决社会心理困惑。针对居民突发社会心理问题，可通过电话热线、网络客服端等途径为其提供紧急心理援助。完善心理健康服务网络，在社会治理体系中加强心理建设。

第二，拓宽社会心理服务渠道，将心理服务与社区服务紧密结合。紧密结合社区居民需求，积极利用社区板报、宣传栏、新媒体直播、短视频、微信公众号、微电影、美篇等形式，广泛宣传普及心理健康知识，培养居民的心理健康意识，从而营造积极、健康、向上的社区文化氛围和心理健康教育环境。根据社区居民需求及社会热点话题，定期为社区居民开展有针对性的专题心理健康讲座，为社区居民提供心理咨询服务。

第三，建立社会心态监测机制，提高风险防控能力，预防恶性事件发展。公众的心态与公众的集体行为有关，掌握心态能够预测公众行为，包括预测心态与突发事件之间的关系。目前，一些不公平的小事容易诱发愤怒情绪，成为导致恶性群体事件的诱因。建立社会心态监测心态，当遇到特殊问题和突发事件时，就可以快速启动调查，帮助政府更客观的判断情况，作出准确预测。

第四，建立科学的心理危机干预体系，能有效预防心理危机事件发生，预防危机与创伤的扩散。社会心理服务部门要做好宣传普及，让群众正确看待心理疾病问题，并提高应对挫折的能力；及时发现问题，只有及时发现，才能及时干预，及时挽救；有效开展心理咨询服务，提高心理咨询和干预水平；及时消除诱发因素，是危机预防和干预的一个重要环节。

四　强化亲社会行为

行为主义的强化理论是指当做出一个行为会得到一个好的结果时，这个行为将会被重复。强化指的是这个行为好的结果，强化物可以是物质的，也可以是内在的。在海南自贸港建设中，当群众从中体会到了做好自己的工作，会为自身带来益处时，群众则会进行自我强化，在原本工作努力的程度上觉得更有干劲，也会认为做好自己的本职工作对海南自贸港的建设是很有意义的。利他主义的社会化也应大力宣传，为群体树立榜样。当一个人在工作中帮助他人后能够促使这项工作高效快速完成，其他同事也会在日后的工作中相互帮助，有利于大家共同发展。适当做出具体的帮助行为，当各项工作稳步进行后，每个人顺其自然就会积极融入海南自贸港建设中来，也会及时关注自贸港建设中各项政策的落实情况。各单位可奖励在本职岗位上表现突出的员工，强化其有利于社会发展的行为。

　　社会群体良好行为习惯的养成是一个由简单到复杂，由不稳定到稳定，由不巩固到巩固的过程。示范导行是行为规范训练的重要环节，环境熏陶对强化社会行为有很重要的示范、熏陶作用。政府在群众中更要起到带头的作用，对有需要帮助的群众给予自己最大的力量进行帮助，这样群众看在眼里，记在心里，当周围的群众遇到困难时，其他群众都会伸出自己的援助之手，对他人进行帮助，增加社会成员的参与行为。在海南自贸港建设的进程中，政府工作人员不断做出努力，奉献自己的力量的同时，也应该带动基层群众，让每一个人都参与到海南自贸港的建设当中，促使每一个人都更有干劲，想要去关注自贸港建设中的各项政策及其落实情况。

第十三章　海南岛社会心态的形态、机制与培育

心理学将人类个体的心理现象大致分为认知、情感和行为三个不同的层面进行研究，对社会心态这一兼具个体特征和群体特征的心理现象也可以如此分类。社会心态是一种内容较多、结构系统的心理现象，在个体层面上，它包含了个体的认知、人格、情感、身份认同、需求与动机等内容，具有明显的个体性质。而在群体层面上，社会心态又是在与社会的互动、与社会成员的互动中形成的，社会认同、社会期望、社会适应、社会信任等内容具有明显的群体性质。① 因此，社会心态不仅仅会受到社会成员个体因素的影响，还会显著地受到社会群体因素的影响，一些社会结构性因素也会对社会心态产生影响。

第一节　海南社会心态形态的概况分析

尽管学术界对社会心态的概念和内涵的解释具有一定程度的差异，但总结这些对社会心态的概念和内涵的不同理解可以发现，在维度分类上，社会心态的主要内容包括社会认知、社会需要与动机、社会情绪、社会信任、社会认同、社会群体获得感、社会适应、社会价值、社会行为等内容。② 在具体内容上，社会心态的内容主要包括需求、动机、期望、人格、社会互动、从众、群体激励、人际信任、群体决策、人际适应等。无论从

---

① 李海艳:《哪些因素影响青年社会心态》,《人民论坛》2018 年第 19 期。
② 王俊秀:《社会心态的结构和指标体系》,《社会科学战线》2013 年第 2 期。

整体的维度分类还是从具体的内涵内容来看，社会心态都包含了三个维度的内容，即认知维度、情感维度和行为维度。

在本研究中，将社会心态的主要内容划分为社会认知、社会需要与动机、社会情绪、社会信任、社会认同、社会群体获得感、社会适应、社会价值、社会行为，共计9个大类。在此基础上，根据每个大类具体内容的不同，将社会心态划分为三个维度，即认知维度、情感维度和行为维度。社会心态的认知维度主要包括了社会认知、社会需要与动机、社会价值、社会期待与获得感，认知维度主要涉及社会成员在涉及自我与社会的关系、社会环境与社会发展与自身需求与动机的关系、自我与社会成员的互动取向、对社会发展为自己带来的各类收益的感知等内容。社会心态的情感维度主要包括了社会情绪、社会信任、社会认同，主要内容包括了总体的生活感受、对社会政策、和社会环境的安全感、对社会的认同与维护等内容。社会心态的行为维度是指社会成员在一定的社会认知和社会情感的基础上，所做出的社会行为，例如社会适应、社会排斥、亲社会行为等，在社会变迁的背景下，社会行为具体内容涉及对新的社会生活的适应行为以及参与社会建设的积极性等。①

在本部分的内容中，也将按照认知、情感和行为三个维度，将社会心态的表现形态分为认知形态、情感形态和行为形态进行分析。

一 海南社会心态的内容架构

根据上文中对海南社会心态的内容分析与分类，将其整理如图13-1所示。

通过对本研究中所获得的1457份问卷数据进行相应的整理，将海南社会心态形态中的认知形态、情感形态和行为形态综合为一个整体，其基本架构如图13-2所示。

认知、情感和行为是心理现象的三个基本层面，社会心态也不例外。②在海南社会心态研究中，将社会认知、社会需要与动机、社会情绪、社

---

① 王俊秀：《社会心态：转型社会的社会心理研究》，《社会学研究》2014年第1期。
② 马广海：《论社会心态：概念辨析及其操作化》，《社会科学》2008年第10期。

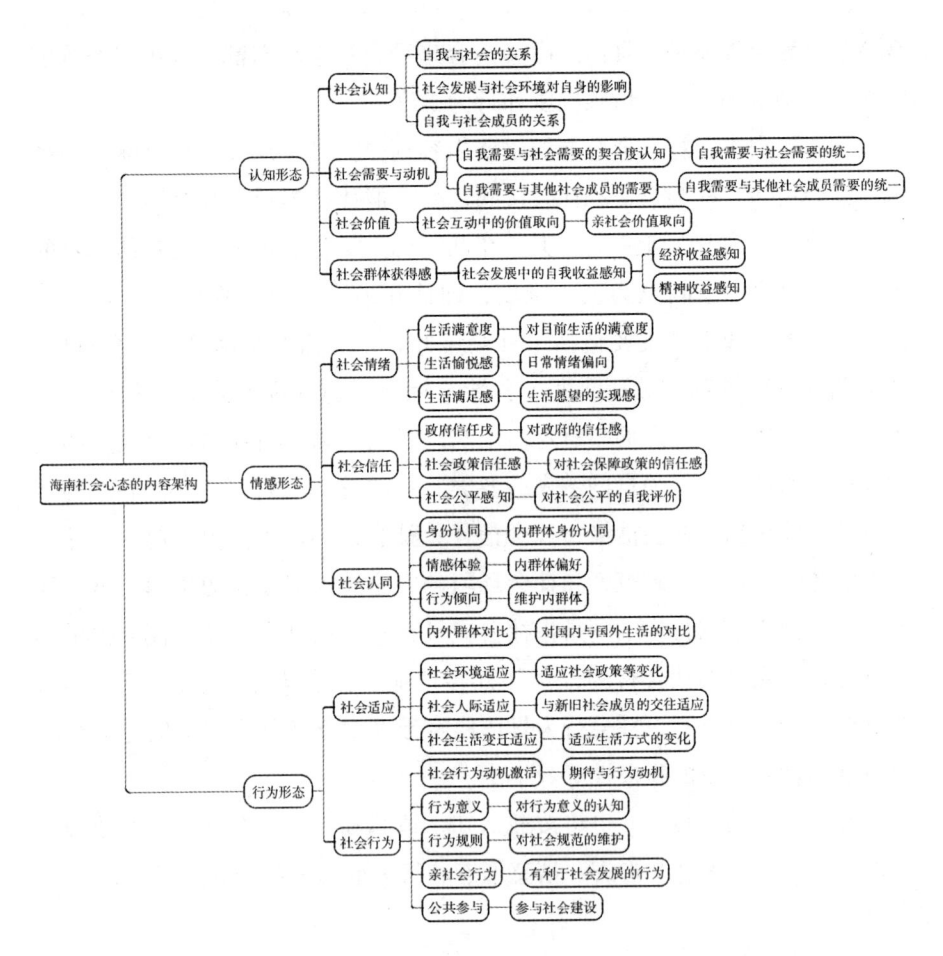

图 13-1 海南社会心态的内容框架

会信任、社会认同、社会群体获得感、社会适应、社会价值、社会行为整理为社会心态的认知形态、情感形态和行为形态，从整体上把握海南社会心态的基本形态。由图 13-2 可知，整体上，认知形态、情感形态和行为形态三者的平均分均在 4 分以下，处于中等偏上的水平，说明海南社会心态整体处于良好水平。在不同形态之间，三者的平均值较为接近，无显著差异，但在标准差上，行为形态的标准差较大，说明其内部差异性较强。

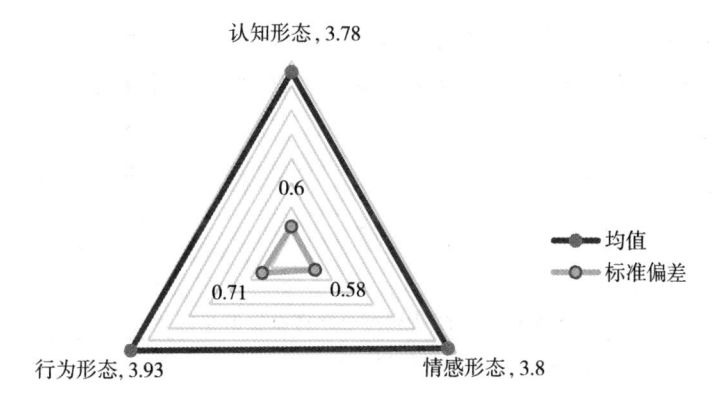

图 13-2　海南社会心态形态的基本架构

二　海南社会心态形态的概况分析

（一）认知形态

对本研究中所获取的 1457 份样本的数据进行统计，在社会认知维度上的总体情况如图 13-3 所示。

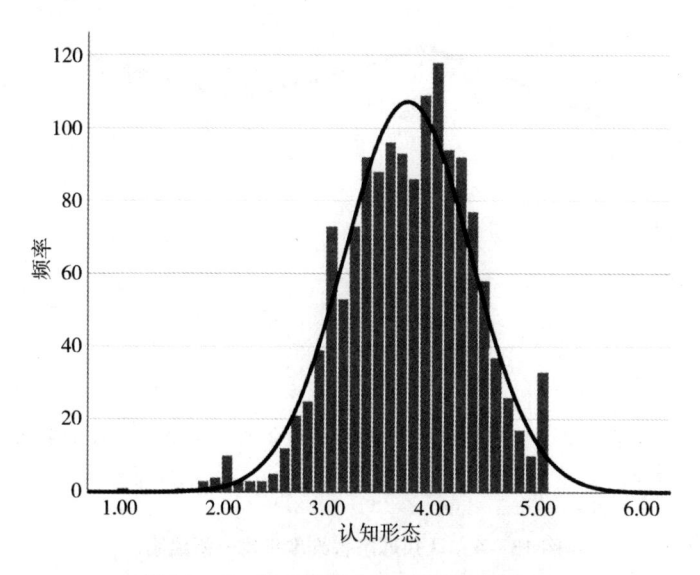

图 13-3　海南社会心态的认知形态概况

图 13-3 显示,海南社会心态的认知形态的平均分为 3.78,标准差为 0.6,说明其整体得分较高,整体一致性也较强,说明海南社会心态的整体状况较好。

继续分析海南社会心态认知形态下的具体内容,其结果如表 13-1 所示。

表 13-1　　　　海南社会心态认知形态具体维度的平均分

	A 社会认知	B 社会需要与动机	F 社会群体获得感	H 社会价值
个案数（N）	1457	1457	1457	1457
平均值（M）	3.307	4.132	3.526	4.136
标准差（SD）	0.815	0.673	0.81	0.74

从表 13-1 可知,海南社会心态认知形态的四个具体维度的平均分分别为 3.307、4.132、3.526 和 4.136。为了更加明显地呈现认知形态的总体概况,将数据表转换为折线图,如图 13-4 所示。

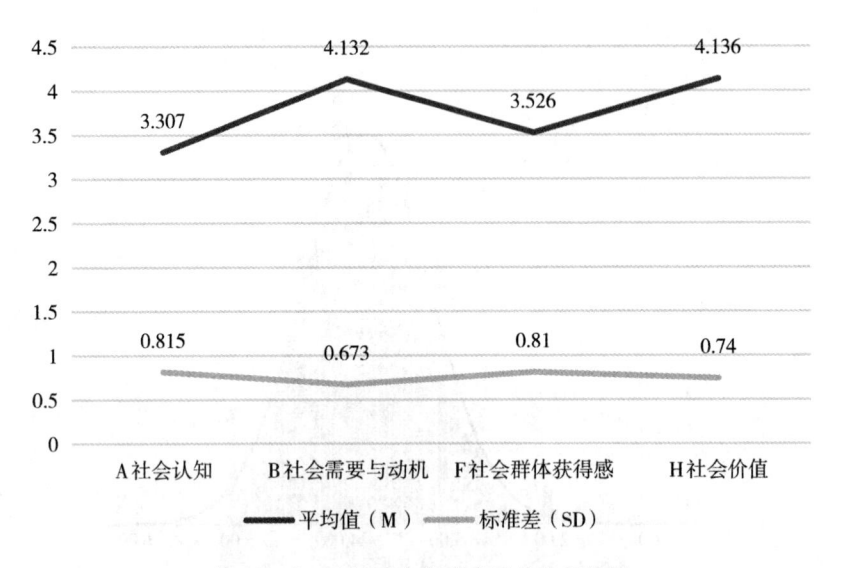

图 13-4　认知形态各维度平均分折线图

本研究中所使用的海南社会心态调查问卷采用李克特型 5 级计分,最低分1分，最高分5分，所有题项均采用正向计分。因此，被试在某一维度或某一题项上的平均分越接近5分，说明被试在相应的题项上状况越良好。从图13-4可知，海南社会心态认知形态的四个具体维度平均分在3.3至4.1之间波动，整体处于良好的状态。同时，相较于社会需求需要与动机和社会价值，社会认知与社会群体获得感的标准差较大，说明这两个维度可能具有较强的个体特异性，[①] 而社会需要与动机和社会价值的平均得分较为一致。

（二）情感形态

对本研究所获得的1457份问卷中的情感维度的数据进行分析，其基本状况如图13-5所示。

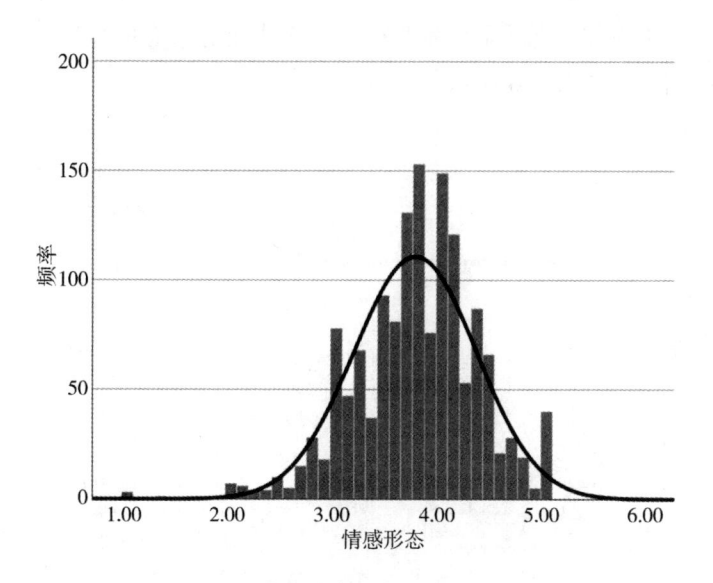

图13-5　海南社会心态的情感形态概况

图13-5显示，海南社会心态的情感形态的整体平均分为3.8，标准差为0.58，结合各分数频率统计图可以看出，数据波动范围较大。因此，相比认知形态，海南社会心态的情感形态整体得分不高，同时个体差异

[①] 袁浩、陶田田：《互联网使用行为、家庭经济状况与获得感——一项基于上海的实证研究》，《社会发展研究》2019年第3期。

较大。

进一步统计海南社会心态情感形态的具体维度，结果如表13-2所示。

表13-2　　海南社会心态情感形态具体维度的平均分

	C社会情绪	D社会信任	E社会认同
个案数（N）	1457	1457	1457
平均值（M）	3.56	3.55	4.3
标准差（SD）	0.64	0.81	0.7

从表13-2可知，社会情绪、社会信任与社会认同的平均分分别为3.56、3.55与4.3，社会情绪与社会认同的得分相对较低，社会认同则相对较高。为了更加直观地呈现海南社会形态中情感形态的概况，也将其转换为折线图，如图13-6所示。

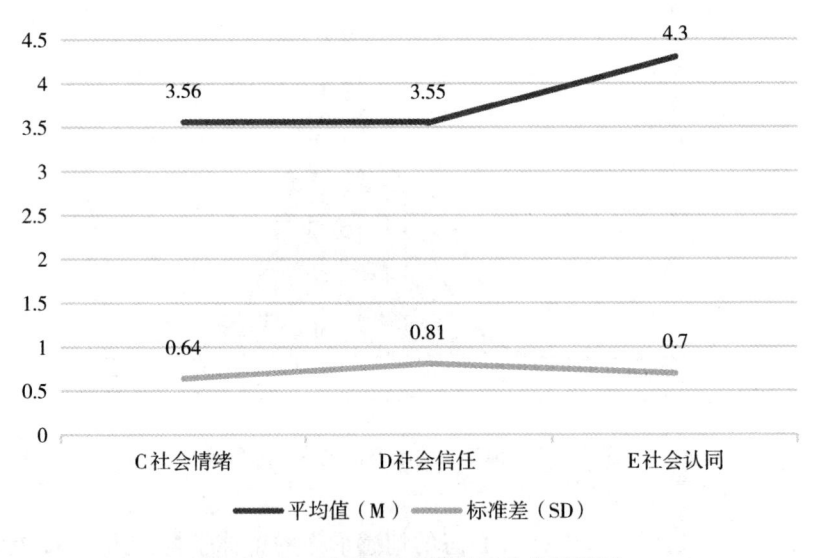

图13-6　情感形态各维度平均分折线图

图13-6显示，海南社会形态情感形态中的社会情绪和社会信任相对较低，同时社会信任平均分的标准差较大，说明其平均分的波动范围较大，进而可以推测社会信任具有较为明显的个体特异性。

（三）行为形态

统计本研究中所获得的1457份问卷数据中的行为维度得分，其基本概况如图13-7所示。

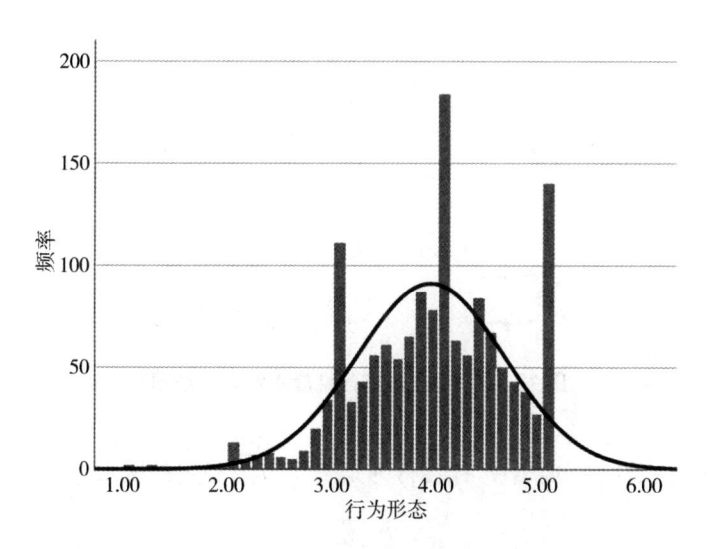

图13-7　海南社会心态的行为形态概况

图13-7显示，海南社会形态中的行为形态平均分为3.93，标准差为0.7，同时从得分分布图可以看出，行为形态也具有一定程度的内部差异性。

进一步统计行为形态中的社会适应和社会行为的具体情况，如表13-3所示。

表13-3　**海南社会心态情感形态具体维度的平均分**

	G 社会适应	I 社会行为
个案数（N）	1457	1457
平均值（M）	3.79	4.06
标准差（SD）	0.78	0.75

整体而言，社会适应的得分相较于社会行为的得分较低，同时标准差较大。将两者的平均分转换为折线图，如图13-8所示。

折线图13-8显示，社会行为的稳定性比社会适应的稳定性更好一些，

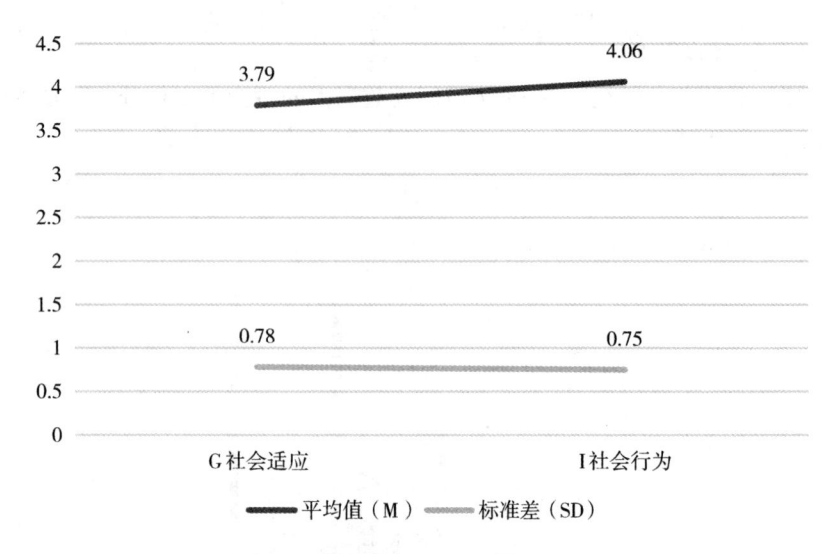

图 13-8　行为形态各维度平均分折线图

也就预示着在社会心态中，社会行为是一个较为稳定的因素。

第二节　海南岛社会心态心理机制分析

社会心态是一个开放的、复杂的系统，要探究其心理机制就需要以社会心态为因变量，以其他可能影响社会心态的因素为自变量，在不同因素以及这些因素的不同水平上分析其对社会心态的影响。这些自变量可以分为四大类：基本人口学层面的因素、社会经济因素、社会成员生活稳定性因素、个体文化水平因素和社会心理因素。

一　社会心态心理机制的分析层面

（一）基本人口学层面

基本人口学层面的因素，包括年龄、性别、民族三个因素，这三个因素在很大程度上不能依照社会成员的自我意志而发生变化，因此将其归类为基本人口学因素。虽然暂不能确定这些基本的人口学因素对社会心态会有什么样的影响，但从理论分析看来，社会成员随着年龄的增长，社会参与程度也在不断加深，对社会生活的体会也逐渐丰富，对自己与社会、社

第十三章 海南岛社会心态的形态、机制与培育 | 415

```
社会心态心理机制的分析层面
├── 基本人口学层面
│   ├── 年龄
│   ├── 性别
│   └── 民族
├── 社会经济层面
│   ├── 工作状态
│   ├── 工作类型
│   └── 工作收入
├── 社会成员生活稳定性层面
│   ├── 婚姻状况
│   ├── 拥有子女数量
│   ├── 家庭状况
│   └── 目前居住状况
├── 社会成员文化水平层面
│   └── 社会成员的受教育水平
└── 社会心理层面
    ├── 社会认知
    ├── 社会认同
    ├── 社会期待与动机
    ├── 社会信任
    ├── 社会情绪
    ├── 社会适应
    └── 社会行为
```

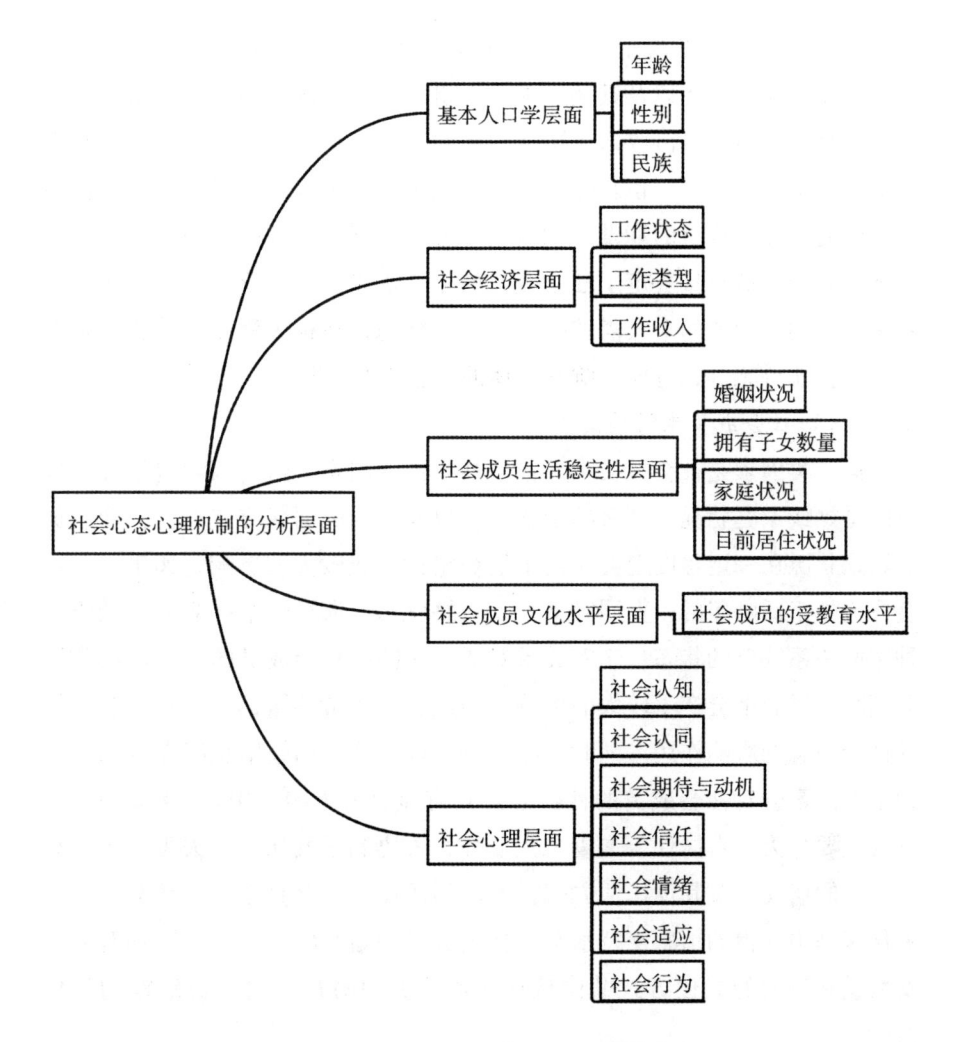

图 13-9 社会心态心理机制的分析层面

会成员的关系的认知也在不断深化，个体能够发现自己在社会生活中所能够获得生活，进而产生社会心态上的变化。①

（二）社会成员经济状况层面

第二类因素是社会成员的经济因素，主要是指社会成员目前的工作状

---

① 郑雯、乐音、桂勇：《网络新生代与网络社会心态：代际更替、心态变迁与引导路径》，《青年探索》2022 年第 2 期。

况、所从事的职业以及相应的经济收入状况。工作状况可以分为稳定工作、离职待业、退休以及其他原因未上班。工作状况的不同会在很大程度上影响社会成员的经济收入。所从事职业的不同在很大程度上决定了社会成员的经济收入上限，也在一定程度上预示了其可能的生活水平与生活质量，因此，社会成员的职业很可能与其社会心态具有较为明显的相关性。经济收入的高低直接决定了社会成员的生活水平与生活质量，而由于经济水平的不同所导致的个人需求的不同满足状态，在很大程度上就会影响个体的社会获得感等，进而影响其整体的社会心态状况。[1]

（三）社会成员生活稳定性层面

第三类因素是社会成员生活稳定性层面的因素，这些因素包括社会成员的婚姻或家庭状况、拥有的子女数量以及目前的居住方式等。社会成员的婚姻状况在一定程度上会对其生活稳定性造成较大的影响，如果一个社会成员处于适婚年龄以上同时又处于未婚状态，那么这个社会成员处于一种亲密关系缺乏的状态，亲密关系对适婚年龄的社会成员的生活从物质层面到精神层面都会产生较大的影响，因此，需要考察婚姻状况对社会成员的社会心态的影响作用。同时，已有研究也表明包括婚姻状况在内的生活稳定性因素会对社会成员的社会心态具有显著的影响作用。[2] 当前的居住方式主要分为独自居住，夫妻二人居住，夫妻和子女居住，夫妻、子女和老人共同居住以及其他居住方式，不同的居住方式会直接影响社会成员能够从家庭中获得的情感支持水平。社会成员的婚姻状况、自己所拥有的子女数量和目前的居住方式共同构成了本研究中对社会生活稳定性的评价指标。

（四）社会成员文化水平层面

第四类是社会成员的文化水平因素。这一因素主要通过考察社会成员的受教育水平而获得。社会心态包含了诸多内容，其中重点之一的就是社会成员对自己与社会关系的认知，其基本内容包括了社会认知、社会认同等。很明显，这些心理特质都需要社会成员获得良好的教育，个体的受教

---

[1] 胡维芳、刘将、WANG Yu：《我国青年社会心态影响因素分析——基于CGSS2015年调查数据的分析》，《青海社会科学》2021年第6期。

[2] 王颖：《家庭因素对大学生社会心态的影响研究》，硕士学位论文，兰州大学，2018年。

育水平越高,对自己与社会的关系的认识就越深刻,越能认识到个体与社会关系的复杂性。反之,受教育水平越低,可能会使得其对自己与社会的关系的认识处于低水平状态或某种单一转态,难以发生改变。一般而言,在一定范围内,社会成员的受教育水平越高,其社会认同就越高,相应的,其整体的社会心态可能也会更加良好。[①] 因此,本研究在该部分对社会成员的受教育水平与其整体的社会心态之间的关系进行相关的统计分析。

(五) 社会心理层面

第五类是社会成员的社会心理因素。社会心态是一个整体的复杂的系统,社会心态不仅仅会受到人口学因素、经济水平因素、受教育水平因素的影响,还会受到社会认知、社会认同、社会期望、社会获得感等社会心理因素的影响。[②] 社会成员的性格、认知方式、价值取向、行为方式等都会影响其对自己与社会的关系的认知、对自己与其他社会成员的关系的认知,而个体基于对这种关系的理解而采取的不同反应方式,也会对其社会心态产生逆向反馈作用。在理论层面上,社会认知、社会认同、社会期望、社会获得感等社会心理因素类属于社会心态,因此,这些具体的社会心理因素的变化,大概率会引起作为整体的社会心态的变化。

二 基本人口学层面的机制分析

(一) 年龄

首先对社会心态总体情况、认知形态、情感形态和行为形态以年龄段为自变量进行单因素方差分析。结果发现,社会成员的社会心态总体情况在年龄段上的组间差异显著,说明社会成员年龄的变化与其整体的社会心态具有显著的相关关系。在社会认知上,年龄段的组间差异也极其显著,说明社会成员年龄的变化会导致其认知形态的明显变化。[③] 而情感形态和

[①] 孙德梅、王正沛、康伟:《转型期我国公民社会心态影响因素分析:基于 CGSS2008 调查数据的分析》,《科学决策》2014 年第 1 期。

[②] 张淑敏:《宽容与信任之社会心态的双向建构:"认同—渲染"模型构想》,《中国社会心理学评论》2018 年第 1 期。

[③] 陈洪:《近年来国内大学生社会心态培育研究述评》,《现代教育科学》2022 年第 3 期。

行为形态在年龄段上的差异不显著,说明社会成员年龄的变化不会对其社会心态中的情感形态和行为形态产生影响。

为了形象直观地呈现年龄与社会心态总体情况以及认知形态、情感形态和行为形态之间的变化关系,绘制平均值图,结果如图13-10所示。

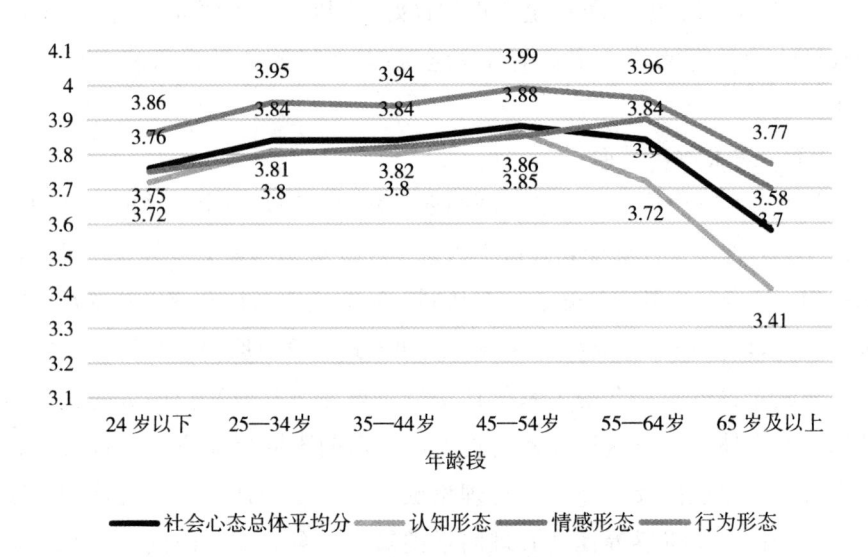

图13-10 年龄与社会心态总体情况以及认知形态、情感形态和行为形态之间的变化关系

图13-10显示,无论是总体的社会心态平均分,还是下属的认知形态、情感形态和行为形态,都在55—64岁之前随着年龄的增长而呈现出不断提升的趋势。但在55—64岁之后,就呈现为急剧下降的趋势,也就是说,55—64岁这个年龄段在社会心态上表现为一个分界点。

(二) 性别

以性别为自变量,对社会心态总体情况以及认知形态、情感形态和行为形态的组间差异进行分析。结果显示,社会心态总体情况以及认知形态、情感形态和行为形态在不同性别上并没有显著差异,说明性别对社会心态并没有显著影响。

(三) 民族

分析社会心态总体情况以及认知形态、情感形态和行为形态在不同民族上的差异。结果发现，在整体的社会心态上，不同民族间具有显著差异，同时，在情感形态上，民族之间的差异极其显著，在认知形态上呈现为渐进显著，在行为形态上，差异不显著。

绘制不同民族在社会心态总体情况以及认知形态、情感形态和行为形态的平均分折线图，如图13-11所示。

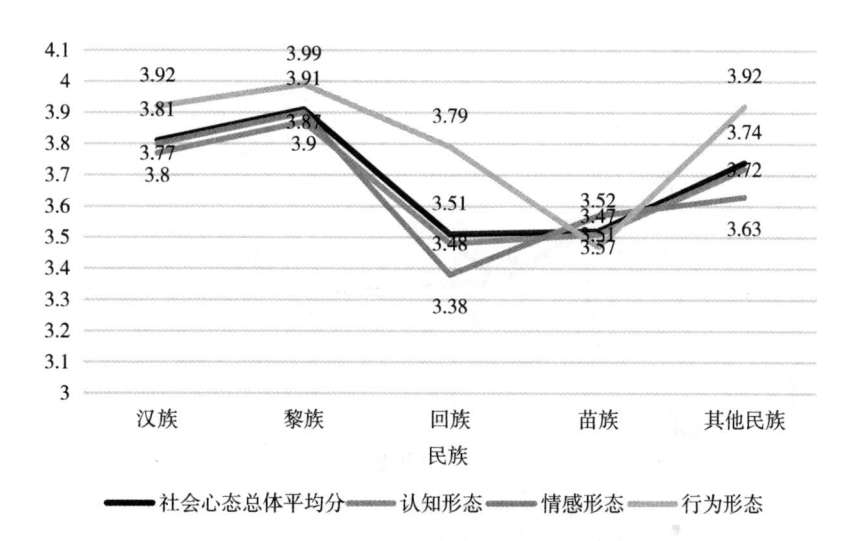

图 13-11　不同民族在社会心态总体情况以及认知形态、情感形态和行为形态的平均分折线图

图 13-11 显示，整体而言，社会心态水平最高的是黎族，其次是汉族，苗族最低。黎族社会心态整体水平最高的原因可能在于黎族是海南当地的世居民族，在社会发展中的自我效能感较高，对当地社会发展的参与度和参与感更高，由此带来了积极的社会反馈，产生了较高水平的社会心态。[①]

三　经济状况层面的机制分析

（一）工作状况

对不同工作状况的被试的社会心态总体情况以及认知形态、情感形态

[①] 刘红霞：《自贸港建设背景下海南黎族青年社会心态调查》，《武汉工程职业技术学院学报》2021年第3期。

和行为形态进行单因素方差分析。结果发现，不同工作状况的被试在社会心态总体情况和情感形态上差异显著，在认知形态上差异极其显著，在行为形态上差异不显著。

进一步分析不同工作状况被试在社会心态总体情况以及认知形态、情感形态和行为形态的具体差异，如图13-12所示。

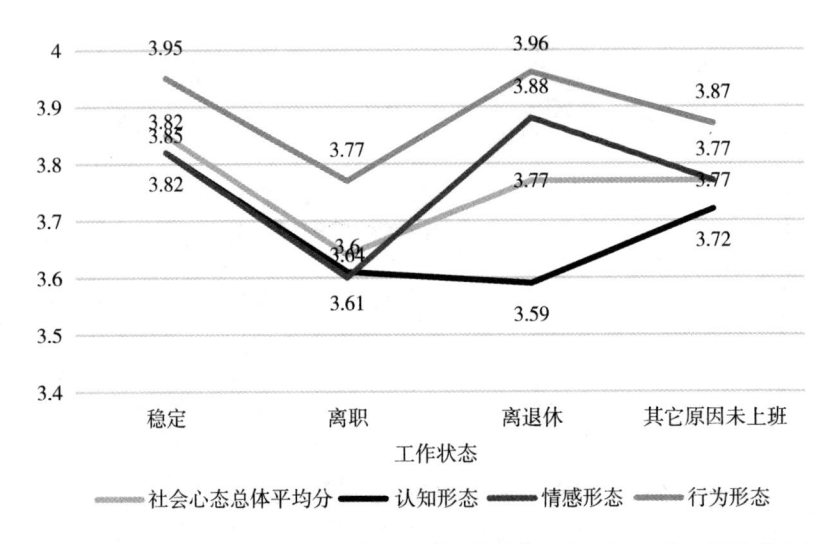

图3-12 不同工作状况被试在社会心态总体情况以及认知形态、情感形态和行为形态的具体差异

图13-12显示，社会心态总体情况平均分以及认知形态、情感形态和行为形态上，得分最高的为处于稳定工作状态的被试，同时这种趋势较为明显集中。其次是离退休人群被试，最低的为处于离职状态的被试。这就说明社会成员的不同工作状态会对其社会心态造成显著的影响。①

（二）职业类型

对不同职业类型的被试进行社会心态总体情况以及认知形态、情感形态和行为形态上的差异分析。结果发现，从事不同职业类型的被试在社会心态总体情况以及认知形态、情感形态和行为形态上都具有极其显著的差

---

① 孙德梅、王正沛、康伟：《转型期我国公民社会心态影响因素分析：基于CGSS2008调查数据的分析》，《科学决策》2014年第1期。

第十三章 海南岛社会心态的形态、机制与培育 | 421

异。这也与已有的相关研究结果相符。① 绘制这些均值的折线图，如图 13 - 13 所示。

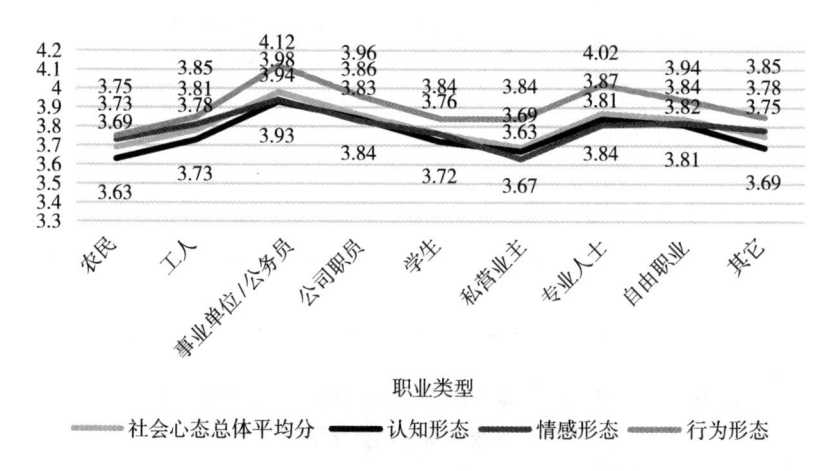

图 13 - 13　不同职业类型下社会心态总体情况以及认知形态、情感形态和行为形态的均值变化图

如图 13 - 13 所示，在社会心态总体情况以及认知形态、情感形态和行为形态的平均分上，事业单位工作人员、公务员以及政府工作人员的被试在上述内容上得分最高，其次是专业人士，例如教师、律师、医生等。综合衡量来看，私营业主和农民的得分最低，这也许和疫情对这两类工作者带来的生活影响最大导致的。

（三）经济收入

采用单因素方差分析对不同收入水平的被试进行社会形态总体情况以及认知形态、情感形态和行为形态的差异分析。结果发现，不同收入水平下的被试在社会心态总体情况以及认知形态和行为形态上都具有显著差异，在情感形态上不具有显著差异。进一步分析这种差异的变化，结果如图 13 - 14 所示。

---

① 林聚任、张月阳、向维：《近十年来居民的社会分化和社会心态变化趋势与问题——基于 CGSS 有关数据的分析》，《当代世界社会主义问题》2015 年第 3 期。

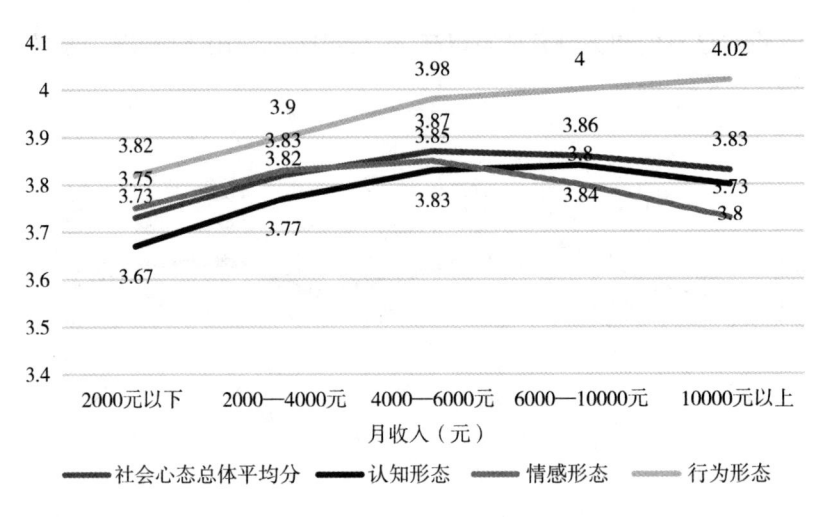

图 13-14　社会心态总体情况以及认知形态、情感形态和行为
形态随收入水平的变化情况

图 13-14 显示，整体而言，随着月收入的增加，社会心态总体情况以及认知形态、情感形态和行为形态都呈现出提高的趋势，在社会心态总体情况以及认知形态、情感形态上，月收入在 4000—6000 元的被试最高，而在行为形态上，月收入在 10000 元以上的被试水平最高。

四　生活稳定性层面的机制分析

（一）婚姻状态

分析不同婚姻状况下被试的社会心态总体情况以及认知形态、情感形态和行为形态的差异。结果发现，不同婚姻状态下的被试在社会心态总体情况以及认知形态、情感形态和行为形态上都具有显著差异，这就说明婚姻状况会对社会成员的社会心态造成显著的影响。继续分析婚姻状况与社会心态的具体关系，结果如图 13-15 所示。

图 13-15 显示，整体而言，目前处于已婚状态的被试在社会心态总体情况以及认知形态、情感形态和行为形态上都处于最高水平，未婚的被试次之，最低的为目前处于离异状态的被试。婚姻状况的不同会对社会成员的生活造成较大的影响，而伴侣的缺失以及由此带来的亲密关系的缺失以及相应的社会支持的缺失，会对个体的生活状态、身心状态造成显著的负

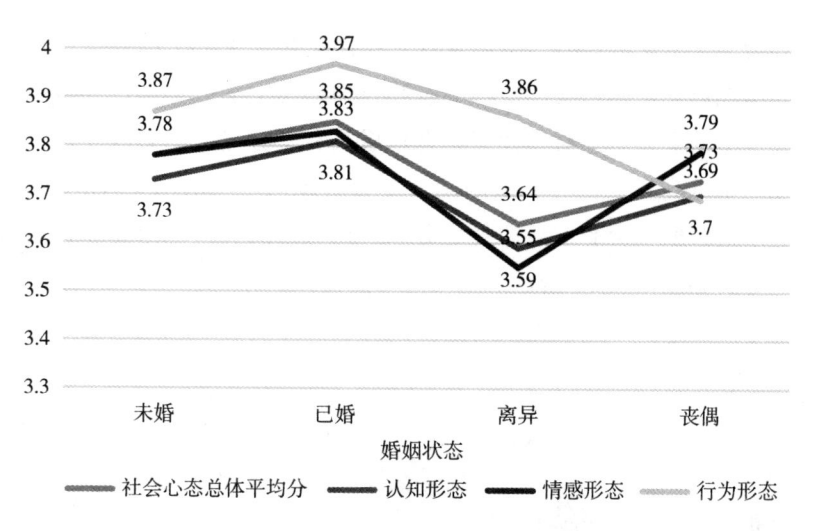

图 13-15 婚姻状况与其社会心态总体情况以及认知形态、情感形态和行为形态的变化关系

面影响。[①]

（二）自己拥有的子女数量

分析社会成员拥有的子女数量与其社会心态总体情况以及认知形态、情感形态和行为形态的关系。结果发现，拥有不同数量子女的社会成员在其社会心态总体情况以及认知形态、情感形态和行为形态上没有显著差异，说明子女数量和社会心态之间并没有显著的相关关系。

（三）目前的居住形式

考察不同居住形式下被试的社会心态总体情况以及认知形态、情感形态和行为形态差异。结果发现，不同居住形式下的个体，在社会心态总体情况以及认知形态、情感形态和行为形态上均没有显著差异，说明居住形式对社会心态没有显著影响。

五 文化水平层面的机制分析

分析不同文化水平下的被试在社会心态总体情况以及认知形态、情感

[①] 胡维芳、刘将、WANG Yu：《我国青年社会心态影响因素分析——基于 CGSS2015 年调查数据的分析》，《青海社会科学》2021 年第 6 期。

形态和行为形态上的差异。结果发现，不同文化水平之下的被试在社会心态总体情况以及认知形态、情感形态和行为形态上的差异都极其显著，说明社会成员的文化水平对其社会心态形成具有十分显著的影响。社会成员的文化水平越高，其社会心态的调节能力就越强。[①] 同样，绘制不同文化水平之下被试的社会心态总体平均分以及认知形态、情感形态和行为形态的平均分，如图13-16所示。

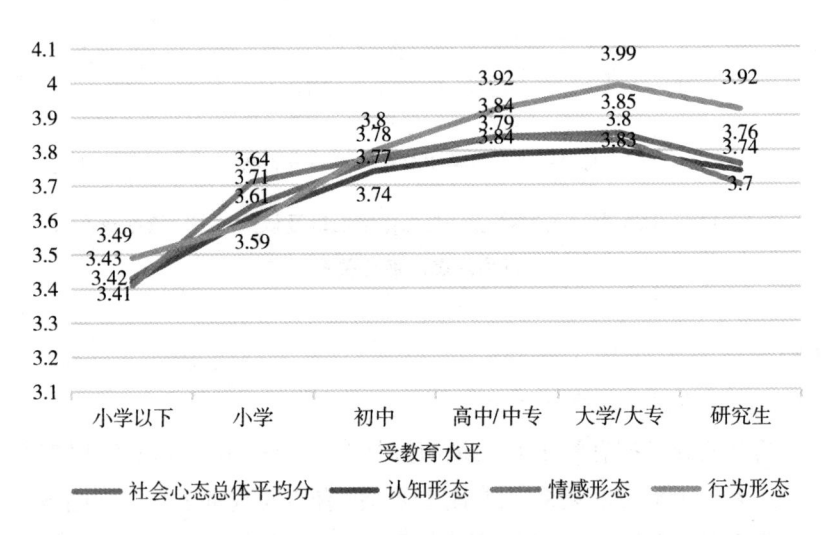

图13-16 不同文化水平下社会心态总体情况以及认知形态、情感形态和行为形态的均值差异

图13-16显示，以大学或大专学历为分界线，随着社会成员受教育水平的提高，其社会心态的总体情况以及认知形态、情感形态和行为形态得分也相应呈现出明显的提高趋势。[②] 但这种趋势在研究生学历的被试上并未表现出来。

[①] 秦广强、江治强：《中国城乡困难人群的社会心态与社会参与——基于一项全国抽样调查数据的分析》，《调研世界》2019年第3期。

[②] 任亮宝：《当前我国居民社会心态及影响因素——基于CGSS数据实证研究》，《河西学院学报》2018年第3期。

六 社会心理层面的机制分析

分析本问卷中的 A 社会认知、B 社会需要与动机、C 社会情绪、D 社会信任、E 社会认同、F 社会群体获得感、G 社会适应、H 社会价值与 I 社会行为 9 个维度与社会心态总体情况的相关关系。

结果显示,社会心态总体情况与其下属的 9 个维度都具有显著的正相关关系,这些维度之间的高相关关系也在其他研究中得以印证。[①] 这一方面说明本研究中所使用的问卷都是围绕社会心态展开的,具有良好的结构效度,另一方面也说明,在以上 9 个维度中,每一个维度的变化都会对总体的社会心态产生显著的正向影响。

第三节　海南岛积极社会心态的培育路径

在概念和内涵上,社会心态是一个内容复杂的概念集合,同时,基于以上部分的数据分析可以发现,社会心态内容的任何一个具体维度都与整体的社会心态具有显著的相互关系。因此,培育积极的社会心态,就可以从认知路径、情感路径和行为路径入手,着力提高海南民众社会发展中的身份意识、增强海南民众社会进步的认同凝聚、推进海南民众社会建设的现实参与。

一　认知路径：提升海南民众社会发展的身份意识

认知活动是社会成员心理活动的开始,也是行为活动的源头。认知活动在微观层面是个体对外界信息进行注意、选择、加工、处理以及在此过程基础上进行一定的决策与判断过程,例如,个体如何利用有限的条件进行数学运算等。微观层面上的认知活动主要在个体层面上进行,与社会或社会群体成员的互动较为缺乏。除此之外,认知活动还存在宏观层面上的社会认知过程。社会认知过程是社会成员基于已有的信息和条件,对自己与社会、社会

[①] 马进:《社会认同是怎样进行的——论民族认同、国家认同与社会心态的健全》,《民族论坛》2014 年第 11 期。

群体以及其他社会成员的关系的判断和认知,社会层面上认知活动涉及诸多社会心理的内容。具体而言,从认知路径培育海南民众积极的社会心态,需要从提升海南民众的社会认知、激活海南民众的社会需要与动机、增强海南民众的社会发展获得感、提升海南民众的社会价值感等方面入手。

(一)提升海南民众的社会认知

提升海南民众的社会认知的目的在于让民众认识到他们是海南社会发展与社会建设的主人公,让他们意识到自己的发展与社会的发展的关系,同时让他们意识到社会的变化与他们的日常生活之间的关系。

具体而言,提升海南民众的社会认知,需要让他们知道、了解海南社会的各项发展政策,尤其是现今自贸港建设背景下的各种社会政策。本研究在问卷调查中就发现,绝大部分受访的农民并不了解海南社会的自贸港建设政策,因此,需要通过各种路径让老百姓知晓自贸港建设的发展规划,让他们感受到自己正在身处其中。[①] 由于对自贸港建设政策的了解不足,使得海南民众对自贸港建设对海南社会的将来会有哪些影响并不清晰,导致他们对自贸港建设的未来前景信心不充足。自贸港建设是一项大型的社会发展工程,在这个工程中,必定会产生诸多工作岗位,让海南民众进入到这些工作岗位之中,从中获取相应的经济收益,改善他们的生活质量,才能使自贸港建设对海南民众形成积极的反馈,从而使他们更加热情地投身到自贸港建设背景下的海南社会发展中来。

(二)激活海南民众的社会需要与动机

需要是个体在日常生活中自然而然、不可或缺的行动动力,个体产生了某种需要,就会想要使这种需要得到满足,而促成满足需要的行动产生的动力源就在于动机的确定。需要可以分为生理需要、安全需要、爱和归属的需要、受尊重的需要以及自我实现的需要。宽泛意义上,可以将需要分为生理性需要和社会性需要,生理性需要主要包括保证有机体存活和生命安全的需要,社会性需要主要是指能够满足社会成员在社会关系中对社会地位、社会名誉等的追求。

---

① 陈满琪:《基于社会心态的城市治理途径与方法》,《武汉理工大学学报》(社会科学版) 2020 年第 4 期。

提高海南民众的社会需求与动机，首先是要激活他们对于更高生活水平的追求，鼓励他们积极投身于新的社会建设中去，鼓励社会大众为自己想要的事物去努力拼搏。在不断提高社会成员对于基本的生活性需要的满足水平的基础上，提倡和引导社会大众在共同的社会建设中关心他人、帮助他人、尊重他人。引导社会大众建立积极良好的社会性动机，以一种符合社会行为规范的方式达成动机的实现，并在这样的动机实现的过程中，促进社会成员在幸福生活、受人尊重、精神富足与自我实现等高级需求上的满足。在这样的互动过程中，社会成员满足了自己的各种需求，同时也共同推进了海南社会的建设。

（三）增强海南民众的社会发展获得感

获得感是一种较为贴近社会成员现实生活的指标，是指社会成员对于某一项社会政策或处于某一种社会环境中时，能够感受的自己能够从中获取效益的一种预期。社会成员对某一对象的获得感实际上是一种比自身生活需要更广的需求系统。在宽泛意义上，获得感主要包括了经济获得感、精神获得感、社会红利获得感与自身意义获得感。经济获得感是指社会成员对自己身处某一种社会生活或社会环境中能够获得多少经济收益的衡量和评价。精神获得感是指社会成员在参与社会活动中对所能够获得的精神方面的收益的预期。社会红利获得感则是指社会成员在参与社会活动的过程中所获得在医疗、教育、娱乐等方面的福利。自身意义获得感则是指社会成员在这样的社会活动中对能在多大程度上实现自身意义的预期与评价。

提高海南民众的社会发展获得感，实际上就是提升他们对海南社会发展的信心与期待。对海南社会的未来发展充满自信，在参与其建设过程中就能充满力量，同时也会形成积极的社会期待。自信与积极的社会期待形成良性循环，共同推进海南社会发展。[①] 因此，需要提高海南社会发展政策的宣传力度，使民众了解、熟悉各项社会政策，并积极引导社会大众在这些社会政策中寻找自身的发展机会。另一方面，要切实提升人民群众的生活水平和经济收入，使他们能够感受到社会政策为人民群众带来的生活

[①] 吕厚超、胡维：《社会阶层与社会信心：生活满意度和未来时间洞察力的作用》，《第二十一届全国心理学学术会议摘要集》2018年11月2日。

改善，同时鼓励人们以自己的方式积极参与到社会建设中去，实现自身的价值期待。

（四）提升海南民众的社会价值感

社会成员的社会价值感主要包括社会价值感、国家价值感、个人价值感和核心价值感。社会价值感是指社会成员对自己对社会所做出的某一行为会对社会和其他社会成员能够产生的价值的预期，例如，每个人都在自己的岗位上帮助他人、促进社会的进步。国家价值感是指自身的行为能够对国家带来的积极影响，例如，在自己的工作岗位上做出对国家安全、国家荣誉等有利的举动。个人价值感是指社会成员自己在社会活动中感受到的自身的存在与活动的意义，例如，自己现在所从事的活动是否是自己喜欢的，是否能够实现自己的人生理想等。核心价值感则是指社会主义核心价值观，富强、民主、文明、和谐是国家层面的价值目标，自由、平等、公正、法治是社会层面的价值取向，爱国、敬业、诚信、友善是公民个人层面的价值准则。

社会价值感对社会成员的行为具有积极的引导作用，因此，需要引导社会大众认识到自己所从事工作的价值。[1] 例如，让每一个海南大众都意识到自己能够为海南社会的发展贡献出自己的力量，并以这种理念为指引，鼓励每一个海南人都在自己的工作岗位上做到最好。除此之外，还要积极引导海南民众对海南社会的积极预期，相信海南正在朝着更加美好的明天前进，并鼓励民众在这样的社会进程中，实现自身个人价值与社会价值的统一。

二 情感路径：增强海南民众社会进步的认同凝聚

情感在人类活动中具有动力性，能够驱使个体按照一定的准则和要求进行相应的社会互动。情感是社会心态的重要组成部分，从情感路径培育海南民众积极的社会心态，其主要着力点在于提升生活满意度、增进社会信任感、增强社会获得感、提升社会价值感。从情感维度培育海南民众的

---

[1] 邓志强：《改革开放以来中国青年社会心态的现代性嬗变》，《中国青年研究》2018年第4期。

社会心态,就是增强海南社会的内部凝聚力和向心力,为投身于海南社会发展进步提供精神动力。

(一)提升海南民众的生活满意度

生活满意度是社会大众对当前社会生活的最为基本的衡量。在本质上,生活满意度是社会成员对目前的生活现状在多大程度上满足了自己的各项生活需求的评价。因此,在宽泛意义上,生活满意度主要包括物质生活满意度、制度生活满意度和精神生活满意度。物质生活满意度以经济收入为基准,在此基础上,社会成员能够支配自己的经济收入满足各项基本生活需求。同时,物质生活满意度也包含了社会成员对社会发展中的经济收益的期待,因此,物质生活满意度不仅需要衡量当前的物质生活状况,还要评价未来的物质生活发展情况。制度生活满意度则是指社会大众对各项社会制度满足自身需求的程度的评价,例如,教育制度、社会保障制度、社会医疗政策等。精神生活满意度是指社会成员对自己目前精神生活状态的觉知与满意程度,比如,自己在当前的社会生活和社会环境中,是否感觉到快乐、充实、信心等积极的心理体验,以及在这样的环境中能否实现自己的生活预期等。

在建设海南民众的积极社会心态过程中,需要提升海南民众的生活满意度。一是继续推进经济社会建设,提升人民群众的经济收入;二是要落实各项社会制度,确保每一个社会成员都能够享受到相应的社会福利;三是要促进社会大众心理世界建设,营造良好的社会心理环境,使人民群众能够对自己的生活和社会的发展充满信息,建立良好的社会预期。

(二)增进海南民众的社会信任感

社会信任感主要包含三个方面的内容,一是社会成员之间的人际信任感,例如,两个相互陌生的社会成员相互之间能给予对方多大程度的人际信任。二是社会成员对社会发展的领导者,也就是政府的信任度,在一定程度上,就是所谓的政府公信力,社会大众会在多大程度上信任当地政府能够一定程度上影响社会是否平稳发展。第三个则是社会公平感,也就是社会成员能够觉知到任何一个个体在社会中都能得到公平公正的对待,获得同样的发展机会。社会信任感会影响社会成员的社会认同,进而影响社会成员做出相应的社会行为。一个社会信任感高的个体,也会对社会与其他社会成员表现出积极主动的亲社会行为。反之，一个社会信任感低的个体则会在亲社会行为上表现的并不主动积极，这种情况之下，社会成员会优先考虑规避由于可能的人际不信任带来的风险和损失，这就会使得社会发展缺乏活力和动力。① 同样的，一个公信力高的政府更加具有号召力，社会成员也会积极配合政府颁布的社会发展政策，从而调动社会成员的参与度。另外，社会成员能够体验到这个社会充满了发展机遇，并且这些机遇对每个社会成员都是公平的时候，社会成员才会有信心去争取这些机会，才能调动自己的主观能动性，才能从内部激发追求美好生活的动机。

海南社会的积极社会心态建设，需要提高社会成员相互之间的人际信任、对政府的信任。一方面要加大各项社会政策的宣传动员力度，让人民群众切实了解到和感受到这些社会政策对实际生活带来的积极影响。另一方面，也要重视社会文化建设，发掘人民群众中乐于助人、乐善好施等典型实例，为提高人际信任水平创造良好的文化环境。

（三）凝聚海南民众的社会认同感

社会认同感本身包含了诸多内容，一是对自己属于某一群体的身份觉知，二是对某一群体的身份归属与内群体偏好，三是对于维护内群利益的行为偏好。社会认同的建立大致会经过社会分类、社会比较以及积极区分三个阶段。在社会分类阶段，社会成员会对自己的身份进行内群体和外群体的区分，学习自己所属的群体的特征，并将这些群体的特征内化为自己的特征，完成自身身份内化的过程。社会比较阶段，社会成员则会优先对内群体产生积极评价，同时区分内群体和外群体在各方面的差异，明确内群体和外群体之间的区别与界线，从而形成对内群体的积极评价与偏好，实现在认知和情感上的内群体认同。积极区分原则就是社会成员会客观或主观地认为自己所属的群体比其他群体更加优秀的一种动机，这种动机来源于个体对寻求内群体身份认同的需要。适当的积极区分会使社会成员建立合理的内群体认同，而不适当的积极区分则会造成内群体与外群体之间差异的扩大化、甚至造成群体矛盾和冲突等。

凝聚海南民众对海南发展的社会认同感，在本质上就是为了海南社会

---

① 赵德雷：《信任与公平：青年社会心态的区域比较》，《中国青年研究》2016 年第 5 期。

的发展注入动力和精神。因此，需要引导海南各族人民意识到自己作为海南社会发展中不可或缺的一员的身份意识。① 引导海南各族人民以亲群体、亲社会行为进行社会互动，突出社会团结，以和谐的互动方式构建和谐的互动环境。

三 行为路径：推进海南民众社会建设的现实参与

在配以积极良好的社会心态过程中，社会行为路径也是一种重要方法。在理论上，良好的社会心态的具体表现形式就是社会成员的积极的社会参与行为，以及亲社会行为。因此，在海南自贸港建设的背景中，为了建设海南积极的社会心态，一方面需要促进海南民众的在社会发展变迁和社会转型的过程，形成较为良好的社会适应，另一方面需要引导海南民众的亲社会行为，通过社会成员之间的良性互动，构建稳定的社会心理环境和社会现实环境。

（一）促进海南民众的社会发展适应

在本质上，人类现有生产生活方式就是人类不断适应环境的过程和结果。人类必须学会适应的原因就在于环境的变化通常都不以人的意志为转移，因此人类必须要适应环境的变化才能生存。而在这种适应的过程中，人类也就创造了人类的文明。社会成员的适应性活动主要包括自然环境适应、社会环境适应、社会人际适应和社会生活适应。自然环境适应就是人类面对自然环境的变化所做出的的适应性行为，例如，由于生态环境恶化所导致的生态移民等。② 社会环境适应是指社会成员接受和适应社会变迁的能力，这些社会变迁包括制度变迁、经济变迁、文化变迁、社会观念变迁等。社会人际适应是指在人口流动、人员变化频繁的情况下，社会成员与其他人进行交流、互动的能力，例如，不同民族之间的社会交往、不同地域之间的人际交往等。社会生活适应是指社会成员在应对日常生活变化的能力，例如，学习新的生活技能、使用新的生活工具等。

值此海南自贸港建设的时期，也会是海南社会发生社会变迁的时期。

---

① 王俊秀：《关注社会情绪 促进社会认同 凝聚社会共识——2012—2013 年中国社会心态研究》，《民主与科学》2013 年第 1 期。

② 刘震、雷洪：《三峡移民在社会适应性中的社会心态》，《人口研究》1999 年第 2 期。

首先会在社会经济发展方式上迎来重要变化，诸多农民也将会面临生计方式的转型，由以前的传统农业转为现代农业，由传统的仅仅只有农民参与的农业生产活动，转变为由农民、消费者、网络平台等多方共同参与的生产、共享与销售活动。农民的身份也会向半农民和半市民转变，除了进行原有的农业生产项目之外，更需要参与拓展自身技能，拓宽农业发展渠道。在这个过程中，如何促进农民适应新的生产技术和生计方式就是需要解决的问题之一。其次，得益于得天独厚的旅游资源，海南成为了全国甚至全世界的旅游胜地，加之海南近年来不断地吸引人才，海南也会是一个人口流动较大的地方。如何营造本地人和外地人都能够良好交流沟通的环境和条件也是重要的研究内容。再次，海南自贸港建设也会使得海南社会整体上发生较大变化，生活方式的代际差异也会导致一些家庭层面的社会和谐问题。因此，培育积极良好的社会心态也需要将这些问题考虑在内。

（二）引导海南社会的亲社会行为

亲社会行为是社会心理学研究中的重点与热点，也是培育社会心态的重要内容。亲社会行为主要包括利他行为与合作行为。利他行为是指社会成员为其他社会成员考虑并做出对对方有利的行为和倾向。合作行为是指不同的社会成员基于一定的目标和动机，采取共同行动的方式，共同满足双方需求、达到双方目的的行为。亲社会行为既可以是积极社会心态的动因，也可以是积极社会心态的结果，两者是一种相辅相成的关系。[1]

引导海南社会的亲社会行为，主要是要提高海南民众参与社会事务和社会建设的参与度，培育各族人民的利他行为和合作行为，同时也要培育海南人民应对社会变迁的各项能力。[2] 提高海南民众对社会事务和社会建设的参与度，首先需要让各族人民都了解和认识到海南社会的各项政策，并明确这些政策与人民群众现实生活和自身利益的关系，激发他们参与社会建设的需求与动机。社会建设并不是依靠某一方的力量就能完成的，需

---

[1] 曹军辉、王瑛、潘孝富：《社会转型期的民众社会心态对其心理和谐影响的实证研究》，《重庆工商大学学报》（社会科学版）2016 年第 5 期。

[2] 陈彬、张仁鹏、陈济生：《社会参与、自评健康评价与社会心态关系研究——基于 CGSS2015 数据》，《井冈山大学学报》（社会科学版）2019 年第 5 期。

要多方的协调配合。利他行为与合作行为是社会和谐的表现之一，体现了社会成员之间的相互信任程度。相互信任程度高的社会，人际交往中的安全感更高、距离感更低，人与人之间就会出现更多的良好互动行为，更加有利于和谐稳定的社会环境的形成。在社会变迁的过程中，需要积极为在社会适应过程中有困难的群众解决问题，例如，教授新的生产方式和生产技能、提高专业技能和知识水平等，提高人民群众的综合素质以应对环境变化。

第四节　社会心态的海岛模式

自然条件是人类社会生存与发展的基础条件，自然条件不同，人类社会的生产生活方式就会有所不同。自然条件对人类社会的直接影响首先就是经济生活方式的不同。例如，在我国北方，尤其是西北边疆地区，自然环境较为恶劣，干旱少雨，水草不丰，戈壁荒漠居多，因此当地以游牧居多，畜牧业是当地的主要经济生产方式。而在我国内陆的中部地区和南方地区，雨水充足，水草丰茂，植被覆盖面积广，同时气候适宜多种农作物生长，自然条件较为优渥，因此发展出了农耕经济，也正是这种农耕经济奠定了我国社会的基本形态。而在我国南方的沿海地区以及岛屿地区，环抱于海洋，水产资源丰富，因此以发展渔业为主。

在这些不同的经济生活之上所形成的人类社会的地域性格、地域心态等都会有所不同。人类社会的不同形态以及不同地区的人类文明在某种程度上都是人类适应不同的自然环境的成果，不同的自然环境造就出了不同的物质生活方式和精神生活方式。

大陆地区和海岛地区在地形、气候、水文等方面存在较大差异，尽管人类社会的后天发展能够在一定程度上弥补这种先天条件的差异。但相比之下，更加重要的是如何利用当地的自然条件探索出一条适合当地的发展模式。基于这样的分析，总结社会心态建设的海岛模式就显得很有必要。

一　经济模式：海岛旅游与自贸港经济发展

经济基础决定上层建筑，拥有了良好的社会经济基础，才能顺利地进行更高层次的精神文化方面的建设。结合本研究中问卷分析的结果与海南岛的实际情况，需要从创造稳定的就业环境、推进旅游产业的高质量发展、提升海南民众自贸港建设的社会参与度几个方面入手，从经济模式上培育海南岛民众积极良好的社会心态。[①]

（一）创造稳定的海岛就业环境

根据本研究对经济状况与社会成员的社会形态的关系的研究，发现工作状况越稳定，社会成员的社会心态整体情况以及社会心态的认知形态、情感形态和行为形态就会越好。同时，工作岗位本身的性质越稳定，从事该工作的社会成员的社会心态整体情况以及社会心态的认知形态、情感形态和行为形态也都会越好。另外，整体而言，社会成员的经济收入越高，社会心态整体情况以及社会心态的认知形态、情感形态和行为形态也都会越好。这些因素之间的相互关系，都说明了良好的经济状况对社会成员形成积极良好的社会心态的重要性。

良好的经济状况来源于稳定良好的工作状况，如果一个社会在为社会成员提供稳定的工作环境方面有所欠缺，那社会整体的工作稳定状况也会有所欠缺。稳定的就业环境是社会成员生活稳定的物质基础，确保社会成员物质生活的稳定，才能在此基础培育积极稳定的社会心态。就业环境的稳定可以大致分为工作状态的稳定和择业市场的稳定。影响工作状态稳定性的因素既有来自社会成员自身的，也有来自整体的社会结构性因素，还有工作岗位的本身特性的因素。要促进社会成员的工作稳定性，一方面要尽量提高社会成员对于自己所从事工作的业务能力，培养社会成员爱岗敬业的职业精神。另一方面还要合理调节社会就业结构，促进不同年龄、不同性质劳动力的自身特点与所从事的工作性质的契合度。除此之外，还应该关注到因为各种原因而处于待业状态的社会成员，需要为这类人群提供多种再就业的选择，并通过提高整体素质、职业技能、专项业务能力等方式，提高其再就业能力。

（二）推进旅游产业的高质量发展

海南岛独特的地理位置、气候环境和地形地貌构成了海南岛丰厚的自

[①] 经卫国、况志华：《自由贸易港建设对国民社会心态的新要求——评〈中国自由贸易试验区与自由贸易港建设发展研究〉》，《国际贸易》2022年第3期。

然旅游资源。同时，加上海南岛的海岛文化、黎族文化以及现在的自贸港建设，使得海南岛的旅游业发展具有优渥的物质资源和文化内涵。在海南岛的内陆地区，有着如其他内陆地区的森林、河景、高山、湖泊等自然景观，以及民族文化、红色文化等文化资源。在海南岛的环岛地区，拥有着漫长的海岸风光，水陆相交，海天相接，让人面朝大海，春暖花开，为世界各地的游客所向往。在海南岛之外，是我国的深蓝边疆，航海、潜水等项目，吸引着世界各地的爱好者。由此，海南岛的旅游资源形成了一个自然资源与人文资源、陆地景观与海洋景观的立体结构。这是海南岛旅游业的核心内容所在，同时也是海南岛得天独厚的旅游资源。相比全国其他地区的旅游资源，海南岛的旅游资源更加丰富合理，也更加具有持久的吸引力和发展潜力。

拥有了得天独厚的旅游资源，还要积极开发这些旅游资源的社会价值，使这些旅游资源能够转化为社会经济价值、文化价值。除了开展常规的旅游活动之外，还应该积极探索和拓展具有个性化的旅游项目，满足不同旅游者的个性化需求。不仅仅需要开展和丰富旅游项目的数量和形式，更应该逐步建立具备当地特色的旅游文化。在旅游业的建设参与者上，不仅仅需要当地政府的发展规划，还要有当地各种旅游服务相关实体的积极配合。同时，随着旅游业的不断深入发展，当地的社会民众也在不断加深其参与旅游发展与旅游文化建设的程度。因此，需要明确不同社会群体在当地旅游业发展中的角色定位和服务标准，并提高不同社会群体所提供的的旅游业服务能力与服务水平。

（三）提升自贸港建设的社会参与度

人民是历史的见证者，更是历史的创造者，人们创造历史的过程实质上就是人们参与社会建设的过程，只有人们参与到社会建设中来，社会才能向着我们所预期的方向前进。激发社会成员投身于社会建设的需求与动机，提高社会成员参与社会建设的程度，才能从内部激发和维持社会发展的动力和活力。一个社会成员参与社会建设程度不高的社会，是一个缺乏生机的社会。当然，参与社会建设不仅仅需要社会成员的积极参与，更需要合适的社会发展契机作为激活条件。而这种社会发展契机通常出现于社会变迁过程中，或者某一些重大的社会政策颁布实施过程中。

海南目前处于实行自贸港建设的政策变迁过程中,从社会发展的角度来看,对社会成员都是一个良好的发展契机,不同的社会成员都能够通过自身的积极努力寻找到一个合适的建设岗位和发展机会。在这样的过程中,需要提高海南民众参与海南自贸港建设的热情与行动。一方面需要加大自贸港建设的宣传力度和宣传深度,使社会大众对自贸港建设形成清晰、明确的理解。另一方面是要引导社会大众在自贸港建设过程中依照自身的实际情况,寻找符合自身特点与发展需求的工作内容,在激发起社会大众参与自贸港建设的热情、需求和动机之后,还应该为他们将这些热情、动机和需求转化为实际的参与行动提供有利条件。通过旅游产业支持等政策,促进农民、渔民等传统的生计群体向市民以及旅游服务业转变,或者结合自身生计方式的特点,探索和开展传统产业与旅游产业相结合的新模式。

二 文化模式:海岛文化的社会价值推力

文化是人类适应生存环境的产物,一个地方或一个群体的文化和形态包含了当地人民的生存技能与精神内涵。在宏观层面上,文化是一个群体在寻求生存与发展的过程中有意或无意创造出来的物质财富和精神财富的总和。在中观层面上,文化可以分为物质文化、制度文化和精神文化,分别对应着诸如经济生产生活方式与技能、社会制度与社会规则、道德感、认同感等维度的内容。在微观层面上,文化是一个内涵丰富且结构复杂的意义整体,内容包含了知识、信仰、艺术、道德、法律、风俗,以及作为社会成员的个人而获得的任何能力与习惯。由此可以看出,文化的内容不仅包括社会整体的共同要素,也包括社会成员个体的个人惯习,不仅包括社会物质生产方式,还包括精神生活方式。

海南岛不仅拥有内陆地区所具有的红色文化等,还具有独特的海岛文化资源,这些海岛文化资源不仅仅包括渔业、农业等传统的生计文化,还包括独特的海岛民族文化资源,以及在此基础上发展形成的旅游文化。在培育海南民众积极良好的社会心态时,需要挖掘这些文化资源的社会价值,利用这些文化资源作为社会发展的着力点,推进其转化为经济成果、精神成果。

(一) 发掘海岛文化的价值内涵

文化一方面是人类社会活动的产物，另一方面，文化也能够促进人类社会的发展进步。人类社会在进行社会活动时，就在无形中为文化注入了具体的内容，文化中蕴含着一个群体的集体智慧。这些集体智慧通过文化学习、文化继承和文化传播的方式不断地发生补充、更迭、互融，为不同的社会群体提供生存智慧。而当这些集体智慧积累到一定程度时，就会构成较为完整的文化系统。正如上文所述，在宏观上的物质文化和精神文化，在中观上的物质文化、制度文化和精神文化，以及在微观上的知识、制度、道德、艺术、风俗、行为惯习等。这些文化的具体内容一方面是群体智慧的表现，另一方面，这些集体智慧也能为后世的群体生活和社会发展提供必要的生存支撑，以及社会发展的自信源泉与精神动力。

海岛文化具有多重特点，一方面，海岛地处海洋之中，被海洋包围，具有明显的海洋文化的特征。例如，在生计方式以海洋渔业为主，渔民富于冒险精神和探索精神，在征服大海的过程中练成了顽强的意志品质和坚定的生活信心，这些精神构成了海洋民族的基本人格特征。另一方面，在海岛的内陆地区，群山环绕，水草丰美，水文优渥，又发展出了农业等生计方式，相比海洋渔业生计之下的渔民，岛内农民则更加内敛、谦和、坚韧，注重良好社会关系的建立和稳定的社会发展模式。无论是富于冒险和探索精神的海洋渔民，还是安土重迁的岛内农民，都是海岛文化的创造者和承载者，都是海岛文化不可或缺的文化主体。发掘由这些主体所共同承载的海岛文化中所蕴含的人文精神，能够为当前海南社会发展与积极社会心态的建设提供文化自信。

(二) 发挥海岛文化的价值引领

文化的价值不仅仅在于文化能够提供某种生存智慧，更在于文化体现了一个民族或一个群体发展进步的历程。回顾学习群体文化的发展变化历史能发现，文化的发展进步总是伴随着社会的发展进步，而那些能够引领社会发展进步的文化，其中必然对社会进步有价值的内容。以史为镜，可以知兴替，回顾文化的目的不仅仅在于记录文化的过程，更在于寻找既有文化中的价值因子，并将这些价值因子凝练成为一个社会或群体不断向前的价值引领。

在这个层面上，我国的海南岛文化中，不仅仅包含上述的海洋渔民所具有勇于冒险、富于探索的精神品质和岛内农民谦逊内敛、勤劳质朴的坚韧不屈，还包括了全国各地所共有的拥党爱国的红色基因和红色文化。在当前海南社会进行自贸港建设的社会背景之下，需要有一批身先士卒的社会群体敢于开拓先路，为后来者探索经验、树立榜样。而海洋渔民所具有的探索精神和冒险精神恰恰能够胜任这样的任务，可以视为是自贸港建设的群众先锋。除此之外，自贸港建设还需要全盘考虑、周密布局，而在这方面，长期的农业生产所培育出来的内敛、沉稳、周密、细致的民族思维方式，为自贸港建设的稳步推进提供了保驾护航的作用。勇于冒险、富于探索、全盘考虑、周密布局，这就是海南岛文化对当下自贸港建设的价值引领作用。

（三）促进海岛文化的价值增益

在以社会经济建设为主要工作的背景下，社会文化也应当发挥自身的经济价值，将社会文化本身所具有的价值内涵与价值引领转化为社会经济效益，或者为社会经济的发展创造有益条件。文化的经济价值增益，主要可以通过以下几个方面实现：一是文化资源可以通过系统整合成为特殊的旅游资源，尤其是文化旅游中的核心内容，进而产生社会经济效益，例如，海洋文化旅游，红色旅游等。二是将文化产业化，发掘文化产品的经济所值，这些文化产品既可以是物质文化产品，也可以是精神文化产品，例如，以海洋文化为中心开发的文化产品既可以包括现实的海洋文化馆，也可以包括非物质的海洋文化文学与影视作品，通过文化产业化、产品化的方式实现文化的经济价值。三是将对文化的继承具象化，例如建立文化博物馆等，一方面承载着文化继承的功能，另一方面，也发挥着文化教育的作用，为社会成员参与社会建设提供文化动力，进而间接地实现文化的经济价值。

海南岛具有丰富立体的文化资源，因此，在实现海岛文化的价值增益的过程中，可以尝试的途径也较多。首先，针对海洋文化，可以开辟专门的海洋文化旅游旅游专线，让游客亲身体验海洋文化的魅力，也可以专门开设海岛红色文化旅游线路，使游客们跟随革命先烈们的脚步探寻海南社会的解放与发展之路。其次，积极推进海洋文化馆的建设，利用海洋文化馆客流量大、频次多、效益比高的优势，促进海岛文化的经济增益成为常态。同时，也可以围绕海洋文化开展文学作品、影视作品的创作，发挥这类文化产品传播快、受众广的优势，推动海南岛文化的品牌形成。最后，应当注重海南岛文化的传承和教育，使后世的社会成员学习、传承先辈们的优良品质，激励新一代的年轻人们追随先辈们的脚步，投身到更加繁荣的社会建设中去。

三　教育模式：海岛人才的培养与储备

在当今世界，人才是最为宝贵的资源和财富，人才的作用不仅仅在于能够对当前的社会发展产生重大的推进作用，更在于为社会的未来发展提供储备动力。在当今竞争越来越激烈的国际环境下，国与国之间的竞争从经济上、军事上的竞争逐渐转变为了技术和人才上的竞争，谁掌握了更加先进的技术、培养了具有攻坚克难能力的人才，谁就掌握了竞争的主动权。在很大程度上，如今的世界竞争，不仅仅是整体实力的竞争，更是某些尖端领域的竞争，国与国之间竞争的木桶效应更加明显，这种木桶效应在社会发展中影响也愈加显现。因此，人才对社会发展的重要性是不言而喻的。

在海南自贸港建设的过程中，必不可少的就是需要各种具备专业技术能力的人才，这些人才既包括管理类人才，也要包括科学研究人才，还要包括社会服务人才等。因此，在海南岛社会建设过程中，通过提高社会成员的受教育水平，为海南岛社会建设培养人才、储备人才，也是重要内容和有效方式之一。

（一）提升海岛民众的文化水平

一个社会的成员的文化素质的提升，并不能一蹴而就，同时，对所有社会成员的文化素质要求也不尽相同。在宏观层面上，一个社会都需要其所有成员具备基本的文化知识和文化能力，例如，系统学习并熟练使用国家通用语言和文字、学习国家历史、建立国家认同等，这是对社会成员最为基本的文化要求。在微观层面上，一个社会应当根据每个社会领域以及具体的工作岗位，对相应的从业人员进行有针对性的培训，使其具备胜任其工作岗位的能力，例如，对一些社会成员进行系统专业的科学研究训练，在专业领域攻坚克难。

因此，在提高海南社会人口素质的过程中，一方面要从整体上提高社会大众普遍的文化水平与文化能力，出台多种教育政策，从直接对学生的政策支持到对教师的政策支持，再到对学校等教育机构的政策支持，保障受教育者受教育的条件、受教育的能力与受教育的质量。除此之外，还应该根据不同社会成员自身的个人特点与实际情况，有针对性地进行专业技能教育。在此过程中，还应当考虑自贸港建设所需要的人才类型和人才要求，进而提高人才培养的效率。

（二）明确海岛发展的人才需求

社会的发展如同开动一台具有不计其数的零件的复杂机器，并不是某一个或某一群社会成员就能实现的，需要所有社会成员通力合作。在这样的过程中，不同的社会成员各司其职，各尽其责，这就对人才培养提出了要求。一个社会对人才的培养，首先需要明确发展应当着力的方面，据此确定具体的工作门类、工作部门和工作岗位以及工作内容，并对这些工作内容进行轻重缓急的区分，优先顺序地培养相应的人才。对于社会紧缺人才，应当适当地优先培养，对于有常态需求的人才，应当持久稳步扎实培养，而对于对未来的新兴发展点有用的人才，应当敢于尝试培养。

在以自贸港建设为主要经济建设的海南社会中，首先需要明确自贸港建设的总体布局和规划，需要发展一些什么产业，会产生一些什么样的工作内容。在这样的规划中，哪些产业是需要优先发展的，哪些产业需要稳步推进，哪些产业可以放入发展日程中，并确定这些产业和工作门类对于其从业人员有什么人才要求。以此来确定海南社会发展对不同人才类型需求的轻重缓急。同时，海南社会也需要通过人才引进的方式，吸引其他地区的人才，在短时间内为海南社会发展注入人才支撑力量。

（三）培养海岛对口的专业人才

促进社会变迁与社会发展的因素，通常都包含内部因素和外部因素。内部因素来自于社会内部，这些因素之所以能够成为影响社会变迁或社会发展的因素，是因为社会内部的某些问题所造成的社会影响正在凸显并不断扩大。例如，当社会生产力不足以满足社会大众对于美好生活的追求时，就会发生社会经济发展方式的变化等；而当社会生产力水平能够满足社会成员的生活需求时，又会出现更高级的精神需求，又会促使社会生产方式发生新的变化。造成社会变迁的外部因素来自于群体外部，通常是由于国家整体实力的变化或国家竞争格局的变化而引起的，人类历史上的战争、国家的被殖民与解放，甚至国家的解体、毁灭等，都是由外部因素引起，在内外因素的共同作用下产生的。

海南社会的发展，目前既需要顾及岛内传统的经济发展方式，也需要顾及海岸地方的旅游产业，更需要着眼于未来更加广阔的海上贸易。在自贸港建设的政策支持下，海南社会的发展会越来越和国际贸易市场接轨同步，外部因素对海南社会发展的影响会愈加凸显。及时研判未来世界贸易对海南社会发展的总体规划与人才需求就是需要未雨绸缪的工作内容之一。一方面需要明确海南岛内常规的经济发展方式和相应的产业规划，另一方面需要明确海南岛沿海地区的经济发展融合方式与相应的规划布局，除此之外，还应该明确在自贸港建设不断加深的进程中，自贸港产业规划变化情况。根据以上三个方面的规划，确定不同地区、不同时期、不同产业对于人才的具体需求与具体标准，更加精准地为海南社会的未来发展培养人才。

海南省处于自贸港建设的关键时期，大量的外来人才引进，一系列的相关政策的出台，对海南本地人以及外来人口的社会心态调研，建构社会心态相关的监测方法，以培育良好的社会心态显得尤为重要。这就需要我们从多角度出发，采用定性研究和定量研究相结合、宏观研究和微观研究相结合的方法，系统地对海南社会心态进行研究，为海南自贸港的建成提供相关的理论依据，为政府更好地培育健康的社会心态以及更多的利民政策落地做出扎实的理论基础，从而更好地为人民谋幸福。

参考文献

中文著作

陈厥祥：《聆听社会的需求》，浙江大学出版社2007年版。

陈为著：《心火：社会动机与我们的生活》，机械工业出版社2019年版。

高觉敷主编：《西方心理学的新发展》，人民教育出版社1987年版。

赫根汉：《人格心理学导论》，转引自陈建文：《人格与社会适应》，安徽教育出版社2009年版。

胡红生：《社会心态论》，中国社会科学出版社2011年版。

华红琴：《社会心理学原理和应用》，上海大学出版社2004年版。

金盛华：《社会心理学》，高等教育出版社2008年版。

John C. Turner：《自我归类论》，杨宜音、王兵、林含章译，中国人民大学出版社2010年版。

黎岳庭、刘力：《社会认知：了解自己和他人》，北京师范大学出版社2010年版。

李丹：《人际互动与社会行为发展》，浙江教育出版社2008年版。

李权时、章海山：《经纪人与道德人》，人民出版社1995年版。

林秉贤：《社会心理学》，群众出版社1985年版。

林崇德、杨治良、黄希庭：《心理学大辞典》，上海教育出版社2003年版。

刘崇顺：《社会转型与心理变迁》，武汉出版社1997年版。

马皑：《中国人心态扫描》，中国政法大学出版社2010年版。

马克斯·韦伯：《经济与社会》（上卷），商务出版社1998年版。

马斯洛：《人的动机理论》，载《人的潜能和价值》，华夏出版社1987年版。

迈克尔·A. 豪格、多米尼克·阿布拉姆斯：《社会认同过程》，中国人民大学出版社 2011 年版。
彭聃龄：《普通心理学》（修订版），北京师范大学出版社 2004 年版。
彭聃龄：《普通心理学》，北京师范大学出版社 2012 年版。
彭华民：《社会福利与需要满足》，社会科学文献出版社 2008 年版。
皮亚杰：《发生认识论原理》，商务印书馆，1997 年版。
时蓉华：《社会心理学词典》，四川人民出版社 1988 年版。
王俊秀：《社会心态理论：一种宏观社会心理学范式》，社会科学文献出版社 2014 年版。
威廉·杜瓦斯：《社会心理学的解释水平》，中国人民大学出版社 2011 年版。
王康：《社会学词典》，山东人民出版社 1988 年版。
王振宏：《学习动机理论：社会认知的观点》，甘肃文化出版社 2001 年版。
杨宜音、王俊秀：《当代中国社会心态研究》，社会科学文献出版社 2013 年版。
张春兴：《张氏心理学辞典》，上海辞书出版社 1992 年版。
张淑华：《社会认知科学概论》，光明日报出版社 2009 年版。
郑也夫：《信任论》，中国广播电视出版社 2006 年版。
郑也夫：《信任论》，中信出版社 2015 年版。
中国社会科学院文献情报中心：《社会科学新辞典》，重庆出版社 1988 年版。
周宗奎：《儿童社会化》，湖北少年出版社第 1995 版。
［法］勒庞：《乌合之众———大众心理研究》，中央编译出版社 2000 年版。
［美］伯纳德·巴伯：《信任的逻辑和局限》，牟斌等译，福建人民出版社 1989 年版。
［美］弗里德曼等：《社会心理学》，黑龙江人民出版社 1984 年版。
［美］弗兰西斯·福山：《信任：社会美德与创造经济繁荣》，彭志华译，海南出版社 2001 年版。
［美］弗朗西斯·福山、刘榜离著：《大分裂：人类本性与社会秩序的重

建》，王胜利等译，中国社会科学出版社 2002 年版。

［美］罗伯特·D·帕特南著：《使民主运转起来》，王列、赖海榕译，江西人民出版社 2001 年版。

［美］乔治·赫伯特·米德：《心灵、自我和社会》，霍桂桓译，译林出版社 2012 年版。

［美］科尔曼著：《社会理论的基础》，邓方译，社会科学文献出版社 1999 年版。

［苏］安德列耶娃：《社会心理学》，南开大学出版社 1984 年版。

［苏］N.C. 科恩：《十九世纪至二十世纪初资产阶级社会学史》，上海译文出版社 1982 年版。

［苏］尼·布哈林：《历史唯物主义理论》，人民出版社 1983 年版。

［苏］普列汉诺夫：《普列汉诺夫哲学著作选》（第三卷），人民出版社 1962 年版。

［波］彼得·什托姆普卡：《信任：一种社会学理论》，程胜利译，中华书局 2005 年版。

中文期刊及硕博论文

敖丹、邹宇春、高翔：《城镇居民普遍信任的区域间及区域内差异分析——基于"资源因素论"视角》，《社会》2013 年第 6 期。

敖玲敏、吕厚超、黄希庭：《社会情绪选择理论概述》，《心理科学进展》2011 年第 2 期。

白春阳：《现代社会信任问题研究》，博士学位论文，中国人民大学，2006 年。

白长华：《人的自我价值和社会价值新探》，《学理论》2010 年第 29 期。

卜永生、卢宁：《老年人社会角色转换的不良心态及健教对策》，《江苏卫生保健》2003 年第 5 期。

蔡起华、朱玉春：《社会信任、收入水平与农村公共产品农户参与供给》，《南京农业大学学报（社会科学版）》2015 年第 1 期。

蔡思斯：《社会经济地位、主观获得感与阶层认同——基于全国六省市调查数据的实证分析》，《中共福建省委党校学报》2018 年第 3 期。

曹军辉、王瑛、潘孝富：《社会转型期的民众社会心态对其心理和谐影响的实证研究》，《重庆工商大学学报（社会科学版）》2016年第5期。

曹现强、李烁：《获得感的时代内涵与国外经验借鉴》，《人民论坛·学术前沿》2017年第2期。

曾先锋、刘红霞：《疏导与培育：自由贸易港建设对海南人社会心态的新要求》，《武汉工程职业技术学院学报》2020年第3期。

常尚新、王一任：《从马斯洛需要层次理论分析"红包大战"的行为动机》，《现代营销》2017年第3期。

常兴珍：《大学生思想政治理论课获得感研究——以大理大学为例》，硕士学位论文，大理大学，2022年。

车凤成、卢曼：《"复杂性理论"辩证——兼论其信任观之内涵》，《江南大学学报》2008年第3期。

车丽萍：《试论智力发展与同化、顺应的关系——皮亚杰基本理论的启示》，《内蒙古师范大学学报》（哲学社会科学版）1997年第2期。

陈宝生：《办好中国特色社会主义教育以优异成绩迎接党的十九大胜利召开——2017年全国教育工作会议工作报告》，《中国高等教育》2017年第Z1期。

陈彬、张仁鹏、陈济生：《社会参与、自评健康评价与社会心态关系研究——基于CGSS2015数据》，《井冈山大学学报（社会科学版）》2019年第5期。

陈冰赛：《初中生社会支持、防御方式与其社会适应的关系研究》，硕士学位论文，新乡医学院，2014年。

陈炳辉：《弱势民主与强势民主——巴伯的民主理论》，《浙江学刊》2008年第3期。

陈勃：《人口老龄化背景下城市老年人的社会适应问题研究》，《社会科学》2008年第6期。

陈菲菲、毕重增：《社会认知基本维度与小学儿童自尊的关系》，《第十七届全国心理学学术会议论文摘要集》2014年。

陈凤：《高中生人格特质、归因方式与学业倦怠的关系研究》，硕士学位论文，广州大学，2020年。

陈洪:《近年来国内大学生社会心态培育研究述评》,《现代教育科学》2022年第3期。

陈会昌、胆增寿、陈建绩:《青少年心理适应性量表(APAS)的编制及其初步常模》,《心理发展与教育》1995年第3期。

陈建文,黄希庭:《中学生社会适应性的理论构建及量表编制》,《心理科学》2004年第1期。

陈捷、呼和·那日松、卢春龙:《社会信任与基层社区治理效应的因果机制》,《社会》2011年第6期。

陈京军、刘红平、刘玉杰、王欢:《大学生学习获得感:内涵、价值及生成》,《当代教育理论与实践》2021年第1期。

陈晶晶、靳文秀、赵朔:《大学生性别角色类型对社会适应的影响研究》,《才智》2020年第3期。

陈满琪:《基于社会心态的城市治理途径与方法》,《武汉理工大学学报(社会科学版)》2020年第4期。

陈云松、张翼、贺光烨:《中国公众的获得感——指标构建、时空变迁和宏观机制》,《中国浦东干部学院学报》2020年第2期。

程家明:《关于社会心态研究的几个问题》,《江淮论坛》1991年第6期。

程家明:《关于社会心态研究的述评》,《学术研究》2009年第7期。

仇妙芹:《社会认知偏差对大学生极端心理危机事件的影响》,《教育观察》2018年15期。

崔红、王登峰:《性别角色类型与心理社会适应的关系研究》,《中国临床心理学杂志》2005年第4期。

邓彩艳、邓玮桢、陈海丽、林曼云:《海南自贸港建设下黎族居民文化适应路径分析》,《就业与保障》2021年第16期。

邓志强:《改革开放以来中国青年社会心态的现代性嬗变》,《中国青年研究》2018年第4期。

翟慎娟:《友谊、社会行为对儿童归因、情绪反应及应对方式的影响》,硕士学位论文,鲁东大学,2012年。

翟学伟:《社会流动与关系信任——也论关系强度与农民工的求职策略》,《社会学研究》2003年第1期。

丁芳盛:《大桥时代下海岛居民社会心态现状调研》,《浙江海洋学院学报（人文科学版）》2010年第27期。

丁水木:《社会心态研究的理论意义及其启示》,《上海社会科学院学术季刊》1996年第1期。

董才生:《偏见与新的回应：中国社会信任状况的制度分析》,《社会科学战线》2004年第4期。

董才生:《社会信任的基础———一种制度的解释》,博士学位论文,吉林大学,2004年。

董洪杰、谭旭运、豆雪姣、王俊秀:《中国人获得感的结构研究》,《心理学探新》2019年第5期。

董天天:《表情真实性对面孔识别与社会认知的影响》,硕士学位论文,曲阜师范大学,2019年。

段忠贤、吴鹏:《"民生三感"测评指标体系构建及检验》,《统计与决策》2021年第24期。

范士龙、王桂芬:《父亲参与教养对幼儿社会行为的影响研究》,《吉林师范大学学报》（人文社会科学版）2019年第1期。

范兴华、方晓:《流动儿童歧视知觉与社会文化适应：社会支持和社会认同的作用》,《心理学报》2012年第44期。

方富熹:《儿童社会认知发展研究简介》,《心理学动态》1986年第1期。

冯刚、孙贝:《青年理性平和社会心态培育的逻辑与实践进路》,《西北工业大学学报（社会科学版）》2022年第3期。

冯婷:《核心价值观建设与社会心态调适》,《中共浙江省委党校学报》2012年第5期。

符平:《中国农民工的信任结构：基本现状与影响因素》,《华中师范大学学报（人文社会科学版）》《社会》2013年第6期。

傅茂笋、寇增强:《大学生适应量表的初步编制》,《中国心理卫生杂志》2004年第9期。

高俊峰、黄微:《网络舆情信息受众情感极化的生发机理及干预措施分析》,《情报理论与实践》2019年第5期。

高懿:《政府信息发布与本土居民社会心态培育研究》,硕士学位论文,海南师范大学,2020年。

龚紫钰、徐延辉:《农民工获得感的概念内涵、测量指标及理论思考》,《兰州学刊》2020年第2期。

管健:《社会表征理论的起源与发展——对莫斯科维奇〈社会表征:社会心理学的探索〉的解读》,《社会学研究》2009年第4期。

管健:《社会认同复杂性与认同管理策略探析》,《南京师大学报》(社会科学版)2011年第2期。

郭静媛:《青少年网络亲社会行为研究述评》,《青少年学刊》2017年第6期。

郭志荣:《大学生积极社会心态培育研究》,硕士学位论文,东北师范大学,2019年。

韩芬:《小学教师职业获得感问卷编制与现状分析》,硕士学位论文,南通大学,2020年。

韩梦霏:《社会认知基本维度的神经机制研究》,硕士学位论文,西南大学,2015年。

何金宝:《良好的社会心态如何培育和引领》,《光明日报》2011年第24期。

何梅念、郭田友:《深圳外来工子女社会认同的内隐研究》,《中国心理卫生杂志》2008年第12期。

何书仪、罗竟疑、黄雨欣、龚嘉怡、王琼胜:《新生代农民工获得感现状与提升策略》,《山西农经》2022年第4期。

何小芹、曾韵熹、叶一舵:《贫困大学生相对获得感的现状调查分析》,《锦州医科大学学报(社会科学版)》2017年第3期。

贺雯、莫琼:《初中阶段城市农民工子女的社会认同研究》,《心理学探新》2015年第35期。

洪慧芳、寇彧、伍俊辉:《大学生在社会困境中的公平决策:社会价值取向的影响》,《心理发展与教育》2012年第28期。

侯静:《社会转型中社会心态的理论内涵、逻辑建构及变迁》,《北京社会科学》2022年第4期。

胡安宁、周怡:《一般信任模式跨部门差异及其中介机制——基于2010年中国综合社会调查的研究》,《社会学研究》2013 年第 4 期。

胡安宁:《社会参与、信任类型与精神健康:基于 CGSS2005 的考察》,《社会科学》2014 年第 4 期。

胡慧、叶敏:《大学生社会适应与归因方式、羞怯感的关系研究》,《北京教育学院学报(自然科学版)》2013 年第 4 期。

胡蕾:《心理健康教育与社会认知的关系研究》,《开封教育学院学报》2014 年第 8 期。

胡慢华:《高职思政课学生"获得感"模型研究——基于扎根理论的质性研究》,《佳木斯职业学院学报》2020 年第 11 期。

胡荣、李静雅:《城市居民信任的构成及影响因素》,《社会》2006 年第 6 期。

胡维芳、刘将、WANG Yu:《我国青年社会心态影响因素分析——基于 CGSS2015 年调查数据的分析》,《青海社会科学》2021 年第 6 期。

胡晓晨..:《农村公共文化建设中的农民参与问题研究》,硕士学位论文,山东农业大学,2021 年。

扈芷晴、孙艳君、秦邦辉、何源:《江苏省医学生共情与亲社会行为之间的关系》,《医学与社会》2022 年第 35 卷第 6 期。

黄辉、陈捷、王岐富:《农村留守儿童社会支持与社会适应的关系:自尊的中介作用》,《中国健康心理学杂志》2022 年第 5 期。

黄健、邓燕华:《高等教育与社会信任:基于中英调查数据的研究》,《中国社会科学》2012 年第 11 期。

黄立清、林竹、黄春霞、刘金虎:《高校辅导员获得感评价指标体系构建》,《中国健康心理学杂志》2019 年第 6 期。

黄艳敏、张文娟、赵娟霞:《实际获得、公平认知与居民获得感》,《现代经济探讨》2017 年第 11 期。

黄艳钦、张智伟:《海南黎族居民的文化适应研究》,《产业创新研究》2019 年第 12 期。

冀慧珍:《获得感:少数民族流动人口城市融入的标尺》,《西南民族大学学报(人文社会科学版)》2021 年第 2 期。

贾晓波:《心理适应的本质与机制》,《天津师范大学学报(社会科学版)》

2001年第1期。

姜芬奇：《浅谈高校基层行政管理人员的自我价值感及其提升》，《江西农业大学学报（社会科学版）》2007年第4期。

姜勇.：《村庄治理中农村老年人的公共参与》，硕士学位论文，浙江师范大学，2010年。

蒋长流、许玉久、董玮：《脱贫攻坚的成效考量与示范意义——基于居民获得感、幸福感和安全感的调查研究》，《社会科学文摘》2021年第8期。

蒋重清、李勇辉：《情绪理论的社会-认知观浅析》，《广西民族学院学报（哲学社会科学版）》2001年第S2期。

解娅南：《情景表演对中班幼儿亲社会行为影响的实验研究》，硕士学位论文，天津师范大学，2022年。

金伟、陶砥：《新时代民生建设的旨归：增强群众获得感、幸福感与安全感》，《湖北社会科学》2018年第5期。

金晓彤、崔宏静：《新生代农民工社会认同建构与炫耀性消费的悖反性思考》，《社会科学研究》2013年第4期。

经卫国、况志华：《自由贸易港建设对国民社会心态的新要求——评〈中国自由贸易试验区与自由贸易港建设发展研究〉》，《国际贸易》2022年第3期。

井世洁、杨宜音：《转型期社会信任感的阶层与区域特征》，《社会科学》2013年第6期。

康萤仪、Michael W. Morris、赵志裕、Veronica Benet-Martínez、张曙光：《多元文化心灵——文化与认知的动态建构主义进路》，《中国社会心理学评论》2010年第1期。

孔德永：《新时代农民获得感可持续路径研究》，《农业经济》2020年第5期。

寇彧、洪慧芳、谭晨、李磊：《青少年亲社会倾向量表的修订》，《心理发展与教育》2007年第1期。

寇彧、马艳：《儿童社会适应的社会信息加工模型及其特殊应用》，《心理与行为研究》2004年第1期。

赖红玲:《文化适应策略对社会心理和学习适应的影响》,《兰州交通大学学报》2021 年第 1 期。

乐国安、韩振华:《信任的也理学研究与展望》,《西南大学学报》2009 年 35 卷第 2 期。

雷晓玲、赵冬梅、杨文娇、田晓红:《青少年家庭功能与亲社会行为的关系:一个有调节的中介模型》,《心理发展与教育》2022 年第 6 期。

黎湘:《正念养育与儿童亲社会行为的关系——共情的中介作用》,硕士学位论文,广西师范大学,2022 年。

李丹、杨璐、何泽川:《精准扶贫背景下西南民族地区贫困人口获得感调查研究》,《四川大学学报(哲学社会科学版)》2018 年第 31 期。

李丹、张苗苗:《西南民族地区贫困人口获得感从何而来?》,《财经问题研究》2018 年第 11 期。

李东坡:《复杂社会条件下社会心态培育研究》,博士学位论文,兰州大学,2015 年。

李凤芝:《大学生人格特质与亲社会行为的相关研究》,《校园心理》2022 年第 3 期。

李海艳:《哪些因素影响青年社会心态》,《人民论坛》2018 年第 19 期。

李海燕、卢根、张文丽:《集体类体育游戏对高年级小学生亲社会行为的培养研究》,《青少年体育》2022 年第 4 期。

李华,《亲社会视频游戏对 3—6 岁幼儿亲社会行为影响的实验研究》,硕士学位论文,西南大学,2021 年。

李路路、王鹏:《转型中国的社会态度变迁(2005—2015)》,《中国社会科学》2018 年第 3 期。

李明宇:《劳动密集型企业员工领悟社会支持对获得感的影响及干预研究》,硕士学位论文,重庆师范大学,2021 年。

李南:《大学生网络虚拟空间精神获得感的意蕴与提升》,《湖北开放职业学院学报》2021 年第 16 期。

李霓:《从执政党执政视角直面社会心态建设》.《毛泽东思想研究》2011 年第 5 期。

李文道、邹泓、赵霞:《初中生的社会支持与学校适应的关系》,《心理发展与教育》2003 年第 3 期。

李雪碧：《大学生思想政治理论课获得感现状及提升路径研究》，硕士学位论文，华中师范大学，2019 年。

李雪榴、许闯：《归因方式研究综述》，《青年与社会》2012 年第 3 期。

李耀松、许其、李霞：《宁夏生态移民可持续发展研究》，《宁夏社会科学》2012 年第 1 期。

林聚任、刘翠霞：《山东农村社会资本状况调查》，《开放时代》2005 年第 4 期。

林聚任、张月阳、向维：《近十年来居民的社会分化和社会心态变化趋势与问题——基于 CGSS 有关数据的分析》，《当代世界社会主义问题》2015 年第 3 期。

林双佳、胡珊：《父母教养方式与中学生亲社会行为：道德推脱的中介作用》，《教育观察》2022 年第 12 期。

林爽、刘文、王薇薇、张雪：《成熟对青春期型反社会行为的影响》，《心理科学进展》2021 年第 6 期。

林源：《关于实现个人的自我价值与社会价值的若干思考》，《扬州大学学报（人文社会科学版）》2001 年第 2 期。

刘存地：《网络媒体信息对个人社会认知的影响》，博士学位论文，武汉大学，2020 年。

刘红霞：《自贸港建设背景下海南当地人社会心态培育研究》，《管理纵横》2019 年第 3 期。

刘红霞：《自贸港建设背景下海南当地人社会心态培育研究》，《知识经济》2020 年第 3 期。

刘红霞：《自贸港建设背景下海南黎族青年社会心态调查》，《武汉工程职业技术学院学报》2021 年第 3 期。

刘继青：《基于"获得感"思想的教育改革》，《教育发展研究》2017 年第 1 期。

刘娟：《乡村小规模学校教师获得感研究》，硕士学位论文，东北师范大学，2018 年。

刘凯歌：《社会认知基本维度、人际熟悉度对自恋者吸引力的调节作用研究》，硕士学位论文，西南大学，2015年。

刘香：《社会资本、农民创业与农民获得感》，硕士学位论文，广西民族大学，2022年。

刘晓、黄希庭：《社会支持及其对心理健康的作用机制》，《心理研究》2010年第1期。

刘晓燕、陈国鹏：《社会情绪选择理论的发展回顾》，《华东师范大学学报（教育科学版）》2011年第29卷第1期。

刘欣：《新政治社会学：范式转型还是理论补充？》，《社会学研究》2009年第1期。

刘星：《获得感的内涵与评价指标体系构建》，《老区建设》2019年第4期。

刘艳、陈建文：《大学生自尊与社会适应的关系：积极核心图式与同伴依恋的链式中介效应分析》，《心理发展与教育》2020年第6期。

刘一民：《运动员社会行为研究概论》，《武汉体育学院学报》2006年第03期。

刘毅、李文琼：《社会价值取向及其测量方法》，《山西经济管理干部学院学报》2008年第1期。

刘永明、贾林祥：《社会情绪发展及其调控对社会适应的影响》，《第十一届全国心理学学术会议论文摘要集》2007年。

刘在花、许燕：《社会智力研究的理论评述》，《上海教育科研》2005年第4期。

刘长江、郝芳：《不对称社会困境中社会价值取向对合作的影响》，《心理学报》2011年第43期。

刘震、雷洪：《三峡移民在社会适应性中的社会心态》，《人口研究》1999年第2期。

龙宣萍：《论研究社会心态问题的意义与方法》，《贵州大学学报社会科学版》2000年第4期。

陆德宝、关喆：《家庭因素对学生行为问题的影响》，《中国校医》1996年第5期。

吕厚超、胡维：《社会阶层与社会信心：生活满意度和未来时间洞察力的作用》,《第二十一届全国心理学学术会议摘要集》2018年。

吕小康、黄妍：《如何测量"获得感"？——以中国社会状况综合调查（CSS）数据为例》,《西北师大学报（社会科学版）》2018年第5期。

吕小康、孙思扬：《获得感的生成机制：个人发展与社会公平的双路径》,《西北师大学报（社会科学版）》2021年第4期。

罗鸣春、邓雪玲、和仕杰、韦怡：《民族院校大学生的获得感现状与特点》,《民族高等教育研究》2021年第2期。

马光焱：《当代大学生良好社会心态培育研究》，博士学位论文，东北师范大学，2017年。

马广海：《论社会心态：概念辨析及其操作化》,《社会科学》2008年第10期。

马惠霞、宋英杰、刘瑞凝、朱雅丽、杨琼、郝胤庭：《情绪的动机维度对趋避行为的影响》,《心理科学》2016年第5期。

马进：《社会认同是怎样进行的——论民族认同、国家认同与社会心态的健全》,《民族论坛》2014年第11期。

马向真，张雷：《道德价值建构与社会心态塑造的同向性探析》,《东南大学学报》2009年第4期。

孟凡松、钟玉芳：《内隐社会认知研究综述》,《牡丹江大学学报》2010年第2期。

牟雪、陈东梅：《大班幼儿分享行为现状与教师指导策略》,《陕西学前师范学院学报》2018年第7期。

倪士光、李虹：《流动儿童认同整合与歧视知觉的关系：社会支持和应对方式的作用》,《心理发展与教育》2014年第30期。

聂衍刚、郑雪、万华等：《社会适应行为的结构与理论模型》,《华南师范大学学报》（社会科学版），2006年第6期。

聂衍刚：《青少年社会适应行为及影响因素的研究》，博士学位论文，华南师范大学，2005年。

牛颖颖：《角色游戏中幼儿亲社会行为现状研究》，硕士学位论文，江苏大学，2022年。

欧阳瑜华，刘海燕：《社会心态基本理论问题研究综述》,《理论探索》

2014 年第 5 期。

欧阳瑜华：《当代大学生积极社会心态培育》，博士学位论文，中国地质大学，2017 年。

庞丽娟：《同伴提名法与幼儿同伴交往研究》，《教育科学研究》1991 年第 2 期。

庞文：《教育获得感的理论内涵、结构模型与生成机理》，《当代教育科学》2020 年第 8 期。

彭泗清：《信任的建立机制：关系运作与法制手段》，《社会学研究》1999 年第 2 期。

彭文波、吴霞、谭小莉：《获得感：概念、机制与统计测量》，《重庆师范大学学报（社会科学版）》2020 年第 2 期。

浦昆华、李辉、白新杰、孙云瑞：《家庭功能、父母教养方式及夫妻关系对青少年社会适应性的预测》，《现代生物医学进展》2012 年第 21 期。

钱思帆：《社区社会资本对公共服务获得感的影响研究》，硕士学位论文，西南交通大学，2021 年。

秦广强、江治强：《中国城乡困难人群的社会心态与社会参与——基于一项全国抽样调查数据的分析》，《调研世界》2019 年第 3 期。

秦敏、梁溯：《在线产品创新社区用户识别机制与用户贡献行为研究：基于亲社会行为理论视角》，《南开管理评论》2017 年第 3 期。

邱吉，孙树平，周怀红：《当前社会心态的考察分析与实践引导》，《中国特色社会主义研究》2012 年第 2 期。

任亮宝：《当前我国居民社会心态及影响因素——基于 CGSS 数据实证研究》，《河西学院学报》2018 年第 3 期。

商梦雅、李江：《农村宅基地制度对农户主观获得感、幸福感、安全感的影响》，《西北农林科技大学学报（社会科学版）》2022 年第 4 期。

邵雅利：《习近平"人民获得感思想"的深刻意蕴与实践路径》，《理论导刊》2017 年第 9 期。

申云、贾晋：《收入差距、社会资本与幸福感的经验研究》，《公共管理学报》2016 年第 3 版。

盛颉、李磊：《乡村振兴视域下农民获得感现状与提升路径研究》，《西昌学院学报（社会科学版）》2020年第3期。

舒跃育、靳佳丽、李嘉明：《"社会认知论"对心理学的理论贡献》，《心理研究》2022年第1期。

宋朝阳：《大学生网络购物中的社会信任研究》，硕士学位论文，苏州大学，2010年。

宋丽娜：《人情的社会基础研究》，博士学位论文，华中科技大学，2011年。

苏岚岚、彭艳玲、孔荣：《农民创业能力对创业获得感的影响研究——基于创业绩效中介效应与创业动机调节效应的分析》，《农业技术经济》2016年第12期。

苏渊媛.：《社会主要矛盾视角下汾阳市人民获得感、幸福感、安全感提升研究》，硕士学位论文，山西大学，2020。

隋岩、李燕：《论网络语言对个体情绪社会化传播的作用》，《国际新闻界》2020年第1期。

孙安若：《混龄教育中幼儿社会行为的发展——基于混龄班与同龄班的比较研究》，硕士学位论文，江苏师范大学，2017年。

孙德梅、王正沛、康伟：《转型期我国公民社会心态影响因素分析：基于CGSS2008调查数据的分析》，《科学决策》2014年第1期。

孙立明：《对网络情绪及情绪极化问题的思考》，《中央社会主义学院学报》2016年第1期。

孙倩：《四川藏区农牧民获得感的现状及提升对策研究》，硕士学位论文，西南交通大学，2018年。

孙圣涛、崔新、黄平：《父母自我效能感与智力障碍儿童社会适应能力的双向影响：性别的调节作用》，《教育生物学杂志》2022年第1期。

孙伟平：《论影响社会心态的诸因素》，《吉首大学学报（社会科学版）》2013年第1期。

孙英：《正确认识全面把握人民美好生活需要》，《光明日报》2018年12月26日，第2版。

孙元明：《灾难中社会恐慌的生成、演绎、变化及其危害性——重大疫情防控期社会情绪应急管理及后疫情时代的社会情绪治理》，《前沿》2020

年第 4 期。

孙远太：《城市居民社会地位对其获得感的影响分析——基于 6 省市的调查》，《调研世界》2015 年第 9 期。

谭旭运、张若玉、董洪杰、王俊秀：《青年人获得感现状及其影响因素》，《中国青年研究》2018 年第 10 期。

唐晋：《新时代积极社会心态培育研究》，硕士学位论文，湖南中医药学院，2018 年。

唐有财、符平：《获得感、政治信任与农民工的权益表达倾向》，《社会科学》2017 年第 11 期。

唐有财、符平：《转型期社会信任的影响机制——市场化、个人资本与社会交往因素探讨》，《浙江社会科学》2008 年第 11 期。

唐忠武：《欠发达地区农村社会信用体系建设工作研究——以广西农村信用体系建设情况为例》，《区域金融研究》2015 年第 2 期。

陶冶：《大庆人社会心态的演变及其特点分析》，《大庆社会科学》2015 年第 3 期。

田北海、马艳茹：《文化距离、地域认同、社会资本与回流农民的文化再适应》，《华中农业大学学报》（社会科学版）2021 年第 5 期。

田晓霞：《社会行为的多向度分析》，硕士学位论文，山西大学，2009 年。

田园：《研究生人际信任、领悟社会支持与亲社会行为倾向的关系研究》，硕士学位论文，杭州师范大学，2011 年。

涂刚鹏、殷怡龙：《自贸港建设要坚持以人民为中心的价值追求》，《海南日报》2022 年 7 月 6 日，第 6 版。

万明钢、李奈：《侵犯性行为与性别差异的跨文化研究》，《西北师大学报》（社会科学版）1997 年第 4 期。

汪宁：《城乡居民一般信任及其影响因素研究》，硕士学位论文，西北师范大学，2020 年。

汪珊珊、李琳：《公共图书馆员的职业倦怠与对策研究》，《内蒙古科技与经济》2021 年第 11 期。

王道勇：《论全面深化改革时期的获得感问题》，《教学与研究》2017 年第 4 期。

王頔责编:《习近平:党中央支持海南全面深化改革开放争创新时代中国特色社会主义生动范例》,《新华网》,http://www.xinhuanet.com/politics/2018-04/13/c_1122680222.htm,2018年4月13日。

王芳芳:《家庭环境对幼儿亲社会行为的影响研究》,硕士学位论文,江苏大学,2020年。

王欢、蒋元香:《西部城市退休老年人心理健康状况研究》,《湖北函授大学学报》2015年第28期07。

王晖余、王存福:《海南自贸港产业"补短板"跑出"加速度"》,《新华每日电讯》2021年12月28日,第10版。

王继兵:《学校教育:成全"人"的"获得感"》,《中小学管理》2015年第7期。

王俊秀:《从社会心态培育到社会心理建设》,《北京工业大学学报(社会科学版)》2015年第4期。

王俊秀:《关注社会情绪 促进社会认同 凝聚社会共识——2012~2013年中国社会心态研究》,《民主与科学》2013年第1期。

王俊秀:《社会情绪的结构和动力机制:社会心态的视角》,《云南师范大学学报(哲学社会科学版)》2013年第5期。

王俊秀:《社会心态:转型社会的社会心理研究》,《社会学研究》2014年第1期。

王俊秀:《社会心态的结构和指标体系》,《社会科学战线》2013年第2期。

王俊秀:《新媒体时代社会情绪和社会情感的治理》,《探索与争鸣》2016年第11期。

王磊:《社会信任与家庭幸福感的关系初探——基于中国家庭幸福感热点问题调查数据的研究》,《中国社会心理学评论》2018年第1期。

王明文:《目的理性行为、形式合理性和形式法治——马克斯·韦伯法律思想解读》,《前沿》2011年第19期。

王沛、陈莉:《惩罚和社会价值取向对公共物品两难中人际信任与合作行为的影响》,《心理学报》2011年第43期。

王沛、汲惠丽:《社会价值取向与反馈对动态社会两难决策的影响:以水资源两难决策为例》,《心理与行为研究》2009 年第 7 期。

王沛、张国礼:《社会认知对于归因理论与研究发展趋势的影响》,《宁夏大学学报(人文社会科学版)》2006 年第 1 期。

王浦劬、季程远:《新时代国家治理的良政基准与善治标尺——人民获得感的意蕴和量度》,《中国行政管理》2018 年第 1 期。

王浦劬、李锋:《我国公务员信任公民的影响要素实证分析》,《中共中央党校学报》2016 年第 20 期。

王绍光、刘欣:《信任的基础:一种理性的解释》,《社会学研究》2002 年第 3 期。

王恬、谭远发、付晓珊:《我国居民获得感的测量及其影响因素》,《财经科学》2018 年第 9 期。

王薇薇、刘文、王依宁:《儿童青少年社会适应的发展特点与影响因素及其促进》,《学前教育研究》2021 年第 12 期。

王小卫:《从当前中国社会心态看国家与社会关系的重构》,《社科纵横》2012 年第 8 期。

王一伊:《恐怖袭击事件个体心理行为影响因素仿真分析》,《武汉理工大学学报(信息与管理工程版)》2016 年第 38 卷第 6 期。

王益富,潘孝富:《中国人社会心态的经验结构及量表编制》,《心理学探新》2013 年第 1 期。

王毅杰、倪云鸽:《流动农民社会认同现状探析》,《苏州大学学报》2005 年第 2 期。

王颖:《家庭因素对大学生社会心态的影响研究》,硕士学位论文,兰州大学,2018 年。

王永丽、林崇德、余国良:《儿童社会生活适应量表的编制与应用》,《心理发展与教育》2005 年第 1 期。

王云:《"讲好中国故事"背景下大学生积极社会心态培育研究》,《湖北开放职业学院学报》2022 年第 7 期。

王中会、童辉杰:《流动儿童社会认同对学校适应的影响》,《中国特殊教育》2016 年第 3 期。

王中会:《流动儿童心理韧性对主观幸福感的影响:社会认同的中介作

用》,《中国特殊教育》2017 年第 6 期。

韦耀阳.:《基于认知理论的大学生个人知识管理能力研究》,博士学位论文,武汉大学,2017 年。

文宏、刘志鹏:人民获得感的时序比较———基于中国城乡社会治理数据的实证分析,《社会科学》2018 年第 3 期。

吴宝沛、寇彧:《西方社会价值取向的研究历程与发展趋势》,《心理科学进展》2008 年第 16 期。

吴宸琛、崔友兴:《中小学教师教学获得感的构成要素与生成逻辑》,《教学与管理》2022 年 7 月。

吴光玲:《闽东传统民居的地理经济选择及文化内涵》,《经济与社会发展》2007 年第 11 期。

吴爽、李健:《大气污染科普展品功能需求的 KANO 模型分析》,《设计》2019 年第 23 期。

吴燕、田学红:《社会价值取向与个体的内隐态度》,《杭州师范大学学报（社会科学版）》2013 年第 35 期。

吴一凡、穆惠涛:《从"存在感"到"获得感":新时代高校育人理念的价值转向》,《吉林省教育学院学报》2020 年第 3 期。

吴莹、杨宜音:《社会心态形成过程中社会与个人的"互构性"》,《社会科学战线》2013 年第 2 期。

习近平:在庆祝海南建省办经济特区 30 周年大会上的讲话,2018 年 4 月 13 日,https：//www.12371.cn/2018/04/14/ARTI15236603 64597311.shtml,2022 年 8 月 30 日。

习近平:《在中国共产党第十九次全国代表大会上的报告——决胜全面建成小康社会,夺取新时代中国特色社会主义伟大胜利》,《光明日报》,2017 年 10 月 28 日第 1 版,http：//cpc.people.com.cn,2022 年 8 月 31 日。

夏四平:《农民工社会认同的特点研究》,硕士学位论文,西南大学,2008 年。

夏志东.:《新生代农民工自我概念、城市融入与亲社会行为关系研究》,硕士学位论文,浙江理工大学,2018 年。

肖璐:《新农村建设背景下高校毕业生农村就业行为研究》,博士学位论文,江苏大学,2013年。

谢晓非、余嫒媛、陈曦、陈晓萍:《合作与竞争人格倾向测量》,《心理学报》2006年第38期。

谢志萍:《初中生自我概念与社会行为发展特点及关系的研究》,硕士学位论文,山西大学,2004年。

邢占军、牛千:《获得感:供需视阈下共享发展的新标杆》,《理论学刊》2017年第5期。

熊文琴:《论儿童情绪社会化的心理机制》,《中国新技术新产品》2008年第17期。

熊文琴:《浅谈儿童情绪社会化的主要内容》,《今日科苑》2008年第22期。

徐皓铭、韩会君:《动机气氛与同伴接纳:青少年运动中亲社会行为和反社会行为的影响因素及中介模型构建》,第十二届全国体育科学大会,2022年。

许莉、董艺璇:《公共事件网络视频传播中的社会情绪研究》,《中国新闻传播研究》2021年第1期。

薛洪:《重视将社会心态的培育纳入社会建设的视野》,《唯实现代管理》2012年第1期。

薛念文:《"获得感、幸福感、安全感"的重大现实意义》,《国家治理》2017年第47期。

颜舒悦:《快递小哥获得感现状与提升路径》,《合作经济与科技》2021年第9期。

杨春香:《民族地区精准脱贫人口"获得感"研究》,硕士学位论文,贵州民族大学,2020年。

杨方:《论帕森斯的结构功能主义》,《经济与社会发展》2010年第10期。

杨婧岚:《试论社会情绪治理:重大疫情防控中的舆论引导》,《西部广播电视》2021年第23期。

杨群红:《转型时期社会不良情绪产生的原因及调控对策》,《中州学刊》2004年第1期。

杨思毅、吴奇杏：《在角色游戏中培养幼儿亲社会行为的策略》，《基础教育研究》2022年第5期。

杨宜音：《个体与宏观社会的心理关系：社会心态概念的界定》，《社会学研究》2006年第4期。

杨宜音：《社会心态形成的心理机制及效应》，《哈尔滨工业大学学报（社会科学版）》2012年第6期。

杨雨：《新时代农民获得感现状及影响因素研究》，硕士学位论文，云南师范大学，2019年。

姚斌：《农民获得感影响因素及提升路径研究》，硕士学位论文，东北财经大学，2020年。

姚树桥、龚耀先、全国协作组：《儿童适应行为评定量表全国常模的制定》，《中国临床心理学杂志》1993年第2期。

叶一舵、何小芹、付贺贺：《基于社会比较的贫困大学生相对获得感提升路径探讨》，《教育现代化》2018年第19期。

殷颢文、毛曦、顾友梅：《社会适应问题研究综述》，《湘南学院学报》2017年第3期。

殷越：《获得感与幸福感的关系研究》，硕士学位论文，华南理工大学，2019年。

尹书强、马润生：《城市流动儿童的社会认同困境及对策》，《青少年研究》2008年第1期。

俞国良、靳娟娟：《加强疫情期健康社会心态培育》，《首都治理》2020年第7期。

俞弘强：《社会交换理论与理性选择理论之比较研究——以布劳和科尔曼为例》，《中共浙江省委党校学报》2004年第3期。

袁浩、陶田田：《互联网使用行为、家庭经济状况与获得感——一项基于上海的实证研究》，《社会发展研究》2019年第3期。

袁晓娇、方晓义、刘杨、蔺秀云：《流动儿童社会认同的特点、影响因素及其作用》，《教育研究》2010年第31期。

岳朋雪：《新中国成立后海南归国难侨社会文化适应研究》，《海南热带海洋学院学报》2017年第4期。

张翠娟、白凯:《面子需要对旅游者不当行为的影响研究》,《旅游学刊》2015年第12期。

张丹:《政府绩效评价、社会认知对腐败感知的影响》,硕士学位论文,山东大学,2021年。

张东方:《青年理性平和社会心态培育的逻辑理路》,《观察思考》2021年第5期。

张二芳:《社会心态的研究及其意义》,《长江论坛》1996年第1期。

张恒赫:《新时代我国社会主要矛盾变化的历史逻辑与理论向度》,《中国地质大学学报(社会科学版)》2018年第1期。

张建荣:《论信任文化的社会生成——什托姆普卡信任思想述要》,《学习与践》2010年第4期。

张建新、张妙清、梁觉:《殊化信任与泛化信任在人际信任路径模型中的作用》,《心理学报》2000年第3期。

张梁、郭文斌、王庭照:《文兰适应行为量表的发展及应用》,《现代特殊教育》2017年第22期。

张明霞:《人民群众获得感研究综述》,《西南石油大学学报(社会科学版)》2020年第2期。

张鹏程、沈永江:《小学教师获得感的问卷编制与现状调查》,《现代基础教育研究》2022年第1期。

张强:《当代大学生获得感研究》,硕士学位论文,山西师范大学,2018年。

张青卫:《获得感幸福感安全感的科学内涵与实践路径》,《中国高校社会科学》2021年第3期。

张书维:《社会公平感、机构信任度与公共合作意向》,《心理学报》2017年第6期。

张淑敏:《宽容与信任之社会心态的双向建构:"认同-渲染"模型构想》,《中国社会心理学评论》2018年第1期。

张晓庆:《"丧文化"背景下的青年积极社会心态培育研究》,《青年教育》2019年第6期。

张雪:《公众获得感的初步研究》,硕士学位论文,重庆大学,2019年。

张莹瑞、佐斌:《社会认同理论及其发展》,《心理科学进展》2006年第14卷第3期。

张振、张帆、黄亮、袁博、王益文:《决策中社会价值取向的理论与测评方法》,《心理科学进展》2014年第22期。

张振、张帆、黄亮、袁博、王益文:《决策中社会价值取向的理论与测评方法》,《心理科学展》2014年第22期。

张振、张帆、原胜、郭丰波、王益文:《社会价值取向滑块测验中文版的测量学分析》,《心理与行为研究》2015年第13期。

张铮:《新时代社会文化新需求分析》,《人民论坛》2020年第20期。

赵德雷:《信任与公平:青年社会心态的区域比较》,《中国青年研究》2016年第5期。

赵晶、石向实:《社会认知神经科学研究十年:回顾与展望》,《心理学探新》2010年第4期。

赵凯莉:《亲子依恋与青少年学校适应:中介效应与调节效应》,硕士学位论文,宁波大学,2018年。

赵利娜、程鲜彩、徐玉圣:《情绪理论浅述》,《和田师范专科学校学报》2007年第1期。

赵鑫、史娜、张雅丽、陈玲、周仁来:《人格特质对社会适应不良的影响:情绪调节效能感的中介作用》,《中国特殊教育》2014年第8期。

赵媛:《高中生归因方式、宽恕与主观幸福感的关系研究》,硕士学位论文,哈尔滨师范大学,2020年。

赵志裕、温静、谭俭邦:《社会认同的基本心理历程——香港回归中国的研究范例》,《社会学研究》2005年第5期。

赵子林、覃彦婷:《大学生思政课获得感的提升路径探论》,《苏州科技大学学报(社会科学版)》2022年第2期。

郑鸽.:《社会认知基本维度对群际威胁感知的影响》,硕士学位论文,西南大学,2017年。

郑雯、乐音、桂勇:《网络新生代与网络社会心态:代际更替、心态变迁与引导路径》,《青年探索》2022年第2期。

郑雪、王磊:《中国留学生的文化认同、社会取向与主观幸福感》,《心理发展与教育》2005 年第 1 期。

郑雨雪：《环境污染事件中网络情绪指向及极化研究》，《新媒体研究》2020 年第 6 卷第 22 期。

钟毅平、范伟、张娣：《人类社会认知的神经机制：来自社会脑研究的证据》，《心理科学》2011 年第 1 期。

周海涛、张墨涵、罗炜。《我国民办高校学生获得感的调查与分析》，《高等教育研究》2016 年第 9 期。

周晓虹：《中国人社会心态六十年变迁及发展趋势》，《河北学刊》2009 年第 5 期。

周怡、周立民：《中国农民的观念差异与基层政府信任》，《社会科学研究》2015 年第 4 期。

朱代琼、王国华：《突发事件中网民社会情绪产生的影响因素及机理——基于三元交互决定论的多个案定性比较分析（QCA），《情报杂志》2020 年第 3 期。

朱军帅：《大学生获得感量表编制及特征研究》，硕士学位论文，内蒙古师范大学，2020 年。

朱水容：《老年人对陌生人的信任特点及影响因素研究》，硕士学位论文，西南大学，2014 年。

朱英格、董妍、张登浩：《主观社会阶层与我国居民的获得感：社会排斥和社会支持的多重中介作用》，《中国临床心理学杂志》2022 年第 1 期。

朱玥、马剑虹：《不同社会价值导向个体博弈行为与社会预期的关系》，《心理科学》2009 年第 32 期。

邹泓、刘艳、张文娟、蒋索、周晖、余益兵：《青少年社会适应的保护性与危险性因素的评估》，《心理发展与教育》2015 年第 1 期。

邹泓、余益兵、周晖、刘艳：《中学生社会适应状况评估的理论模型建构与验证》，《北京师范大学学报》（社会科学版）2012 年第 1 期。

英文著作

Bakan D, *The duality of human existence*, Chicago, IL: Rand McNally, 1996.

Bernard Weiner, *Social Motivation, Justice, and the Moral Emotions*, New

York: Psychology Press, 2005.

Fiske S T and Taylor S. E, *Social cognition*, New York: McGraw-Hill, 1991.

Flavell, J. H., and P. H. Miller, Social cognition. In W. Damon (Series ed.), D. Kuhn & R. S. Siegler (eds.), Handbook of Child Psychology, Vol. 2: Cognition, Perception, and Language. New York: Wiley, 1998.

Joseph P. Forgas, *Feeling and Thinking - - - The role of Affect in Social Cognition*, UK: The University of Cam-bridge, 2000.

Lazarus, Richard S., *Coping theory and research: Past, present, and future*, US: Lawrence Erlbaum Associates, 1993.

R Lazarus and Folkman, *Stress, appraisal and the coping : Failed in the United States*, New York: Inc. 11 West 42nd Street, Springer publishing company, 1984.

Tajfel H., *Differentiation Between Social Groups: Studies in the Social Psychology of intergroup Relations*, London: Academic Press, 1978.

英文期刊文献

Abele A. E and Wojciszke B, "Agency and communion from the perspective of self versus others", *Journal of Personality and Social Psychology*, Vol. 93, No. 5, 2007.

Azalea Reyes-Aguilar and Fernando A., "Barrios. A Preliminary Study of Sex Differences in Emotional Experience". *Psychological Reports*, Vol. 118, No. 2, 2016.

Bandura A, "Human agency in social cognitive theory", *American psychologist*, Vol. 44, No. 9, 1989.

Baron A S and Banaji M R, "The development of implicit attitudes: Evidence of race evaluations from ages 6 and 10 and adulthood", *Psychological science*, Vol. 17, No. 1, 2006.

Bem SL, "Sex role adaptability: One consequence of psychological androgyny", *Journal of Personality and Social Psychology*, Vol. 31, No. 4, 1975.

Brown R., "Social Identity Theory: past achievements, current problems and future challenges" *European Journal Social Psychology*, Vol. 30, 2000.

Brucks, W. M. and van Lange, P. A. M., "When prosocials act like proselfs in a commons-dilemma", *Personality and Social Psychology Bulletin*, Vol. 33, No. 5, 2007.

By Crick, Nicki R., Dodge, Kenneth A:《A review and reformulation of social information-processing mechanisms in children's social adjustment.》转引自寇彧、马艳,《儿童社会适应的社会信息加工模型及其特殊应用》,《心理与行为研究》2004年第1期。

Carroll J B, Osgood C E and Suci G J, "The measurement of meaning", *Language*, Vol. 35, No. 1, 1959.

Carstensen, L. L., "The influence of a sense of time on human development". *Science*, Vol. 132, 2006.

Clarke A M, ternberg R J, "Beyond IQ: a triarchic theory of human intelligence", *British Journal of Educational Studies*, Vol. 34, No. 2, 1986.

Declerck, C. H. and Bogaert, S., "Social value orientation: Related to empathy and the ability to read the mind in the eyes", *The Journal of Social Psychology*, Vol. 148, No. 6, 2008.

Devinsky O, Morrell M J and Vogt B A, "Contributions of anterior cingulate cortex tobehaviour", *Brain*, Vol. 90, No. 3, 1995.

Diehl M, Owen S K and Youngblade L M, "Agency and communion attributes in adults' spontaneous self-representations", *International journal of behavioral development*, Vol. 28, No. 1, 2004.

Doll, "The essentials of an inclusive concept of mental deficiency", 转引自殷颢文、毛曦、顾友梅:《社会适应问题研究综述》,《湘南学院学报》2017年第3期。

Greenwald A G and Banaji M R, "Implicit social cognition: attitudes, self-esteem, and stereotypes", *Psychological review*, Vol. 102, No. 1, 1995.

Greenwald A G, Banaji M R and Rudman L A, "A unified theory of implicit attitudes, stereotypes, self-esteem, and self-concept", Psychological review, Vol. 109, No. 1, 2002.

Hobfoll, S E, "Conservation of resources. A new attempt at conceptualizing stress" Am Psychol, Vol. 44, No. 3, 1989.

——, Social and Psychological Resources and Adaptation", *Review of General Psychology*, Vol. 6, No. 4, 2002.

Jlm A and Lrb B, "Conceptual and methodological considerations in a developmental approach to the study of positive adaptation", *Journal of Applied Developmental Psychology*, Vol. 23, No. 2, 2002.

Kanagaretnam, K., Mestelman, S., Nainar, K. and Shehata, M., "The impact of social value orientation and risk attitudes on trust and reciprocity", *Journal of Economic Psychology*, Vol. 30, No. 3, 2009.

Kelley H H and Stahelski A J., "Social interaction basis of cooperators´ and competitors´beliefs about others" *Journal of Personality and Social Psychology*, Vol. 16, No. 1, 1970.

King Elizabeth K., "Fostering toddlers' social emotional competence: considerations of teachers' emotion language by child gender". *Early Child Development and Care*, Vol. 191, No. 16, 2020.

Klin A, Saulnier C A, Sparrow S S, et al, "Social and communication abilities and disabilities in higher functioning individuals with autism spectrum disorders: The Vineland and the ADOS", 转引自张梁、郭文斌、王庭照:《文兰适应行为量表的发展及应用》,《现代特殊教育》2017 年第 22 期。

Knutson B, "Facial expressions of emotion influence interpersonal trait inferences", *Nonverbal Behave*, Vol. 20, No. 6, 1996.

Krumhuber E, Manstead A S R, Cosker D, Marshall D, Rosin P. L and Kappas A, "Facial dynamics as indicators of trustworthiness and cooperative behavior", *Emotion*, Vol. 7, No. 4, 2007.

Lewicki P, "Nonconscious biasing effects of single instances on subsequent judgments", *Journal of Personality and Social Psychology*, Vol. 48, No. 3, 1985.

Li, J., Zhu, L.-Q., Gummerum, M. and Sun, Y.-L., "The development of social value orientation across different contexts", *International Journal of*

Psychology, Vol. 48, No. 4, 2012.

Lieberman M D, "Social cognitive neuroscience: a review of core processes", *Annual. Rev. Psychology*, Vol. 58, 1998.

M Samadi and N Sohrabi, "Mediating Role of the Social Problem Solving for Family Process, Family Content, and Adjustment", *Procedia-Social and Behavioral Sciences*, Vol. 217, Feb 2016.

Messick, D. M., and McClintock, C. G., "Motivational bases of choice in experimental games", *Journal of Experimental Social Psychology*, Vol. 4, No. 1, 1968.

Mishina, O. A, "Actual Problems Of Social Adaptation, Education And Formation Of Migrant Children In School General Education Institutions Of The Republic Of Mordovia.", *Historical Search*, Vol. 2, No. 2, 2021.

Montepare J M and Dobish H, "The Contribution of Emotion Perceptions and Their Overgeneralizations to Trait Impressions", *Journal of Nonverbal Behavior*, Vol. 27, 2003.

Moscovici, S., "Notes towards A Description of Social Representations", *European Journal of Social Psychology*, Vol. 18, No. 3, 1988.

Peterson C and Seligman M E, "Causal explanations as a risk factor for depression: theory and evidence", *Psychological review*, Vol. 91, No. 3, 1984.

Piqueras Jose A, Mateu-Martínez Ornela, Cejudo Javier, Pérez-González Juan-Carlos. "Pathways Into Psychosocial Adjustment in Children: Modeling the Effects of Trait Emotional Intelligence, Social-Emotional Problems, and Gender", *Frontiers in psychology*, 2019.

Sattler, D. N. and Kerr, N. L., "Might versus morality explored: Motivational and cognitive bases for social", *Journal of Personality and Social Psychology*, Vol. 60, 1991.

Slobodskaya H R, "The associations among the Big Five, Behavioural Inhibition and Behavioural Approach systems and child and adolescent adjustment in Russia", *Personality & Individual Differences*, Vol. 3, Issue. 4, 2007.

Smith E R and Zarate M A, "Exemplar and prototype use in social categorization", *Social cognition*, Vol. 8, No. 3, 1990, p. 243 – 262.

Stinnett, T. A., D. R. Fuqua, and W. T. Coombs, "Construct Validity of the AAMR Adaptive Behavior Scale-School", *School psychology review*, Vol. 28, issue. 1, 2019.

Tarde G D. "The Laws of Imitation". *Psychological Review*, Vol. 10, NO. 6, 1903.

Thorndike, and L. E, "A constant error in psychological ratings", *Journal of Applied Psychology*, Vol. 28, 1920.

Van den Bos, W., van Dijk, E., Westenberg, M., Rombouts, S. A. R. B. and Crone, E. A., "What motivates repayment?" Neural correlates of reciprocity in the Trust Game. *Social Cognitive & Affective Neuroscience*, Vol. 4, No. 3, Sep 2009.

Van Kleef, G. A. and De Dreu, C. K. W., "Longer-term consequences of anger expression in negotiation: Retaliation or spillover?", *Journal of Experimental Social Psychology*, Vol. 46, No. 5, 2010.

Van Kleef, G. A. and van Lange, P. A. M., "What other's disappointment may do to selfish people, emotion and social value orientation in a negotiation context.", *Personality and Social Psychology Bulletin*, Vol. 34, No. 8, 2008.

Van Lange P A M., "The pursuit of joint outcomes and equality in outcomes: An integrative model of social value orientation.", *Journal of Personality and Social Psychology*, Vol. 77, No. 2, 1999.

Van Lange P A M, Otten W, De Bruin E M N and Joireman J A., "Development of prosocial, individualistic, and competitive orientations: Theory and preliminary evidence.", *Journal of Personality and Social Psychology*, Vol. 73, No. 4, 1997.

Van Lange, P. A. M., Bekkers, R., Schuyt, T. N. M. and van Vugt, M., "From games to giving: Social value orientation predicts donations to noble causes.", *Basic and Applied Social Psychology*, Vol. 29, No. 4, 2007.

Van Lange, P. A. M., Schippers, M. and Balliet, D., "Who volunteers in psychology experiments? An empirical review of prosocial motivation in volunteering. ", *Personality and Individual Differences*, Vol. 51, No. 3, 2011.

Van Prooijen, J. -M. , De Cremer, D. , van Beest, I. , Ståhl, T. , van Dijke, M. and van Lange, P. A. M. , "The egocentric nature of procedural justice: Social value orientation as moderator of reactions to decision-making procedures. " *Journal of Experimental Social Psychology*, Vol. 44, No. 5, 2008.

Van Prooijen, J. -M. , Ståhl, T. , Eek, D. and van Lange, P. A. M. , "Injustice for all or just for me? Social value orientation predicts responses to own versus other's procedures. ", *Personality and Social Psychology Bulletin*, Vol. 38, No. 10, 2012.

Wegner D M, Broome A and Blumberg S J, "Ironic effects of trying to relax under stress", *Behaviour Research and Therapy*, Vol. 35, No. 1, 1997.

Wojciszke B and Abele A E, "The primacy of communion over agency and its reversals in evaluations", *European Journal of Social Psychology*, Vol. 38, No. 7, 2008.

Wojciszke B, "Morality and competence in person-and self-perception", *European Review of Social Psychology*, Vol. 16, No. 1, 2005.

Wojciszke B, Bazinska R and Jaworski M, "On the dominance of moral categories in impression formation", *Personality and Social Psychology Bulletin*, Vol. 24, No. 12, 1998, p. 1251–1263.

Ybarra O, Park H and Stanik C, "Self - judgment and reputation monitoring as a function of the fundamental dimensions, temporal perspective, and culture", *European Journal of Social Psychology*, Vol. 42, No. 2, 2012.

Ziegert J C and Hanges P J, "Employment discrimination: the role of implicit attitudes, motivation, and a climate for racial bias", *Journal of applied psychology*, Vol. 90, No. 3, 2005.

Zwaan R A and Radvansky G A, "Situation models in language comprehension and memory", *Psychological bulletin*, Vol. 123, No. 2, 1998.

后　　记

　　来到海南这个国际旅游岛，被这里优美的岛屿风光和优良的空气质量所吸引。海南是一个可以让人忘却烦恼、让时光慢下来的地方。海南的完整样貌不仅仅是优美的自然风光、独特的热带气候以及各个海滩和旅游景区等客观物理环境，还应该包括海南美好的未来发展前景，尤其是在自贸港建设背景下对于海南美好明天的展望。而只有当我们深入海南当地各社区、各村落、各职业人群进行实地调研，与他们开展深入对话时，才能感受到他们对自贸港建设的美好期待。亦或是共感于他们难以掩藏的生活艰辛感和失落，同时也被海南传统文化所深深吸引，我们才能浸润式感受社会发展过程中人民的努力奋斗和人生百态，才能够较为全面地了解大众对海南社会发展的认知和参与程度。

　　在自贸港建设的背景下，海南正处在重大变革时期，民众社会心理建设是确保海南高质量发展、社会和谐进步、提升获得感的重要一环。在三亚某大社区进行调研时，我们记得该大社区的副书记跟我们说到，"海南自贸港建设正处'打地基'的初级阶段，普通老百姓还不能感知到自贸港建设带来的变化，在做基层工作时，要立足于为群众办实事、办好事"。当老师们带领学生们走进各村落调研时，我们感受到了老百姓们朴实、友好的态度，为他们在变迁的社会生活之中的心理适应性所折服。但同时我们也注意到，村民们对自贸港建设的政策知之甚少，他们更关心的是医保是否涨价、婚礼葬礼的礼金、小孩能否上更好的学校、老人生病的花销等现实困难。他们在认识大的社会环境的变化和海南自贸港建设政策上依然存在一定的局限性。聊到这些话题的时候，我们也感受到他们对于解决这些现实问题的急切心情，这也让我们意识到，作为研究者，走进田野、深入了解民众生活的重要性，感悟到本课题研究之社会责任。

我们项目组的黄艳钦老师、邓彩艳老师、侯小富老师及三亚学院应用心理学专业的学生们为研究做了实地调研工作和资料分析工作。黄艳钦老师作为项目秘书做了大量的协调与组织调研、撰写报告等工作，邓彩艳老师积极组织、协调调研工作及报告撰写，侯小富老师参与学生调研的培训、调研及报告撰写工作。三位老师在大量的文献查阅、带领学生调研及后期资料的整理、撰写过程中任劳任怨、认真负责、互相协作，真正体现出了踏实严谨、团结一致的工作作风，没有大家的辛勤工作就没有今天这部成果。项目组老师具体工作如下：

绪　论　李静

第一章　社会心态研究评述　李静

第二章　社会心态量表编制　李静　黄艳钦

第三章　海南社会心态总体研究　李静　邓彩艳

第四章　社会认知研究　李静

第五章　社会需要与动机研究　黄艳钦

第六章　社会情绪研究　黄艳钦

第七章　社会信任研究　黄艳钦

第八章　社会认同研究　李静　侯小富

第九章　社会群体获得感研究　邓彩艳

第十章　社会适应研究　邓彩艳

第十一章　社会价值研究　侯小富

第十二章　社会行为研究　邓彩艳

第十三章　海南岛社会心态的培育路径　李静　侯小富

书稿总计约32万字，其中黄艳钦老师完成了10万字，邓彩艳老师完成了10万字工作，余下的由我和侯小富老师完成。当然，我们的同学也做了大量的工作，其中刘朋博和程龙参与了问卷的整理分析，张楠参与了社会认知维度的研究，曹俞参与了社会需要与动机维度的研究，郭妍参与了社会情绪维度的研究，徐林艳参与了社会认知维度的研究，钟巧参与了社会认同维度的研究，吴晓中参与了社会群体获得感维度的研究，赵子薇参与了社会适应维度的研究，张月清参与了社会价值维度的研究，张慧琴参与了社会行为维度的研究。我十分欣慰于看到他们在做项目的过程中的收获和成长，同时也非常感谢他们在项目中所付出的努力。

在项目启动时，恰逢海南出现疫情，给田野调查带来实地困难，深度访谈对象相对较少。部分问卷通过网络形式发放，样本的代表性需要提升。三亚的样本较多，海南其他市县的样本相对较少，针对不同群体、不同民族的样本数需要均衡。海南自贸港建设是一个长期的过程，而我们的研究也不会停止脚步，肩负的责任任重道远。在后续的研究中，加大田野调查的力度，有针对性地提升样本代表性，继续对调查问卷进行修订，并对不同阶段的调查数据进行对比研究，使调研数据结合大数据平台进行海南社会心态监测，以期全面地了解自贸港建设背景下的海南社会心态及其影响因素。

李静

2022.12.7